Confédération Générale du Travail

XIVme Congrès

National Corporatif

(VIIIme de la Confédération)

et Conférence des Bourses du Travail

Tenus à BOURGES

du 12 au 20 Septembre 1904

Compte-Rendu

des Travaux du Congrès

Imprimerie Ouvrière du Centre

(Commandite égalitaire d'Ouvriers syndiqués et fédérés)

BOURGES. — 38, Rue Bourbonnoux. — BOURGES

—

1904

XIVᵉ CONGRÈS NATIONAL

CORPORATIF

(VIIIᵉ de la Confédération)

ET

CONFÉRENCE DES BOURSES

DU TRAVAIL

Tenus à BOURGES

du 12 au 20 Septembre 1904

COMPTE-RENDU

DES TRAVAUX

IMPRIMERIE OUVRIÈRE DU CENTRE

(Commandite Egalitaire de Syndiqués et Fédérés)

38, RUE BOURBONNOUX, BOURGES

1904

AVANT-PROPOS

***

Aux Organisations Syndicales.

La Commission d'organisation du Congrès de Bourges, avec la publication du compte-rendu de ses travaux, arrive à la fin de son mandat.

Elle a la conviction d'avoir rempli sa tâche, non seulement avec dévouement, mais encore avec toute l'impartialité qu'était en droit d'attendre d'elle le prolétariat organisé, sans distinction de tendances.

Elle est d'autant plus fière de l'avoir menée à bien, qu'elle a tenu la promesse faite au Congrès de Montpellier par notre camarade Hervier, de faire le Congrès sans subvention municipale ou gouvernementale.

Les lourds frais d'organisation d'un Congrès, la Commission d'organisation, activement aidée par toutes les organisations syndicales du Cher, y a fait face avec les seules ressources ouvrières. C'est là une manifestation caractéristique de la puissance grandissante des Syndicats ouvriers, manifestation dont la portée n'échappera à personne, en dépit des attaques sans cesse renouvelées des représentants de la classe bourgeoise.

Un point du Congrès se dégage tout d'abord : c'est l'opinion de l'unanimité des Congressistes — que l'on se dise réformiste ou révolutionnaire — que le mouvement ouvrier doit être affranchi de toute influence extérieure, et qu'il ne doit attendre que de ses efforts propres la réalisation de ses espérances, de ses revendications.

Nul ne peut nier que les organisations prennent, dans la vie de la société actuelle, une place de plus en plus grande.

Il suffit, pour s'en convaincre, de constater avec quelle attention sont suivies, dans tous les milieux, leurs manifestations.

Après des débats d'une ampleur considérable, au cours desquels plus des deux tiers des organisations représentées se sont, à diverses reprises, prononcées en faveur de la méthode révolutionnaire, les résolutions du Congrès de Bourges apparaissent avec une netteté caractéristique.

C'est là que, pour la première fois, il a été donné au Syndicalisme, négateur de la société actuelle, à ses théories et à ses modes d'action, une sanction catégorique.

Aucune équivoque n'a donc pu subsister, et c'est cela qui accroît l'importance de ces assises du Travail.

XIVᵉ CONGRÈS NATIONAL

CORPORATIF

(VIIIᵉ de la Confédération)

ET

CONFÉRENCE DES BOURSES

DU TRAVAIL

Tenus à BOURGES

du 12 au 20 Septembre 1904

COMPTE-RENDU

DES TRAVAUX

IMPRIMERIE OUVRIÈRE DU CENTRE

(Commandite Egalitaire de Syndiqués et Fédérés)

38, RUE BOURBONNOUX, BOURGES

1904

AVANT-PROPOS

Aux Organisations Syndicales.

La Commission d'organisation du Congrès de Bourges, avec la publication du compte-rendu de ses travaux, arrive à la fin de son mandat.

Elle a la conviction d'avoir rempli sa tâche, non seulement avec dévouement, mais encore avec toute l'impartialité qu'était en droit d'attendre d'elle le prolétariat organisé, sans distinction de tendances.

Elle est d'autant plus fière de l'avoir menée à bien, qu'elle a tenu la promesse faite au Congrès de Montpellier par notre camarade Hervier, de faire le Congrès sans subvention municipale ou gouvernementale.

Les lourds frais d'organisation d'un Congrès, la Commission d'organisation, activement aidée par toutes les organisations syndicales du Cher, y a fait face avec les seules ressources ouvrières. C'est là une manifestation caractéristique de la puissance grandissante des Syndicats ouvriers, manifestation dont la portée n'échappera à personne, en dépit des attaques sans cesse renouvelées des représentants de la classe bourgeoise.

Un point du Congrès se dégage tout d'abord : c'est l'opinion de l'unanimité des Congressistes — que l'on se dise réformiste ou révolutionnaire — que le mouvement ouvrier doit être affranchi de toute influence extérieure, et qu'il ne doit attendre que de ses efforts propres la réalisation de ses espérances, de ses revendications.

Nul ne peut nier que les organisations prennent, dans la vie de la société actuelle, une place de plus en plus grande.

Il suffit, pour s'en convaincre, de constater avec quelle attention sont suivies, dans tous les milieux, leurs manifestations.

Après des débats d'une ampleur considérable, au cours desquels plus des deux tiers des organisations représentées se sont, à diverses reprises, prononcées en faveur de la méthode révolutionnaire, les résolutions du Congrès de Bourges apparaissent avec une netteté caractéristique.

C'est là que, pour la première fois, il a été donné au Syndicalisme, négateur de la société actuelle, à ses théories et à ses modes d'action, une sanction catégorique.

Aucune équivoque n'a donc pu subsister, et c'est cela qui accroît l'importance de ces assises du Travail.

Aussi, la répercussion de ce Congrès ne peut tarder à se faire sentir avec toutes ses conséquences, et il n'est pas présomptueux d'affirmer que, de ses travaux, jaillira, définitivement constitué, ce *Parti du Travail*, jusqu'alors contenu en puissance dans les organisations syndicales.

En 1900, en effet, au moment où s'ouvrait le Congrès de Paris, la *Confédération Générale du Travail* ne groupait que 16 Fédérations corporatives et 5 organisations diverses ou syndicats isolés.

En 1904, à la veille du Congrès de Bourges, la *Confédération Générale du Travail* groupait 53 Fédérations nationales corporatives ou Syndicats nationaux, plus une quinzaine de Syndicats isolés, 110 Bourses du Travail, — le tout formant un effectif de plus de 1.800 Syndicats.

Ainsi, en quatre années, la puissance de la Confédération se trouve plus que triplée.

Ces chiffres réconfortants marquent assez éloquemment le chemin parcouru, pour stimuler le zèle et l'énergie de tous les militants.

C'est une récompense suffisante pour que chacun avec son tempérament, dans sa sphère d'action, fasse une propagande suffisante pour la réalisation des décisions votées au Congrès.

C'est le vœu le plus cher que formule la Commission d'organisation, certaine que, de la poussée toujours plus grande et révolutionnaire de la masse prolétarienne, organisée syndicalement, dépend la transformation de la société pour le bien-être des travailleurs.

ORDRE DU JOUR DU CONGRÈS

1º **Rapports des Comités.**
2º **Modifications aux Statuts** (Fédérations du Livre, des Mécaniciens, Bourses d'Alger, de Vierzon).
3º **Label : sera-t-il Confédéral ou Corporatif ?** (Fédération du Livre).
4º **Les 8 heures et minimum de salaire** (Hommes de peine de Reims et Bourse de Dijon).
5º **Coopératisme et Syndicalisme** (Comité).
6º **Prud'homie** (Bourse de Perpignan).
7º **Retraites ouvrières** (Bourses de Bourges et de Vierzon).
8º **Inspecteurs ouvriers** (Bourses de Vierzon, de Saint-Etienne).
9º **La Grève Générale** (Bourse de Dijon).
10º **Le Conseil Supérieur du Travail** (Maçons de Moulins).
11º **La main-d'œuvre étrangère** (Bourse de Laval).
12º **La loi sur les Accidents** (Bourse de La Rochelle).
13º **Le travail à la tâche** (Hommes de peine de Reims).
14º **La langue universelle** (Chaudronniers en fer de Roubaix et Bourse de Dijon).
15º **La Guerre et l'Antimilitarisme** (Chaudronniers en fer de Roubaix et Hommes de peine de Reims).

Liste des Organisations et des Délégués

LISTE DES FÉDÉRATIONS

FÉDÉRATION AGRICOLE DU MIDI

ORGANISATIONS	DÉLÉGUÉS
Cazouls-les-Béziers	B. Milhaud.
Mèze,	—
Bessan.	
Coursan,	—
Oupia,	—
Nézignan,	
Aspiran,	J. Roudier.
Béziers,	—
Bédarieux,	—
Maraussan,	—
Portiragues,	—
Villeneuve-les-Béziers,	
Narbonne,	Castan-Simon.
Cuxac-d'Aude,	—
Lézignan,	—
St-Laurent de la Cabrerisse,	—
Bages,	
Fontvieille,	L. Camy.
Arles,	—
Maureilhan et Ramejean,	L. Gros.
Alignan-du-Vent,	—
Puissalicon,	—
Beaufort,	—
Marseillan,	
Agde,	C. Farras.
Vendres,	G. Molinier.
Boujan,	—
Lespignan,	—
Sérignan,	—
Vias,	

ALIMENTATION

Boulangers de Romorantin,	A. Bousquet.
Boulangers de St-Germain-en-Laye,	—

ORGANISATIONS	DÉLÉGUÉS
Boulangers de Montluçon,	A. Bousquet.
Boulangers de Paris,	—
Boulangers de Rouen,	—
Boulangers de Marseille,	—
Boulangers de Versailles,	—
Boulangers d'Orléans,	—
Boulangers et Biscuitiers de Bordeaux,	—
Employés de l'Epicerie de la Seine,	—
Boulangers de Toulouse,	Ch. Bousquet.
Confiseurs de Paris,	Antourville.
Confiseurs-distillateurs de Toulouse,	—
Boulangers de Meaux,	—
Biscuitiers pain d'Epices de Paris,	—
Boucherie de 1/2 gros de Paris,	—
Boucherie de Paris,	—
Charcutiers de la Seine,	—
Dames de Cafés-Restaurants de Paris,	Jean Couchoud
Limonadiers de Cette,	—
Limonadiers d'Alger,	—
Limonadiers de Toulouse,	—
Limonadiers de Paris,	—
Bouchers-Tripiers d'Oran,	Michel.
Limonadiers d'Oran,	—
Boulangers d'Oran,	—
Boulangers de Tours,	Exertier.
Bouchers de l'Aube,	—
Boulangers de l'Aube,	—
Boulangers de Brest,	Pengam.
Boulangers de Cette,	—
Limonadiers de Perpignan,	Bertrand.
Cuisiniers de Paris,	Comaille.
Pâtissiers de la Seine,	—
Boulangers d'Angers,	Bedouet.
Boulangers de Saint-Brieuc,	Collet.
Boulangers d'Alger,	Bontemps.
Boulangers de Narbonne,	Maury.

Boulangers d'Angoulême, MOUCHET.
Limonadiers de Lyon, THÉVENOT.
Boulangers de Grenoble, FAY.
Boulangers d'Auxerre, JOLY.
Boulangers d'Amiens, MOREL.
Limonadiers de Carcassonne, AMIEL.
Garçons de cuisine de Paris, VAYSSIER.
Boulangers de Limoges, GONDOUIN.
Boulangers de Bourges, LARUE.
Limonadiers de Clermont-Ferrand, LEGRAND.
Confiseurs de Lille, SAINT-VENANT.
Boulangers de Lille, —
Bouchers d'Amiens, PRONIER.
Boulangers de Saint-Étienne, GARDEY.
Limonadiers de Dijon, BERTHAUX.
Boulangers de Poitiers, FOUQUET.
Bouchers Charcutiers de Marseille, LAFAILLE.
Employés d'Hôtel de Paris, BERGIA.
Boulangers de Villeneuve-sur-Lot, RÉGIS.

ALLUMETTIERS

Marseille, H. HENRIOT.
Saintines, —
Bègles, —
Seine, —
Trelazé, —
Aix, —

AMEUBLEMENT

Ameublement de Valence. DEFUIDE.
Scieurs sur bois de Valence, —
Bois de l'Oise, GÉNIE.
Sculpteurs et similaires d'Angers, KARCHER.
Tourneurs sur bois d'Angers, —
Ameublement de Nancy, GALANTUS.
Chaisiers de Sommedieu, —
Sculpteurs de Nancy, —
Ameublement de Bourges, HERVIER.
Ameublement de Grenoble, GERVASON.
Ameublement de Marseille, POTIGNY.
Ebénistes de Bordeaux, CARREYRE.

Ebénistes de Montpellier, NIEL.
Ameublement de Brest, PELLETEUR.
Menuisiers en sièges de Lyon, J. MICHAUD.
Sculpteurs de Paris, LE GUERRY.
Ebénistes de Lyon, ROYER.
Tapissiers de Lyon, MICOULOUD.
Ebénistes de Béziers, MOLINIER.
Ameublement d'Amiens, WARTEL.
Ebénistes de Lille, SAINT-VENANT.
Ameublement de Lorient, LE GOLIC.
Menuisiers ébénistes de Narbonne, MAURY.
Tapissiers d'Alais, FLACHERON.
Ameublement de St-Loup-sur-Semouse, TRAUT.

ARTISTES MUSICIENS

Musiciens d'Angers, FOUREL.
Musiciens de Cette, C. JEANNOT.
Musiciens de Marseille, P. LAFFAILLE.
Musiciens de Montpellier, NIEL.
Musiciens de Lyon, BESSET.

ARDOISIERS

Ardoisiers d'Avrillé, BAHONNEAU.
Ardoisiers de Renazé, —
Ardoisiers de la Forêt, cne de Combrée, —
Ardoisiers de Trélazé, —
Ardoisiers de Misengrain, —

BATIMENT

Bâtiment de Nangis, TIENNET.
Bâtiment de Charenton, —
Briquetiers et Potiers de la Seine, —
Bâtiment de Lagny-sur-Marne, —
Paveurs et Aides de la Seine, —
Bâtiment d'Issoudun, —
Bâtiment de Noisy-le-Sec, —
Bâtiment de Flers, —
Plombiers-Couvreurs-Zingueurs de la Seine, —
Corps réunis de Lorient, COEFFIC.
Menuisiers et Charpentiers de la Corve-
raine et Froideconche, TRAUT.

VII

BATIMENT (Suite)

ORGANISATIONS	DÉLÉGUÉS
Menuisiers et Ebénistes d'Angoulême,	MOUCHET.
Plâtriers d'Angoulême,	—
Bâtiment de La Rochelle,	MAROLEAU.
Menuisiers et Charpentiers de La Rochelle,	—
Bâtiment de Mâcon,	SAUGE.
Bâtiment de Brest,	PELLETEUR.
Bâtiment de l'Oise,	KLEMCZYNSKI.
Bâtiment d'Abbeville,	O. WARTEL.
Bâtiment d'Amiens.	—
Charpentiers, Couvreurs, Zingueurs et Scieurs de long de Bourg,	CLAIR.
Bâtiment d'Aix-les-Bains,	MICHAUD.
Bâtiment de Narbonne,	GAY.
Bâtiment de Chaumont,	ETARD.
Bâtiment de Lunéville,	—
Bâtiment de la Guerche,	—
Bâtiment de Montargis,	—
Bâtiment de Beaune,	—
Bâtiment de Saint-Leu,	—
Bâtiment de Fontenay-le-Comte,	—
Bâtiment de la Seine,	—
Couvreurs, Zingueurs de St-Quentin,	—
Bâtiment de Romilly,	—
Couvreurs, Plombiers, Zingueurs du Hâvre,	LESTZ.
Bâtiment de Romorantin,	LAUDIER.
Zingueurs, Plombiers de Lille,	MASSON.
Serruriers de Rouen,	BRIOT.
Extracteurs de sable de Béziers,	ESTUDIEU.
Couvreurs de Saint-Brieuc,	COLLET.
Menuisiers de Dijon,	BERTHEAUX.
Cimentiers de Poitiers,	LIMOUSIN.
Plâtriers de Poitiers,	FOUQUET.
Charpentiers de Pau,	TIENNET.

BIJOUTERIE

Orfèvrerie de Paris,	GARNERY.
Potiers d'étain de Paris,	—
Décorateurs en boîtes de montres de Besançon,	—

ORGANISATIONS	DÉLÉGUÉS
Gainiers de Paris,	LE GUÉRY.
Emailleurs sur métaux de Paris,	—
Diamantaires de Paris,	—
Bijoutiers-Joailliers de Paris,	—
Bijoutiers de Grenoble,	FAY.

BROSSIERS

Brossiers de Tracy et Chambly,	KLEMCZYNSKI.
Tabletiers d'Andeville,	—
Brossiers de Mouy,	A. GÉNIE.
Brosserie en soie de la Seine,	ANTOURVILLE.
Nacriers en Jumelles de la Seine,	DESPLANQUES.
Brossiers de Poitiers,	FOUQUET.

BUCHERONS

Menetou-Couture,	VEUILLAT.
Jussy-le-Chaudrier,	—
Apremont,	—
Torteron,	—
Saint-Plaisir,	—
Bigny-Vallenay,	—
La Chapelle-Hugon,	—
Grossouvre,	—
La Guerche,	DEVESSIÈRE.
Parigny-les-Vaux,	—
Lurcy-Lévy,	—
Saint-Martin des Champs,	—
Montaron,	—
Brécy,	—
Ivoy-le-Pré,	MAUGER.
Rumilly,	—
Lavaux,	—
L'Habit,	—
Sagonne,	—
Dun-sur-Auron,	—
Germigny-l'Exempt,	—
Levet,	HERVIER.
Vezelay,	—
Bengy-sur-Craon,	—
La Celle-Bruère Allichamps,	LUC THIAIS.

Saint-Loup,	Luc THIAIS.
Meillant,	—
Cuffy,	DUSSOT.
Villabon,	COFFINAULT.
Nérondes,	J. GIRAUD.
Mornay-Berry,	TISSEZAT.
Feux,	GITTON.
Trois-Vesvres,	BARBIER.
Nolay,	COMBEMOREL.
Niherne,	MICHON.
Sancergues,	GAUDRY.
Farges-en-Septaine,	AURAND.
Menetou-Salon,	Jules BEAULT.
Uzay-le-Venon,	G. LAMOUREUX.
Chantenay,	POUGAND.
Charenton-du-Cher,	L. RAVISÉ.
Jouet-sur-l'Aubois,	VEUILLAT.

CARRIERS

Carriers et Mineurs de Savonnières-en-Perthois,	KLEMCZYNSKI.
Carriers de l'Oise,	POUGET.
Chaufourniers de La Guerche,	HERVIER.

CÉRAMIQUE

Porcelainiers de Limoges,	J. TILLET.
Porcelainiers de Villedieu,	—
Porcelainiers de La Celle-Bruère, Allichamps, Farges,	—
Gazeliers de Limoges,	—
Fours Crématoires de Limoges,	—
Peinture Céramique de Limoges,	—
Moufletiers de Limoges,	—
Mouleurs et Modeleurs en plâtre de Limoges,	—
Peintres sur Porcelaines de Vierzon,	E. CHAMPRAULT
Porcelainiers de Vierzon,	—
Useurs de Grains de Vierzon,	—
Journaliers de Vierzon,	—
Céramistes de la Seine,	Léon MARTIN.
Polisseurs et Useurs de Grains de Limoges,	—
Faïenciers de Montereau,	—

Peintres-Céramistes de Limoges,	Léon MARTIN.
Garçons de magasins et Emballeurs de Limoges,	—
Journaliers en porcelaine de Limoges,	—
Porcelainiers de Mehun,	SELLIER.
Peintres en porcelaine de Mehun,	—
Journaliers de Mehun,	L. PATROU.
Potiers de Bourg-en-Bresse,	CLERC.
Céramistes de Nevers,	COMBEMOREL.

CHAPELLERIE

Chapeliers de Chazelles-sur-Lyon,	A. ALLIBERT.
Chapeliers de Fontenay-le-Comte,	—
Chapeliers de Bourganeuf,	—
Chapeliers de Moulins-Yzeure,	—
Chapeliers d'Angers,	FOUREL.
Chapeliers, Modistes et similaires de Paris,	A. BURDEAU.
Chapeliers, Modistes et similaires de Romans et Bourg-de-Péage,	GÉRIN.
Casquettiers de Paris	ESPANET.

CHARPENTIERS

Charpentiers de la Seine,	J. ESCOT.
Charpentiers de Limoges,	—
Charpentiers d'Agen,	CAZAUX.
Charpentiers de Rouen,	BRIOT.
Charpentiers de Saint-Etienne,	ICHARD.
Charpentiers d'Angers,	FOUREL.
Charpentiers de Lyon,	L. DUSSOLIN.
Charpentiers de Bourges,	GUIGNARD.

CHEMINS DE FER

Agen,	CAVAL.
Dax,	—
Bayonne,	—
Béziers-Midi,	—
Montauban,	—
Mont-de-Marsan,	—
Paulhan,	—
Perpignan,	—
Tournemire,	—

IX

CHEMINS DE FER (Suite)

ORGANISATIONS	DÉLÉGUÉS
Villeneuve-Saint-Georges,	BERTHEAUX.
Moulins,	—
Givors,	—
Dijon,	—
Versailles (Ouest et Ceinture),	LEMONIER.
Tours (État),	—
Tarbes,	—
Sotteville,	—
Folligny,	—
Rouen,	—
Saintes,	—
Chambéry,	ROBERJÓT.
Courtalain,	—
Le Mans,	—
Argentan,	—
Achères,	—
Sablé,	—
Mantes,	—
Dol,	—
Carhaix,	—
Pau,	GUÉRARD.
Carcassonne (Midi)	—
Thouars,	—
Poitiers,	—
Cholet,	—
Locminé,	—
Paris,	—
Charleville,	PINÇON.
Calais,	—
Mohon-Mézières-Charleville,	—
Reims,	—
Saint-Quentin,	A. NICOLAS.
Saint-Denis,	LAMARCHE.
Narbonne,	FAYCHA.
Epernay,	LUQUET.
Bellegarde,	FAURE.
Mâcon,	SAUGE.

COIFFEURS

ORGANISATIONS	DÉLÉGUÉS
Versailles,	LUQUET.
Lyon,	GARNIER.
Rouen,	BRIOT.
Perpignan,	BERTRAND.
Rochefort,	ROUX.
Reims,	ROUSSEAU.
Grenoble,	GERVASON.
Troyes,	EXERTIER.
Béziers,	LUQUET.
Pau,	—
Nevers,	—
Nantes,	—
Paris,	—
Tours,	MORIN.
Angers,	BAHONNEAU.
Orléans,	DESPLANQUES.
Saint-Nazare,	—
Chambéry,	MINIARIO.
Saint-Etienne,	CHAMBATTE.
Carcassonne,	L. AMIEL.
Bordeaux,	DUBÉROS.

CONFECTIONS MILITAIRES

Equipement de Bourges,	MULLET.
Equipement et Chaussures de Clermont-Ferrand,	—
Habillement de Bourges.	—

CORRECTEURS

Syndicat National,	Albin VILLEVAL

COUPEURS EN CHAUSSURES

Paris,	H. GRIFFUELHES
Amiens,	WARTEL.

CUIRS ET PEAUX

Cuirs et Peaux du Mans,	RICHER.
Cuirs et Peaux d'Auxerre,	V. GRIFFUELHES

EMPLOYES (Suite)

ORGANISATIONS	DÉLÉGUÉS
Employés de Nantes,	BLANCHARD.
Employés d'Amiens,	WARTEL.
Employés de Montpellier,	L. NIEL.
Employés de Troyes et Sainte-Savine,	EXERTIER.
Employés de Cette,	JEANNOT.
Employés d'Angers,	BEDOUET.
Employés de Toulon,	DORIA.
Employés de Montluçon,	FOUILLAND.
Employés de Versailles,	BILLARD.
Employés de Rochefort,	F. DUCROT.
Employés de Grenoble,	FAY.
Employés de Béziers,	RADONDE.
Employés de l'Oise,	GÉNIE.
Employés de Poitiers,	FOUQUET.
Employés de Lyon,	LAURENT.
Employés de Carcassonne,	AMIEL.
Employés de Narbonne,	GAUBIAG.

FOURREURS-LUSTREURS, etc.

Coupeurs de Poils de Paris,	ESPANET.
Naturalistes Taxidermistes de Paris,	—
Apprêteurs en pelleterie de Paris,	—
Apprêteurs en pelleterie de Fismes,	E. GUÉRIN.

GUERRE (MAGASINS)

Magasins centraux de Paris,	MATHIEU.
Magasin régional d'Amiens,	—
Magasin central de Reims,	—
Magasin régional du Mans,	—
Ouvriers civils de Marseille,	—
Magasin central de Clermont-Ferrand,	—
Magasin central de Rennes,	—
Magasin régional de Montpellier,	—
Magasin central de Bourges,	GOUSSARD.
Magasin central de Toulouse,	PAILLAS.

GUERRE (PERSONNEL CIVIL)

Manufacture de Saint-Etienne,	BERLIER.
Etablissement de Douai,	—

ORGANISATIONS	DELEGUES
Arsenal de Terre de Toulon,	BERLIER.
Etablissement de Chalais-Meudon,	—
Etablissement de Lyon,	—
Direction d'Artillerie de Toulouse,	—
Atelier de Construction de Vernon,	BORDESELLE.
Etablissement de Valence,	—
Section de Tarbes,	—
Etablissement de Bourges,	—
Etablissement de l'Artillerie de Lille,	—
Atelier de Construction de Rennes,	—
Section Technique de l'Artillerie de Paris,	—
Manufacture d'Armes de Tulle,	CHAMBAS.
Etablissement de Puteaux,	BAUMLER.

HABILLEMENT

Coupeurs-Chemisiers de Paris,	GERVASON.
Tailleurs de Bayonne,	—
Habillement de Vaucluse,	—
Tailleurs d'Agen,	—
Coupeurs-Tailleurs de Lyon,	PLÉTY.
Coupeurs-Tailleurs d'Amiens,	WARTEL.
Tailleurs de Cette,	C. JEANNOT.
Tailleurs et Couturières de la Seine,	LE GUERRY.

LITHOGRAPHIE

Lithographes de Nimes,	G. THIL.
Lithographes de Tours,	—
Lithographes d'Angoulême,	—
Imprimeurs-Lithographes de Nantes,	—
Lithographes de Marseille,	—
Imprimeurs-Lithographes de Bordeaux,	—
Imprimeurs-Lithographes de la Seine,	—
Ecrivains-Graveurs-Dessinateurs-Lithographes de Rennes,	—
Lithographes de Rennes,	—
Lithographes de Lyon,	JACQUOT.
Lithographes et Papetiers de St-Etienne,	—
Imprimeurs-Lithographes de Grenoble,	—
Lithographes, Papetiers et Relieurs de Reims,	ROUSSEAU.

Lithographes, Papetiers et Relieurs d'Eper-
nay, ROUSSEAU.
Lithographes d'Orléans, GUILLEUX.
Imprimeurs-Lithographes de Limoges, LAGORCE.
Imprimeurs, Graveurs, Écrivains, Litho-
graphes de Rouen et Elbeuf, BRIOT.
Lithographes de Dijon, STENGER.
Lithographes d'Angers. FOUREL.
Imprimeurs en taille douce de Limoges, GONDOIN.
Lithographes de Poitiers, FOUQUET.
Lithographes de Lille, MASSON.

LIVRE

Typographes de Chartres, ABEILLE.
— de Thouars, AMMERICH.
Fondeurs de Paris, —
Typographes de Dinan, —
— de Versailles, BILLARD.
— de Mâcon, BERNARD.
— d'Albi, BOYANIQUE.
— de Grenoble, BROICHOT.
— de Valence, —
— de Lyon, —
— de Privas, —
— de Chambéry, —
— d'Annecy, —
— de Bourg, —
— de Villefranche, —
— de Roanne, —
— de Thonon les-Bains, CHATEAU.
— de Bourges, —
— de Guéret, —
— de La Roche-sur-Yon, CORMIER.
— de Saint-Nazaire, —
— de Nantes, —
— de Fontenay-le-Comte, —
— de Chateaubriant, —
— de Nevers, COMBEMOREL.
— de Tulle, —
— de Pau, CHAPEAU.
— d'Agen, —
— de Mont-de-Marsan, —

Typographes, d'Auch, CHAPEAU.
— de Villeneuve-sur-Lot, —
— de Bordeaux, —
— de Périgueux, —
— de Libourne, —
— de Châlons-sur-Saône, Denis EMONT.
— d'Issoudun, DESLANDRES.
Imprimeurs-conducteurs de Paris, —
Conducteurs-typographes de Bordeaux, —
Typographes de Saint-Quentin, —
— de Meulan, —
— de Château-Thierry, —
— d'Alger, ESTELLÉ.
— d'Angers, FOUREL.
— de Toulouse, FALANDRY.
— de Rodez, —
— de Béziers, —
— de Poitiers, FOUQUET.
Conducteurs-typographes de Limoges. GAILLARD.
Typographes de Limoges, —
— du Mans, GUÉNARD.
— de Pithiviers. —
— de Tours, —
— de Chateaudun, —
— de Blois, —
— de La Rochelle, GELÉZEAU.
Conducteurs, margeurs et minervistes
d'Orléans, GUILLEUX.
Typographes d'Orléans, —
— de Châteauroux, GUILLEMIN.
— de Buzançais, —
— d'Epernay, HAMELIN.
— de Troyes, —
— de Charleville-Mézières, —
— de Valenciennes, —
— de Nancy, —
Imprimeurs et Relieurs de Constantine, —
Typographes d'Etampes, —
— de Fougères, JUST,
— de Laval, —
— de Lagny, JUSSERAND.
— de Meaux, —

LIVRE (Suite)

ORGANISATIONS	DÉLÉGUÉS
Typographes, de Chauny,	JUSSERAND.
— de Beauvais,	—
— de Soissons,	—
— de Saint-Germain-en-Laye,	—
— de Montargis,	—
— de Dunkerque,	KERFYSER.
— de Vesoul,	KEUFER.
— de Perpignan,	—
— de Vendôme,	—
— d'Angoulême,	—
— de Chaumont,	LIOCHON.
— de Saumur,	—
— de Bar-le-Duc,	—
— de Montauban,	—
— de Cette,	—
— de Nîmes,	—
— de Cambrai,	—
— de Saint-Lô,	LAUTARD.
— de Flers,	—
— de Lorient,	LE GOUIC.
— du Hâvre,	J. LEVASSEUR.
— d'Evreux,	—
— de Marseille,	L. MARROU.
— de Montpellier,	—
— de Cannes,	—
— de Toulon,	—
— de Nice,	—
— de Roubaix-Tourcoing,	L. MASSON.
— de Lille,	—
— d'Aurillac,	MAVEL.
— de Clermont,	—
— d'Oran,	A. MICHEL.
— de Saint-Etienne,	PATURAL.
— de Moulins,	PALLETAN.
— d'Abbeville,	PRONIER.
— d'Amiens,	—
— de Narbonne,	REYMOND.
— de Reims,	ROUSSEAU.
— de Rochefort-sur-Mer,	ROUX.

ORGANISATIONS	DÉLÉGUÉS
Typographes d'Alençon,	SAVOYE.
— de Rouen,	SERGENT.
— de Remiremont,	—
— de Vannes,	—
— de Paris,	—
— de Vire,	—
— de Dijon,	STENGER.
— de Belfort,	TRAUT.
— de Lure et Luxeuil,	—
— de Montluçon,	THOMAS.
— de Cognac,	VILLEVAL Père.
Correcteurs de Paris,	—
Typographes de Melle,	—
— de Cahors,	—
— de Rennes,	—
— de Quimperlé,	—
— de Montbéliard,	SERGENT.

MAÇONNERIE

Maçons et Tailleurs de pierres d'Angoulême,	NURY.
Tailleurs de pierres d'Agde,	PARROUTY.
Maçons, Tailleurs de pierres, Plâtriers d'Auxerre.	MATHONAT.
Maçons, Tailleurs de pierres d'Alais,	FLACHERON.
Maçons et similaires d'Amiens,	MOREL.
Tailleurs de pierres d'Alger,	NURY.
Terrassiers-Manœuvres d'Angers,	KARCHER.
Maçons, Tailleurs de pierres et Plâtriers d'Arles,	DURAND.
Tailleurs de pierres, Carriers de Bidache,	LACABANNE.
Tailleurs de pierres de Bourges,	GAUTHIER.
Plâtriers de Bourges,	NURY.
Terrassiers de Bourges,	PENNETIER.
Maçons de Bourges,	—
Maçons, Tailleurs de pierres de Bordeaux,	MARIUS VICTOR
Plâtriers de Béziers,	CRISTINE.
Maçons, Tailleurs de pierres de Carcassonne,	AMIEL.
Maçons et similaires de Châlons-sur-Saône,	DAVID.

Maçons et aides de Clermont-Ferrand, TAILLANDIER.
Plâtriers-Peintres de Clermont-Ferrand, LEGRAND.
Tailleurs de pierres de Clermont-Ferrand, TAILLANDIER.
Bâtiment de Châteauroux, MARATON.
Carriers des Grivats à Cusset, NURY.
Bâtiment de Decize, DEFOSSE.
Maçons et Terrassiers de Grenoble, FAY.
Maçons et similaires du Hâvre, LETTS.
Maçons de Limoges, GAILLARD.
International des Maçons de Marseille, Ch. BOUSQUET.
Maçons limousinants de Marseille, GIORGI.
Aides-Maçons de Marseille, FRANCIA.
Cimentiers-Gacheurs de Marseille, LAFAILLE.
Mineurs-Terrassiers de Marseille, RAYNAUD.
Maçons de Laval, ACAMBON.
Union de la Bâtisse de Montpellier, NIEL.
Tailleurs de pierres de Montpellier, —
Maçons et Cimentiers de Moulins, NURY.
International des Maçons, Tailleurs de pierres de Nancy, GALANTUS.
Maçons de Nevers, DEFOSSE.
Maçons et similaires de Narbonne, LACOMBE.
Ouvriers de la Bâtisse d'Orléans, CONSTANT.
Maçons et Tailleurs de Perpignan, BERTRAND.
Tailleurs de pierres de Perpignan, —
Maçons et Tailleurs de pierres de Pau, LABASTIE.
Union de la Maçonnerie et de la Pierre de Paris, MARIUS VICTOR et BARITAUD.
Maçons et similaires de Reims, MARIUS VICTOR
Tailleurs de pierres et Ravaleurs de Reims, GUERNIER.
Maçons et similaires de Rouen, BRIOT.
Maçons et Tailleurs de pierres de Rochefort, LOUP.
Maçons et Tailleurs de pierres de Romans, GÉRIN.
Maçons de Saint-Brieuc, COLLET.
Maçons de Saint-Chamond, DELESSALLE.
Bâtiment de Saint-Pierre-les-Moutiers, DEFOSSE.
Plâtriers de Rennes, BOUGOT.
Maçons de Toulon, DORIA.
Maçons de Toulouse, Ch. BOUSQUET.
Maçons de Tunis, NURY.
Maçons de Valence, —

Maçons de Vichy. NURY.
Tailleurs de pierres de Vichy, GOBELET.
Terrassiers et Mineurs de Vichy, BERTHELIER.
Maçons de Draguignan, NURY.
Tailleurs de pierres de Limoges, —

MARÉCHAUX

Versailles, HARDY.
Rouen, —
Paris, —
Marseille, —
Reims, JAUNET.

MARINE

Fonderie de Ruelle, GENTRIC.
Laboratoire Central de la Marine de Paris-Sevran, —
Forges de la Chaussade de Guérigny, —
Travailleurs réunis de Rochefort-sur-Mer, —
Travailleurs réunis du Port de Toulon, —
Régie directe du Port de Toulon, LE GOUIC.
Régie directe du port de Lorient, —
Régie directe du port de Brest, —
Travailleurs réunis du Port de Brest, VIBERT.
Travailleurs réunis du Port de Lorient, KÉRIHUEL.

MÉCANICIENS

Mécaniciens de Villefranche (Rhône), SALEL.
Mécaniciens de Lyon, —
Mécaniciens de Limoges, —
Ajusteurs, Tourneurs, Forgerons, Mécaniciens de Bordeaux, CARREYRE.
Serruriers, Chauffeurs, Conducteurs, Mécaniciens de Reims, JAUNET.
Mécaniciens de Marseille, MOURREN.
 — de Saint-Dié, COUPAT.
 — de Romans et Bourg-de-Péage, —
 — de Hautmont-sous-le-Bois, —
 — de Ferrière-la-Grande, —
 — de Montzeron-Toutey, —
 — de Nouzon, —

MÉCANICIENS (*Suite*)

ORGANISATIONS	DÉLÉGUÉS
Mécaniciens de Maubeuge,	COUPAT.
— de Chartres,	—
— de Libourne,	—
— d'Epinal,	—
— de Tarbes,	LAUCHE.
— de Meaux,	—
Tourneurs en optique de Paris,	—
Mécaniciens d'Albert,	—
Tourneurs sur métaux de Saint-Nazaire,	—
Tourneurs décolleurs sur métaux de Paris,	—
Ajusteurs, Tourneurs, Raboteurs de Nantes,	—
Mécaniciens de Soissons,	VOILIN.
Mécaniciens d'Angers,	—
Mécaniciens d'Arras,	—
Serruriers, Mécaniciens de Chambéry,	HÉLIÈS.
Mécaniciens de Bességes,	—
— d'Evreux,	—
— de Chauny,	—
— de Paris,	—
— de Dijon,	—
— de Saint-Etienne,	ICHARD.
— de Poitiers,	LIMOUSIN.
— de Roubaix,	LIÉNARD.
Décolleteurs de Lyon,	CHEVALIER.
Métallurgistes de Troyes,	EXERTIER.
Serruriers, Mécaniciens de Pau,	GUILLEMIN.

MENUISIERS

Menuisiers de Paris,	NICOLLET.
Menuisiers de Laval,	ACAMBON.
Menuisiers de Rochefort-sur-Mer,	ROUX.
Syndicat du Bois d'Auxerre,	JOLY.
Menuisiers de Montpellier,	NIEL.
Menuisiers de Valence et Bourg-lès-Valence,	DEFUIDE.
Menuisiers de Saint-Etienne,	PINTURIER.
— de Marseille,	BONNET.
— du Hâvre,	H. VALLIN.
— de Bourges,	GOUSSELET.
— de Tours,	MORIN.

ORGANISATIONS	DÉLÉGUÉS
Menuisiers de Béziers,	G. MOLINIER.
— de Saint-Gemain-en-Laye,	PETIT Célestin.
— de Lille,	SAINT-VENANT.
Menuisiers, Charpentiers, de La Roche-sur-Yon.	BLANCHARD.
Menuisiers, Charpentiers, de Saint-Brieuc,	COLLET.
Parqueteurs de Paris,	NICOLET.
Menuisiers, Charpentiers de Lorient,	COEFFIC.
Charpentiers, menuisiers de Dunkerque,	KERFYSER.

MÉTALLURGIE

Serruriers de Poitiers,	LIMOUSIN.
Ferblantiers-Zingueurs de Poitiers,	—
Industries Electriques de la Seine,	PATAUD.
Métallurgistes de Saint-Denis,	—
Métallurgistes du Boucau,	LACABANNE.
Travailleurs du Cuivre de Lyon,	BLANCHARD.
Chaudronniers en Fer et en Cuivre de Nantes,	—
Métallurgistes de la Basse-Indre,	—
Métallurgistes, de Boulogne-sur-Mer,	E. OUDOT.
Métallurgistes, d'Alais,	FLACHERON.
Ferblantiers, Plombiers et Zingueurs, de Marseille,	BONNEFOUX.
Métallurgistes du Hâvre,	A. LEVASSEUR.
Ferblantiers de Moulins,	C. NEURY.
Métallurgistes de Moulins,,	—
Métallurgistes d'Auxerre,	JOLY.
Bronziers de Lyon,	MEILLER.
Métallurgistes, de Nevers,	SIEURIN.
Ouvriers en limes de Nancy,	GALANTUS.
Métallurgistes du Saut-du-Tarn,	—
Métallurgistes de Cousances-aux-Forges,	—
Ferblantiers, Lampistes de Lyon,	—
Opticiens, Compassiers, de Ligny-en-Barrois.	—
Frappeurs de Nantes,	ANDRIEUX.
Métallurgistes de Fromelennes,	—
Serruriers et Mécaniciens, de Tours,	—
Forgerons de Nantes,	—

MÉTALLURGIE (Suite)

ORGANISATIONS	DÉLÉGUÉS
Métallurgistes d'Orléans,	Majot.
Ferblantiers, Zingueurs, de Pau,	—
Chaudronniers en cuivre du Hàvre,	Merrhein.
Tourneurs, Robinettiers de Nantes,	—
Décolleteurs, Robinettiers de Marignier,	—
Horlogers, Décolleteurs de Scionzier,	—
Horlogers de Saint-Nicolas d'Aliermont,	—
Orfévrerie Lyonnaise,	Meunier.
Serruriers-Mécaniciens de Niort,	Duchereux.
Façonneurs de manches de Thiers,	—
Émouleurs-Polisseurs de Thiers,	—
Polisseurs en couteaux de Thiers,	—
Découpeurs-Estampeurs de Thiers,	—
Métallurgistes de Château-Regnault,	Sauvage.
— de Revin,	—
— de Vrigne au Bois,	—
— de Monthermé,	—
— de Mézières-Charleville,	—
— de Mohon,	—
— de Sedan,	—
— de Braux,	—
— de Saint-Uze,	Latapie.
Chauffeurs, Mécaniciens, Automobilistes de la Seine,	—
Cartouchiers Seine et Seine-et-Oise,	—
Métallurgistes de Rochefort,	—
Serruriers de Limoges,	—
Tourneurs, Racheveurs de Genève,	—
Métallurgistes du Vimeu,	—
Travailleurs sur cuivre du Vimeu,	—
Constructions mécaniques de Lure,	Braun.
Ouvriers en Limes de Raveau,	—
Métallurgistes de Cette,	—
— de Châteauroux,	—
— d'Annonay,	—
Ouvriers en Limes de Cosne,	—
Constructeurs, Mécaniciens de Rouen,	—
Métallurgistes de Sens,	—
Ouvriers en scies de Paris,	—

ORGANISATIONS	DÉLÉGUÉS
Armuriers de Saint-Etienne,	Delesalle.
Métallurgistes de Châlons-sur-Saône,	—
Métallurgistes de Saint-Chamond,	—
Découpeurs, Estampeurs de Lyon,	Paradis.
Découpeurs-Estampeurs de Paris,	—
Métallurgistes d'Ivry-sur-Seine,	Cléret.
Chaudronniers en cuivre de Paris,	Coitou.
Chaudronniers en fer de la Seine,	—
Métallurgistes de Funel,	Valois.
Ouvriers de Dives-sur-Mer,	Mandot.
Métallurgistes de Montluçon,	Gaudron.
— de Clermont-Ferrand,	Taillandier.
— d'Angoulème,	Baudry.
Monteurs de Couteaux de Thiers,	Lévy.
Mouleurs de Saint-Nazaire,	Gautier.

MINEURS

Mineurs de Fouquières-les-Lens,	Merzet.
— de Saint-Eloy-les-Mines,	—
— de Montceau-les-Mines,	—
— de Brassac-les-Mines,	—
— de La Chapelle-sous-Dun,	—
— de La Talaudière,	—
— de La Loire,	—
— de Decazeville,	E. Pouget.

MODELEURS

Modeleurs du Hàvre,	Escalaïs.
Modeleurs-Mécaniciens du Rhône,	—
Modeleurs-Mécaniciens de la Seine,	—
Modeleurs-Mécaniciens de la Loire,	Chambatte.

MOULEURS

Mouleurs en cuivre de la Seine,	Giberne.
Fondeurs en fer de la Seine,	—
Mouleurs de Saint-Quentin,	—
— de Carcassonne,	—
— de Bolbec,	—
— de Tergnier-Fargniers,	—

Mouleurs de Creil, — GIBERNE.
— de Saint-Dié, —
Mouleurs en métaux de Lyon, TATIN.
Mouleurs et Fondeurs de Lyon, —
Mouleurs de Montluçon, —
— de Romans, —
— de Mont-de-Marsan. —
— de Clermont-Ferrand, —
— de Niort, —
— de Dole, —
Mouleurs en fonte de Reims, JAUNET.
— de Vierzon, MINOIS.
— d'Outréau, —
— de Soissons, —
— de Chartres, —
Mouleurs d'Etampes, —
— d'Essonnes, —
— de Persan-Beaumont, —
Fondeurs du Hâvre, V. MICHEL.
Mouleurs de Flers, —
— de Rennes, —
— de Vienne, —
— de Roanne, —
— de Nantes, —
— de Chauny, —
— d'Amiens, —
— d'Angers, CORIOL.
— de Tours, MORIN.
— de Nouzon, LENOIR.
— de Lens, —
- de Marquise, —
Mouleurs en métaux de Paris, —
Mouleurs d'Aix, —
— de Noyon, —
— d'Albert, —
— de Roubaix, —
— de Firminy, BASTET.
— de Grenoble, FAY.
— de Saint-Etienne, CHAMBATTE.
Fonderies de Lille, SAINT-VENANT.

PAPIER

Papeterie-réglure de Paris, BRIAT.
Afficheurs de la Seine, MAZAUD.
Relieurs-Brocheurs de Dijon, STENGER.

PEINTRES

Peintres du bâtiment de Tours, LOISON.
— de Poitiers, FAUQUET.
— de Saint-Brieuc, COLLET.
— de Perpignan, BERTRAND.
— de Saint-Quentin, NICOLAS.
— de Tulle, CHIÈZE.
— de Chartres, ABEILLE.
— de Bourges, DRU.
— de Nevers, COMBEMOREL.
— de Paris, GERMAIN.
— d'Angers, BAHONNEAU.
— de Cette, DAVID.
— de Niort, —
— de Rochefort, —
— d'Orléans, —
— de Grenoble, —
— de Saint-Amand, ROBERT.
— de Bordeaux, —
— de Brive, —
— de Versailles, —
— de Reims, —
— d'Arles, —
— de Limoges, —
Peintres en toiles de Bourges, DOUDIOT.

PORTS ET DOCKS

Quais et Docks de Rochefort, DENIS.
Quais et Docks de Lyon, GAGET.
Débardeurs du port de Rouen, BRIOT.
Dockers de Brest, LE GALL.
Charretiers et Chargeurs de Cette, JEANNOT.
Chargeurs-Déchargeurs de Toulon, DORIA.
Portefaix du port de Cette, PIOCH.
Ouvriers du port de Dunkerque, SAUVAGE.
Camionneurs du Hâvre, MILLET.

PORTS ET DOCKS (*Suite*)

ORGANISAT.ONS	DÉLÉGUÉS
Bois-Merrains de Bordeaux,	TRÉMOULET.
Travailleurs du port de Brest,	PENGAM.
Employés de la Navigation de Lyon,	LEGOUY.

POSTES ET TÉLÉGRAPHES

Postes et Télégraphes de Paris,	CRÉTOIS.
Postes et Télégraphes de Bourg-en-Bresse,	CLERC.
Postes et Télégraphes de la Loire,	JACQUOT.
Postes et Télégraphes de Poitiers,	LIMOUSIN.

SABOTIERS

Sabotiers de Poitiers,	LIMOUSIN.
Galochiers-Sabotiers de Romans,	GÉRIN.
Sabotiers de Tulle,	CHIÈZE.
Sabotiers de Bourg-en-Bresse,	CLERC.
Sabotiers de Nevers,	COMBEMOREL.
Galochiers-Sabotiers de Brive,	DESPLANQUES.
Sabotiers-Galochiers de Limoges,	DUBÉROS.
Sabotiers-Galochiers de Châteauroux	—

SELLERIE-BOURRELLERIE

Malletiers et articles de voyages de Paris,	CLÉMENT.
Bourrellerie-Sellerie de Paris,	

TABACS

Ouvriers des Tabacs d'Alger.	ESTELLÉ.
— de Nice,	VOILIN.
— de Marseille,	BAUMLER.
— de Lyon,	
Ouvrières de Toulouse,	HÉLIÈS.
Ouvriers de Pantin,	—
— de Nancy,	LAUCHE.
— de Toulouse,	
— de Dijon,	MALARDÉ.
— du Mans,	—
— d'Orléans,	—
— de Tonneins,	
— de Riom,	

ORGANISATIONS	DÉLÉGUÉS
Ouvriers de Bordeaux,	MALARDÉ.
— de Limoges,	—
— de Morlaix.	—
Ouvrières de Bordeaux,	
Ouvriers de Nantes,	MASSON.
Ouvriers de Lille,	—

TEINTURE

Teinturiers de la Seine,	MONTÉLIMARD.
Teinturiers de Villefranche,	BAIZET.
Teinturiers de Troyes,	EXERTIER.

TEXTILE

Industrie cotonnière de Laval,	ACAMBON.
Textile de Belfort,	RENARD.
Textile de Poix du Nord,	—
Tissage mécanique de Lyon,	—
Tisseurs en tous genres de la Seine,	—
Fileurs de Tourcoing,	—
Textile de Neuvilly,	—
Blanchisseuses de Lyon,	Mme MONTAGNE.
Fileurs-Rattacheurs de Reims,	DELESALLE.
Textile de Reims,	—
Industrie Lainière de Reims,	GUERNIER.
Textile de Saint-Dié,	—
Textile de Saint-Menges,	—
Textile de Floing,	—
Teinturiers de Lyon,	RAVIER.
Teinturiers d'Amiens,	WARTEL.
Ouvriers en soieries de Vizille,	DUCROT.
Ouvriers en drap de Romorantin,	—
Trieurs de laines de Reims,	—
Tisseurs de Saint-Quentin,	NICOLAS.
Sparterie de Mâcon,	SAUGE.
Industrie florale de Paris,	ESPANET.
Teinturiers apprêteurs de Roubaix,	SÉROUILLE.
Tissage de Roubaix,	—
Cotonniers, de Rouen,	BRIOT.
Fileurs de Villefranche,	BAIZET.
Passementiers à la main de Paris,	BEAUSOLEIL.

<table>
<tr><td>Bonnetiers de Troyes,</td><td>EXERTIER.</td></tr>
<tr><td>Fileurs de Troyes.</td><td>—</td></tr>
<tr><td>Textile d'Angers,</td><td>BEDOUET.</td></tr>
<tr><td>Textile de Saint-Etienne,</td><td>BONNARD.</td></tr>
<tr><td>Passementiers à la Barre de Paris,</td><td>LUQUET.</td></tr>
<tr><td>Textile de la Somme,</td><td>DUMONT.</td></tr>
<tr><td>Textile de Roanne,</td><td>V. GRIFFUELHES</td></tr>
<tr><td>Tisseurs d'Amiens,</td><td>PRONIER.</td></tr>
<tr><td>Imprimeurs sur étoffes de Saint-Etienne,</td><td>BASTET.</td></tr>
<tr><td>Teinturiers de Saint-Etienne,</td><td>—</td></tr>
<tr><td>Teinturiers de Reims,</td><td>ROUSSEAU.</td></tr>
<tr><td>Bonnetiers de Moreuil,</td><td>MOREL.</td></tr>
<tr><td>Tisseurs de Lyon,</td><td>DUROUSSET et VIOLET.</td></tr>
<tr><td>Brodeuses de Lyon,</td><td>Mme GARNIER.</td></tr>
<tr><td>Textile de Darnétal,</td><td>YVETOT.</td></tr>
<tr><td>Textile de Lille,</td><td>MASSON.</td></tr>
<tr><td>Fileurs de Lin-Chanvre de Lille,</td><td>SAINT-VENANT.</td></tr>
</table>

TONNEAU

Tonneliers de Marseille,	BOST.
— de Reims,	DUCROT.
— de Montpellier.	NIEL.
— de Limoges,	GAILLARD.
— de Paris,	DESLANDRES.
— de Béziers,	ESTADIEU.
— de Cette,	JEANNOT.

TRANSPORTS EN COMMUN

Tramways de Lille,	SAINT-VENANT.
Tramways de Reims,	GUERNIER.
Cochers et Camionneurs de Reims,	—
Cochers de fiacre de Lyon,	LEGOUHY.
Cochers de fiacre de Fontainebleau,	HÉMERY.
Tramways Sud de Paris,	H. GRIFFUELHES
Tramways de Nice,	PIDINELLI.
Tramways électriques de Cette,	JANOT.
Tramways de Limoges,	GANDOUIN.
Métropolitain de Paris,	TESCHE.
Tramways électriques d'Avignon,	—
Bateaux à voyageurs de la Seine,	—
Tramways de Cusset-Vichy,	—

Tramways de Lyon,	TESCHE.
Cochers de Paris,	MAZAUD.
Laveurs de voitures de la Seine,	—
Tramways électriques de Grenoble,	FAY.
Tramways de Paris et de la Seine,	BRIAT.
Syndicat de l'Est parisien,	—
Conducteurs de Tramways de Lyon,	—
Omnibus de Paris	—
Cochers-Postiers de Paris,	—
Tramways à Vapeur de Saint-Etienne,	BASTET.
Tramways de Poitiers,	LIMOUSIN.
Tramways de Marseille,	LAFAILLE.
Camionneurs de la Seine,	JACQUOT.

TRANSPORTS ET MANUTENTION

Irréguliers des corporations de Narbonne,	GOFFRE.
Domestiques du roulage de Tourcoing,	LIÉNARD.
Charretiers-Camionneurs de Roubaix,	—
Camionneurs de Limoges,	TABARD.
Emballeurs de chiffons de Paris,	—
Déménageurs de Paris,	—
Hommes de Peine de Reims,	—
Pompes Funèbres de Paris,	—
Charretiers de Montpellier,	NIEL.
Manœuvres-Journaliers de Lyon,	JACQUET.
Charretiers de Perpignan,	BERTRAND.
Hommes de Peine de Casteljaloux,	POUGET.
Garçons de magasins de Nancy,	GALANTUS.
Garçons de magasins de la Seine,	ROCHE.
Ouvriers non qualifiés de Paris,	DUBÉROS.

TRAVAILLEURS MUNICIPAUX

Travailleurs municipaux de Bourges,	COQUARD.
Service des Eaux de Lyon,	THOZET.
Cantonniers de Lyon,	CAILLOT.

VERRIERS

Verriers de l'Oise,	GÉNIE.
Pompe à faire le vide d'Ivry,	CLÉRET.
Verriers d'Albi,	RENOUX.
Verriers verre blanc de Rive-de-Gier,	MAINSEL.

VERRIERS (Suite)

ORGANISATIONS	DÉLÉGUÉS
Verriers verre noir de Rive-de-Gier,	MAINSEL.
Verriers à vitres de Rive-de-Gier,	—
Verriers de Vernes,	—
Verriers de Vieux-Rouen,	KLEMCZINSKI.
Verriers de Feuquière,	—
Verriers de Saint-Germer-de-Fly,	—
Verriers de Vierzon,	DÉLZAN.
Verriers en bouteilles d'Hirson,	—
Verriers de Quiquengrogne,	—
Verriers d'Incheville,	—
Verriers du Tréport,	—

VOITURE

Ouvriers en voitures d'Alençon,	PUJOS.
Ouvriers en voitures du Mans,	—
Ouvriers en voitures de Vichy,	LE BLAVEC.
Ouvriers en voitures de Dinan,	—
Ferreurs de Paris,	—
Ouvriers en voitures de la Seine,	—
Ouvriers en voitures d'Orléans,	—
Carrossiers de Marseille,	—
Ouvriers en voitures de Rouen,	—
Ouvriers en voitures de Nantes,	BLANCHART.
Carrossiers de Nîmes,	REY.
Ouvriers en voitures de Bourg,	CLAIR.
Ouvriers en voitures de Lyon,	LUZY.
Carrossiers d'Angers,	KARCHER.

ORGANISATIONS	DÉLÉGUÉS
Ouvriers en voitures de Saint-Amand,	BURBAUD.
Carrossiers de Lille,	SERON.
Charrons-Forgerons d'Alger,	—
Ouvriers en voitures de Bourges,	—
Ouvriers en voitures de Béziers,	GRANIER.
Ouvriers en voitures de Versailles,	TAMIZON.
Ouvriers en voitures de Saint-Vallier,	—
Carrossiers de Moulins,	PRAT.
Ouvriers en voitures de Brive,	—
Ouvriers en voitures de Saint-Etienne,	JACQUOT.

ISOLÉS

Pianos et Orgues de Paris,	MESSENS.
Monnaies et Médailles de Paris,	GERVAISE.
Enseignement libre de Paris,	ROBERT.
Scieurs-découpeurs de la Seine,	LE BLAVEC.
Scieurs mécaniques d'Angers,	KARCHER.
Préparateurs en pharmacie de Paris,	E. DUMAS.
Ouvriers de la Terre de Vitry,	LAMBERT.
Tordeurs d'huiles de Dunkerque,	KERFYSER.
Pêcheurs de Courrantille de Cette,	JEANNOT.
Jardiniers d'Orléans,	GUILLEUX.
Jardiniers de Paris,	BEAUSOLEIL.
Dessinateurs du Bâtiment de Paris,	—
Préparateurs en pharmacie de Montpellier,	NIEL.
Artistes Chorégraphes de Paris,	DUMÉROS.
Jardiniers de Lyon,	ROSSIAUD.

LISTE DES ORGANISATIONS
dont les Mandats n'ont pas été admis

————➤❦◄————

Ebénistes de la Seine,	délégué	Arbogast,	n'est pas à sa Bourse.
Boulangers de Lyon,	»	Darbon,	n'est pas fédéré.
Boulangers de Lorient,	»	Le Gouic,	»
Boulangers de la Nièvre,	»	Combemorel,	»
Bâtiment de La Charité,	»	»	»
Bâtiment de Cercy-la-Tour,	»	»	»
Bâtiment de Guérigny,	»	»	»
Bâtiment de Cosne,	»	Defosse,	»
Maçons de Dunkerque,	»	Kerfyser,	»
Maçons de Saint-Quentin,	»	Nicolas,	»
Plâtriers de Saint-Brieuc,	»	Collet,	mandat non régulier.
Tabletterie de Paris,	»	Messens,	n'est pas fédéré.
Bûcherons d'Arquian,	»	Combemorel,	»
Bûcherons de La Machine,	»	Defosse,	»
Bûcherons de Nevers,	»	»	»
Menuisiers et Charpentiers de Caen,	»	Mandot,	Bourse non fédérée.
Charpentiers de Chambéry,	»	Minazio,	n'est pas fédéré.
Charpentiers de Nevers,	»	Defosse,	»
Coiffeurs de Marseille,	»	Lafaille,	»
Cuir et Similaires de Chambéry,	»	Minazio,	»
Cordonniers du Hâvre,	»	Beaux,	»
Cordonniers (cousu-main) de Lyon,	»	Giray,	»
Cordonniers de Lyon,	»	Hermelin,	»
Mégissiers de la Seine,	»	Marié,	parvenu trop tard.
Tanneurs-Corroyeurs de Lyon,	»	Reynon,	n'est pas fédéré.
Chemin de fer de Creil,	»	Pinçon,	n'est pas à sa Bourse.
» du Bourget,	»	»	»
» de Nîmes,	»	Guérard,	»
» de Paris (Ceinture),	»	Pinçon,	»
» de Paris-Nord,	»	»	»
» de Paris-Orléans,	»	»	»
» de Paris-Ouest Rive droite,	»	Roberjot,	»
» de Paris-Ouest-Etat Rive gauche	»	Lemonnier,	»
» de Paris-P.-L.-M.,	»	Faure,	»
Commis-Comptables de la Gironde,	»	Reymond,	n'est pas fédéré.
Employés de Brest,	»	Traut,	n'est pas à sa Bourse.
Employés d'Oran,	»	Michel,	n'est pas fédéré.
Employés de Tours,	»	Sellier,	n'est pas à sa Bourse.
Chambre Syndicale des Employés de Paris,	»	Lucas,	»
Syndicat des Employés de Paris,	»	Beausoleil,	n'est pas fédéré.
Cercle des Employés de Paris,	»	Lévy,	»
Employés de Coopératives de Paris,	»	Voilin,	n'est ni fédéré, ni à sa Bourse.
Presseurs en Confections d'Angers,	»	Bédouet,	n'est pas fédéré.
Coupeurs en Confections de Lille,	»	Masson,	»
Tailleurs de Paris,	»	Beausoleil,	n'est pas à sa Bourse.
Coupeurs-Tailleurs de Paris,	»	Gervason,	parvenu trop tard.
Tailleurs de Poitiers,	»	Fouquet,	n'est pas fédéré.
Tailleurs de Saint-Amand,	»	Burlot.	»
Typographes de Caen,	»	Levasseur,	Bourse non fédérée.
Typographes de Tarbes,	»	Chapeau,	n'est pas à sa Bourse.
Maçons d'Albi,	»	Boyanique,	n'est pas fédéré.
Tailleurs de pierres de Chambéry,	»	Minazio,	»
Maçons de Lyon,	»	Thévenot,	»
Terrassiers de Lyon,	»	Legouhy,	»
Maçons de Saint-Amand,	»	Burlot,	»

Maçons de Tulle,	délégué	Chièze,	n'est pas fédéré.
Tailleurs-Carriers de Saint-Brieuc,	»	Collet,	mandat non régulier.
Maréchaux d'Angers,	»	Bédouet,	n'est pas fédéré.
Maréchaux de Limoges,	»	Gaillard,	»
Travailleurs du port de Cherbourg,	»	Gentric,	Bourse non fédérée.
Mécaniciens de Nice,	»	Voilin,	n'est pas à sa Bourse.
Mécaniciens de Tourcoing,	»	»	»
Métallurgistes de Calais,	»	»	»
Menuisiers de Blois,	»	Guénard;	n'est pas fédéré.
Menuisiers de Chambéry,	»	Minazio,	»
Menuisiers de Poitiers,	»	Limousin,	»
Menuisiers de Tulle,	»	Chièze,	»
Métallurgie de Lille,	»	Saint-Venant.	»
Métallurgie de Rive-de-Gier,	»	Mainsel.	»
Ferblantiers-Zingueurs de Tours,	»	Andrieux,	n'est pas à sa Bourse.
Vendeurs de journaux de Tours,	»	Morin,	n'est pas fédéré.
Peintres-Plâtriers de Saint-Étienne,	»	Robert,	n'est pas à sa Bourse.
Peintres de Cherbourg,	»	David,	Bourse non fédérée.
Charbonniers de Marseille,	»	Christine,	n'est pas fédéré.
Sabotiers de Saint-Amand,	»	Burlot,	
Sellerie Militaire de Paris,	»	Clément,	n'est pas à sa Bourse.
Selliers-Harnacheurs de la Seine,	»	»	»
Selliers et Mécaniciennes de Paris,	»	»	»
Sièges Cuir de Paris,	»	»	»
Teinturiers de Saint-Chamond,	»	Delesalle.	n'est pas fédéré.
Brodeurs de Saint-Quentin,	»	Nicolas.	»
Imprimeurs sur étoffes de Lyon,	»	Verd.	»
Tonneliers de la Nièvre,	»	Defosse,	»
Tonneliers d'Oran,	»	Michel,	»
Manœuvres, Hommes de peine du Hâvre,	»	Valin,	»
Journaliers, Manœuvres de Saint-Denis,	»	Lamarche,	»
Glacerie de Montluçon,	»	Fouilland,	»
Carrosserie de Poitiers,	»	Limousin,	»
Ornements en bois de Castres,	»	Renoux,	Bourse non fédérée.
Caoutchoutiers de Clermont-Ferrand,	»	Legrand,	n'est pas fédéré.
Scieurs en Mécanique d'Hermes,	»	Génie,	»
Scieurs en Mécanique de Lyon,	»	Royer,	»
Manouvriers de Neuville,	»	Jacquet,	»
Produits chimiques de Prémery,	»	Defosse,	»
Laveuses, Nettoyeuses de Saint-Amand,	»	Burlot,	»
Vanniers de Sissy,	»	Nicolas,	»

Mandats annulés

Ouvriers des Tabacs de Châteauroux, deux mandats : au nom de Malardé et de Marathon.

Employés des Tramways de Grenoble, deux mandats : au nom de Briat et de Fay.

RAPPORTS

des Comités

et des Commissions

POUR L'EXERCICE 1902-1904

PRÉSENTÉS AU

8ᵉ CONGRÈS NATIONAL DE LA CONFÉDÉRATION GÉNÉRALE DU TRAVAIL

Tenu à Bourges du 12 au 17 Septembre 1904

Rapport du Comité Confédéral

LES DEUX SECTIONS RÉUNIES

Camarades,

Le rapprochement de l'Union des Bourses et de l'Union des Fédérations nationales corporatives s'est établi selon les résolutions des Congrès d'Alger et de Montpellier (septembre 1902).

C'est sans à-coup et sans heurt, par suite d'une juste interprétation des décisions prises, que le nouveau fonctionnement de la Confédération Générale du Travail s'est poursuivi dans les conditions permises par l'état des organismes existants et avec la somme d'efforts correspondant aux moyens dont les Syndicats disposent.

Le nombre des Syndicats qui ont adhéré, soit à leur Bourse, soit à leur Fédération, selon le cas, est élevé, et il n'est pas faux de dire que, si ce nombre est inférieur à celui prévu, la faute en incombe au manque d'activité et de prévoyance des grandes organisations. Des Bourses n'ont pas permis, par des mesures appropriées, à des Syndicats de se rallier à elles, des Fédérations n'ont pas tiré des décisions de Montpellier ce qu'elles contenaient.

Ces décisions ont eu pour objet de fortifier les Bourses et les Fédérations en leur donnant des origines communes pour des attributions différentes, mais se complétant les unes par les autres, comme des manifestations d'une même action. Ce but a donc été atteint en partie ; le temps et la volonté feront le reste.

Il nous appartiendra, par des dispositions mesurées, d'acheminer les Syndicats pour que, dans un délai relativement court, ils aient été à même de remplir les conditions stipulées par le Congrès de Montpellier.

Mise en application

C'est au 1er janvier 1903 que le Congrès de Montpellier fixait le point de départ de l'application de ses résolutions, et c'est en vue de cette échéance que les Comités des deux organismes jusqu'alors distincts, se réunirent, dès décembre 1902, en Comité Confédéral.

Là, furent examinées les conditions statutaires et furent arrêtées les mesures préliminaires pour leur mise en application.

Une circulaire était décidée, et qui a paru dans le numéro 113 de la *Voix du Peuple*, pour être adressée à tous les Syndicats, leur faisant connaître les obligations à remplir par chacun d'eux. De plus, les deux Comités décidaient, tenant compte de l'existence de deux Syndicats d'une même corporation dans une même localité et dont l'un appartient à sa Bourse du Travail et l'autre à sa Fédération Nationale, que les organisations existant au 1er janvier 1903 prendraient place, de droit, sur leur demande, dans leur Bourse et dans leur Fédération.

Cette décision était inspirée par le souci de pas subordonner un Syndicat à un autre.

Ce travail fait, chaque section désigna les membres pour faire partie des Commissions statutaires, du journal, des grèves et de la Grève Générale et du contrôle.

Les mesures nécessitées par le journal furent l'objet des préoccupations du Comité Confédéral. (On en trouvera trace dans le rapport spécial du journal.)

Ainsi, l'interprétation des statuts établie, les rouages constitués, le nouvel organisme put fonctionner.

Le 1ᵉʳ Janvier 1904 — Le Congrès

Afin de laisser le temps aux Syndicats de remplir les obligations statutaires, c'est-à-dire l'adhésion à une Bourse du Travail ou Union de Syndicat ET à une Fédération Nationale corporative, le Congrès avait fixé le 1ᵉʳ janvier 1904 comme le point de départ de l'entière application des statuts. Les Bourses et les Fédérations avaient devant elles l'année 1903 pour rallier dans leur sein les éléments restés étrangers à leur action propre. Chaque Fédération et chaque Bourse put employer tel moyen ou telle ressource pour tendre au résultat indiqué par le Congrès.

—Le Comité Confédéral fut saisi de quelques cas particuliers relatifs aux statuts, et il en attribua la solution aux intéressés, car il ne trouva en aucun d'eux une impossibilité d'aboutir. Leur nombre fut limité.

Vint la date du 1ᵉʳ janvier 1904 et des réponses adressées par les Bourses et par les Fédérations, il ressortait que le nombre des Syndicats n'ayant pas satisfait aux obligations confédérales était assez élevé. Les uns, pour des raisons financières, les autres, pour la non-existence dans leur sphère ou dans leur corporation de l'organisation nécessaire.

Un examen fit comprendre que bien des Syndicats s'étaient trouvé en face de difficultés que des mesures n'avaient pas aplani. Le Comité en tint compte, et dans le *Répertoire des Organisations confédérées*, tous les Syndicats rattachés à la Confédération Générale du Travail par leur Bourse du Travail ou Union de Syndicats, et par leur Fédération Nationale corporative, ou simplement par l'une d'elles, y sont mentionnés.

Il était procédé ainsi pour ne pas exclure de l'organisation ouvrière des Syndicats qui y ont leur place, laissant à la propagande et à l'émulation le soin de réaliser entièrement les vues du Congrès de Montpellier. —

C'était tout ce que pouvait faire le Comité, c'est-à-dire tenir compte de la bonne volonté manifestée, par des Syndicats, de l'impossibilité pour certains autres de remplir les conditions stipulées.

Mais s'il a reconnu acceptables certaines raisons et intéressantes certaines situations, le Comité n'a pas songé un seul instant à légitimer l'abstention des organisations s'abritant derrière des difficultés financières. Lorsqu'on a reconnu nécessaire la constitution d'organismes pour mener à bien la lutte ouvrière, on ne saurait arguer, pour échapper aux charges, d'une impossibilité quelconque.

Les travailleurs ont, pour premier devoir, d'assurer les moyens indispensables pour la résistance et l'obtention de réformes. Il ne suffit pas de réclamer des aides et des concours, il faut faire les sacrifices pour réunir les moyens d'assurer ces aides et ces concours.

Alors que l'ouvrier se laisse prendre à tant d'occasions qui entraînent des dépenses sans apporter de profit, il est nécessaire qu'il alimente lui-même les sources de la propagande et de l'action.

Il serait temps, en effet, que chacun le comprît, si on ne veut se préparer des déceptions et des déboires.

L'insertion dans le Répertoire de tous les Syndicats rattachés à la Confédération Générale du Travail, même par un faible lien, indique que le Comité n'a voulu mettre personne en dehors de l'organisation ouvrière.

Mais pour collaborer intimement au mouvement syndical, en prenant part aux manifestations dont les Congrès corporatifs nationaux sont l'exacte expression, le Comité Confédéral a maintenu entière la lettre des statuts, en ce qui concerne l'obligation d'être confédéré, c'est-à-dire que, pour avoir le droit de participer aux Congrès organisés par la Confédération Générale du Travail, un Syndicat doit appartenir à sa Bourse ET à sa Fédération Nationale.

Donc, pourront prendre part au Congrès de Bourges, les Syndicats qui remplissent cette double obligation. Ceux qui n'adhèrent qu'à leur Bourse ou à leur Fédération ne pourront y participer. Exception sera faite seulement pour les organisations qui, pour des raisons indépendantes de leur volonté, ne peuvent adhérer soit à leur Bourse, soit à leur Fédération.

Action Internationale

LE BUREAU INTERNATIONAL

Peu de temps après sa constitution, le Comité Confédéral eut à s'occuper de la Troisième Conférence internationale des Confédérations de chaque pays, qui se tint à Dublin en juillet 1903.

Le rapport soumis au Congrès de Montpellier indiquait la besogne faite par la Deuxième Conférence de Stuttgard (juin 1902). Les Syndicats peuvent s'y reporter.

Le Comité Confédéral décida de déposer à Dublin un rapport sur la Grève Générale et l'antimilitarisme, que publia la *Voix du Peuple* dans son numéro 141.

A cette Troisième Conférence, on se borna à compléter les résolutions de Stuttgard, et les décisions suivantes y furent prises :

La publication annuelle d'un rapport sur le mouvement ouvrier de chaque pays qui, traduit en trois langues, serait adressé aux autres nations ; l'envoi hebdomadaire, durant une grande grève ou un *lock-out*, d'un état sur la situation afin de renseigner les organisations étrangères et d'éviter l'effet des fausses nouvelles lancées par la presse ; la constitution indépendante du Bureau international qui avait été tenu par la Confédération allemande, et dont le siège reste à Berlin.

La demande du secours de grève, institué à Stuttgard, doit être accompagnée de renseignements portant sur le nombre de grévistes, sur le nombre des ouvriers organisés, sur celui des travailleurs occupés dans l'industrie de la corporation en grève et sur les ressources dont dispose le pays.

Ce travail fait, la cotisation fut fixée à 62 centimes et demi par an et par millier de membres adhérents, et il était décidé que la tenue des conférences se ferait tous les deux ans.

Cette dernière décision venait à l'encontre du désir formulé par la Confédération française, qui avait donné mandat à ses délégués de proposer Bourges comme siège de la prochaine conférence. Mais comme ces assises internationales doivent avoir lieu à l'occasion du Congrès corporatif du pays qui l'organise, la France ne pouvait être choisie puisque le Congrès de Bourges se tiendra en 1904, tandis que la Quatrième Conférence se tiendra en 1905.

La Guerre

Dès que parvint en Europe la nouvelle de la déclaration de guerre entre la Russie et le Japon, la presse manœuvra pour exciter l'opinion publique contre le Japon, en vue d'amener la France à intervenir en faveur de la Russie, alliée de notre bourgeoisie française. Et cette intervention eut été inspirée uniquement par le souci de défendre les énormes capitaux français engagés en Russie.

Pour des fins capitalistes et patronales, la presse chauvine ne reculait pas devant la perspective de jeter sur les champs de bataille des milliers de cadavres de prolétaires.

Les travailleurs organisés ne sauraient être mûs pas les mêmes mobiles. C'est sur la classe ouvrière que retombe toutes les charges des conflits engendrés par nos dirigeants qui en retirent tous les profits.

Les prolétaires conscients doivent donc être contre la guerre, qui les met aux prises les uns contre les autres, et il importait que, dès l'ouverture du conflit que l'on voulait généraliser, fût connue l'attitude que tiendraient les camarades de France.

C'est pour cela que le Comité Confédéral lança un manifeste qui réunit l'assentiment de tous. Peu de temps après sa publication, l'opinion publique étant mise en éveil de divers côtés, la campagne chauvine perdait de son acuité et les journaux se bornaient à commenter les nouvelles adressées du théâtre de la guerre.

Nous reproduisons le manifeste, pour sa signification :

GUERRE A LA GUERRE

Aux Travailleurs !
A l'Opinion publique !

Depuis quelques jours, en Extrême-Orient, deux peuples sont en lutte.

Pour assurer la suprématie des intérêts des possédants russes ou japonais, les travailleurs de Russie ou du Japon vont s'entr'égorger, *sans profit aucun pour eux-mêmes.*

Des cadavres humains s'entasseront pour la plus grande satisfaction des dirigeants. Et ces tueries seront une machiavélique diversion aux questions économiques qui se posent en tous pays.

A mille indices, il est aisé de reconnaître que la presse veut, en France, préparer l'opinion publique, par des nouvelles tendancieuses, en vue d'une intervention que rien ne saurait justifier.

Il a plû aux gouvernants d'établir des alliances pour la sauvegarde des intérêts capitalistes qu'ils représentent sans — naturellement — consulter les travailleurs pas plus sur les obligations qu'entraînent ces alliances, que sur les avantages qu'elles peuvent procurer.

Et, nous, les ouvriers, nous, les prolétaires, nous serions réduits à entrer en lutte pour permettre à la Russie de s'emparer de la Mandchourie, de la Corée, comme elle s'est emparée de la Pologne et de la

Finlande — aidant ainsi à l'asservissement d'hommes, dont le droit à la liberté est intangible.

On nous prône chaque jour que nous sommes souverains, mais on se garde de nous demander notre avis. C'est pourquoi, devant les événements qui se préparent, nous voulons dire notre sentiment et indiquer notre attitude. Nous avons d'autant plus raison de parler que ce sont les prolétaires qui sont appelés à se battre et que ce sont eux qui payeront les frais de la guerre.

Il y a trois ans, des travailleurs organisés de France et d'Angleterre s'affirmèrent en des manifestations publiques comme les adversaires résolus d'une guerre entre leurs deux pays.

Aujourd'hui, ils sont dans le même état d'esprit. La guerre, où qu'elle éclate, leur apparaît comme un crime de lèse-humanité.

Aussi, ils protestent contre le conflit actuel, qui met aux prises les prolétaires russes et japonais et menace de nous entraîner dans la conflagration.

Ils protestent, parce que la guerre actuelle, en surexcitant les sentiments chauvins risque d'éteindre l'esprit d'émancipation qui, depuis des années, pénétrait chez les travailleurs russes et constituait une menace pour l'autocratie.

Ce que le knout et la déportation sous le pôle, dans l'île Sakhaline, n'ont pu éviter — c'est-à-dire l'éveil des consciences ouvrières, — le gouvernement russe espère l'éviter grâce à la guerre. Il pourrait se tromper ! Nul ne peut prévoir les complications intérieures qui peuvent résulter d'un conflit entre nations.

Ils protestent aussi, parce que la guerre actuelle est le produit de l'impérialisme outrancier des Japonais, qui n'ont pris de la civilisation européenne que ses tares et qui, demain, en militarisant la Chine, risquent de nous créer le péril jaune.

Les travailleurs organisés ne sauraient oublier que la misère s'est intensifiée au Japon avec le développement de l'industrialisme et que la répression des idées sociales s'y exerce avec une férocité orientale.

Ils estiment, en effet, que Japon et Russie, officiels représentent tous deux la barbarie, personnifient les intérêts capitalistes et l'exploitation humaine. Les travailleurs ne sauraient, en permettant une intervention française, favoriser l'un au détriment de l'autre.

Cette attitude est la seule que puissent dicter les intérêts ouvriers, qui sont les mêmes en tous pays et qui font les travailleurs les membres de la famille humaine.

Pour la Confédération Générale du Travail, les secrétaires : Victor GRIFFUELHES, Georges YVETOT.

Les Bureaux de Placement

Depuis bien des années, les victimes des bureaux de placement demandaient la suppression de ces agences. A différentes époques, des campagnes avaient été engagées ; les organisations avaient dépensé leurs ressources, bien limitées, et leur énergie pour l'obtention de cette réforme. Elles n'avaient trouvé devant elles que difficultés énormes qui rendaient la solution impossible. La lutte n'avait réuni que quelques volontés désireuses d'agir, mais trop peu nombreuses pour créer un mouvement assez profond pour vaincre les résistances.

Il est inutile de rappeler les luttes qui se produisirent. Disons simplement qu'elles n'aboutirent pas. Les tenanciers des bureaux de placement continuaient leur trafic et les victimes achetaient toujours la possibilité de travailler.

Le progrès syndical de ces dernières années allait permettre de réaliser la réforme tant attendue. Les organisations plus fortes étaient à même de mener une action plus vigoureuse ; de leur côté, les victimes étaient décidées à tenter un dernier effort.

Nous ne ferons pas l'historique de la période d'agitation qui vient de s'écouler. Cette agitation a entraîné la disparition, en bien des villes, des bureaux de placement. Les diverses phases sont présentes à l'esprit de chacun. Nombreux sont ceux qui ont vécu ces instants de lutte et qui en gardent le souvenir.

Au mois d'octobre 1903, les corporations victimes entamèrent une campagne qui devait être décisive. Des réunions furent données, et qui firent ressortir le degré d'impatience, chez les travailleurs, de voir prendre fin le trafic du placement.

Vint le 29 de ce mois. Les meetings de ce jour-là revêtirent un caractère que nul n'escomptait. Les autorités policières firent irruption dans la Bourse du Travail de Paris. Des charges furent faites. Il y eut des victimes. Cette journée souleva les protestations publiques. Alors que les abus commis par les bureaux de placement n'étaient connus que d'un nombre relativement restreint d'individus, le 29 octobre les jeta dans la grande masse.

Convoqué d'urgence, le Comité Confédéral décida, sur la demande des intéressés, de prendre en mains la lutte commencée et de la poursuivre tant que ces derniers n'auraient pas satisfaction. Une Commission fut désignée, et l'action se continua plus ardente et plus étendue.

Des appels furent lancés, des tournées en province furent organisées, des réunions nombreuses furent tenues dans le but d'intéresser l'opinion publique à la cause des exploités des bureaux de placement.

Grâce à un effort constant de plusieurs mois, un courant se manifesta dans le public et dont il fallut tenir compte. Sous la pression des travailleurs, le Pouvoir, jusqu'alors réfractaire à cette réforme, capitula. Il devenait possible de supprimer les agences de placement.

En passant, nous devons dire quelques mots de la journée du 5 décembre. Après moins de trois semaines de préparation, il fut possible d'organiser, le même jour, près de cent réunions portant sur le même objet, avec une affiche unique, avec un délégué d'une localité avoisinante. Et si des défectuosités purent être constatées, il faut en attribuer la cause à la précipitation avec laquelle il fallut opérer.

Pour une autre occasion, profitant de l'expérience acquise et avec un délai préparatoire plus long, il sera aisé de donner à une manifestation de ce genre un caractère plus complet. Telle qu'elle se produisit, cependant, la journée du 5 décembre marquera un réel progrès du mouvement syndical dont la suppression des bureaux de placement est le résultat.

La *Voix du Peuple* a fait connaître, au jour le jour, les différents événements de cette période ; elle a publié tous les manifestes et tous les appels émanant de la Commission Confédérale. (Les Syndicats voudront consulter la collection du journal.)

Aujourd'hui, c'est un fait accompli : partout où l'action syndicale s'est exercée avec persévérance et énergie, les bureaux de placement ont vécu. Cette constatation est caractéristique. La Confédération Générale du Travail aura eu le mérite, grâce à l'immense effort des intéressés, d'aboutir pour l'obtention d'une réforme, dans un temps relativement court, si on le compare à la lenteur apportée pour tout ce qui concerne les travailleurs.

Un délai de cinq mois, consacré à une intense et vive agitation, aura suffi pour que soit obtenue une revendication que vingt ans de réclamations et de suppliques avaient simplement posée. Le résultat final dépend, pour certaines localités, de l'énergie et de l'activité déployées par les intéressés.

Le Prudhomie — La Journée de 10 heures

L'Union des Syndicats de la Seine, la Fédération de la Sellerie et la Fédération des Employés, cette dernière, par l'organe de son délégué, demandèrent au Comité d'entamer une campagne pour l'extension de la juridiction prud'homale comme celle qui venait d'être menée contre les bureaux de placement. Ces demandes se présentant peu de jours avant l'échéance de la journée de 10 heures, le Comité estima que cette dernière question était plus pressante, et, tout en émettant un avis favorable à une agitation en faveur de l'extension de la juridiction prud'homale, il décida de s'occuper de la journée de dix heures.

Escomptant un mouvement très étendu provoqué par l'échéance du 1er avril, le Comité prit ses mesures afin d'être à même de faire face aux besoins suscités par la lutte qu'allaient mener les Syndicats.

Un manifeste par lequel le Comité invitait les travailleurs à exiger l'application des 10 heures,, mais sans diminution aucune des salaires, fut rédigé et adressé à chaque Syndicat. Une Commission chargée d'organiser le concours à apporter dans l'action fut désignée, et il était demandé à chaque Fédération de mettre à notre disposition des délégués dont elles voudraient prendre les frais à leur charge.

Quelques-une d'entre elles votèrent des subsides, d'autres désignèrent des camarades. Ces derniers ne purent être utilisés, car les événements ne revêtirent pas le caractère escompté. Les grèves, quoique importantes, n'eurent pas cette homogénéité que devait présenter une lutte provoquée par une même revendication.

Affaires diverses

Pendant que se poursuivait la lutte contre les bureaux de placement, le Comité Confédéral fut saisi, par la Fédération française des Travailleurs du Livre, d'une protestation motivée par des critiques et des attaques dirigées contre elle par les camarades Beausoleil et Yvetot.

Ces camarades, délégués par la Confédération, l'un à Rennes, l'autre à Dijon, pour une réunion contre les bureaux de placement, avaient émis des appréciations jugées désobligeantes pour cette organisation.

La Fédération du Livre estimait que les délégués de la Confédération n'avaient pas mandat d'aller en province critiquer une organisation confédérée qui, toujours, avait fait son devoir.

Beausoleil déclara, devant le Comité Confédéral, n'avoir pas eu l'intention d'injurier ni de critiquer. Il avait, disait-il, établi des comparaisons pour donner plus de force à son exposé, mais non pour diminuer une organisation.

Yvetot objecta, qu'ouvrier typographe, il s'était servi de ce qu'il connaissait pour son argumentation. Ne pouvant prendre des exemples dans la situation d'une corporation qu'il ignore, il en prenait dans celle à laquelle il appartient.

Après deux séances qui servirent à un échange d'observations et de reproches, le Comité adopta, à la majorité, l'ordre du jour pur et simple.

(Le numéro 190 de la *Voix du Peuple* contient les procès-verbaux relatant la discussion soulevée par cette protestation.)

CONCLUSIONS

Comme on pourra le voir par les rapports qui précèdent, les grands organismes qui constituent la Confédération Générale du Travail se sont développés. Leur nombre a augmenté. Ils ont pu, depuis le dernier Congrès, apporter des résultats et par là, amener un profond changement dans le mouvement ouvrier.

La période qui s'est écoulée depuis septembre 1902 a montré qu'il devenait possible de faire entrer dans la pratique quelques-unes des revendications de nos Congrès ouvriers. La lutte contre les bureaux de placement en est un témoignage indéniable. Cette lutte dénote une puissance d'action inconnue jusqu'alors ; elle a permis de se rendre un compte exact de la somme d'efforts que la classe ouvrière organisée peut dépenser et elle a débarrassé d'une exploitation ignoble une catégorie de travailleurs.

Cette lutte aura eu un double résultat : démontrer que, sans organisation, la classe ouvrière est impuissante d'agir et faire disparaître un état de choses condamné par les travailleurs organisés. Ce qui revient à dire que, plus l'organisation est forte, plus grands sont les résultats que les prolétaires obtiennent. Pour tendre à une organisation plus complète des forces ouvrières, il faut que les salariés rallient leurs Syndicats en leur apportant les ressources de leur activité, qui assurent aux grandes organisations les moyens indispensables pour la conquête de plus de bien-être et de liberté.

Pour le Comité Confédéral :

Le Secrétaire,

V. GRIFFUELHES.

RAPPORT

DU

Comité de la Section des Fédérations Nationales

CAMARADES,

Déjà, au dernier Congrès de Montpellier (septembre 1902), un progrès sensible se constatait dans le développement de l'Union des Fédérations d'industrie et de métier appelée jusqu'alors la Confédération Générale du Travail. Le nombre des Fédérations adhérentes dans la période qui sépare le Congrès de Lyon (1901) de celui de Montpellier s'était accru dans des conditions satisfaisantes.

Les ressources provenant des organisations s'étaient augmentées dans des proportions qui avaient permis à la Confédération de faire œuvre utile. Le Congrès de Montpellier avait donc eu à enregistrer un changement profond dans l'organisme confédéral.

Depuis lors, les progrès n'ont fait que croître ; de nouvelles Fédérations ont adhéré ; les moyens d'action se sont intensifiés. La situation doit apparaître à chacun sensiblement améliorée.

Désignation du Bureau et des Commissions

Selon les formalités et dans les délais prévus par les statuts, le Bureau de la Section des Fédérations fut constitué.

Étaient présentés, pour les diverses fonctions : le camarade Griffuelhes, des Cuirs et Peaux, comme secrétaire ; Bousquet, de l'Alimentation, comme secrétaire adjoint, et Guilhem, des Professeurs libres, comme trésorier. Plus tard, les camarades Bousquet et Guilhem démissionnèrent et ils furent remplacés respectivement par Luquet, des Coiffeurs, et Robert, des Peintres.

Les appointements du secrétaire et du trésorier restaient les mêmes que précédemment, soit 250 francs par mois pour le secrétaire, 200 francs par an pour le trésorier.

Les nouveaux statuts élaborés au Congrès de Montpellier fixent trois Commissions : du Journal, des Grèves et de la Grève Générale et du Contrôle. Doivent en faire partie six membres de chacune des deux sections.

Furent désignés, pour la Commission du journal : Bousquet, Delessalle, Latapie, Luquet, Pouget et Robert. Delessalle ayant démissionné par la suite, fut remplacé par Lenoir, des Mouleurs ; pour la Commission des Grèves et de la Grève Générale, étaient désignés : Espanet, Galantus, Garnery, Latapie, Sauvage et Tabard ; pour la Commission du Contrôle : Andrieux, Jusserand, Mathieu, Mazau, Rousseau et Woilot. Plus tard, Jusserand démissionna et ne fut pas remplacé.

Adhésions

Nous donnons, en un tableau ci-dessous, la liste des Organisations Nationales adhérentes au 20 août 1902 et au 1er juin 1904.

Organisations adhérentes
au 20 août 1902

Féd. nat. des trav. de l'Alimentation.

Féd. nat. de l'Ameublement.

Féd. de la Bijouterie, Orfèvrerie, et professions s'y rattachant.

Féd. des Synd. ouv. Blanchisseurs de France.

Féd. des Synd. de la Bourrellerie-Sellerie et parties similaires.

Féd. nat. des Synd. des Bûcherons de France et des colonies.

Féd. nat. de la Céramique.

Féd. des Synd. ouv. de la Chapellerie Française.

Synd. nat. des trav. des Chemins de fer de France et des colonies.

Féd. nat. des Synd. des Coiffeurs de France et des colonies.

Féd. des Ch. synd. des Coupeurs-Brocheurs en chaussures de France.

Féd. Culinaire de France et des colonies.

Féd. nat. des Cuirs et Peaux et parties s'y rattachant.

Féd. nat. du Cuivre et similaires.

Féd. nat. des Employés.

Féd. Lithographique française et parties similaires.

Féd. franç. des travailleurs du Livre.

Féd. nat. des ouv. Maçons, Tailleurs de pierre, Plâtriers, Cimentiers, Carreleurs, Terrassiers et Aides de ces professions.

Féd. de la Maréchalerie.

Féd. des ouv. Mécaniciens de France.

Un. féd. des ouv. Métallurgistes de France.

Féd. des Mouleurs en métaux de France.

Féd. franç. des industr. du Papier.

Féd. nat. des Synd. de Peinture et parties assimilées de France et des colonies.

Féd. nat. des ouv. des Ports, Docks et Fleuves de France et d'Algérie.

Synd. nat. des ouv. des Postes, Télégraphes et Téléphones.

Féd. nat. des ouv. et ouv. des Manufactures de Tabacs de France.

Féd. nat. de l'industr. Textile.

Féd. nat. des Synd. et Gr. des ouv. de la Voiture.

Féd. des Verriers à bouteilles du Nord.

Féd. des trav. Municipaux de la Ville de Paris.

Organisations adhérentes
au 1er juin 1904.

Féd. des trav. agricoles du Midi.

Féd. nat. des trav. de l'Alimentation.

Féd. nat. des Allumettiers.

Féd. nat. de l'Ameublement.

Féd. des Artistes Musiciens.

Féd. nat. du Bâtiment.

Féd. de la Bijouterie, orfèvrerie.

Féd. des Synd. ouv. des Blanchisseurs.

Fédération nat. des ouv. Brossiers et Tabletiers.

Féd. nat. des Synd. de Bûcherons.

Féd. nat. des ouv. Carriers.

Féd. nat. de la Céramique.

Féd. des Synd. ouv. de la Chapellerie française.

Féd. nat. des ouv. Charpentiers.

Synd. nat. des trav. des Chemins de fer.

Féd. nat. des Synd. des Coiffeurs.

Féd. nat. des Synd. ouv. de la Confection Militaire.

Synd. nat. des Correcteurs.

Féd. des Ch. Synd. de Coupeurs et Brocheurs en chaussures.

Féd. nat. des Cuirs et Peaux.

Féd. Culinaire.

Féd. nat. des Employés.

Féd. nat. des ouv. civils et ouv. des magasins administratifs de la Guerre.

Féd. nat. du Personnel civil de établissements de la guerre.

Féd. nat. des Synd. de l'Habillement.

Féd. Lithographique.

Féd. des Trav. du Livre.

Féd. nat. des Synd. ouv. de la Maçonnerie.

Féd. de la Maréchalerie.

Féd. nat. des Trav. réunis de la Marine de l'Etat.

Féd. des ouv. Mécaniciens.

Féd. des ouv. Menuisiers.

Union féd. des ouv. Métallurgistes.

Section nat. des Trav. sur Cuivre.

Union féd. des ouv. Mineurs.

Féd. des ouvriers Modeleurs-Mécaniciens.

Féd. des Mouleurs en Métaux.

Féd. des Ind. du Papier.

Féd. nat. des Synd. de Peinture.

Féd. nat. des ouv. des Ports, Docks.

Synd. nat. des ouv. des Postes, Télégraphes et Téléphones.

Féd. des ouv. d'Art et d'emplois militaires des Poudreries et Raffineries.

Féd. nat. des ouv. Sabotiers et Galochiers.

Féd. des Synd. de la Sellerie-Bourrellerie.

Manufacture de Tabacs.
Féd. ouv. de la Teinturerie, ap-
prêts.
Féd. nat. de l'industrie Textile.
Féd. franç. des Trav. du Ton-
neau.
Féd. nat. des Transports.
Féd. nat. des Corp. réunies des
Transports et Manutentions.
Féd. des trav. Municipaux et Dé-
partementaux.
Féd. nat. des Verriers.
Féd. nat. des Synd. et groupes
ouv. de la Voiture.

Comme il ressort de ce tableau, le nombre des Fédérations nationales adhérentes, qui était, en 1902, de 30, plus une Fédération départementale, est porté, en 1904, à 52. Cette différence énorme permet de
mesurer le progrès qui s'est accompli, depuis le dernier Congrès, en
faveur du groupement confédéral.

Sans doute, parmi ces Fédérations, il en est quelques-unes peu
développées, mais cela tient, en partie, à leur formation récente et,
parfois, à la nature de leur corporation peu nombreuse.

Pour donner une idée exacte du développement des Fédérations
Nationales, nous donnons un tableau des Syndicats reliés à chacune
d'elles pour trois périodes, correspondant à la publication des Réper-
toires, qui contiennent la nomenclature des organisations confédérées.

	Juillet 1902	Janvier 1903	Avril 1904
F. des Travail. Agric. du Midi	»	»	96
F. Nat. des Trav. de l'Alimentation	43	45	49
F. Nat. de l'Ameublement	41	45	49
F. des Artistes Musiciens de France	»	»	25
F. Nat. des Synd. ouv. du Bâtiment	»	8	34
F. de la Bijouterie, Orfèvrerie	8	10	6
F. des Synd. ouv. des Blanchisseurs	»	4	4
F. Nat. des ouv. Brossiers et Tabletiers	»	»	12
F. Nat. des Synd. de Bûcherons	»	40	63
F. Nat. des ouv. Carriers	»	»	6
F. Nat. de la Céramique	19	20	20
F. des Synd. ouv. de la Chapellerie	31	31	27
F. Nat. des ouv. Charpentiers	»	»	15
Synd. Nat. des Trav. des Chemins de fer	152	152	156
F. Nat. des Synd. de Coiffeurs	8	20	30
F. Nat. des Synd. ouv. de la Conf. Militaire	»	»	9
Synd. Nat. des Correcteurs	»	»	»
F. des Ch. Synd. des Coupeurs Brocheurs	7	7	7
F. Nat. des Cuirs et Peaux	34	38	54
F. Culinaire	24	27	25
F. Nat. des Employés	28	29	36
F. Nat. des ouv. des Mag. adm. de la Guerre	»	»	15
F. Nat. du person. civ. de la Guerre	»	»	19
F. Nat. des Synd. de l'Habillement	»	»	»
F. Lithographique	27	28	28

	Juillet 1902	Juillet 1903	Juillet 1904
F. des Trav. du Livre	161	159	159
F. Nat. des Synd. ouv. de la Maçonnerie...	40	48	91
F. de la Maréchalerie	13	13	8
F. Nat. des Trav. réunis de la Marine	»	»	9
F. des Ouv. Mécaniciens	20	40	42
F. des Ouv. Menuisiers	»	»	16
U. F. des ouv. Métallurgistes	111	121	148
Sect. Nat. des Trav. sur Cuivre	23	22	24
U. F. des ouv. Mineurs	»	»	10
F. des ouv. Modeleurs-Mécaniciens	»	»	6
F. des Mouleurs en Métaux	86	88	91
F. des ind. du Papier	12	13	22
F. Nat. des Synd. de Peinture	12	20	34
F. Nat. des ouv. des Ports et Docks	21	23	34
Synd. Nat. des P. T. T.	88	93	93
F. des ouv. d'art et empl. des Poudrer., etc.	»	»	»
F. Nat. des ouv. Sabotiers et Galochiers	»	»	10
F. des Synd. de Sellerie-Bourrellerie	7	11	10
F. Nat. des ouv. des Manuf. de Tabacs	»	»	23
F. ouv. de la Teinture, apprêts	»	»	6
F. Nat. de l'ind. Textile	16	48	93
F. des Trav. du Tonneau	»	»	12
F. Nat. des Transports	»	»	»
F. Nat. des Transports et Manutentions	»	»	12
F. des Trav. Municipaux et Départemeent...	»	»	»
F. Nat. des Verriers	»	8	22
F. des Synd. ouv. de la Voiture	19	23	30
	1043	1220	1792

Ainsi, le nombre des Syndicats adhérents, peu de temps avant le Congrès de Montpellier, était de 1.043. Il est, aujourd'hui, de 1.792, soit une augmentation de 749 Syndicats .En tenant compte de l'effectif des Fédérations qui, en 1902, n'avaient pas donné la liste de leurs organisations, et en l'estimant à 49, il y a une augmentation réelle de 700 Syndicats nouvellement confédérés. .

Dans ce chiffre rentre l'effectif des nouvelles Fédérations, soit plus de 350, et l'augmentation des nouvelles Fédérations déjà confédérées en 1902 pour le reste.

Cette augmentation de l'effectif de ces dernières permet de mesurer le changement qui s'est opéré dans nos organismes nationaux. Elle montre l'importance, toujours plus grande, qui leur est dévolue dans le monde ouvrier et indique bien que les Fédérations Nationales répondent à un rôle précis que les événements et les efforts incessants des travailleurs rendront plus étendu.

Cette augmentation, ajoutée à celle provenant des nouvelles adhésions, dit également que la Confédération Générale du Travail est, de plus en plus, l'objet des préoccupations des travailleurs et qu'elle leur apparaît comme la synthèse de leurs aspirations et de leurs espoirs. Elle dit, de plus, que l'action confédérale est comprise et acceptée par un nombre toujours croissant de prolétaires.

Demande d'Adhésion repoussée

Au début de l'année 1903, le Comité était saisi d'une demande d'adhésion de l'Union Fédérale des Employés, qui fut repoussée ; une Fédération Nationale étant déjà adhérente.

Propagande

Les Congrès

Le Comité fut invité à envoyer un délégué pour assister à des Congrès corporatifs ; ce furent : le camarade Dellessalle, au Congrès des Mineurs, le 1er mai 1903, à Grand-Croix (Loire) : le camarade Bousquet, au Congrès agricole, le 15 août 1903, à Béziers ; le camarade Griffuelhes, à celui des Bûcherons, en août 1903, à Nevers ; le camarade Dellessalle, à celui des Verriers, en septembre 1903, à Lyon ; le camarade Bourchet, à celui des Syndicats du Sud-Est, à Rive-de-Gier ; le camarade Griffuelhes, à celui des Sabotiers, en mai 1904, à Brive, et à celui du Bâtiment, à la même date, à Angoulème.

Dans ces différents Congrès les délégués y furent bien reçus, et ils eurent à donner les indications qui leur étaient demandées.

Agitation

Les Grèves

A côté de la Commission des Grèves et de la Grève Générale, le Comité des Fédérations eut à s'occuper de différentes grèves, et il eut l'occasion d'envoyer des délégués sur les théâtres des événements.

En octobre 1902, lors de la grève corporative des Mineurs, le Comité fit connaître ses intentions sur le conflit, par différents ordres du jour contenus dans les procès-verbaux parus dans la *Voix du Peuple* (numéros 102 et 106).

Au moment où la grève prenait fin, une demande de concours était adressée par le Comité National des Mineurs et, d'une entrevue de ce dernier avec le Comité des Fédérations, il ressortait l'impossibilité de tenter une généralisation du mouvement ; le concours ne pouvait être que pécunier.

Peu de temps après éclata la grève des Inscrits Maritimes de Marseille. Le Syndicat de cette corporation s'adressa au Comité pour lui demander de proclamer la grève générale. Le Comité, après examen, ne trouva pas, dans le conflit de Marseille, les éléments de généralisation nécessaires pour un semblable mouvement, et il était conseillé aux camarades de recueillir ces éléments.

Ce conflit motiva une résolution du Comité tendant à créer une caisse, alimentée par les Fédérations adhérentes, pour permettre l'envoi de délégués dans les grèves ayant une grande importance, lorsque ces délégués seraient demandés.

Sept Fédérations seulement opérèrent des versements. Ce furent : Mouleurs, Sellerie, Cuirs et Peaux, Bijouterie, Carriers, Métallurgie et Coiffeurs. C'était insuffisant pour créer une caisse spéciale, et les sommes versées furent affectées à des dépenses ordinaires.

En avril 1903, deux délégués hollandais vinrent à Paris pour demander des concours au moment de la déclaration, en Hollande, de la grève générale. Sur-le-champ, le Comité se réunit et, après les explications données par les camarades hollandais, il était décidé d'envoyer à Bordeaux, à Dunkerque, au Havre et à Marseille, un délégué chargé d'inviter les dockers de ce port à boycotter les navires hollandais. Un numéro spécial de la *Voix du Peuple* fut également décidé. Les quatre délégués obtinrent la promesse que nul navire venant ou allant en Hollande ne serait chargé, ni déchargé.

Chacun connaît les phases de cette grève. Nos camarades de France n'eurent ps l'occasion de manifester par un boycottage rigoureux leur solidarité internationale.

Les demandes de délégués parvinrent nombreuses, et il fut donné suite à celles qui rentraient dans le cas prévu par la décision rappelée plus haut, notamment à Hennebont, à Lancey, etc.

A propos de la journée de dix heures, dont il est parlé dans le rapport qui précède, un délégué fut envoyé à Roubaix-Tourcoing, à Darnetal, à Dinan, etc.

La Fédération Nationale des Mineurs n'avait, jusqu'à ces derniers mois, jamais adressé une demande d'admission à la Confédération, et c'est avant le Congrès de Montpellier que les mineurs de Montceau et de Decazeville se ralliaient à nous. Lors du conflit d'octobre 1902, la Fédération était donc encore isolée, Montceau et Decazeville était adhérents.

Après ce conflit, des Syndicats de Mineurs de la Loire se retirèrent de la Fédération Nationale, et un Syndicat se forma dans le Pas-de-Calais. Ces organisations demandèrent leur admission comme Syndicats isolés, au moment où la Fédération nous adressait une semblable demande.

Le Comité, constatant que ces demandes, émanant de différents côtés, marquaient un état de désorganisation, ne voulut pas, en acceptant la Fédération Nationale, exclure les Mineurs, depuis longtemps adhérents, et en éloigner d'autres que des divisions séparaient de la Fédération. S'il l'eût fait, il eût établi un choix entre des éléments faits pour l'Union.

Le Comité décida de surseoir à toute admission et invita les intéressés à se mettre d'accord au prochain Congrès Minier qui devait se tenir en mai à Carmaux. Un délégué du Comité des Fédérations y serait envoyé pour tenter cet accord afin de mettre le Conseil en face d'une organisation unique qui prendrait place au sein de la Confédération.

Les dissidents se réunirent le 1er mai, à Grand-Croix (Loire), en Congrès. Ils établirent les conditions d'après lesquelles, à leur avis, l'accord devait se faire et ils chargeaient d'aller les présenter à Carmaux deux de leurs membres.

Vint le Congrès de Carmaux. Là, l'accord ne put s'établir pour les raisons qu'a indiqué le délégué confédéral dans son rapport publié dans la *Voix du Peuple*, numéro 137.

Devant cette situation que le Congrès n'avait pas solutionné, par suite de l'attitude des membres de la Fédération Nationale, le Comité décida de prendre individuellement les Syndicats miniers et lorsque leur nombre serait suffisant, ces Syndicats décideraient de leur forme d'organisation.

Dix Syndicats ont adhéré et qui, au mois de mai dernier, en un Congrès, ont créé l'Union Fédérale des Mineurs.

Le Comité eut à trancher une situation identique à celle des Mineurs relative aux Travailleurs Municipaux de Paris.

Ces travailleurs possédaient, jusqu'en janvier 1903, des Syndicats par catégories unis dans une Fédération confédérée. Ils éprouvèrent le besoin de se grouper par section en un Syndicat Général. Ce fut réalisé. Mais plusieurs de ces Syndicats — 6 sur 19 — ne voulurent pas entrer dans le Syndicat Général. Ce refus fut le point de départ d'une lutte âpre et violente qui dure encore. Dès la disparition de la Fédération départementale des Travailleurs Municipaux de la Seine, un des Syndicats, qui avaient refusé de rentrer dans le Syndicat Général, « les Services réunis » demanda son admission à la C. G. T. comme Syndicat isolé. Il fut accepté. Peu après, le Syndicat Général fit la même demande et il fut également accepté.

Quelques mois après, le Syndicat des Services réunis créa un *Secrétariat national des Travailleurs municipaux et départementaux*. Cette nouvelle Fédération demanda son admission. Si elle eût été acceptée, il fallait, comme pour les Mineurs, exclure le Syndicat Général. Le Comité préféra demander son avis à ce dernier, qui déclara s'opposer à l'admission du Secrétariat national. Ce Syndicat fit part au Comité de son intention de créer une Fédération nationale.

Le Comité, s'il se fût prononcé en opérant un choix, eût envenimé les divisions qui séparent les Travailleurs municipaux de Paris et il eût facilité la création de deux groupements dont un seul pouvait prendre place au sein de la C. G. T. Il fallait donc éviter cette situation et, pour cela, le Comité décida la tenue d'un Congrès des Travailleurs municipaux et départementaux, organisé par la C. G. T. en vue de créer une seule Fédération. Les deux parties acceptèrent cette décision, de nature à mettre un accord désirable et elles prirent l'engagement de se soumettre aux décisions qui y seraient prises. Quelques jours plus tard, le Syndicat des Services Réunis retira sa parole et il prépara de son côté un Congrès pour le même objet.

Le Comité passa outre cette rétractation et il organisa le Congrès convenu. Il eut lieu à Bourges, les 5 et 6 décembre 1903. Une Fédération nationale y fut créée. Elle a pris sa place dans la C. G. T., à partir du 1er janvier dernier.

Il y a peu de temps encore, il existait deux Fédérations de Transports : l'une avait son siège à Paris et était confédérée, et l'autre l'avait à Lyon. Une rivalité avait créé cet état de choses regrettable.

Au mois d'août dernier la Fédération de Lyon nous transmettait le désir de ses Syndicats adhérents pour que la C. G. T. organisât un Congrès pour unifier les forces des deux organisations.

Le Comité, obéissant aux mêmes préoccupations que pour les cas cités plus haut, invita la Fédération adhérente à préparer ce Congrès. Ce Congrès vient d'avoir lieu à Paris. Il a réuni un grand nombre de Syndicats qui ont formé une Fédération unique.

Le Comité se réjouit de cette tentative et il formule l'espoir de voir chez les Mineurs et les Travailleurs Municipaux un semblable résultat.

La Coopération

Il y a quelques mois, le Comité fut saisi d'une demande d'entrevue de la part de la Bourse des Coopératives pour examiner la possibilité d'établir des rapports entre le mouvement syndical et le mouvement coopératif.

Cette entrevue eut lieu et après que les délégués de la Bourse des Coopératives eurent indiqué les motifs qui faisaient désirer un rapprochement, une Commission fut désignée pour connaître les points sur lesquels pourrait reposer une entente. Ces points rapportés au Comité seraient soumis au Congrès de Bourges, qui aurait à se prononcer sur le principe d'un accord à lier entre le mouvement coopératif et le mouvement syndical.

Si le principe était adopté, le Congrès aurait à décider sur les points de l'entente.

Les organisations sont priées de lire le rapport soumis par la Bourse des Coopératives dans le numéro 189.

Affaires diverses

La Verrerie Ouvrière

En juin 1903, le Conseil d'administration de la Verrerie Ouvrière d'Albi informait que l'assemblée des actionnaires avait voté une somme de 1.000 francs à titre de don à la C. G. T. Le Comité voulut connaître, tout d'abord, l'avis du personnel de la Verrerie sur la décision de l'assemblée des actionnaires.

Le personnel fut donc consulté et il se prononça contre le don à une organisation ouvrière. Le Comité enregistra le refus du personnel et n'accepta pas la somme.

Le Label

Les Syndicats connaissent le différend qui s'est élevé entre la Fédération du Livre et le Comité. Une circulaire a été récemment adressée à chaque organisation, expliquant les pourparlers et les faits qui ont précédé le lancement du Label Typographique.

Les Syndicats voudront s'y reporter.

Le Conseil supérieur du Travail

A la veille des élections au Conseil supérieur du Travail, en mai 1903, le Comité chargé de l'application des décisions des Congrès se borna à reproduire le rapport et la résolution du Congrès de Lyon (1901) sur cette question dans la *Voix du Peuple*, numéro 137.

Les Mécaniciens. — La Métallurgie

Le Comité a eu à s'occuper, à plusieurs reprises, du différend qui existe entre la Fédération des Mécaniciens et l'Union Fédérale des Métallurgistes. Ces organisations se livrent à des luttes que le Comité aurait voulu atténuer, sinon supprimer.

Pendant plusieurs séances, le Comité eut à entendre les explications échangées de part et d'autre. Depuis, avec la Fédération des Mouleurs comme arbitre et le concours de trois délégués du Comité, une délégation de ces deux organisations s'est rencontrée plusieurs fois pour tenter d'établir des points pour un accord. Ces pourparlers se poursuivent au moment de la confection de ce rapport. Nous ne pouvons donc en indiquer le résultat.

CONCLUSION

La nécessité de réduire nous a obligé de passer rapidement sur les travaux réalisés. Nous estimons, cependant, les avoir rappelés suffisamment, d'autant que par la *Voix du Peuple*, les camarades ont été à même de nous suivre dans notre besogne.

Les organisations peuvent apprécier cette besogne. Ils en ont les matériaux. Et de cet examen qu'elles feront, se dégagera l'importance du rôle qu'a joué notre organisme et de la situation qu'il occupe.

Un coup d'œil jeté, une simple comparaison établie entre ce que nous étions il y a peu d'années et ce que nous sommes aujourd'hui diront qu'il y a un mouvement ouvrier réel très intense, dont l'action continue se répercute partout, attirant vers elle les regards comme les préoccupations de nos adversaires.

Hier, notre organisation passait son chemin, ignorée de la foule comme des dirigeants; aujourd'hui, elle apparaît comme un facteur agissant, qui, par la force de ses éléments, a conquis une place prépondérante.

A ceux qui avaient cru jusqu'ici, que la classe ouvrière devait pour son œuvre d'émancipation s'en reposer à d'autres, à ceux qui considéraient les travailleurs incapables de mener leur action, à ceux qui contestaient la nécessité d'un mouvement ouvrier provoqué par l'exploitation patronale et capitaliste, l'action syndicale s'impose comme un mouvement autonome portant en lui-même les moyens de résistance et de lutte.

Les Syndicats, qui, par les organismes généraux, ont su coordonner leur action constituent des éléments nécessaires parvenus à un degré de force qui les classe, pour tous les esprits, comme les défenseurs naturels des travailleurs.

La lutte pour les Bureaux de Placement a montré ce degré de force qu'il faudra développer par une plus grande intensité de propagande. Ce sera l'œuvre de demain !

Pour le Comité,

Le Secrétaire : V. GRIFFUELHES.

NOMS des ORGANISATIONS	Sommes dues antérieurement	Effectif	Sept.Oc.Nov. Décem. 1902	Effectif	1er trimestre 1903	Effectif	2e trimestre 1903	Effectif	3e trimestre 1903	Effectif	4e trimestre 1903	Effectif	1er trimestre 1904	Effectif	2e trimestre 1904		
FÉDÉRATIONS																	
Travailleurs agric. du Midi.	»	»		500	F. M. 4 »	500 700	7 60	700 900	9 20	500 900	9 20	3000	36 »			66 »	Doit 2e trimestre
Travailleurs de l'Alimentat.	1 mois 8 »	2000	32 »	2000	24 »	2000	24 »	2000	24 »	2000	24 »	2000	24 »	2000	24 »	181 »	
Allumettiers	6 mois 50 40	»	»			»	»	Al. S. 1500	12 »	1500	18 »	1500	18 »	1500	18 »	66 »	
Ameublement		Exonéré jusqu'en juillet 1903						2000	24 »	2000	24 »	2000	24 »			122 40	Doit 2e trimestre
Artistes Musiciens																	
Bâtiment	Sept. p. aut.	250	U. X. D. 3 20	350	4 20	350	4 20	600	7 20	600	7 20	1200	14 40			40 40	Doit 2e trimestre
Bijouterie	9.25 5 mois	1100	18 20	1100	13 20	1100	13 20	1100	13 20	1100	13 20	1100	13 20			79 20	Doit 2e trimestre
Blanchisseurs		450	4 50	100	1 20	100	1 20	100	Al. S 1 20	100	1 20					18 55	Doit 1er et 2e trimestres
Brossiers		»	»	»	»	»	»	250	2 »	300	3 40					5 40	Doit 1er et 2e trimestres
Bûcherons		3000	48 »	3200	38 40	3000	36 »	3200	38 40	3350	40 20	4000	48 »	4000	48 »	297 »	
Carriers	2 mois 12 »	»	»	200	2 40	200	2 40	200	2 40							7 20	Doit 3 trimestres
Céramique		1500	24 »	1500	18 »	1500	18 »	1500	18 »	1500	18 »	1500	18 »	2200	26 40	152 40	
Chapellerie		1000	16 »	1000	12 »	1000	12 »	1000	12 »	1000	12 »	1000	12 »	1200	14 40	90 40	
Charpentiers	Al. 02 45.80	»	»	»	»	400	4 80	400	4 80	400	4 80	400	4 80	400	4 80	24 »	
Synd. Nat. des Chem. de fer.		11450	183 20	11450	137 40	11450	137 40	11450	137 40	11450	137 40	11450	137 40	11450	91 60	1.097 60	
Coiffeurs	3 mois	1200	14 40	1200	14 40	2000	24 »	2000	24 »	2000	24 »	2000	24 »	2000	24 »	148 80	
Confections Militaires		»	»	»	»	»	»	500	2 mois 4 »	500	6 »	500	6 »	500	6 »	22 »	
Synd. Nat. des Correcteurs.	Al. 02 2.40	»	»	»	»	»	»	»	»	»	»	200	Mars 0 80	200	2 40	3 20	
Coupeurs, Brocheurs	2 mois	600	9 60	600	7 20	600	7 20	600	7 20	600	7 20	600	1 mois 7 20	600	2 40	59 40	Doit 2 mois
Cuirs et Peaux	8 »	2000	32 »	2000	24 »	2000	24 »	2000	24 »	2000	24 »	2200	26 40	2400	28 80	181 20	
Culinaire		1000	16 »	1000	12 »	1000	12 »	1000	12 »	1000	12 »	1000	12 »	1000	12 »	96 »	
Employés		9875	158 »	9875	118 50	9875	118 50									395 »	Doit depuis juillet 1903
Magasins adm. de la Guerre.		»	»	»	»	»	»	»	»	700	2 mois 5 60	700	8 40	700	8 40	22 40	
Pr. civil des Et. de la Guerre.		»	»	»	»	»	»	»	»	4000	Déce. 16 »	4000	48 »	4000	48 »	112 »	
Habillement		»	»	400	4 80	400	4 80	400	4 80	400	4 80	400	4 80	400	4 80	28 80	
Lithographique	3 mois	2000	32 »	2000	24 »	2000	24 »	2000	24 »	2000	24 »	2000	24 »	2000	24 »	176 »	
Travailleurs du Livre		10000	120 »	10000	120 »	10000	120 »	10000	120 »	10000	120 »	10000	120 »	10000	120 »	840 »	

Maçonnerie, Pierre, etc.....	2 mois 24 »	3000 48 »	3000 36 »	3000 36 »	3000 36 »	3000 36 »	3000 36 »	3000 36 »	288 »	
Maréchallerie............	3 mois 1250 15 »	1250 15 »	1250 15 »	1250 15 »	1250 15 »	1250 15 »	1250 15 »	105 »	
Trav. Marine de l'Etat......	» »	» »	» ... »	» »	12500 150	11500 138	12000 144 »	432 »	
Mécaniciens..............	5000 80 »	5000 60 »	5000 60 »	5000 80 »	5000 60 »	5000 60 »	5000 60 »	440 »	
Menuisiers...............	» »	» »	» »	» »	» »	2125 25 50	2400 28 »	53 50	
Métallurgie..............	2 mois 48 »	6000 96 »	6000 72 »	6000 80 »	8000 96 »	8000 104 »	10000 120 »	2 mois 10000 80 »	696 »	Doit juin
Section du Cuivre........	Al. 02 5.20	1300 20 80	1300 15 60	1300 1250 15 40	1250 15 »	1250 15 »	1250 15 »	2 mois 1250 10 »	112 »	Doit juin
Mineurs.................	Sommes versées par les Syndicats de Mineurs antér¹ à la Constit⁰⁰ de l'Union Fédérale 352.05, part du 1er mai								352 05	Doit mai et juin
Modeleurs-Mécaniciens....	» »	» »	» »	300 3 60	300 3 60	300 3 60	300 3 60	300 3 60	18 »	
Mouleurs................	6000 96 »	6000	5000 68 »	5000 60 »	5000 60 »	5000 60 »	5000 60 »		404 »	Doit 2ᵉ trimestre
Industries du Papier......	1000 16 »	1000 12 »	1000 12 »	1000 12 »					52 »	Doit 3 trimestres
Syndicats de Peinture.....	5 mois 20 »	1000 16 »	1000 12 »	1000 12 »	1000 12 »	1000 12 »	1000 12 »	1000 12 »	108 »	
Ports, Docks et Fleuves...	2 mois 24 »	5000 80 »	5000 60 »	5000 60 »	5000 60 »	5000 60 »	5000 60 »		404 »	Doit 2ᵉ trimestre
Syndicat Nation. des Postes, Télégraphes, Téléphones .	3 mois 3000 36 »	3000 36 »	3000 36 »	3000 36 »	3000 36 »	3000 36 »		216 »	Doit 2ᵉ trimestre
Ouv. d'Art. Poudreries.....	» »	» »	» »	» »	» »	Déc. 200 0 80	200 2 40	200 4 »	7 21	Août payé
Sabotiers................	» »	» »	» »	» »	» »	» »	Mars 300 1 20	300 6 »	7 20	Août payé
Sellerie-Bourrellerie......	600 9 60	600 7 20	600 7 20	600 7 20	600 7 20	600 7 20		45 60	Doit 2ᵉ trimestre
Tabacs..................	2 mois 80 »	10000 160 »	10000 120 »	10000 120 »	10000 120 »	10000 120 »	10000 120 »	1000 12 »	840 »	Doit 2ᵉ trimestre
Teinture et Apprêts.......							7100		24 »	
Industrie Textile..........	2 mois 6.20	770 1500 20 10	5000 60 »	5000 60 »	6000 72 »	7400 88 80	7400 89 80		306 90	Doit 2ᵉ trimestre
Travailleurs du Tonneau...	» »	600 Mars 2 40	600 7 20	500 6 »	2500 6 »				21 60	Doit 1er et 2ᵉ trimestres.
Transports..............	4000 48 »	4000 48 »	4000 48 »	4000 48 »	4000 48 »	4000 48 »	Avril 4000 16 »	304 »	Doit 2 mois
Transports et Manutention .	» »	» »	» »	» »	» »	300 F.-M. 450 3 »	1900 12 »	15 »	
Travaux Munic. et Départ..	Août 1.20	300 420 »	30 »	400 »	» »	4200 50 40	2 mois 4200 33 60	84 »	
Verriers.................	420 6 45	510 4 75	400 4 10	780 6 30	780 9 30	1600 19 20	2400 28 80	80 10	
Voiture.................	1200 19 20	1200 14 40	1200 14 40	1200 14 40	1200 14 40	1200 14 40	1200 14 40	105 60	
SYNDICATS										
Marins Pêcheurs de Cette ..	» »	» »	» »	» »	» »	100 10 »	100 15 »	25 »	
Cannes et Paraphuies......	» »	» »	» »	» »	1 mois	» »			
Elèves en Pharmacie.......	» »	» »	» »	30 1 50	30 4 50	30 4 50	30 4 50	15 »	
Fact. de Pianos et Orgues ..	» »	» »	» »	» »	» »	» »	2 mois 340 3 »	34 »	
Monnaies et Médailles.....	150 30 »	150 22 50	150 22 50	150 22 50	150 22 50	150 22 50	150 30 »	172 50	Juillet payé
Jardiniers de Paris	P. fin Déc.02	» »	» »	» »	» »	» »	1 mois 250 12 50	12 50	Doit mai et juin
Professeurs libres.........	» »	42 6 30	42 6 30	42 6 30	29 4 35	36 5 40	36 5 40	34 05	
Scieurs, Découp., Moulur...						1 mois 100 5 »	2 mois 100 10 »	15 »	Doit 2ᵉ trimestre

Report.. 10.138 20

Cotisations versées par les Syndicats des Ports de la Marine
de l'Etat avant l'adhésion de leur Fédération Nationale...... 204 »

Cotisations versées par les Syndicats disparus ou entrés depuis
dans leurs Fédérations :

Carriers et Mineurs de la Meuse............................	3 20
Garçons de Magasins et Cochers-Livreurs....................	63 75
Cochers de la Seine..	86 »
Menuisiers de Montpellier..................................	15 »
Tailleurs de Montpellier...................................	1 50
Agriculteurs de Mèze.......................................	5 »
— de Narbonne.....................................	30 »
— de Mudaison.....................................	15 75
Cantonniers de Paris.......................................	67 20
Travailleurs Municipaux....................................	143 20
Travailleurs Municipaux (Fédération de la Seine)...........	108 80
Tailleurs de Toulouse......................................	1 25
— de Béziers......................................	1 50
— de la Seine.....................................	25 »
Cochers de Montpellier.....................................	3 »

FEDERATIONS AUTONOMES

Indre-et-Loire, de janvier à septembre 1902....................	18 »
Loire, de novembre 1901 à décembre 1902......................	22 40
Vichy, d'octobre à décembre 1902............................	3 60
Sud-Est, de septembre à décembre 1902........................	48 »
Saône-et-Loire, de septembre à décembre 1902.................	72 »

11076 35

Bijouterie, Papier, Tabacs, Tonneau et Employés ont payé à fin
juin 1904 ; les Brossiers à fin avril.

Etat des Dépenses et Recettes

DEPENSES

Secrétariat (août 1902 à fin mai 1904)...........................	5.500 »
Secrétaire adjoint (août à fin décembre 1902)....................	1.250 »
Trésorier (3e trimestre 1902 au 1er trimestre 1904)..............	350 »
Frais de bureau et correspondance...............................	593 85
Imprimés..	2.359 50
Délégations...	2.085 80
Frais d'envoi du rapport du Congrès de Montpellier..............	210 »
Délégations au Congrès de Montpellier...........................	677 25
Frais généraux et divers..	798 55
Achats de Labels..	990 45
Procès de la *Voix du Peuple*...................................	201 15
Cotisation à la Commission de la grève générale (5 0/0 statutaire).....	388 65
Abonnements *Journal Officiel* (2 ans)..........................	80 20
Cotisations au bureau international (juillet 1902 à juillet 1904)........	100 »
Versé à la *Voix du Peuple* (décision du Congrès)...............	1.000 »
Campagne pour les bureaux de placement.........................	1.427 70
Total....................................	18·013 10

RECETTES

En caisse au dernier Congrès :

En obligations	5.000 »	
En espèces	1.488 »	
Cotisations des organisations adhérentes		11.076 95
Versement pour la journée de 10 heures		95 »
— — caisse spéciale des grèves		65 »
Vente de marques Label		1.434 25
Vente de cartes postales		175.50
Vente des brochures du Congrès de Montpellier		48 »
Coupons des obligations		52 05
Vente des obligations		4.936 10
Total		17.882 25
En caisse espèces		1.488 »
		19.370 25
Dépenses		18.013 10
En caisse		1.357

Dépenses

La mention « secrétaire-adjoint » ne comprend qu'une période de cinq mois, parce que, jusqu'au 1er janvier 1903, le secrétaire-adjoint du Comité était chargé du journal et payé sur la caisse du Comité.

Depuis cette date, la *Voix du Peuple* relève des deux sections de la Confédération et les appointements du secrétaire de rédaction sont pris sur la caisse du journal.

La mention « imprimés » comprend le rapport du Congrès de Montpellier, le Répertoire de 1902 et celui de 1903 pour 1.065 francs, les Statuts pour 195 francs, impression en anglais et en allemand du rapport pour Dublin, plusieurs circulaires, notamment pour l'application des décisions du Congrès, pour le Label Typographique et des imprimés divers (enveloppes, papier à lettre et papier circulaire, etc.)

La mention « délégation » comprend les délégations pour la grève de Hollande, pour les Congrès et les grèves dont il est parlé dans le rapport moral.

La mention « délégation au Congrès de Montpellier » comprend les frais de délégation des deux secrétaires du Congrès, des deux secrétaires de la Confédération, du copiste, et les frais d'envoi de colis.

La mention « frais généraux et divers » comprend, les frais d'envoi de la circulaire, pour les décisions du Congrès soit 189 fr. 05, de celle du Label Typographique, 55 fr., du manifeste pour la journée de dix heures soit 98 fr. 15, frais de traduction anglais et allemand du rapport de Dublin, de reliure et de multiples frais divers.

Recettes

La mention « vente des obligations » correspond à celle de l'encaisse « obligations » moins les frais de vente.

Le Trésorier : L. ROBERT.

RAPPORT

PRÉSENTÉ PAR LE

Comité Fédéral de la Section des Bourses du Travail

au Congrès National Corporatif de Bourges 1904

Situation morale et développement de la Section des Bourses

Les militants syndicalistes, les fonctionnaires des Syndicats et Bourses du Travail, tous les syndiqués même qui s'intéressent à la bonne marche de l'organisation ouvrière, ont été tenus au courant de tous les événements et de nos travaux, par l'organe de la Confédération Générale du Travail, la *Voix du Peuple*.

Avec la plus sérieuse attention, ils ont suivi les faits et gestes du Comité Fédéral des Bourses durant les deux années qui viennent de s'écouler entre le dernier Congrès des Bourses du Travail, tenu à Alger du 15 au 19 septembre 1902 et le Congrès Corporatif, qui se tiendra prochainement à Bourges. Cela peut nous dispenser de nous étendre beaucoup sur tous les événements, parfois très importants, auxquels a pris part le Comité au cours de ces deux années écoulées. Il suffira, pensons-nous, de rappeler les principaux, de les effleurer tous sans trop nous appesantir sur aucun. Notre rôle consistera donc à exposer les faits. Il appartiendra au Congrès ou à la Conférence qui le suivra de les juger.

Avant toutes choses, nous croyons nécessaire de démontrer l'extension graduelle de la Section des Bourses, car, c'est en même temps démontrer l'utilité, l'indispensabilité qu'il y a pour les organisations à se grouper entre elles, comme se sont groupés entre eux les individus qui les composent. C'est aussi démontrer le progrès de l'idée syndicale et l'affirmation d'une conscience ouvrière plus développée.

Pour mémoire, rappelons d'abord que la Fédération des Bourses comptait :

Au 30 juin 1897	....	47 Bourses adhérentes	
—	1898	51	—
—	1900	57	—
—	1901	65	—
—	1902	83	—
Au 1er juin 1904	....	110	—

Ainsi, sur toute la France et en Algérie, rayonnent des Unions locales de Syndicats ou Bourses du Travail. Presque toutes sont reliées entre elles par la Confédération Générale du Travail. Très peu sont en dehors et, à l'heure actuelle, une dizaine environ d'Unions ou Bourses du Travail sont en très bonne voie d'adhésion.

Quant à celles qui, au moment du Congrès, se tiendront encore en dehors de notre Confédération, nous saurons peut-être d'ici là quels en sont les motifs.

D'ores et déjà, nous pouvons assurer qu'il aura été fait tous les efforts possibles pour les grouper à notre section des Bourses, pourvu qu'elles acceptent les statuts de la Confédération Générale du Travail et que les leurs ne soient pas contraires au principe des syndiqués rouges.

Ceux-ci se résument dans l'article fondamental de la Confédération : « Grouper en dehors de toute école politique, tous les travailleurs conscients de la lutte à mener pour la disparition du Salariat et du Patronat ».

Bien que le Comité Fédéral n'ait rien négligé pour répandre l'idée syndicale, il ne prétend pas attribuer à lui-même en général, ni à ses militants en particulier, cet accroissement d'institutions spéciales que sont les Bourses du Travail ou Union de Syndicats. Non, le succès de cette forme d'organisation du prolétariat dépend plutôt de ce que les Unions locales de Syndicats d'abord, et les Bourses du Travail ensuite, répondent à un besoin indiscutable qu'ont les exploités de toutes corporations, de se réunir ensemble dans leur localité ; d'être reliés les uns aux autres par un lien commun d'intérêt et de raison. Les syndiqués comprennent partout, maintenant, que l'entente et la solidarité doivent s'effectuer aussi bien entre organisations qu'entre individus dans une même région.

Le bon esprit fédéraliste s'infiltre progressivement dans les masses ouvrières. C'est de cet esprit que découlent les adhésions à notre Section des Bourses.

La fermeté avec laquelle le Comité Fédéral maintient son indépendance vis-à-vis des organisations politiques municipales ou gouvernementales ; le souci qu'il prend de n'empiéter jamais sur l'autonomie des organisations adhérentes ; son attachement au principe fédéral, qui est sa raison d'être, font de la Section des Bourses un organisme aussi puissant qu'utile. *(Voir le tableau des Bourses à la fin du rapport)*

Nous avons donc à enregistrer depuis le rapport de 1902, l'adhésion des 28 Bourses suivantes : Agde, Auxerre, Bourg, Brest, Dunkerque, Epernay, Fontenay-le-Comte, Givors, Ivry, La Roche-sur-Yon, Lille, Lorient, Mehun-sur-Yèvre, Moulins, Nancy, Oran, Poitiers, Rive de-Giers, Saint-Amand-Montrond, Saint-Brieuc, Saint-Chamond, Saint-Claude, Saint-Denis, Tarare, Tarbes, Troyes, Vichy, Vierzon.

La Bourse du Travail de Saint-Pierre (Martinique), figura encore un an sur nos livres. A ce sujet, rappelons qu'une campagne de protestation fut menée dans la *Voix du Peuple*, contre l'arbitraire et la cruauté des fonctionnaires de l'île, envers les travailleurs survivants de la catastrophe. Un meeting fut organisé sous nos auspices dans la grande salle de la Bourse du Travail de Paris.

Conformément aux indications données par le Congrès d'Alger, on écrivit à la Bourse du Travail d'Issy-les-Moulineaux, qui réadhéra. On écrivit aussi à la Bourse du Travail de Lons-le-Saulnier. Cette Bourse ne donna guère signe de vie. Mais des militants, passant par là, nous ont donné quelque espoir de relèvement de cette Bourse si la propagande syndicale pouvait se faire dans la région. C'est la raison qui nous fit maintenir cette Bourse parmi nos adhérentes.

Bien d'autres Bourses ou Unions locales ne se conforment pas à l'engagement pris en adhérant. Il en est qui ne paient pas du tout de cotisation, il en est d'autre qui ne paient pas pour l'effectif complet de leurs Syndicats. Le Comité Fédéral compta toujours sur la bonne foi des militants, mais, ainsi qu'on le constatera au rapport financier, il est des adhérentes à la Section des Bourses qui font preuve de très peu de bonne volonté.

A mesure que nous recevions des nouvelles des Bourses, lorsque celles-ci offraient quelque intérêt à être publiées, elles le furent dans la *Voix du Peuple*, sous la rubrique : « Dans les Bourses du Travail ».

Chaque fois que les Bourses du Travail ont une communication intéressante, elles devraient songer à nous en faire part pour que nous l'apprenions à toutes les autres. Celles qui possèdent des bulletins ne devraient pas non plus oublier de nous en faire le service ainsi qu'à leur délégué au Comité.

Administration

Bureau et Commissions. — Dès sa deuxième réunion après les Congrès d'Alger et Montpellier, et pour se conformer aux modifications statutaires apportées par la constitution de l'Unité Ouvrière, le Comité résolut de remettre au mois de janvier prochain la nomination du Bureau et des Commissions.

A la séance du 9 janvier 1903, le Comité constitua son Bureau et les Commissions.

Le vote se fit par appel nominal, afin que les Bourses du Travail aient loyalement connaissance du vote de leurs délégués. Seul, le délégué de la Bourse du Travail de Reims se porta candidat au poste de secrétaire et retira sa candidature au moment du vote. A l'unanimité, moins trois voix, le Comité maintint son Bureau dans les mêmes conditions que précédemment. Puis, le Comité procéda au vote des Commissions par bulletins secrets et au scrutin de liste.

Ainsi furent élus :

Pour le Bureau : Yvetot, secrétaire ; Delessalle, scrétaire-adjoint ; Lévy, trésorier et délégué de l'Office. — Pour la Commission de Contrôle : Albert Henry, Baumé, Briat, Chamillard, Crétois, Galantus. — Pour la Grève Générale : Braun, Bousquet, Delessalle, Girault, Lévy, Luquet. — Pour le journal : Benoît, Espanel, Girault, Lévy, Michaux, Pennelier. — Au cours de notre session, quelques modifications furent apportées parmi les Commissions. Quelques membres démissionnèrent ou furent remplacés. Sauf la Commission du journal, qui dut se réunir tous les lundis, les autres Commissions se réunirent suivant les besoins et par convocation ou entente de leurs membres.

Comité. — Plusieurs propositions administratives concernant le Comité furent discutées par celui-ci et plusieurs décisions prises furent appliquées.

Entre autres, il fut décidé de relever *l'état syndical* des membres du Comité et d'appliquer les statuts à ceux des délégués ne remplissant pas les conditions statutaires. La première partie de cette décision fut mise en application : par l'intermédiaire des secrétaires des Syndicats auxquels appartenait chaque délégué, on put se rendre compte que chacun des membres du Comité était en règle avec son Syndicat et vis-à-vis de nos statuts. Pour les nouveaux, à leur première apparition, on exigea d'eux les pièces syndicales nécessaires. Aucun militant ne trouva trop arbitraire cette façon d'agir, étant donné que si elle avait été toujours mise en application, bien des discussions pénibles de personnalités eussent été évitées.

Quant à l'exactitude des délégués et de l'article des statuts la concernant, nous devons à la vérité de dire qu'il nous eût été pénible d'appliquer aux uns une rigueur qui n'avait pas été appliquée à d'autres. Et puis, les absences réitérées de plusieurs délégués doivent être souvent attribuées à leur accaparement par la lutte syndicale. La solution serait de dire aux militants de l'être moins, alors qu'ils sont précisément choisis par les Bourses du Travail à cause de cela. D'ailleurs, la plupart s'excusèrent toujours.

par le Comité, nous donnerons prochainement, sous forme de circulaire, le nombre des présences de chaque délégué en regard du nombre des séances où il devait assister. Il sera facile aux Bourses du Travail de se rendre compte de la façon dont leurs délégués remplissent leur mandat.

La Bourse du Travail de Reims proposa une modification aux statuts. Cette proposition fut renvoyée au Congrès.

Certains membres du Comité, motivèrent les deux décisions suivantes qui sont des observations très justes :

« 1° Le Comité invite les délégués des Bourses du Travail, qui ont la faculté d'écrire dans un journal, quel qu'il soit, à ne pas divulguer les décisions prises au Comité Fédéral avant qu'elles aient été publiées dans l'organe de la Confédération ».

« 2° Il fut rappelé publiquement par un avis paru dans la *Voix du Peuple* (numéro 188) que, selon les statuts de la Confédération Générale du Travail :

« ...Nul ne peut se servir de son titre de confédéré ou de fonction quelconque de la Confédération, dans un acte électoral quelconque. »

L'Unité

Une circulaire fut adressée aux B. d. Tr., par laquelle nous rappelions aux Bourses les obligations faites à leurs Syndicats, par les décisions du Congrès de Montpellier. Nous les invitions à faire pression auprès de ceux qui n'étaient pas encore confédérés et abonnés à la *Voix du Peuple*.

Nous leur rappelions aussi les conditions à remplir par chacun d'eux pour jouir du *Label* de la C. G. T.

Nous avons eu à revenir sur cette invitation et si le concours que la Section des Bourses a prêté à la Section des Fédérations, pour obtenir un résultat n'a pas aussi bien abouti que nous l'aurions voulu, nous ne pensons pas en être la cause.

Si l'Unité, en ce qui concerne les deux Comités, n'avait pas existé avant même le Congrès de Montpellier, nous serions obligés de constater qu'elle est maintenant réalisée.

Aucune des deux Sections n'étant sortie de ses attributions, aucun des membres des deux Bureaux n'ayant failli à l'entente cordiale, le perfectionnement de l'Unité fut facile.

L'Unité édifiée à Montpellier n'a été pour nous qu'une ratification par une modification de statuts. Durant ces deux années, la Section des Bourses n'aura pas eu à se plaindre de la consécration d'une Union qui était déjà un fait acquis. Le Comité est heureux d'en faire la constatation, comme les Bourses seront également heureuses de constater que l'Unité n'attentât point à leur autonomie.

Propagande

Le Comité ne retint jamais ses militants lorsqu'ils eurent l'occasion d'aller faire de la propagande.

C'est ainsi qu'à diverses reprises des B. d. Tr. obtinrent le militant qu'elles désiraient en adressant une demande au Comité et en assurant celui-ci qu'elles assumaient toutes les charges de la délégation.

C'est ainsi encore que le Comité autorisa le Secrétaire à faire une tournée de propagande pour se rendre à la Cour d'Assises de Nantes. Outre que cette tournée donna de bons résultats au point de vue syndical, elle contribua considérablement à alléger les frais du procès.

C'est ainsi, enfin, que les permanents furent toujours prêts à partir où on les appelait, pourvu que l'objet de l'appel fût absolument de nature syndicaliste.

Des tournées de 4, 8, 10 et 15 jours furent faites ainsi à la demande d'un Syndicat ou d'une Union de Syndicats. Des séjours dans les grèves eurent lieu en outre des réunions successives auxquelles sont sans cesse invités les permanents. Nul ne trouvera que ce fût là du temps perdu par les fonctionnaires de la Section des Bourses.

Conflits

NICE. — Malgré tous nos efforts et ceux du Congrès en vue d'une entente, la Bourse du Travail Municipale resta réfractaire à toutes les avances et se maintint dans une attitude peu digne vis-à-vis des travailleurs. Toute au service du maire de Nice, elle ne compta plus pour nous.

Sous le titre de Fédération des Alpes-Maritimes, les camarades niçois qui eurent souci de leur dignité luttèrent admirablement contre l'arbitraire d'un maire imbécile qui se figurait que toute conscience est à vendre. Plutôt que de se soumettre, ils fondèrent une Bourse autonome, d'où le potentat de Nice les chassa lâchement en lançant sur eux ses argousins. L'agitation ne cessa pas depuis. L'énergie des militants niçois ne diminua pas.

Le Comité n'abandonna jamais ces camarades. Bien qu'il lui fût impossible d'envoyer un délégué si loin, il ne négligea aucune protestation publique, ni aucune démarche en leur faveur, chaque fois qu'il le crût utile ou que les camarades de Nice l'en sollicitèrent.

Cela n'eut certainement qu'une mince efficacité, mais nos camarades ne se découragèrent pas. A l'heure actuelle, la Fédération des Alpes-Maritimes vit quand même et agit. Elle a surmonté trop d'obstacles pour se laisser maintenant abattre.

NEVERS. — Depuis quelque temps il y avait, à Nevers, un conflit regrettable. Le Comité y délégua un militant qui tenta l'accord entre les ouvriers divisés de Nevers. La mission de ce délégué fut très heureusement remplie, puisque, depuis lors, l'union des travailleurs n'a pas été rompue.

ARLES. — Il en était de même à Arles. Un délégué d'une Bourse proche accepta de tenter une réconciliation et partit au nom du Comité des Bourses. Ses efforts furent aussi couronnés de succès.

Bien entendu, ces rivalités, qui débutent par des questions de personnes ont souvent leur source dans la politique, tant il est vrai que celle-ci, dans les Syndicats, est toujours un ferment de discordes.

FÉDÉRATION DE LA LOIRE. — Une question épineuse se souleva au Comité sur le cas de la Fédération de la Loire et de la B. d. T. de Saint-Etienne. Des discussions, des correspondances qui n'aboutirent pas à de grands résultats, si ce n'est souvent à envenimer encore le conflit. Le temps fut plus éloquent que tous ; ses arguments furent les événements et, si nous en croyons le Rapport d'un délégué du Comité qui se rendit dernièrement à Saint-Etienne, le conflit est presque aplani. Nous souhaitons qu'il le soit complètement d'ici le Congrès. Quant à la question des Fédérations régionales, c'est au Congrès de dire ce qu'il en pense.

ROUEN. — Nous croyons inutile d'insister sur la scission qui se produisit à Rouen, à propos de la Bourse du Travail donnée par la Municipalité à des travailleurs dont quelques-uns consentaient à voir figurer dans leurs statuts des articles en absolue contradiction avec les principes des « syndiqués rouges ».

Les camarades de Rouen, un moment égarés, sont maintenant revenus de leur erreur et la réconciliation entre tous les syndiqués s'est effectuée depuis quelque temps déjà.

Momentanément suspendue, la B. d. Tr. de Rouen a repris sa place à la Section des Bourses et s'est réhabilitée depuis, surtout lors des dernières grèves.

En tout cas, la B. d. Tr. de Rouen nous aura montré comme sont lourdes et dangereuses aux travailleurs les libéralités venues des Pouvoirs, municipaux ou autres.

Solidarité

Les Bourses se souviennent avoir reçu des circulaires en faveur des grévistes de Marseille, d'Ourscamp, des Chapeliers de Paris, etc... Elles se souviennent aussi des Appels à la solidarité en faveur des Bourses de Nice, Blois, Creil, Mustapha, etc.

D'autres circulaires en faveur des mineurs, soit pour les secourir, soit pour faire de l'agitation parallèlement à leur action ; soit pour organiser fêtes et réunions au profit des grévistes furent encore lancées.

Inutile d'insister ; chacun fit ce qu'il put à ce point de vue.

Le Comité, selon le vœu du Congrès d'Alger, organisa des meetings avec le concours de la militante qui prit l'initiative d'une campagne contre la peine de mort.

En présence d'un jugement de classe, nous avons aussitôt fait appel à la solidarité morale des Bourses en faveur de Spano, condamné à mort. La peine fut commuée.

Enfin, il n'est pas un événement ayant un caractère de protestation contre une iniquité ou une injustice auquel ne prît part le Comité des Bourses, en se tenant toujours sur le terrain économique.

Il prit part encore à toute manifestation ayant un caractère éducatif et social. C'est ainsi qu'il consentit à organiser une fête enfantine pour *Jean-Pierre*. Cette fête fut très réussie.

Démarches

Chaque fois qu'il en fut sollicité par les Bourses, chaque fois qu'il crut utile une intervention gouvernementale en faveur des travailleurs en conflit, le Comité désigna des délégués pour se rendre à la Chambre ou dans les Ministères.

En aucune circonstance, l'attitude des délégués ne fut celle de solliciteurs implorant timidement un secours ou une prise en considération, mais elle fut l'attitude de protestataires venant rappeler à qui de droit les responsabilités encourues à laisser faire des fonctionnaires tout dévoués au patronat, mettant à son service la Justice et l'Armée.

Dans ce sens, des démarches furent faites au Ministère de l'Intérieur au moment des bagarres de Nice, Hennebont, etc...

Lois Ouvrières

Bien peu de questions furent mises à l'ordre du jour du Comité, qui soient relatives aux lois ouvrières. Le Comité ne demandait cependant pas mieux que d'en aborder l'étude. Mais la plus grande partie de nos séances fut toujours employée aux questions, aux luttes du moment.

Cependant, le Comité ne manqua pas de seconder les efforts des Bourses qui eurent le temps de s'occuper de ces questions d'un intérêt réel pour les travailleurs, soit qu'il y ait à leur faire connaître ou l'efficacité ou les dangers des lois ou décrets les concernant.

La Bourse du Travail de Besançon eut raison de s'adresser au Comité, qui l'aida à communiquer aux Bourses une protestation qu'elle croyait devoir faire à propos d'un décret du Ministre du Commerce qui autorisait des dérogations aux dispositions de la loi du 30 mars 1900. Cette dérogation consistait à laisser les entrepreneurs exiger des ouvriers une durée excessive de la journée de travail.

Dans sa séance du 13 février 1903, le Comité Fédéral décida de faire part aux Bourses de la proposition de Besançon.

Toutefois, il pensa qu'il ne lui appartenait pas de protester lui-même contre un décret, ni de faire protester les Bourses, ainsi qu'on le lui demandait. Il estima qu'il devait plutôt se confiner dans son rôle, c'est-à-dire se contenter d'étudier et de discuter en son sein chaque projet de loi, chaque loi ou décret intéressant la classe ouvrière et communiquer à celle-ci, par le canal des Bourses, le fruit de ses études, le résultat de ses discussions, laissant ainsi libres d'agir les organisations intéressées.

De cette façon, le Comité démontra bien qu'il n'était pas un Comité directeur.

Antimilitarisme

BROCHURE. — Cette question n'est certainement pas la moins importante de celles dont nous avons à parler en ce rapport. Elle accapara plus que jamais l'activité du Comité. La mise en application d'une décision du Congrès d'Alger, c'est-à-dire la publication et l'édition d'une brochure, fut, à elle seule, un maximum de propagande inconnu jusqu'alors.

Qu'on nous permette un léger écart rétrospectif sur cette question : Pour ne parler que des dernières années, au huitième Congrès National des Bourses du Travail qui se tint à Paris, en 1900, le Comité Fédéral fut approuvé dans ses efforts de propagande, dans ses projets de rapprochement entre syndiqués et soldats. A ce Congrès, on étudia résolument l'éducation à faire aux jeunes gens devant partir au régiment. On y étudia les Caisses du Sou du Soldat ainsi que les moyens de faire venir les soldats dans les Bourses du Travail. Au Congrès de Nice (1901), la discussion sur ce sujet ne fut pas moins intéressante et les décisions prises furent assez importantes.

Mais, au dernier de ces Congrès des Bourses du Travail, à Alger (1902), la discussion fut longue et passionnée. On apportait déjà des résultats ; on précisait et l'on perfectionnait des projets.

Chacun des délégués à ce Congrès comprenait que devenait plus urgente la propagande antimilitariste. On envisagea les faits les plus récents et des résolutions sérieuses sortirent de cet examen. Quelques mois avant ce Congrès, le Comité Fédéral avait lancé parmi les Bourses du Travail un pressant appel aux militants pour qu'ils s'ingénient à attirer dans les Bourses du Travail les syndiqués devenus soldats, priant même ceux-ci d'amener avec eux leurs amis de caserne qui ignoraient le Syndicat.

Au moins 500 circulaires avaient d'abord été adressées à chaque Bourse pour être remises, selon l'initiative des militants, aux camarades soldats.

Au faîte de la hiérarchie militaire on s'alarma de cette propagande et, par une circulaire *confidentielle* (dont on se souvient l'heureuse divulgation par la *Voix du Peuple*), le fameux ministre André donnait l'ordre aux chefs de corps d'interdire aux soldats l'accès des Bourses du Travail.

Cela fut l'objet d'une interpellation. On aboutit, naturellement, à de beaux discours, mais les soldats fréquentèrent, cependant, beaucoup moins nos B. d. Tr. Ceux-ci ne venant plus à nous, il nous fallait aller à eux.

Le Congrès d'Alger comprit cela, lorsque, à l'unanimité, il adopta d'abord cette proposition :

« Le Congrès engage les B. d. Tr. à faire de la propagande antimi-
« litariste par tous les moyens et sous toutes les formes en leur lais-
« sant leur autonomie. »

Les Bourses exposeront, sans doute, au prochain Congrès, comment elles se sont efforcées de remplir cet engagement.

Quant à nous, Comité Fédéral, nous pourrons dire aussi comment nous sûmes nous conformer à cette autre proposition qui nous concernait spécialement :

« Au nom de la liberté qui, en outre des décisions du Congrès, doit
« être laissée à la Fédération des Bourses elle-même, le Congrès laisse
« au Comité Fédéral le soin de décider s'il peut et doit éditer une bro-
« chure de propagande antimilitariste. »

A la première réunion du Comité qui suivit le Congrès d'Alger, la question fut posée. Il s'agissait de savoir ce qu'on ferait comme agita-
tion et propagande éducatives pour le Départ des Conscrits. Comme d'habitude, une fête fut organisée dans la grande salle de la Bourse du Travail, avec l'aide précieux de l'Union des Syndicats qui, l'année suivante, organisa, seule, la même manifestation. Le temps avait manqué pour décider et confectionner une brochure qui pût paraître pour le départ des jeunes gens au régiment, en 1902. Cette occasion man-
quée, il fallait que le Comité ne manquât pas celle du Tirage au Sort. L'accès des Bourses était devenu difficile et dangereux pour les jeunes soldats, il fallait obvier à cet inconvénient et ne pas laisser en souf-
france une aussi urgente propagande. A la réunion suivante du Comité une Commission de cinq membres fut nommée pour faire la brochure. Elle se réunit deux fois, décida du titre, adopta les grandes lignes de la brochure et celle-ci fit son apparition peu de jours après. On avait pressé l'impression pour arriver à temps.

Au préalable de sa publication, pendant sa confection, un appel avait été adressé aux Bourses, les engageant à s'inscrire pour une quantité raisonnable de brochures.

Les Bourses répondirent assez bien, ce qui nous permit, sans trop de risques de faire un premier tirage de 20.000 qui fut vite épuisé.

Il convient de dire que le Comité ne s'attacha nullement à réussir une affaire. Il n'eut en vue que la propagande. En conséquence, des circulaires indiquant la modicité du prix s'en allèrent annoncer nos brochures à tous les groupes. Bien mieux : plus de 3.000 de ces brochures furent adressées, sous enveloppe, à 0 fr. 05, à presque tous les Syndicats, Groupes d'études et Universités Populaires. Il en fut donné un grand nombre aux soldats.

Les demandes affluèrent. En moins d'un an, 100.000 furent expédiées. Cette brochure fut traduite à l'étranger et commentée partout.

Les longues et bruyantes poursuites qu'elles valurent aux membres du Comité ne contribuèrent pas peu à son succès.

Tout le monde connaît les péripéties de ces poursuites judiciaires et le procès qui se termina par l'acquittement de l'accusé.

A propos de ces poursuites et des phases du procès qui dura près d'un an, le Comité manifesta joliment sa solidarité :

Sans longue discussion, d'un élan presque spontané, la majorité des délégués du Comité fut d'avis d'endosser chacun leur part de responsabilité dans une œuvre qu'ils déclarèrent commune et indivise, étant l'exécution d'une décision du Congrès dernier.

Cependant, la chose ne fut pas faite à la légère et le Comité comprit que quelques exceptions dans la participation aux poursuites pouvaient être faites pour des raisons que nous n'avons pas à apprécier. C'est pourquoi tous ceux qui consentirent à se déclarer auteurs du *Manuel du Soldat*, signèrent une déclaration.

Cette entente, cette solidarité déconcerta fort ce qu'on est convenu d'appeler la Justice ! Autant prompte et rigoureuse elle eût été pour un seul, autant elle fut lente, hésitante, indulgente à plusieurs -

La crainte d'un procès ridicule où quarante-deux accusés auraient sans doute été acquittés par le jury, inspira la sage mesure de ne poursuivre qu'un seul auteur... qui fut acquitté.

Maintenant notre brochure a fait son chemin, la propagande qu'elle a faite demeure. Elle peut, lentement, s'acheminer vers le deux-centième mille. Le moment de curiosité est passé, la propagande à faire subsiste, ce n'est plus que pour cela qu'on la demande.

Nous croyons qu'il serait ridicule de nous reposer sur ce succès et de croire qu'il n'y a plus rien à faire de ce genre.

Le Congrès dira lui-même si son Comité, en éditant cette brochure au nom de la Fédération des Bourses, a fait une œuvre d'incontestable éducation et de réelle propagande.

On ne nous tiendra pas rigueur d'avoir un peu insisté sur cette publication : C'est ce qui nous a le mieux réussi !

Procès. — La propagande antimilitariste ne fut pas non plus négligée autrement que par la brochure.

Par le verbe de ses militants, la Section des Bourses fit marcher de pair Syndicalisme et Antimilitarisme.

Beaucoup de militants des Bourses du Travail ont encore présentes à la mémoire les belles manifestations faites en ce sens dans leur localité.

Par la collaboration spontanée du ministre de la guerre, la même propagande fut faite avec éclat dans les Palais de Justice de plusieurs grandes villes. Les journaux de toutes nuances de la localité eurent comme à plaisir, l'obligation de répandre parmi leurs lecteurs notre propagande en détaillant le procès et en reproduisant les expressions les plus osées, en exposant les idées subversives qui nous valaient l'honneur du banc d'infamie !

Si réduits qu'aient pu être les frais, les procès coûtèrent. Le Congrès devra dire si, à ce prix, les militants doivent se taire ; si, à ce prix, cette propagande doit se ralentir.

Syndiqués-soldats et B. du Tr. — Les Syndicats n'ont pas répondu aussi bien que nous l'espérions, lorsque nous les invitâmes à nous donner les noms de leurs adhérents partis au régiment afin de les mettre discrètement en relation avec les Bourses du Travail, Syndicats ou militants des localités proches de leur casernement.

Il y aurait peut-être encore à parler d'autres faits sur cette question, mais cela nous mènerait loin. Le Comité donna son appui moral aux organisateurs du Congrès d'Amsterdam. Il ne pouvait faire plus.

Conseil Supérieur du Travail

Cette question fut une des plus irritantes parmi celles qu'eut à discuter le Comité des Bourses. Il ne s'en serait jamais occupé s'il n'avait pris idée à M. Millerand de mêler les Bourses du Travail à cette question, et si les Bourses du Travail elles-mêmes s'étaient contentées de faire comme bon leur semblait, sans demander l'avis du Comité.

A la séance du 12 juin 1903, le Comité prit connaissance de deux ordres du jour qui lui étaient soumis sur le Conseil Supérieur du Travail et la position à prendre par les Bourses du Travail en présence du nouveau décret.

L'un de ces ordres du jour émanait de la Bourse du Travail d'Angers et l'autre de celle de Vierzon.

Divers délégués émirent l'avis que les Bourses du Travail devraient être consultées pour savoir si le Comité Fédéral devrait désigner un ou plusieurs candidats à cette élection, conformément au nouveau décret qui stipulait qu'un membre du Comité des Bourses représenterait celles-ci au Conseil Supérieur du Travail.

Après une discussion sur ce point, le Comité adopta l'ordre du jour suivant, et le Secrétaire le mit à exécution :

Ordre du jour : « Le Comité Fédéral rappellera aux Bourses, par une circulaire, la décision prise au Congrès de Lyon, concernant le Conseil Supérieur du Travail. Il sera indiqué la nature des éléments qui, anciennement, constituaient ledit Conseil, et la nature de ceux qui le composeront désormais, conformément au récent décret.

« Les Bourses seront invitées, par *referendum*, à dire si elles veulent participer à l'élection, et, selon l'avis de la majorité, le Comité fera parvenir aux Bourses les noms du ou des candidats. »

A la séance suivante (26 juin 1903), le Comité entendit la lecture des réponses au *referendum*.

Tout en donnant leurs appréciations sur cette institution, la majorité des Bourses du Travail se prononça pour la participation.

En présence de ce résultat, il restait au Comité à désigner, suivant le désir des Bourses, un ou plusieurs candidats. Une proposition fut faite en ce sens.

C'est alors que le délégué de la Bourse du Travail de Belfort, qui n'assistait pas à la précédente séance, prétendit que le Comité n'avait pas à se mêler à cette question, qu'il avait eu tort de faire un *referendum* à ce sujet et qu'il ne lui appartenait pas de désigner des candidats. Le délégué de Belfort déposa une proposition tendant à ce que le Comité Fédéral se désintéresse des candidatures, laissant à tous les membres du Comité Fédéral le droit de se porter individuellement candidats, afin que les Bourses choisissent. Il demanda le vote par appel nominal pour sa proposition.

Le vote par appel nominal fut fait sur cette proposition et sur celle des délégués du Mans et de Montluçon, qui demandaient que le Comité Fédéral désigne un candidat au Conseil Supérieur du Travail. Etant donnée la discussion animée sur ce vote, celui-ci ne put être achevé pour l'heure de l'extinction de la lumière. Quelqu'un proposa bien de continuer immédiatement ce vote ailleurs, mais la minorité ne se rendit pas à cette invitation.

La séance suivante (17 juillet) fut presque entièrement consacrée à la discussion sur cette élection au Conseil Supérieur du Travail, et sur les événements et les incidents auxquels elle donna lieu.

Disons que ces événements eurent lieu quelques jours seulement avant l'élection.

C'est maintenant aux Bourses qu'il appartient de juger les faits dont elles eurent connaissance. Il leur appartient de vouloir tout connaître sur cette élection, comme il appartiendra à chacun de ceux qui furent en jeu dans cette question d'apporter toutes les explications, tous les éclaircissements désirables.

En attendant, les numéros 139 à 147 de la *Voix du Peuple* contiennent les détails de cette élection, dans les communications de Bourses et les procès-verbaux du Comité.

Bureaux de Placement

S'il est une circonstance où les travailleurs ont pu se rendre compte de la nécessité d'une unité ouvrière et en apprécier les résultats, c'est bien dans la lutte contre les bureaux de placement : unité de vue pour les résultats à obtenir, unité d'efforts pour l'action.

A la séance du 8 mai 1903, le Comité eut à se prononcer sur la demande à lui faite par la Section des Fédérations et par le Comité d'action contre les bureaux de placement. Il s'agissait d'engager les Bourses du Travail à faire de l'agitation et à seconder de leur mieux l'action des corporations intéressées.

Une circulaire fut décidée, mais une discussion très vive s'engagea sur la forme à lui donner. Les uns voulaient que le Comité se prononce sur un projet, c'est-à-dire qu'il soit donné un sens à la cirrulaire *qui préconiserait ou indiquerait les moyens parlementaires*. Les autres voulaient que la circulaire *invite les Bourses du Travail à prendre les moyens qu'elles jugeraient les meilleurs* pour seconder les travailleurs en lutte contre les bureaux de placement.

Il fut voté sur ces deux propositions, et par 35 voix contre 11, la dernière était adoptée.

Une fois encore, l'esprit fédéraliste du Comité se manifesta, exprimant par ce vote son souci constant de respecter l'autonomie des Bourses sur toutes les questions, et son désir formel de n'être pas un Comité de pression pour tel ou tel système.

A propos de la suppression des bureaux de placement, les Bourses du Travail reçurent du Comité une pressante invitation à s'organiser pour remplacer dignement ces officines.

Rappellerons-nous enfin combien précieuse fut la collaboration de celles des nombreuses Bourses du Travail qui participèrent de leur mieux à la mémorable manifestation des *Cent Meetings* ?

Disons seulement que le Comité ne fut pas déçu dans ses espérances et que les Bourses du Travail, à son invitation, comprirent qu'il y avait là une belle occasion de donner une preuve éclatante que l'unité n'était pas vaine. La vitalité de ces Bourses s'affirma clairement par cette action consciente à laquelle les conviait la Confédération Générale du Travail.

Si les bureaux de placement ont vécu, les Bourses du Travail y auront contribué. Ce qui est mieux, elle les suppléent très bien par un système honnête !

Proposition de Lyon

Ainsi qu'on le peut voir par les numéros 180, 181 et 190 de la *Voix du Peuple*, où sont insérés les procès-verbaux se rapportant à cette question, le Comité dépensa presque exclusivement pour elle cinq longues séances. On nous saura gré de ne pas nous étendre ici dans les mêmes proportions. D'ailleurs, la question devant être l'objet des discussions au Congrès de Bourges, nous serions mal avisés d'anticiper. Contentons-nous de rappeler l'affaire :

A la séance du 14 août 1903, le Comité prit connaissance d'une lettre de la Bourse du Travail de Lyon, demandant des renseignements sur les journalistes délégués de Bourses au Comité Fédéral. Réponse fut donnée à cette question.

Alors, la Bourse du Travail de Lyon formula une proposition que défendit, au Comité, le délégué de cette Bourse. Par une circulaire émanant du Comité administratif de la Bourse du Travail de Lyon, chaque Bourse connaît cette proposition. D'autre part, les correspondances que doivent avoir les délégués au Comité avec leurs Bourses ont pu éclaircir comme il faut tous ceux qui auront à discuter ou à se prononcer sur cette question.

Le Comité, cependant, est persuadé de n'avoir point perdu son temps. De quelque façon qu'on envisage la question, il ressort de ces longues discussions plusieurs enseignements dont chacun, suivant ses tendances, saura faire son profit. Les militants auront acquis une expérience plus forte du danger qu'il y a de mêler dans nos organisations les questions politiques et personnelles aux choses économiques. Au Congrès prochain, nous l'espérons, une résolution sera proposée et adoptée pour que ne se renouvellent plus ces gros inconvénients.

Pour conclure là-dessus, en attendant le Congrès, rappelons la proposition qui clôtura ces longues discussions et qui fut adoptée par la majorité des membres présents :

« Le Comité Fédéral ayant examiné et discuté la proposition de la Bourse du Travail de Lyon, motivée par une campagne hostile à l'organisation ouvrière menée par un journal politique parisien (qui, du reste, l'a reconnu dans la déclaration insérée dans ce journal, à la date du 25 février 1904), déclare légitime la proposition de la Bourse du Travail de Lyon et la renvoie au Congrès de Bourges. »

La parole est au Congrès.

Commission d'Education Syndicale

La Commission d'Education syndicale a peu fonctionné. Non pas que les instituteurs la composant aient manifesté du découragement, non pas encore qu'il y ait eu entre eux et nous le moindre différend, mais parce que son but était inaccessible.

En effet, ce qui provoqua l'institution de cette Commission, ce fut, pour les instituteurs, l'espoir de pouvoir placer comme apprentis leurs jeunes gens. Or, l'on sait que la plupart des Syndicats sont réfractaires à s'occuper des apprentis. De fortes corporations font même campagne pour que les adolescents n'apprennent pas tel métier, et avertissent les parents que la misère attend, l'apprenti devenu ouvrier dans telle catégorie de l'industrie. D'autre part, le placement de l'ouvrier étant déjà très difficile, le devenant toujours davantage, il y avait, pour la Section des Bourses, impossibilité à remplir l'engagement de contribuer au placement des enfants sortant de l'école.

Quant à nous, l'espoir que nous caressions d'obtenir par les instituteurs la facilité de faire de la propagande syndicale dans les écoles, fut sérieusement déçu.

Aussi, après un an d'essai, à dater du dernier Congrès, nous avons pensé que, n'ayant rien à mettre à l'ordre du jour, il était inutile de convoquer la Commission aussi souvent qu'autrefois.

De plus, les instituteurs et institutrices ayant résolu de se grouper en une sorte de Syndicat, nous ne pouvions que laisser mener à terme, par les membres instituteurs de notre Commission, ce projet de groupement nouveau qui est aujourd'hui réalisé, S'il y a lieu, il nous sera facile de nous entendre avec cette nouvelle organisation.

Commission Juridique

Cette Commission, née en 1901, n'a pas périclité depuis le dernier Congrès.

Dans le rapport soumis au Congrès d'Alger, nous donnions, pour ainsi dire, les états de service de ce nouvel organisme de notre Fédération des Bourses. Nous prouvions, en même temps que sa vitalité, son incontestable utilité.

Cette année, nous prendrions trop de place à exposer les preuves de son activité.

Elle a toujours fonctionné comme elle le devait.

Par moments, chaque membre vit son dévouement désintéressé mis à l'épreuve. Il ne se démentit pas un jour.

Outre les renseignements donnés à chaque organisation, à chaque membre de Syndicats ou Bourse du Travail qui s'adressèrent à elle, la Commission Juridique étudia pour nous les questions ouvrières et se partagea, entre avocats, la tâche d'élaboration d'un rapport à soumettre au Congrès International de Dublin.

A propos du *Manuel du Soldat* et des poursuites intentées à ses auteurs, la Commission Juridique sut nous donner les conseils utiles qui déconcertèrent ceux qui nous interrogèrent. Tous nos avocats de la Commission se mirent au service des quarante-deux poursuivis et les assistèrent devant le juge d'instruction.

Quand il fut fait appel au concours de leur parole pour une plaidoierie en province, ce fut toujours avec la meilleure grâce que répondirent nos avocats, n'exigeant d'autres « provisions » que leurs débours.

A Saint-Nazaire, Nantes, Paris, Troyes, Rouen, l'un d'eux défendit un camarade poursuivi en cour d'assises pour délit de paroles. Ses plaidoieries, sans compromettre la défense de l'accusé, furent chaque fois une propagande révolutionnaire très appréciée.

Inutile d'énumérer ici les services rendus aux individus et aux groupements par notre Commission Juridique. La plupart des congressistes savent à quoi s'en tenir.

A noter qu'un avocat à la Cour de cassation et au Conseil d'Etat fait aussi partie de notre Commission et, qu'à ce titre, il n'a jamais négligé d'être utile aux travailleurs (individuellement ou collectivement). Les quelques marques de sympathie et de dévouement déjà données nous sont une assurance que nous pouvons compter sur son concours dans les cas à venir.

Le Comité se félicite d'avoir accepté ce nouveau membre dans sa Commission Juridique.

Tout le monde conviendra que, dans le maquis de la procédure, où le faible et le pauvre sont toujours pris, il est bon d'avoir de tels guides.

Le Comité espère que le Congrès partagera la gratitude et la sympathie auxquelles ont droit nos membres jurisconsultes de la Commission Juridique.

Office de Placement

Nous ne croyons pas devoir nous étendre longuement sur l'Office national ouvrier de statistique et de placement pour des raisons qui seront comprises de tous ceux qui sont au courant des circonstances qui ont créé une forme nouvelle de cet organisme important de notre section.

Rappelons qu'une Commission fut désignée, le 14 novembre 1902, pour former le Conseil d'administration de la Société exigée.

Les Bourses du Travail se souviennent du *Referendum* qui leur fut soumis à ce sujet.

Pour l'établissement du viaticum et l'organisation des tournées en province, afin de l'instituer, une Commission fut de nouveau formée au commencement de l'année.

Un rapport spécial sera présenté à la Conférence des Bourses par le délégué à l'Office.

On pourra constater, par l'exposition détaillée des faits que l'Office national ouvrier de statistique et de placement obtint du Comité toute l'attention et tout le soin que comporte son importance.

Internationalisme

On connaît trop les sentiments internationalistes des militants ouvriers pour penser seulement qu'une occasion de les affirmer aurait été négligée par le Comité des Bourses.

Les camarades d'une Maison du Peuple belge auxquels nous avions demandé un exemplaire du Congrès des Bourses du Travail de Belgique, ne nous firent parvenir aucune réponse. Cependant, nous avions joint à notre demande un exemplaire du Congrès d'Alger et un du Congrès de Paris (1900).

En Italie, la Bourse du Travail de Milan nous demanda des renseignements en novembre 1902. Nous avons répondu. Bien que l'entente soit moralement établie entre les travailleurs italiens et français, aucune occasion ne s'est offerte pour la manifester, si ce n'est que la Bourse du Travail de Gênes fit parvenir une adresse à la Bourse du Travail de Paris, au moment des salamalecs du président Loubet et du tyran italien.

D'Espagne, il nous parvint plutôt des correspondances et des visites individuelles de camarades qui savaient bien qu'ils avaient en nous des amis prêts à les renseigner ou à les soutenir.

Les organisations syndicales qui luttent si courageusement contre la tyrannie monarchique, policière et inquisitoriale, se tinrent aussi très au courant de notre action. Malheureusement, un camarade qui traduisit et publia le *Manuel du Soldat*, fut inculpé comme un criminel et encourra le bagne. Un autre, qui traduisit le rapport soumis à Dublin, au Congrès international, fut passible de la même peine ou à peu près.

C'est dire quels liens nous unissent avec nos braves camarades d'Espagne.

De notre côté, et les Bourses s'en souviennent, nous avons saisi toute occasion de manifester notre fraternité aux travailleurs espagnols en protestant de notre mieux contre leurs tyrans et contre leurs bourreaux. Des meetings furent organisés à chaque occasion par les Bourses du Travail, sur notre invitation.

CONCLUSION

Voilà, aussi brièvement que possible, dans ses grandes lignes, ce que nous présentons à l'examen et au jugement du Congrès.

Le Comité des Bourses est persuadé de n'avoir pas failli à la tâche qu'on attendait de lui.

Il croit avoir fait, pour les intérêts des travailleurs, pour les Bourses du Travail, tout ce qu'il lui fut possible.

A débarrasser le chemin, il employa du temps et des efforts, et cela l'obligea à négliger bien des questions urgentes et importantes qui étaient cependant bien de son ressort.

Mais le Congrès et la Conférence des Bourses du Travail prendront, sans doute, des mesures pour que la tâche lui soit désormais plus facile. On lui tiendra compte aussi, certainement, de son désir de bien faire et des efforts accomplis pour des résultats réels.

C'est dans cet espoir que le Comité Fédéral des Bourses soumet à votre discussion et à votre approbation le rapport de ses travaux.

Paris, juin 1904.

Pour le Comité Fédéral de la Section des Bourses :

Le Secrétaire,

G. YVETOT,

Délégué d'Alger, Constantine, Oran.

(Ci-après la situation financière des Bourses.)

1. Aix	50 40	50 40	1er avril 1902 au 31 mars 1904.	» »	» »
2. Agen	158 20	139 20	1er juin 1902 au 31 mars 1904.	19 »	» »
3. Agde (adhésion 1er juillet 1902)	42 »	36 75	1er juillet 1902 au 31 mars 1904.	5 25	» »
4. Alais	61 30	53 80	1er juillet 1902 au 31 mars 1904.	7 50	» »
5. Albi	58 80	51 45	1er juillet 1902 au 31 mars 1904.	7 35	» »
6. Alençon	50 40	50 40	1er avril 1902 au 30 juin 1904.	» »	» »
7. Alger	94 50	126 »	1er janvier 1903 au 31 décembre 1904.	» »	31 50
8. Amiens	58 80	51 45	1er juillet 1902 au 31 mars 1904.	7 35	» »
9. Angers	217 35	193 20	1er avril 1902 au 31 mars 1904.	24 15	» »
10. Angoulême (Exonérée jusq. 1er nov. 1903)	44 80	28 »	1er novembre 1903 au 31 mars 1904.	16 80	» »
11. Arles	46 20	46 20	1er juillet 1902 au 30 juin 1904.	» »	» »
12. Auxerre (Adhésion 1er octobre 1903)	15 75	15 75	1er octobre 1903 au 30 juin 1904.	» »	» »
13. Bagnères-de-Bigorre	42 »	31 50	1er juillet 1902 au 31 décembre 1903.	10 50	» »
14. Bayonne (Adhésion 1er avril 1903)	51 45	30 45	1er avril 1903 au 31 décembre 1903.	21 »	» »
15. Belfort	132 30	102 90	1er avril 1902 au 31 décembre 1903.	29 40	» »
16. Besançon	126 »	110 25	1er juillet 1902 au 31 mars 1904.	15 75	» »
17. Béziers	151 20	151 20	1er juillet 1902 au 30 juin 1904.	» »	» »
18. Blois	41 50	41 50	1er juillet 1902 au 30 juin 1904.	» »	» »
19. Bordeaux	371 40	333 60	1er janvier 1902 au 31 mars 1904.	37 80	» »
20. Boulogne-sur-Mer	72 »	72 »	1er juillet 1902 au 30 juin 1904.	» »	» »
21. Bourges	161 70	102 90	1er octobre 1901 au 30 juin 1904.	58 80	» »
22. Bourg (Adhésion 1er janvier 1904)	10 50	» »		10 50	» »
23. Brest (Réadhésion 1er janvier 1903)	32 45	32 45	1er janvier 1903 au 30 juin 1904.	» »	» »
24. Brives	85 05	66 15	1er avril 1902 au 31 décembre 1903.	18 90	» »
25. Calais	68 10	48 30	1er novembre 1901 au 30 septembre 1903.	19 80	» »
26. Carcassonne	47 25	36 75	1er avril 1902 au 31 décembre 1903.	10 50	» »
27. Cette	193 25	193 25	1er septembre 1902 au 30 juin 1904.	» »	» »
28. Chalon-sur-Saône (Exonérée)	» »	» »		» »	» »
29. Chartres	45 30	34 80	1er juin 1902 au 31 décembre 1903.	10 50	» »
30. Châteauroux	75 00	8 40	1er avril 1902 au 30 juin 1902.	67 20	» »
31. Cholet	32 »	42 50	1er janvier 1903 au 31 décembre 1904.	» »	10 50
32. Clermont-Ferrand	42 »	26 25	1er juillet 1902 au 30 septembre 1903.	15 75	» »
33. Cognac	96 »	72 »	1er juillet 1902 au 31 décembre 1903.	24 »	» »
34. Commentry	42 »	36 75	1er juillet 1902 au 31 mars 1904.	5 25	» »
35. Constantine	67 20	58 80	1er juillet 1902 au 31 mars 1904.	8 40	» »
36. Creil (Exonérée)	» »	» »		» »	» »
37. Dijon	168 »	147 »	1er juillet 1902 au 31 mars 1904.	21 »	» »
38. Dunkerque (Adhésion 1er janvier 1904)	33 60	» »		» »	» »
39. Elbeuf	50 40	25 20	1er juillet 1902 au 30 juin 1904.	25 20	» »
40. Epernay (Adhésion 1er avril 1904)	8 40	» »		8 40	» »
41. Fontenay-le-Comte (Adhés. 1er mars 1904)	8 40	6 30	1er mars 1904 au 31 mai 1904.	2 10	» »
42. Fougères	108 95	46 20	1er avril 1902 au 31 mars 1903.	57 75	» »
43. Givors (Adhésion 1er mai 1903)	21 »	21 »	1er juillet 1903 au 30 juin 1904.	» »	» »
44. Grenoble	218 40	191 10	1er juillet 1902 au 31 mars 1904.	27 30	» »
45. Issy-les-Moulineaux (Réad. 1er janv. 1903)	31 50	42 »	1er janvier 1903 au 31 décembre 1904.	» »	10 50
46. Ivry (Adhésion 1er juin 1904)	» »	» »		» »	» »
47. La Rochelle	74 55	72 45	1er juillet 1902 au 31 mai 1904.	2 10	» »
48. La Roche-s-Yon (Adhésion 1er juin 1904)	» »	» »		» »	» »
49. Laval	50 40	50 40	1er juillet 1902 au 30 juin 1904.	» »	» »
50. Le Havre (Exonérée dep. le 31 mars 1901)	» »	» »		» »	» »
51. Le Mans	109 20	95 55	1er juillet 1902 au 31 mars 1904.	13 65	» »
52. Levallois-Perret	80 25	62 45	1er avril 1902 au 31 décembre 1903.	17 80	» »
53. Lille (Adhésion 1er avril 1904)	15 75	15 75	1er avril 1904 au 30 juin 1904.	» »	» »
54. Limoges	586 »	586 »	1er janvier 1901 au 30 juin 1904.	» »	» »

55. Lons-le-Saulnier	73 50	»	»	73 50	»
56. Lorient (Adhésion 1er décembre 1903)	35 65	19 50	1er décembre 1903 au 31 mars 1904.	15 75	»
57. Lyon	405 »	360 »	1er avril 1902 au 31 mars 1904.	45 »	»
58. Mâcon	42 »	31 50	1er juillet 1902 au 31 décembre 1903.	10 50	»
59. Marseille	620 25	595 75	1er juin 1902 au 31 mai 1904.	24 50	»
60. Mehun-s-Yèvre (Adhés. 1er janvier 1903)	31 50	21 »	1er janvier 1903 au 31 mars 1904.	10 50	»
61. Montluçon	109 20	98 70	1er janvier 1903 au 31 mars 1904.	10 50	»
62. Montpellier	168 »	168 »	1er juillet 1902 au 30 juin 1904.	»	»
63. Moulins (Adhésion 1er mars 1903)	62 20	51 40	1er mars 1903 au 31 mars 1904.	10 80	»
64. Mustapha	50 40	31 50	1er juillet 1902 au 30 septembre 1903.	18 90	»
65. Nancy (Adhésion 1er avril 1903)	68 25	»	»	68 25	»
66. Nantes	320 »	150 »	1er novembre 1901 au 31 janvier 1903.	170 »	»
67. Narbonne	109 20	95 55	1er juillet 1902 au 31 mars 1904.	13 65	»
68. Nevers	84 »	73 50	1er juillet 1902 au 31 mars 1904.	10 50	»
69. Nice (Exonérée dep. le 1er déc. 1902)	»	»	»	»	»
70. Nîmes	84 »	63 »	1er juillet 1902 au 31 décembre 1903.	21 »	»
71. Niort	39 90	34 65	1er juillet 1902 au 31 mars 1904.	5 25	»
72. Oran (Adhésion 1er septembre 1902)	79 50	60 45	»	19 15	»
73. Orléans	100 80	100 80	1er juillet 1902 au 30 juin 1904.	»	»
74. Paris	813 75	813 75	1er juillet 1902 au 30 juin 1904.	»	»
75. Périgueux	63 »	56 70	1er juillet 1902 au 31 mars 1904.	6 30	»
76. Perpignan	84 »	73 50	1er juillet 1902 au 31 mars 1904.	10 50	»
77. Poitiers	84 15	56 10	1er janvier 1902 au 30 septembre 1903.	28 05	»
78. Reims	165 90	165 90	1er juin 1902 au 30 juin 1904.	»	»
79. Rennes	160 65	142 80	1er avril 1902 au 31 mars 1904.	17 85	»
80. Rive-de-Gier (Adhésion 1er juin 1903)	29 75	19 25	1er juin 1903 au 31 décembre 1903.	10 50	»
81. Roanne	83 75	73 25	1er juillet 1902 au 31 mars 1904.	10 50	»
82. Rochefort-sur-Mer	89 25	89 25	1er juillet 1902 au 30 juin 1904.	»	»
83. Romans (Adhésion 1er juillet 1902)	91 80	67 20	1er juillet 1902 au 31 décembre 1903.	24 60	»
84. Rouen	170 10	113 40	1er avril 1902 au 30 septembre 1903.	56 70	»
85. Saint-Amand (Adhésion 1er mars 1904)	8 40	2 10	1er mars au 30 mars 1904.	6 30	»
86. Saint-Brieuc (Adhésion 1er janv. 1904)	16 80	8 40	1er janvier 1904 au 31 mars 1904.	8 40	»
87. Saintes	42 »	15 75	1er juillet 1902 au 31 mars 1904.	26 25	»
88. Saint-Claude (Adhésion 1er avril 1903)	23 10	23 10	1er avril 1903 au 30 juin 1904.	»	»
89. Saint-Chamond (Adhésion 1er sept. 1903)	16 80	2 10	»	14 70	»
90. Saint-Denis (Adhésion 1er janvier 1903)	31 50	26 25	1er janvier 1903 au 31 mars 1904.	5 25	»
91. Saint-Etienne	210 »	183 75	1er juillet 1902 au 31 mars 1904.	26 25	»
92. Saint-Nazaire	94 50	84 »	1er avril 1902 au 31 mars 1904.	10 50	»
93. Saint-Quentin	168 »	147 »	1er juillet 1902 au 31 mars 1904.	21 »	»
94. Saumur	120 85	100 25	1er juillet 1901 au 31 décembre 1903.	26 10	»
95. Tarare (Adhésion 1er octobre 1903)	15 75	10 50	1er octobre 1903 au 31 mars 1904.	5 25	»
96. Tarbes (Adhésion 1er octobre 1902)	73 50	59 70	1er octobre 1902 au 29 février 1904.	11 3	»
97. Thiers	47 10	47 10	1er juillet 1902 au 30 juin 1904.	»	»
98. Toulon	189 »	63 »	1er juillet 1901 au 30 juin 1902.	126 »	»
99. Toulouse	270 »	270 »	1er avril 1902 au 30 juin 1904.	»	»
100. Tourcoing	68 25	21 »	1er avril 1901 au 31 mars 1902.	47 25	»
101. Tours	168 65	147 55	1er juillet 1902 au 31 mars 1904.	21 10	»
102. Troyes (Adhésion 1er juin 1903)	45 50	45 50	1er juin 1903 au 30 juin 1904.	»	»
103. Tulle	83 »	62 »	1er avril 1902 au 31 décembre 1903.	21 »	»
104. Valence	147 »	126 »	1er janvier 1901 au 31 décembre 1903.	21 »	»
105. Vallée-de-l'Hers	42 »	26 25	1er juillet 1902 au 31 septembre 1903.	15 75	»
106. Versailles	42 »	36 75	1er juillet 1903 au 31 mars 1904.	5 25	»
107. Vichy (Adhésion 1er janvier 1904)	25 20	»	»	25 20	»
108. Vienne (Exonérée)			»		»

Sur 110 Bourses fédérées, 97 ont versé des cotisations. Celles de : Creil, exonérée, n'a pas payé depuis le 1er janvier 1902 ; Châlon-sur-Saône, exonérée depuis le 1er janvier 1898 ; Le Havre, exonérée depuis le 1er avril 1901 ; Nice, exonérée depuis le 1er décembre 1902 ; Vienne, exonérée depuis le 30 septembre 1901. Nice et le Havre ont été fermées par mesures de rigueur. Les Bourses de : Ivry (Seine), La Roche-sur-Yon, Epernay, d'adhésion récente, n'avaient rien à payer.

Les Bourses de Bourg, Dunkerque, Nancy, Vichy, n'ont rien payé depuis leur adhésion. La Bourse du Travail de Lons-le-Saunier, malgré les invitations à payer, n'a pas encore répondu.

A signaler les Bourses suivantes, très en retard dans leur payement : Châteauroux, Fougères, Nantes, Toulon, Tourcoing. Les suivantes se sont mises à jour au moment même où nous venions d'arrêter les comptes : Levallois-Perret, Angoulême, Aix, Constantine, Mehun-sur-Yèvre, Amiens, Poitiers, Chartres, Belfort, Saint-Etienne, Nevers, Narbonne, La Roche-sur-Yon, Dijon, Lorient, Bayonne, Grenoble, Lyon, Saint-Nazaire, Tours, Versailles, Saumur, Tarare, Oran, Bourges. Les Bourses qui ne doivent que le trimestre courant doivent être considérées comme étant à jour de leurs cotisations, les comptes ayant été arrêtés le 31 mai.

Etat des Recettes et des Dépenses

RECETTES		DÉPENSES	
Cotisations	9.016 80	Correspondance	543 60
Vente de Brochures	3.170 50	Frais de Bureau	106 10
Divers	26 »	Imprimés	5.424 80
		Appointements	4.600 »
		Divers	397 25
		Cotisations diverses	446 70
		Délégations	1.201 55
		Bureaux de placement	1.427 70
	12.213 30		12.720 »
En caisse le 30 juin 1902	1.220 55	En caisse le 31 mai 1904	713 85
	13.433 85	Total égal aux recettes	13.433 85

Mémoire, 2 actions de la Verrerie Ouvrière d'Albi de chacune 100 fr. ensemble : 200 fr.

Recettes

Le chapitre *Divers* comprend un remboursement fait par Lagrossillière sur une dépense pour l'organisation d'une conférence en faveur des sinistrés de la Martinique.

Il est dû une somme de 280 francs sur le compte *Brochures*.

Dépenses

Le chapitre *frais de Bureaux* comprend les achats de papier d'emballage pour colis, ficelle, colle, livres pour le secrétaire et le trésorier, diverses fournitures pour machine à écrire et stylographe : encre, papier, etc.

Imprimés

Le chapitre *imprimés* comprend : Impression du manuel, 2.750 fr. ; notre quote-part de la Section des Bourses pour les différents comptes suivants : 90 fr. 55, manifestation pour la journée de dix heures ; 167 fr. 50, Congrès de Dublin ; 189 fr. 05 résolutions de Montpellier ; 592 fr. 50, pour confection du répertoire confédéral. Le reste pour entête de lettres, affiches, circulaires, brochures Alger, etc., etc.

Le chapitre *divers* comprend les frais de colis postaux pour les envois de manuels ; les divers abonnements à la *Voix du Peuple*, à la protection légale des jeunes travailleurs, achat de numéros du premier mai.

Le chapitre *Cotisations* comprend les versements à la Commission des grèves et de la Grève Générale, conformément à la décision de Montpellier, c'est-à-dire 5 0/0 sur les cotisations. Ces versements ont été effectués à partir du 1er janvier, date de la constitution de la dite Commission, soit une somme de 346 fr. 70 ; 100 francs notre quote-part de cotisation au Secrétariat international.

Le chapitre *délégations* se compose :

Délégation Bron à Nice, 115 fr. 75 ; Yvetot à Alger et à Nice, 287 fr. ; Yvetot à Saint-Nazaire, 50 francs ; Niel à Arles, 20 fr. 20 ; Provision pour l'avocat à Saint-Nazaire, 100 francs ; Yvetot au Congrès de Dublin, 280 francs ; procès de Nantes, voyage de l'avocat, 100 francs ; citations à témoins, Saint-Nazaire et Rouen, 85 francs ; voyage à Rouen de l'avocat, 50 francs ; 88 fr. 90, payement des déplacements des camarades témoins procès du *Manuel du Soldat ;* le reste quelques petites délégations en banlieue et courses.

Le chapitre *Bureaux de Placement* indique notre quote-part dans les dépenses faites par la Confédération Générale du Travail dans la campagne menée à l'effet de la suppression de ces officines.

RAPPORT

DE

LA VOIX DU PEUPLE

La *Voix du Peuple* est définitivement sortie des périodes critiques ; désormais, son existence est entièrement assurée par ses uniques ressources : Ses recettes dépassent le niveau de ses dépenses et son développement, quoique trop lent au gré des désirs impatients, n'ayant pas d'arrêt, sa situation meilleure va aller s'accentuant.

Le Congrès de Montpellier institua, pour la *Voix du Peuple*, une situation nouvelle : après avoir décidé, pour parfaire l'unité confédérale, que le journal serait l'organe des deux sections, il décidait que, sur le reliquat de la Souscription, une somme de 1.000 francs serait versée à sa caisse et qu'au 1er janvier 1904 il devrait, de ses seules ressources, faire face à toutes ses dépenses ; il était sous-entendu qu'au cas de déficit, la charge en serait supportée, par moitié, par les deux Sections.

Afin de rendre cet aléa de déficit impossible, le Congrès décidait que chaque Syndicat devrait, pour être considéré comme étant réellement confédéré, avoir souscrit au moins un abonnement à la *Voix du Peuple*.

Rien dans cette décision ne pouvait être considéré comme portant atteinte à l'autonomie syndicale. Cette décision du Congrès était de pure logique et on ne devrait s'étonner que d'une chose : c'est qu'il y ait eu besoin de la formuler explicitement.

N'est-il pas évident que s'ils s'intéressent à l'action économique et revendicatrice dont la Confédération Générale du Travail est le point central de contact, les Syndicats doivent désirer se tenir au courant de ses travaux, — ce qui ne leur est possible que grâce à son organe : la *Voix du Peuple*.

Nous verrons plus loin dans quelle proportion les Syndicats se sont conformés à l'invitation du Congrès.

D'autre part, le Comité Confédéral, désirant éliminer tout imprévu, décidait qu'à partir du 1er juin 1903, le prix de l'abonnement, qui était de cinq francs par an jusque-là, serait porté à six francs, — tarif normal d'abonnement pour la majeure partie des journaux hebdomadaires à dix centimes. Cette augmentation n'a pas été défavorablement accueillie et elle n'a pas eu pour conséquence une diminution, même passagère, dans le nombre des abonnements.

Grâce à ces diverses mesures qui avaient pour but d'assurer définitivement l'existence de la *Voix du Peuple*, ce but a été atteint, — ainsi que le démontrera l'examen de la situation financière.

La Situation Financière

Le compte rendu financier ci-contre qui va du 1er juillet au 31 décembre 1902 est celui d'une situation transitoire :

Situation de « LA VOIX DU PEUPLE »

du 30 Juin au 31 Décembre 1902

Comptes du Journal

RECETTES		*DÉPENSES*	
Encaisse au 30 juin	334 40	Juillet................	1.037 90
Juillet................	791 30	Août..................	1.422 80
Août..................	1.250 70	Septembre.............	1.046 15
Septembre.............	798 45	Octobre...............	1.323 30
Octobre......	1.248 »	Novembre.............	1.644 20
Novembre	1.330 30	Décembre.............	2.118 65
Décembre.............	2.248 10		
	8.001 25		8.593 »

Comptes de la Souscription

RECETTES		*DÉPENSES*	
Encaisse au 30 juin	403 75	Juillet................	144 75
Juillet................	172 »	Août....	19 85
Août..................	2 50	Septembre	4 85
Septembre......	40 »	Octobre................	5 80
Octobre...............	9 40	Novembre	3 35
Novembre	32 75	Décembre..............	» »
Décembre.......	10 95		
	770 35		178 60

BALANCE GÉNÉRALE

RECETTES		*DÉPENSES*	
Journal...............	8.001 25	Journal...............	8.593 »
Souscription	770 35	Souscription	178 60
Total.........	8.771 60	Total.........	8.771 60

Il est à observer que, dans le courant de décembre 1902, les recettes et dépenses faites pour des abonnements à fournir en 1903 ont été portées sur l'exercice nouveau. De ce chef, il y a, comme recettes indiquées, à la page suivante, 1.732 fr. 70 et, comme dépenses 322 fr. 55.

En outre, est portée dans cet exercice, la somme de 1.000 francs versée par la Confédération, en conformité avec la décision du Congrès.

RECETTES

	Abonnés	Vente au bureau	Vente à Paris	Vente départ¹ et ex'érieur	Vente par Hachette	Numéros exception.	Intermédiaires	TOTAUX
Réabonnements pour 1903, effectués en décembre 1902....................	1.732 70							1.732 70
Versé par la C. G. T..................								1.000 »
1903								
Janvier............................	1.496 30	40 30	20 »	36 40		337 30	1 75	1.031 75
Février............................	1.199 55	28 30	138 75	340 60		69 70	0 35	1.777 25
Mars..............................	1.279 25	27 70	97 35	313 25	169 10	197 »	0 80	2.084 45
Avril.............................	845 55	44 25	124 40	325 95	77 75	350 45	1 »	1.769 05
Mai...............................	412 70	27 25	37 15	187 90	92 70	183 50		941 20
Juin..............................	1.595 10	34 55	75 60	380 30	162 45	155 05		2.343 05
Juillet...........................	487 70	27 05	79 10	227 60	62 15	3 50		887 10
Août..............................	860 55	35 50	78 75	465 »	96 45	7 »		1.543 25
Septembre.........................	363 80	22 30	86 05	254 15	143 »			869 90
Octobre...........................	672 15	33 10	94 50	203 80	64 40	621 25		1.686 20
Novembre..........................	875 95	46 45	82 35	507 20	55 15	260 45		1.827 55
Décembre..........................	1.276 50	90 70	44 45	320 05	178 80	92 75		2.003 25
TOTAUX...........	12.737 80	457 45	955 75	3.561 90	1.101 95	2.277 95	3 90	22.096 70
1904								
Janvier...........................	2.392 85	44 45	31 20	148 70	86 55	255 75		2.899 00
Février...........................	1.284 10	55 65	147 85	333 70	205 75	200 90		2.227 95
Mars..............................	1.158 45	31 80	61 85	306 45	127 05			1.685 60
Avril.............................	1.023 75	129 45	48 20	364 20	88 50	185 40		1.839 50
Mai...............................	971 75	25 40	24 40	536 95	94 45	410 05		2.063 »
TOTAUX...........	6.770 90	286 75	313 60	1.690 »	602 30	1.052 10		10.715 05

DÉPENSES

	Frais de bureau	Frais d'administration	Frais d'impression	Frais d'expédit.	Frais numéros exception.	Intermédiaires	Frais de procès	TOTAUX
Frais pour abonnés, faits en décembre 1902................................	322 55							322 55
1903								
Janvier..............................	60 50	375 »	596 45	342 55	350 55	1 75		1.666 80
Février..............................	241 80	325 »	817 10	343 30	312 30	0 85		2.039 85
Mars................................	137 85	375 »	885 60	311 »	54 35	0 80		1.764 60
Avril...............................	203 »	375 »	1.071 45	412 40	201 55	1 »	50 »	2.313 80
Mai................................	43 60	375 »	881 90	276 55	51 25			1.628 30
Juin................................	78 70	370 »	1.006 10	275 35	78 »			1.808 15
Juillet..............................	79 05	350 »	460 35	331 75				1.221 75
Août...............................	98 05	415 »	795 70	266 40				1.575 15
Septembre...........................	53 80	350 »	708 85	252 80				1.365 45
Octobre.............................	72 70	350 »	1.024 95	193 25	648 20			2.289 10
Novembre...........................	116 05	375 »	843 95	323 55	77 75			1.737 95
Décembre...........................	142 05	380 »	900 70	261 30	200 »			1.884 05
TOTAUX..............	1.650 90	4.415 »	9.992 80	3.589 90	1.973 95	3 90	50 »	21.677 50
1904								
Janvier..............................	125 95	370 »	1.019 70	269 45	351 90		332 25	2.469 25
Février..............................	119 90	405 »	1.030 10	266 05	110 40			1.931 45
Mars................................	190 55	350 »	838 75	331 20				1.710 50
Avril...............................	119 45	350 »	907 45	279 35	199 70			1.855 95
Mai................................	132 75	350 »	1.043 20	294 30	51 90			1.872 15
TOTAUX..............	688 60	1.825 »	4.839 20	1.440 35	713 90		332 25	9.839 30

Des tableaux ci-contre, il résulte que l'encaisse de la *Voix du Peuple* était, au 31 décembre 1903, de 419 fr. 20. Par conséquent, puisqu'au commencement de l'année, il lui avait été effectué un versement par la Confédération Générale du Travail de 1.000 francs, la *Voix du Peuple* se trouvait en débet de 581 francs. Il faut tenir compte qu'en avril 1903, il fut frais les frais d'un numéro de propagande, à propos de la grève de Hollande, — dépense que ne compensa presque aucune recette. — On peut donc estimer le déficit réel de cet exercice entre 400 et 500 fr.

L'année 1904 se présente comme devant se clôturer, non par un déficit, si léger soit-il, mais par un excédent de recettes. En effet, l'encaisse au 31 mai était de 1.295 fr. 55, comme le démontre l'opération suivante :

Recettes en 1903...........................	22.096 70	
Recettes en 1904 (jusqu'à fin mai).....	10.715 65	
		32.812 35
Dépenses en 1903...........................	21.677 50	
Dépenses en 1904 (jusqu'à fin mai).....	9.839 30	
		31.516 80
En caisse.....................................		1.295 55

Or, il y a eu à faire face à une dépense exceptionnelle occasionnée par le procès intenté sur l'ordre du ministère de la guerre à la *Voix du Peuple*, à propos du numéro du tirage au sort de janvier 1903. Ces poursuites se terminèrent, en janvier 1904, devant la Cour d'assises de Troyes, par un acquittement général. Il y eut cependant, de ce chef, une dépense de 382 francs.

On peut donc dire que, sans cet aléa, au 31 mai 1904, les recettes de la *Voix du Peuple* auraient été de 1.670 francs. Si l'on compare cette situation avec celle à fin mai 1903, on trouve qu'à cette époque l'encaisse n'était que d'environ 1.200 francs, ce qui fait une différence de près de 500 francs en faveur de 1904.

Le tirage de La Voix du Peuple

Au moment où était établi le rapport présenté au Congrès de Montpellier, en 1902, le tirage de la *Voix du Peuple* se répartissait comme suit :

Expédié à nos dépositaires directs....................	2.200
Livré pour le service des Messageries Hachette.........	680
Livré pour le service des bibliothèques des gares......	50
Abonnés	1.550
Pour la vente à la Bourse du Travail, à Paris, pour les services et les collections........................	350
Total...............................	4.780

Depuis lors, il s'est produit une augmentation qu'indiquent les chiffres suivants :

Expédié à nos dépositaires directs....................	2.300
Livré pour le service des Messageries Hachette...........	875
Livré pour le service des bibliothèques des gares........	115
Abonnés	2.100
Pour la vente à la Bourse du Travail, à Paris, pour les services et les collections........................	400
Total...............................	5.790

Ainsi, dans l'intervalle des deux Congrès, l'augmentation de tirage, qui s'est manifestée surtout par un accroissement du nombre des abonnés, a été d'un millier d'exemplaires.

La vente par l'entremise des Messageries Hachette est en légère augmentation ; quant à la vente effectué par nos dépositaires directs, elle est à peu près stationnaire.

Les Syndicats abonnés

Il s'en faut que la totalité des Syndicats se soient conformés à la décision prise au Congrès de Montpellier en s'abonnant à la *Voix du Peuple.*

En prenant pour base le *répertoire* de 1904 nous trouvons : adhérant à la *Section des Fédérations,* 1.812 Syndicats ; adhérant uniquement à leur Bourse du Travail ou Union de Syndicats, 342 Syndicats.

La plupart des Fédérations ont plus de la moitié de leur effectif abonné ; voici dans quelles proportions :

Fédérations ayant plus de la moitié de leurs Syndicats abonnés :

	Nombr de Syndicats	Nombre d'abonnés
Travailleurs agricoles	75	50
Alimentation	51	30
Allumettiers	6	4
Ameublement	49	31
Bâtiment	35	27
Bijouterie	6	6
Bûcherons	63	37
Carriers	6	5
Céramique	20	15
Chapellerie	27	16
Coiffeurs	30	15
Confection militaire	9	6
Cuirs et peaux	54	35
Culinaire	25	16
Employés	36	18
Lithographie	28	17
Maçonnerie	91	63
Marine de l'Etat	9	6
Menuisiers	16	10
Métallurgistes	148	92
Cuivre	24	17
Mineurs	10	7
Modeleurs-Mécaniciens	6	5
Mouleurs	91	49
Papier	22	13
Peinture	34	22
Ports et Docks	34	20
Sellerie-Bourrellerie	10	6
Tabacs	23	19
Textile	93	60
Tonneau	12	7
Transports et Manutentions	12	"
Verriers	22	14
Voiture	30	23

Fédérations ayant moins de la moitié de leurs Syndicats abonnés

	Nombre de Syndicats	Nombre d'abonnés
Artistes Musiciens......................	25	2
Blanchisseurs	4	1
Brossiers et Tabletiers.................	13	5
Charpentiers	15	2
Coupeurs-broch. en chaus............	7	3
Magasins admin. de la guerre.......	15	3
Pers. civ. des établ. de la guerre...	19	5
Livre	159	61
Maréchalerie	8	3
Mécaniciens	42	12
Sabotiers	11	5
Teinturerie	6	2

Pour compléter les tableaux ci-dessus, ajoutons que tous les Syndicats adhérents isolément à la Confédération Générale du Travail sont abonnés.

En outre, il est à observer que, parmi les quelques Fédérations ayant moins de la moitié de leur effectif abonné, il en est plusieurs, telles les Fédérations des Musiciens, des Magasins de la guerre, du Personnel civil de la Guerre, de la Teinturerie, qui sont tout récemment confédérées ; d'autres, celles des Brossiers et des Sabotiers, qui sont de création récente.

La Situation Morale

Au lendemain de la campagne d'action syndicale qui a abouti à la suppression des Bureaux de Placement, — campagne qui, en plus du bénéfice immédiat dont profitent les victimes des placeurs, a été une éclatante et indéniable manifestation de la force des travailleurs, groupés sur le terrain économique, — il est inutile de refaire la démonstration de l'utilité de la *Voix du Peuple*. —

C'est elle qui a permis la coordination de l'effort et a énormément facilité la synchronisation de la centaine de meetings du 5 décembre 1903. Sans elle, étant donnée l'orientation trop politique de tous les journaux quotidiens, l'agitation sociale contre les Bureaux de Placement n'eût pu, aussi rapidement, acquérir l'ampleur révolutionnaire et donner les résultats qu'on sait.

Ainsi, la *Voix du Peuple*, qui, les années précédentes, s'était plutôt bornée à des discussions théoriques, à clarifier et préciser les idées et les tactiques dont doivent s'inspirer les organisations syndicales, a été amenée, sous la poussée des événements, à devenir un indispensable outil de lutte. Et alors a été mieux ressentie l'insuffisance d'action d'un journal simplement hebdomadaire.

Pour toutes les autres propagandes, la lecture des rapports des secrétaires confédéraux a reflété l'action de la *Voix du Peuple*, car la vie du journal a été intimement liée à celle de la Confédération Générale du Travail, dont il est l'organe. Il est donc superflu de s'y étendre.

La *Voix du Peuple* a donné, depuis le Congrès de Montpellier, une plus large place à l'information. Mais, avec le développement croissant du mouvement syndicaliste, sa périodicité et son format arrivent à être insuffisants. Bien des questions n'ont pu être qu'effleurées, bien des organisations et des camarades ont vu leurs articles ou communications écourtés ou retardés, faute de place.

A tous ces inconvénients, il est possible de remédier. Mais, il faut bien se rendre compte que le développement du journal, qui implique un accroissement de frais, doit être parallèle au développement de la vente, à l'accroissement du nombre des abonnés.

A ce propos, on ne peut que regretter que trop de Syndicats n'aient pas suivi l'indication du Congrès de Montpellier et ne se soient pas abonnés. C'est une regrettable preuve d'indifférence de l'action confédérale, dont ils devraient, au contraire, avoir à cœur d'être informés. En effet, étant donné que l'affiliation des Syndicats à la Confédération Générale du Travail se fait au second degré, par le canal de la Fédération corporative et de la Bourse du Travail, il est compréhensible que l'unique moyen de se tenir au courant de l'activité confédérale est, pour eux, d'être abonnés à la *Voix du Peuple*. Donc, on ne devrait avoir à s'étonner que d'une chose : c'est que le Congrès de Montpellier ait eu besoin d'affirmer qu'il est nécessaire que les Syndicats confédérés soient abonnés à l'organe confédéral.

Cependant, désormais, la vie de la *Voix du Peuple* étant complètement assurée par ses propres ressources, — uniquement par les abonnements et la vente, — les améliorations à réaliser, dans le journal, pourront se faire plus facilement que par le passé.

Seulement, il ne faut pas croire que la situation financière actuelle, pour bonne qu'elle soit, dispense d'efforts nouveaux : il faut que viennent de nouveaux abonnés, il faut que se recrutent de nouveaux lecteurs.

N'est-il pas pitoyable de constater qu'alors que des journaux d'intérêt secondaire, tels que ceux de sport ou même politiques, — dont tout l'objectif se limite à des préoccupations personnelles ou de lucre, — ont une clientèle et un tirage élevé, le journal des Travailleurs ne dépasse pas six mille exemplaires par semaine ? C'est aux militants qu'il incombe de remédier à cette anomalie : aux camarades qui s'éveillent à la vie syndicale, ils doivent expliquer tout ce qu'il y a de fictif, de factice et d'illusoire dans la société actuelle et démontrer que la réalité essentielle est la vie économique et que, s'en désintéresser, c'est tendre l'échine au joug capitaliste et refuser de participer à la lutte contre les exploiteurs de tout ordre.

Pour la Commission du Journal,

Le Secrétaire,
EMILE POUGET.

RAPPORT

DE LA

Commission des Grèves et de la Grève Générale

Camarades,

Conformément aux Statuts de la Confédération Générale du Travail, la Comission des Grèves et de la Grève Générale fut constituée en 1903.

Immédiatement, elle dut se rendre compte de la situation difficile par suite des obligations que venait de décider le Congrès.

Ces obligations portant sur la double adhésion et sur l'abonnement au journal la *Voix du Peuple*, devaient augmenter les charges de chaque Syndicat et il était prudent, pour ne pas les heurter, de ne pas insister fortement en faveur de la propagande dévolue à notre Commission. Pour cette propagande, des fonds eussent été nécessaires et la Commission estima préférable de ne pas harceler les organisations.

Malgré cette situation, la Commission, comme on le verra plus loin, a fait de la besogne utile. Elle se présente avec un bilan supérieur à ceux des années précédentes.

Constitution

Furent désignés pour la Section des Fédération les camarades Espanet, Galantus, Garnery, Latapie, Sauvage et Tabard.

Pour la section des Bourses : Braun, Bousquet, Delessalle, Girault, Luquet et Levy.

La Commission choisit pour son bureau les camarades : Girault, comme secrétaire et Levy comme secrétaire-adjoint et trésorier.

Il fut décidé, dès la première réunion, que ces camarades ne seraient pas rétribués.

Au mois d'octobre 1903, Girault ayant donné sa démission, fut remplacé par Garnery.

Les Sous-Comités

Un des premiers actes de la Commission fut l'envoi aux Bourses d'une circulaire leur rappelant les décisions du Congrès relatives à la constitution des sous-Comités. Dans cette circulaire, il était dit aux Bourses qu'elles trouveraient auprès de la Commission les renseignements et l'appui dont elles pourraient avoir besoin.

Peu de Bourses firent le nécessaire à la suite de cet avis ; et la Commission, devant le nombre croissant des conflits, pour lesquels des appels pressants lui parvenaient chaque jour, tant pour des fonds que pour des délégués, décida d'en faire parvenir un nouveau en insistant sur la nécessité de la constitution de sous-Comité.

A la suite de ces deux appels, une quinzaine de sous-Comités furent constitués. Quelques-uns ne montrèrent pas une grande activité, mais la plupart ont donné la preuve que si ces foyers d'action, de propa-

gande, se multipliaient, la Grève Générale est d'une réalisation possible. Ce qui le prouve, c'est que dans les centres où il existe un sous-
Comité, les grèves ont eu une tendance rapide à la généralisation et
à l'action révolutionnaire.

Voici la liste des sous-Comités constitués :

Alais, Albi, Amiens, Bayonne, Bourges, Brest, Creil, Elbeuf, Grenoble, Limoges, Lyon, Marseille, Montpellier, Paris, Rennes, Tours,
Vierzon.

Sur ces dix-sept sous-Comités, huit seulement payèrent des cotisations ; ce sont : Albi, Amiens, Bourges, Brest, Elbeuf, Marseille,
Paris et Vierzon.

Appel aux Syndicats

Devant le petit nombre de sous-Comités constitués et tenant compte
des appels de plus en plus pressants de quelques Syndicats appartenant à des Bourses, la Commission résolut d'envoyer à tous les Syndicats confédérés une circulaire les invitant à lui verser directement
leurs cotisations. Une douzaine de ces derniers répondirent à cet
appel, la liste en est donnée dans le rapport financier.

Pour les Grèves

La Commission suivit attentivement tous les mouvements de
grève qui se produisirent depuis son entrée en fonction. D'après l'importance et le caractère de ces mouvements, tant dans les autres pays
qu'en France ; elle lança des appels, soit par la *Voix du Peuple*, ou par
circulaires ; elle recueillit et répartit les secours qui lui furent adressés directement puis, dans la mesure du possible, envoya des délégués
à la demande des camarades en lutte.

Les grèves pour lesquelles il fut lancé aux organisations des
appels particuliers, sont les suivantes :

Tissage en Portugal ;
Métallurgistes d'Hennebont ;
Ardoisiers de Trélazé.
Premiers mouvements du Textile en France (octobre 1903).
Deuxième mouvement (échéance du 1er avril).

Pour les sommes reçues et réparties par la Commission, le compte
en est donné dans le rapport financier.

Il est à constater que les grèves qui se sont déroulées par une action énergique ont été celles qui ont reçu les plus nombreux et importants secours.

Tisseurs d'Armentières (deux délégués).

Délégations dans les Grèves

La Commission envoya, à la demande des organisations en lutte,
des délégués à sa charge dans les grèves suivantes :

Tramways de Clermont-Ferrand (trois délégués).
Porcelainiers de Villedieu.
Métallurgistes d'Hennebont (2 délégués).
Tisseurs d'Angers.
Tisseurs d'Armantières (deux délégués).
Arrimeurs de Bordeaux.
Tisseurs de Darnetal.
Mouleurs de Liancourt.
Chaisiers de Sommedieu.

A propos des délégations, nous ne saurions trop insister sur ce fait : c'est que la Commission, à son grand regret, n'a pu donner satisfaction qu'à un très petit nombre de demandes de délégués qui lui furent adressées.

Propagande

A côté de la propagande faite par les délégués sur les champs de grève et pour la constitution de Sous-Comités, la Commission utilisa la brochure. Il en fut imprimée une sous le titre : *Grève Générale Réformiste et Grève Générale Révolutionnaire*. Le tirage fut fixé à 20.000 exemplaires, dont une dizaine de mille a été vendue à ce jour.

Tels sont, en résumé, les travaux de la Commission. Avec peu de ressources, il a été fait face à des demandes de délégation, à des envois de circulaires contenant des appels à la solidarité. La Commission a servi d'intermédiaire entre les camarades en grève et les souscripteurs ; elle a poussé, dans la mesure du possible, à la constitution de sous-Comités.

La Commission soumet ce travail au Congrès et, maintenant que les Syndicats ont eu le temps de mettre en application les décisions statutaires, elle espère que des mesures seront prises pour lui assurer des moyens d'action correspondant à l'importance de sa fonction.

Etat des Recettes et des Dépenses

RECETTES		DÉPENSES	
Cotisations............	1.081 »	Correspondance.......	307 75
Souscriptions aux grèves	12.971 95	Frais de Bureau......	41 25
Vente de Brochures....	568 70	Versements aux grèves.	12.434 05
Divers...............	90 »	Postaux et divers......	443 30
		Imprimés.............	1.055 »
		Délégations...........	752 65
	14.811 65		14.674 »
En caisse le 1er janv. 1903	135 55	En caisse le 31 mai 1904.	273 20
	14.947 20	Total égal.........	14.947 20

Recettes

Cotisations. — Ce chapitre se compose comme suit :

Section des Fédérations (1er janvier 1903 au 31 mai 1904)........	388 65
Section des Bourses (1er janvier 1903 au 31 mai 1904)...............	343 70
Sous-Comité des Grèves d'Albi (1er janvier 1903 au 31 mars 1904)	18 »
— — Amiens (1er avril 1903 au 31 juillet 1903)	14 85
— — Bourges(1er janvier 1903 au 31 déc. 1903)	44 75
— — Elbeuf (1er janvier 1902 au 31 déc. 1903)	20 40
— — Marseille (1er jan. 1903 au 31 mars 1903)	11 25
— — Paris (1er janvier 1903 au 31 mai 1904)...	130 05
— — Vierzon (1er janvier 1903 au 31 mai 1904)	13 »
Chaudronniers de Saint-Quentin (1er janv. 1903 au 31 mars 1903)	0 75
Bijoutiers or doublé argent Paris (1er oct. 1902 au 31 déc. 1902)	1 50
Métallurgistes de Fumel (1er déc. 1902 au 29 février 1904)........	12 »

Ouvriers des Forges de Bessèges (Décembre 1902).....................	1	»
Métallurgistes de Vendôme (1er décembre 1902 au 28 février 1903)	1	25
Sculpteurs Paris (1er janvier 1902 au 31 décembre 1902..........	3	»
Métallurgistes Orléans (1er décembre 1902 au 31 décembre 1904)...	6	25
Ajusteurs Saint-Nazaire (Décembre 1902)...............................	0	50
Métallurgistes du Boucau (1er décembre 1902 au 31 août 1904)...	40	»
Conducteurs-Pointeurs Paris (1er avril 1903 au 30 sept. 1903)...	4	50
Syndicat des Mouleurs Monthermé (1er jan. 1904 au 31 déc. 1904)	3	»
Chambre Syndicale de la Voiture, Le Mans (1er janvier 1904 au 30 juin 1904)...	1	50
Chambre syndicale des Maçons de Saint-Chamond (1er janvier 1904 au 31 décembre 1904)..................................	3	»
Syndicat des Carriers de Bessais (Février 1904).....................	0	25
Caoutchoutiers de la Seine (1er décembre 1902 au 31 déc. 1903)...	3	25
Syndicat des Ouvriers des Tabacs, Paris (Dissous) (Don)........	97	50
Fédérations du Bâtiment (Don)...	15	»
Syndicat Textile de Lavelanet (Don)....................................	2	»

Le Sous-Comité de Brest a payé, dans le courant de juin, ses cotisations depuis sa constitution.

Sur le chapitre *Vente de Brochures*, il reste dû 169 fr. 75. Des 20.000 brochures, près de 10.000 sont encore en notre possession.

Le chapitre *Divers* représente un remboursement de 17 fr. 50 sur une délégation du camarade Desjardins à Angers et le payement sur le compte des grèves de 72 fr.50 pour envoi d'une circulaire pour le Textile (grève d'Armentières).

Dépenses

Le chapitre *Correspondance* comprend les envois de fonds aux grèves, la correspondance des secrétaire et trésorier, l'expédition des appels pour les grèves.

Le chapitre *Postaux et divers* comprend l'envoi de colis de brochures à toutes les Bourses du Travail et quelques travaux nécessités par la confection de bandes, mises sous bandes pour l'expédition des appels pour Hennebont, Trélazé, le Textile, Armentières, etc.

Le chapitre *Imprimés* comprend 787 fr. 50, impression des 20.000 brochures. Enveloppes et carnets de reçu : 43 francs ; 224 fr. 50 pour les circulaires suivantes : Appels aux Syndicats, Application des décisions de Montpellier, circulaires pour la brochure. Appels pour les grèves suivantes : Portugal, Hennebont, Armentières, Trélazé et le Textile.

Le chapitre *Délégations* : Luquet à Villedieu, 34 fr. 10 ; Lévy à Hennebont, 65 francs ; Bourchet à Hennebont, 60 francs ; Desjardins à Angers, 97 francs ; Avocat, procès Roubaix, 80 francs ; Desjardins à Armentières, 105 fr. 40 ; Griffuelhes 2 délégations à Armentières, 98 fr. 35; Lévy à Clermont-Ferrand, 94 fr. 30 ; Luquet à Bordeaux, 15 francs ; Beausoleil à Clermont-Ferrand, 30 francs ; Vitré à Clermont-Ferrand, 20 francs ; Yvetot à Darnétal, 50 francs ; Yvetot à Liancourt, 11 francs.

La différence entre les recettes et les dépenses pour les grèves provient de ce que des organisations ont abandonné à la Commission certains reliquats devant servir à la propagande. Le bilan donne l'explication de la façon dont on a employé ces sommes.

Le Secrétaire,   Le Trésorier,

GARNERY.   ALBERT LÉVY.

TABLEAU COMPARATIF DES BOURSES DU TRAVAIL
Adhérentes à la Confédération Générale du Travail

(SECTION DES BOURSES)

BOURSES DU TRAVAIL OU UNIONS DE SYNDICATS	SYNDICATS PAYANTS	BOURSES DU TRAVAIL OU UNIONS DE SYNDICATS	SYNDICATS PAYANTS
		Report	607
Aix	6	Lons-le-Saunier	»
Adge	5	Lyon	43
Alais	7	Mâcon	5
Albi	7	Marseille	47
Alençon	10	Mehun-sur-Yèvre	5
Alger	15	Montluçon	10
Agen	18	Montpellier	20
Amiens	7	Moulins	9
Angers	30	Mustapha	6
Angoulême	16	Nancy	13
Arles	6	Nantes	29
Auxerre	5	Narbonne	13
Bagnères-de-Bigorre	10	Nevers	10
Bayonne	10	Nice	18
Belfort	14	Nîmes	10
Besançon	15	Niort	5
Béziers	18	Oran	9
Blois	5	Orléans	12
Bordeaux	36	Paris	100
Boulogne-sur-Mer	8	Périgueux	6
Bourg	5	Perpignan	10
Bourges	14	Poitiers	8
Brest	6	Reims	20
Brive-la-Gaillarde	9	Rennes	17
Calais	6	Rive-de-Giers	5
Carcassonne	5	Roanne	10
Cette	25	Rochefort-sur-Mer	12
Chalon-sur-Saône	6	Rouen	18
Châteauroux	8	Romans	12
Chartres	5	Saintes	5
Cholet	5	Saint-Amand	6
Clermont-Ferrand	5	Saint-Brieuc	8
Cognac	11	Saint-Chamond	6
Commentry	5	Saint-Claude	5
Constantine	8	Saint-Denis	5
Creil	14	Saint-Etienne	25
Dijon	20	Saint-Nazaire	10
Dunkerque	16	Saint-Quentin	20
Elbeuf	6	Saumur	9
Epernay	8	Tarare	5
Fontenay-le-Comte	6	Tarbes	10
Fougères	11	Thiers	5
Grenoble	26	Toulon	15
Givors	5	Toulouse	28
Issy-les-Moulineaux	5	Tours	20
Ivry	5	Tourcoing	5
La Rochelle	9	Troyes	10
La Roche-sur-Yon	5	Tulle	10
Laval	6	Valence	10
Le Havre	10	Vallée-de-l'Hers	5
Le Mans	13	Versailles	5
Levallois-Perret	8	Vichy	12
Lille	15	Vienne	9
Limoges	40	Vierzon	7
Lorient	15	Villeneuve-sur-Lot	5
A Reporter	607	Total des Syndicats payants.	1.349

Congrès National Corporatif de 1904

TENU A BOURGES, LES 12, 13, 14, 15, 16 ET 17 SEPTEMBRE

Compte-rendu des Travaux

Séance du 12 Septembre 1904 (*matin*)

La séance est ouverte à 10 heures sous la présidence du camarade HERVIER, secrétaire de la Bourse du Travail de Bourges, et de la commission d'organisation du Congrès.

Au nom de cette dernière, HERVIER souhaite la bienvenue à tous les délégués, il invite tous les membres de la Commission d'organisation à prendre place au Bureau et prononce l'allocution suivante :

CAMARADES CONGRESSISTES,

Au nom des Travailleurs organisés de la Ville de Bourges, au nom de notre Bourse du Travail, je vous adresse mes cordiaux et sincères compliments de bienvenue.

La vieille cité berruyère est fière de l'honneur que vous lui avez fait, en accourant nombreux, de tous les points de la France et de l'Algérie, pour discuter les intérêts du prolétariat, sous les auspices de notre Bourse du Travail.

Je sais que ce Congrès marquera une date ineffaçable dans les annales du monde ouvrier ; que les discussions y seront passionnées, tumultueuses peut-être ; mais si quelque esprit chagrin s'en alarme, je dis qu'il n'est pas possible quand des centaines de militants combatifs se rencontrent pour discuter avec tout leur cœur, leur tempérament vif et ardent, il n'est pas possible, dis-je, que cette rencontre se fasse sans heurt, même sans quelque froissement.

Ne nous inquiétons donc pas de ces petites et mesquines questions personnelles ; évitons de froisser les susceptibilités de nos camarades : mais si ces mêmes susceptibilités sont trop vives, trop subtiles pour être comprises de nous, passons outre en examinant froidement la situation.

Vous me permettrez, chers Camarades, d'être bref en ces paroles de bienvenue, le temps est trop précieux pour tous pour en gaspiller la moindre parcelle.

Ce n'est pas en vain que nous faisons appel à la fraternité des travailleurs, rappelons-nous que le monde ouvrier a les yeux fixés sur le Congrès et en espère une amélioration sensible par les décisions qui y seront prises et respectées, nous en sommes certains pour l'amélioration de son sort si détestable dans la société actuelle.

Restons unis quand même et toujours contre l'ennemi commun, le capital exploiteur, en ayant au cœur le même désir de bien travailler pour la cause ouvrière. Tous souffrants des mêmes maux, ayant tous aussi les mêmes aspirations, mettons-nous à la besogne, que celle-ci soit féconde, c'est le vœu le plus cher que j'exprime et c'est aussi celui que forment tous les délégués au XIVᵉ Congrès corporatif.

Camarades, à l'œuvre et vive la solidarité prolétarienne.

Applaudissements unanimes.

Le Président donne lecture de l'ordre du jour suivant :

ORDRE DU JOUR :

Les délégués du prolétariat organisé, réunis à Bourges, la 12 septembre, à propos du Congrès national corporatif, au moment de commencer leurs travaux adressent aux travailleurs de Marseille, ainsi qu'aux autres grévistes en lutte contre l'exploitation patronale, l'expression de leur fraternelle sympathie.

H. SELLIER, employés, Mehun-sur-Yèvre ; MALLARDÉ, tabacs, Paris : LUCAS, employés, Périgueux ; HAMELIN, livre, Paris ; VOILIN, mécaniciens, Puteaux ; SERGENT, typographie parisienne ; GUERNIER, textile, Reims ; CHATEAU, typographie, Bourges ; SAUVAGE, dockers, Dunkerque ; KEUFER, livre, Paris.

Les soussignés demandent qu'une quête soit faite au profit des grévistes de Marseille, à la fin de chaque séance.

Plusieurs délégués proposent que le produit de ces quêtes, soit réparti entre toutes les grèves en cours.

Cet ordre du jour ainsi modifié est adopté.

Le camarade PATAUD, des Industries Electriques de la Seine, dépose un ordre du jour au sujet de l'attentat patronal de Cluses. Cet ordre du jour est retiré pour lui donner une portée plus générale.

Le président invite le Congrès à constituer immédiatement la Commission de vérification des mandats ; il propose que chaque Fédération y soit représen.. par un membre ; de cette façon, dit-il, la Commission aura des renseignements exacts sur la validité des mandats.

Un délégué demande que chaque Bourse du Travail soit représentée au sein de la Commission.

Un autre délégué est d'avis que la Commission soit composée d'un représentant par région.

LAUCHE répond qu'il est inutile de choisir les membres de la Commission par région car, dit-il, cette Commission doit être composée d'un nombre de délégués aussi restreint que possible ; il demande la nomination d'une quinzaine de membres. Pour faciliter la tâche de la Commission, les délégués des Fédérations seront appelés à lui fournir tous les renseignements.

POUGET considère que la proposition tendant à constituer la Commission par région est impraticable et se rallie à la proposition Lauche, qui est adoptée.

Le Bureau reçoit alors une grande quantité de noms et il est impossible de procéder à l'élection.

Pour simplifier l'élection, POUGET propose qu'il soit procédé par appel nominal de chaque Fédération, qui, à l'énoncé de son titre, désignera un membre si elle le juge utile.

Cette proposition est adoptée.

GRIFFUELHES, secrétaire de la Confédération, procède à l'appel nominal des Fédérations, qui désignent les camarades dont les noms suivent :

Commission de vérification des mandats

Agricoles	MILLAUD
Alimentation	COUCHOUD
Ameublement	POTIGNY
Bâtiment	TIENNET
Bûcherons	VEUILLAT
Céramique	TILLET
Chemins de Fer	GUÉRARD
Coiffeurs	DESPLANQUES
Cuirs et Peaux	GRIFFUELHES Henri
Employés	LUCAS
Guerre	BERLIER
Maçons	NURY
Maréchaux	HARDY
Mécaniciens	LAUCHE
Menuisiers	BORNET
Métallurgie	LATAPIE
Mouleurs	LENOIR
Ports et Docks	PIOCH
Tabacs	MALLARDÉ
Textile	GUERNIER
Voiture	LE BLAVEC
Marine	GENTRIC
Chapeliers	ALIBERT
Lithographie	THIL
Livre	RAYMOND

LE PRÉSIDENT met aux voix cette liste, qui est acceptée à l'unanimité.

Le Président donne lecture du télégramme suivant adressé au Congrès par les travailleurs de Tunis :

Police recommence faire violence. Aujourd'hui 11 Septembre réunions maçons, menuisiers, dissoutes dans locaux syndicaux. Avons averti ces Fédérations, prière aviser également Fédérations Métallurgistes, Cordonniers, Tonneliers. Agissez en conséquence par mandat.

GAUTHIER,
29, rue Sidi el Mordjani, Tunis.

Sur la proposition d'YVETOT, le Congrès proteste contre l'arbitraire gouvernemental exercé envers les Travailleurs de Tunisie qui veulent s'organiser en syndicats. Le gouverneur et la police sont d'accord pour les empêcher même de se réunir.

Le Congrès déclare se solidariser avec ces camarades et leur envoie l'expression de toute sa sympathie.

GUERNIER, de Reims, conformément aux Statuts demande la nomination immédiate d'une Commission de Contrôle pour l'examen des comptes de la Confédération.

GRIFFUELHES répond au délégué de Reims et rappelle celui-ci au respect des Statuts déclarant qu'il n'a pas attendu l'intervention de ce délégué pour faire le nécessaire.

La Commission de vérification des mandats n'ayant pas encore commencé ses travaux, il considère, conformément aux statuts, que le congrès n'est pas officiellement constitué et que par conséquent, la Commission de contrôle ne peut être nommée en ce moment.

Le Président demande au Congrès de fixer l'heure d'ouverture de la séance de l'après-midi. Pour permettre à la Commission de terminer ses travaux, Coupat propose que le Congrès se réunisse à trois heures. (Adopté).

Le Congrès procède à la nomination du Bureau pour la séance de l'après-midi ; sont désignés les camarades :

Niel, président ; Combemorel, Legouhy, assesseurs,

La séance est levée à 11 heures.

Séance du 12 Septembre *(soir)*

La séance est ouverte à 3 heures. Le camarade NIEL avise aussitôt le Congrès que la Commission de vérification des mandats vient de lui faire connaître que son travail n'est pas terminé et qu'elle ne peut prévoir si son rapport pourra être déposé le soir même.

Dans ces conditions, le Président consulte le Congrès pour le renvoi de ses travaux au mardi matin à 8 heures. (Adopté).

Une proposition pour le maintien du Bureau à la prochaine séance est également adoptée.

Séance du 13 Septembre *(matin)*

Le Président NIEL consulte le Congrès afin de savoir si l'on peut tenir la séance du matin, la Commission de vérification des mandats n'ayant pas encore terminé ses travaux et ne pouvant les terminer avant midi ; il serait préférable, ajoute-t-il, de renvoyer la séance à deux heures de l'après-midi.

Plusieurs délégués envisagent la possibilité de siéger en commençant par la discussion des mandats non contestés, cette méthode permettant de ne pas perdre un temps précieux.

Le Président NIEL explique le désir des membres de la Commission de vérification d'assister à la discussion des Mandats afin de leur permettre de donner leur avis. Le Rapporteur ayant affirmé pouvoir déposer son rapport à 2 heures de l'après-midi, l'Assemblée vote à mains levées le renvoi de la séance à deux heures.

Séance du 13 Septembre *(soir)*

A trois heures et demie, le PRÉSIDENT déclare la séance ouverte.

Il exhorte les Congressistes à faire le plus grand silence, de façon à ce que chacun puisse s'imprégner des éléments de discussion. Il invite les délégués qui voudront prendre la parole à se faire inscrire au moyen de fiches.

Il donne ensuite connaissance au Congrès des communications suivantes :

Émancipatrice imprimerie communiste Paris envoie son salut fraternel aux représentants du Prolétariat organisé. Vive la Révolution sociale.

Produit de la souscription faite à la réunion organisée par la Fédération du Livre, le lundi 12 septembre : 11 fr. 65, au profit des organisations en grève.

Cette souscription est remise au Bureau.

Communication de la.Chambre Syndicale des Ouvriers et Employés des Tramways Electriques de Cette :

Cette, le 9 Septembre 1904.

Aux Camarades Délégués au Congrès de Bourges de la Confédération Générale du Travail.

Camarades,

Le camarade Jeannot, délégué de notre Bourse du Travail, a bien voulu se charger de porter à votre connaissance la situation qui nous est faite par l'omnipotente Compagnie de l'Omnium Lyonnais.

En grève depuis le 6 du courant, notre corporation a l'honneur de revendiquer l'unanimité de ses membres pour défendre ses droits et surtout la vie de son organisation syndicale.

C'est pourquoi, pour que nous ne succombions pas sous le coup de la faim, nous faisons appel à votre concours.

D'avance nous vous crions merci !

Vive l'Organisation syndicale, par la Confédération générale du Travail !

Vive la Révolution sociale !

La Commission exécutive de la Grève,

BRON, CASUANI, COUDERC, DELMAS, aîné, FRAYSSE aîné, MORPAND, PONTEX, SEY Emile, ROUSSET, SIRET, SOULIERS.

PROPOSITIONS DIVERSES

Des mandats provenant de diverses organisations, ayant été reçus le mardi, le Président conformément aux statuts de la C. G. D. T., consulte le Congrès s'ils doivent être refusés.

BOUSQUET, estime que tous les mandats reçus après les travaux de la Commission de vérification doivent néanmoins être acceptés.

DUBÉROS, demande dans le cas, où le Congrès suivrait cette voie qu'un mandat qu'il possède soit pris en considération.

FOUILLAND, de Montluçon, croit le règlement trop draconien ; il est d'avis que l'on doit accepter les nouveaux mandats.

GUÉRARD, rapporteur de la Commission, estime au nom de cette dernière que l'on doit se conformer au règlement.

A ce sujet, les propositions suivantes sont déposées et renvoyées à l'étude du Comité Confédéral.

ADJONCTION A L'ARTICLE 31 DES STATUTS

Nous pourront assister au Congrès, que les organisations qui auront adressé leurs mandats, au moins deux jours avant son ouverture.

Une liste de ces mandats sera dressée et distribuée à tous les délégués, lesquels devront adresser toute protestation ou contestation à une Commission nommée à cet effet dès l'ouverture du Congrès. La dite Commission présentera dans la plus prochaine séance, un rapport sur tous les mandats contestés.

A. LUQUET, *Fédération des Coiffeurs, Coiffeurs de Paris, de Versailles, de Nantes, de Nevers, de Béziers, de Pau, etc.*

Pour faciliter et abréger la vérification des mandats dans les futurs Congrès, le soussigné demande que les secrétaires ou trésoriers des Fédérations, ainsi que les trésoriers et le secrétaire de la Confédération générale du Travail, soient présents dès l'ouverture des Congrès avec les livres de leurs Fédérations, permettant de contrôler immédiatement l'existence des syndicats par le versement de leurs cotisations, seul moyen pratique et rapide de toute vérification. La Confédération devra tenir un état financier afférent à chaque syndicat.

CH. FOUILLAND, *délégué de Montluçon.*

Pour diminuer la perte de temps occasionnée par la vérification des mandats, le soussigné propose que le Congrès actuel désigne quinze fédérations qui choisiront pour le prochain Congrès chacune un délégué. Ces quinze délégués se rendront deux ou trois jours à l'avance au lieu désigné pour le Congrès et procèderont à l'élaboration de la vérification des mandats. Il nous semble qu'après une pareille ébauche, un rapport provisoire pourrait être fait et la vérification même demanderait moins de temps.

Corollaires. — Le supplément de frais occasionné par ce déplacement prématuré, serait à la charge de l'organisation du Congrès.

Il serait fait obligation aux organisations d'envoyer leurs mandats un certain laps de temps à l'avance.

Cordonniers de Brest, le délégué : J. LE GALL.

La Commission de vérification des mandats sera composée d'un délégué par Fédération représentée.

Cette commission fonctionnera un jour avant l'ouverture du Congrès.

E. GAUBIAD, employé de commerce, Narbonne.

Le Congrès adopte ensuite sans discussion les deux ordres du jour suivants :

Les délégués au Congrès sont invités à conserver la dignité nécessaire de façon à ne pas entamer entre ou envers leurs codélégués, soit dans les cafés ou dans les rues, des colloques qui donnent une mauvaise opinion du prolétariat. (*Applaudissements.*) |MERZET, Ch. DAVID.

Quelques semaines seulement nous séparent des infâmes assassinats commis à Cluses et à Casaméne, des emprisonnements des camarades de Neuvilly, etc. Nous voyons, d'une part, l'instruction ouverte contre les assassins se prolonger indéfiniment afin d'obtenir l'oubli permettant l'acquittement des coupables ou leur condamnation à une peine bénigne, et, d'autre part, les instructions clôturées rapidement et les mois de prison distribués largement à nos camarades.

Il nous a semblé qu'avant de commencer ses travaux, le XIVᵉ Congrès corporatif, ne pouvait mieux faire que d'avertir la classe capitaliste que les travailleurs organisés se souviennent et savent depuis longtemps qu'ils n'ont rien à attendre de la justice bourgeoise, surtout lorsqu'il s'agit de frapper un des siens; que si cette justice croit pouvoir rendre un verdict d'acquittement dans les crimes cités plus haut et continuer les dénis de justice dont elle est coutumière, elle se trompe grandement.

Le XIVᵉ Congrès corporatif, en envoyant l'expression de toute sa sympathie à toutes les victimes du capital, engage les travailleurs organisés à se faire justice eux-mêmes dans les cas semblables à ceux de Cluses et à mettre ainsi en action les pratiques enseignées par le patronat lui-même.

Emile PATAUD, des Industries Electriques de la Seine.

Cet ordre du jour est adopté à l'unanimité.

RAPPORT DE LA COMMISSION DE VÉRIFICATION DES POUVOIRS

Le camarade Guérard, au nom de la Commission de vérification, donne lecture du rapport suivant :

Camarades,

En raison de la double condition d'adhésion à une fédération et à une Bourse du Travail, exigée pour l'admission des syndicats au présent Congrès, la Commission de vérification des pouvoirs a dû se livrer à un trop long travail de vérification et de pointage qui a fait perdre au Congrès un temps vraiment excessif.

Pour activer à l'avenir la formalité fastidieuse et énervante de la validation des mandats, la Commission présente au Congrès les vœux ci-après :

1º Aucun mandat ne sera admis après la séance d'ouverture du Congrès. Tous les pouvoirs reçus à ce moment par la Commission d'organisation seront remis à la Commission des mandats, classés par fédérations et par lettre alphabétique de localités.

2° Les pouvoirs des délégués devront porter non seulement le cachet de leur syndicat, mais encore ceux de la Fédération dont il fait partie et de la Bourse du Travail à laquelle il adhère.

En outre, et autant que possible, le mandat devra porter la signature du délégué.

Le nom du délégué sera suivi de celui du syndicat dont il est membre avec l'indication de sa Fédération et de sa Bourse du Travail.

Cette dernière proposition a été présentée par les délégués de Marseille qui désiraient la voir appliquer pour ce Congrès ; mais, tout en reconnaissant la justesse de l'observation qui lui a été faite, la Commission n'a pu que se conformer aux statuts et émettre un vœu que le Congrès adoptera, nous n'en doutons pas.

D'accord avec le Comité confédéral, la Commission a pensé qu'elle ne devait pas appliquer rigoureusement la clause des statuts refusant d'admettre au Congrès les Syndicats adhérents depuis moins de trois mois à leur Fédération. Il a été décidé — et le Congrès nous approuvera certainement — d'admettre tous les Syndicats qui lui ont été indiqués comme étant récemment fédérés.

Nous avons entendu toutes les explications des intéressés sur les contestations qui se sont produites au cours de notre vérification. Elles ont, pour certains mandats, soulevé des discussions prolongées ; nous espérons qu'elles ne se renouvelleront pas devant le Congrès.

Les pouvoirs ci-après n'ont donné lieu à aucune observation et sont, en conséquence, proposés à votre acceptation :

Agricoles	30	Maréchaux	5
Alimentation	54	Marine	6
Allumettiers	6	Mécaniciens	38
Ameublement	24	Menuisiers	16
Artistes-musiciens	4	Métallurgie	156
Ardoisiers	5	Mineurs	7
Bâtiment	43	Modeleurs	5
Bijouterie-Orfèvrerie	9	Mouleurs	48
Brossiers	5	Papier	3
Bûcherons	43	Peintres	22
Carriers	2	Ports et docks	12
Céramique	23	Postes, Télégraphes, Télé-	
Chapeliers	8	phones	4
Charpentiers	9	Poudreries	1
Chemins de fer	46	Sabotiers	7
Coiffeurs	21	Selliers	3
Confections militaires	3	Tabacs	19
Correcteurs	1	Teinture	4
Coupeurs en chaussures	3	Textile	42
Cuirs et Peaux	50	Tonneau	7
Culinaire	7	Transports et Manutention	16
Employés	41	Transports en commun	26
Fourrure	7	Travailleurs municipaux	3
Guerre (Magasin de la)	11	Verriers	5
Guerre (personnel de la)	16	Voiture	22
Habillement	8	Syndicats isolés n'ayant pas	
Lithographie	21	constitué une Fédération	15
Livre	125	Total	1.178
Maçons, Tailleurs de Pierre, etc.	60		

93 pouvoirs ont été repoussés ; ils avaient été, pour la plupart, envoyés par des Syndicats qui ne remplissaient pas les conditions d'admission.

Parmi les mandats écartés, il convient de noter les suivants qui n'ont pas été admis pour les raisons ci-après :

Plusieurs syndicats de Tulle avaient donné leurs pouvoirs au citoyen Chièze, secrétaire de la Bourse du Travail, dont la qualité d'ouvrier a été contestée par le citoyen Chambas. Le délégué de Tulle est d'une association ouvrière qui a le caractère patronal en ce sens qu'elle n'admet pas les auxiliaires au partage des bénéfices, lesquels sont conservés par les seuls associés.

Le citoyen Chièze s'est retiré, mais les mandats ont été admis ; ils sont à la disposition des syndicats intéressés qui peuvent charger un autre délégué de soutenir leurs vues sur les questions portées à l'ordre du jour.

Les groupes parisiens du Syndicat National des Chemins de fer ont été refusés parce qu'ils ne sont pas adhérents, individuellement, à l'Union des Syndicats de la Seine.

Le représentant des Chemins de Fer a objecté qu'en fait, ces groupes sont adhérents collectivement à l'Union des Syndicats, celle-ci ne pouvant, d'après ses statuts, admettre plusieurs groupements d'une même profession.

Indépendamment des mandats repoussés, il en est d'autres, au nombre de 42, dont l'admission, acceptée en principe, a été réservée, soit parce que le droit d'entrée n'a pas été acquitté, soit parce que le mandat ne portait pas de cachet, soit encore pour d'autres raisons de pure forme.

Il ne nous a pas été possible de vérifier si les délégués n'étaient pas nantis de plus de dix mandats. Une telle vérification eut demandé encore une journée de pointage. La commission s'est vue dans la nécessité de passer outre, s'en rapportant à la bonne foi des délégués.

La Commission, en terminant son rapport, ne peut qu'engager tous les délégués à en terminer de suite avec la vérification des mandats et d'aborder sans plus tarder la discussion de l'ordre du jour.

Pour la Commission, *Le rapporteur* : E. GUÉRARD.

Le rapporteur, comme complément au rapport ci-dessus, donne lecture des protestations suivantes :

Fédération des Vosges

Epinal, le 12 septembre 1904.

Citoyen Guernier, délégué de la Bourse de Reims au Congrès de Bourges.

Au nom de la Fédération des Syndicats ouvriers des Vosges, éliminée des travaux du Congrès de Bourges par une mesure qu'il est permis d'appeler arbitraire et basée sur ce fait que la Fédération départementale Vosgienne n'est point adhérente à la Confédération du Travail, alors que ses syndicats, en font tous partie par leurs fédérations nationales professionnelles. Nous venons vous charger de bien vouloir porter notre protestation devant les membres du Congrès, de concert avec les camarades Keufer, de la Fédération du Livre, et Renard, de la Fédération textile, de Lille.

Nous avons l'espoir que le Congrès ne maintiendra pas une mesure qui, tout en divisant les forces ouvrières, éloigne de Bourges aujourd'hui, et rien que pour le département des Vosges, 5.000 travailleurs qui devaient naturellement prendre part aux délibérations où seront discutés leurs propres intérêts.

Nous vous demandons de parler dans ce sens au nom de la Fédération des Syndicats ouvriers des Vosges qui réunit neuf Syndicats textiles, un Syndicat du livre et un Syndicat employés de commerce, tous adhérents à la Fédération nationale.

Au cas où le Congrès se prononcerait pour l'affirmative, nous joignons un bon de poste de 3 francs pour notre droit d'inscription.

Veuillez agréer, Citoyen, pour vous et les vaillants membres du Congrès, notre salut fraternel.

Pour la Fédération et par ordre, le Secrétaire : PERNOT.

Bourse du Travail de Tulle •

La décision prise par la majorité restreinte de la Commission de vérification en ce qui concerne le refus des mandats du citoyen Chièze, secrétaire général de la Bourse du Travail de Tulle et secrétaire de la 125° section du Livre, est absolument injuste et ne repose sur aucune preuve et aucun fait.

Les allégations produites par son contradicteur, qui n'a aucune qualité pour avoir mandat au Congrès sont absolument fausses.

Le soussigné considère qu'il y a lieu de laisser à la Confédération le soin d'anéantir les fausses allégations portées par le citoyen Chambas à la Commission de vérification des mandats ;

Estime que le citoyen Chambas, non adhérent à la Bourse du Travail, patron limonadier et ouvrier immatriculé de l'État, ne peut avoir droit de représentation au Congrès, ne pouvant partager les sentiments des ouvriers libres.

Revient à nouveau sur les fausses appréciations données à son égard et demande à nouveau une sanction, après enquête sur place de la Confédération Générale du Travail.

A. CHIÈZE,
Secrétaire général, mandaté par la Bourse du Travail de Tulle.

Tailleurs de Pierres de Vichy

Aux camarades chargés de la validation des mandats des délégués au Congrès de Bourges.

Je viens vous signaler la situation du citoyen Gobelet, comme délégué du Syndicat des tailleurs de pierres de Vichy, au Congrès de Bourges. Ce camarade n'est pas élu, le Syndicat se composant de quatorze membres ne l'ayant nommé que par cinq voix sur sept membres présents. D'autre part, le camarade Gobelet, comme secrétaire du Syndicat, avait oublié je ne sais si ça est volontairement ou par mégarde, de mettre à l'ordre du jour sur les convocations, la nomination d'un délégué au Congrès de Bourges. Il me semble que la question était assez urgente pour qu'elle figure à l'ordre du jour, ce qui me ferait croire qu'il y avait entente pour que ce camarade soit choisi de préférence à un autre, pour assister au Congrès où vous allez ouvrir les assises aujourd'hui.

Ce délégué n'étant pas reconnu par les syndiqués, est parti sans mandat, et s'il en présente un à la commission de vérification, c'est qu'il l'aura signé lui-même comme secrétaire et apostillé du timbre du Syndicat, car à la réunion de samedi plusieurs camarades ont protesté contre cette élection louche, et se sont refusés à lui confier tout mandat.

Si toute fois, la commission de vérification se refusait à ajouter foi à ce que je viens de lui signaler, je demanderais à ce qu'elle vérifie les procès-verbaux des séances où les faits que je vous signale ont été inscrits.

J. COMBEAU, FONCELLE, président ; DURAUTON, HÉBRARD Michel, SOUBIÈS, GRÈS Michel, COMBEAU Gilbert, du Syndicat des tailleurs de pierres de Vichy,

Syndicat des Ports et Docks de Lyon

Le Syndicat des Ouvriers des Ports et Docks de Lyon donne mandat au camarade Gaget, délégué du Syndicat au Congrès corporatif de Bourges, de demander l'exclusion du Syndicat des employés et similaires de la Compagnie Générale de Navigation audit Congrès, pour les motifs suivants :

1 D'après décisions du Congrès de Cette, il ne devait exister qu'un seul syndicat de manutentionnaires à Lyon, et le Syndicat des Ports et Docks a été désigné.

2° Par ordre de la Fédération Nationale des Ouvriers des Ports et Docks, en date du 1er septembre, le travail devait être suspendu par solidarité. Ce à quoi les adhérents des Ports et Docks, au nombre de quatre-vingt, se soumirent à cette décision. Les dockers au mois, adhérents au Syndicat de la Compagnie Générale de Navigation, ont continué le travail, réduisant à néant les efforts du Syndicat des Ports et Docks.

3° D'après une décision de la commission exécutive de la Bourse du Travail, mettant en demeure ces camarades de se solidariser et d'adhérer au mouvement, appuyée d'une dépêche de la Fédération des Ports et demandée par eux, leur enjoignant de se solidariser, n'en ont tenu aucun compte et passent outre.

En foi de quoi nous avons délivré le présent mandat.

Pour le Syndicat et par ordre, le Comité exécutif :

Le Trésorier,   *Le Secrétaire Général,*   *Le Secrétaire Adjoint,*   *Le Trésorier Adjoint,*
PACHOT.   M. CLÉMENT.   BRUN.   PACAUD.

Vingt-unième section du Livre

Considérant que des questions très graves vont être discutées au Congrès de Bourges du 12 au 17 Septembre prochain ; que l'assemblée du 28 Août 1904 a invité le comité de la 21° section à convoquer une assemblée extraordinaire afin de donner un mandat précis à son délégué de Bourges ; que le comité de la 21° section du Livre s'y est refusé ;

Les soussignés, membres de la 21° section de la Fédération du Livre, pensent que le délégué de la Typographie parisienne au Congrès de Bourges n'a pas de mandat sur les questions à l'ordre du jour et demandent au dit Congrès de tenir compte de leurs protestations.

Paris, vendredi 9 septembre 1904.

Suivent 97 signatures.

Au camarade HERVIER, Secrétaire de la Bourse du Travail de Bourges.
Commission d'organisation du Congrès.

Camarade,

Je viens protester, personnellement, *contre le délégué de la 21° section de la Fédération des travailleurs du Livre qui participe au Congrès sans avoir aucun mandat de la section parisienne.*

Au cours de l'Assemblée générale de notre Chambre Syndicale, tenue le 28 août 1904, à la Bourse du Travail, j'avais déposé un ordre du jour ainsi conçu :

« La typographie parisienne, réunie le 28 août 1904, donne mandat au Comité « syndical de convoquer la section en une Assemblée extraordinaire afin de « donner un mandat précis à son délégué au Congrès de Bourges ».

Cet ordre du jour fut voté, mais le Comité n'en a pas tenu compte, puisque la réunion n'a pas eu lieu.

En laissant de côté l'anomalie que fait naître le comité syndical en ne convoquant pas lui-même sa section pour examiner l'important ordre du jour du Congrès de Bourges, il est quand même un point dont la gravité n'échappera à personne : *c'est qu'une Assemblée ayant décidé de tenir une réunion sur ledit Congrès, voit sa décision annulée par un acte arbitraire du Comité syndical.*

En conséquence, je persiste à dire que le délégué de la 21° section (section parisienne), n'a *aucun mandat ni pour parler ni pour voter au nom de la Chambre Syndicale typographique parisienne.*

Je vous prie de porter ma protestation à la connaissance du Congrès, car, ayant conscience de mes actes, je tiens à ce qu'ils s'accomplissent au grand jour.

Recevez, Camarade, mon salut fraternel.

BOUDET,
Typographe, numéro matricule 1263, de la 21° section de la Fédération des Travailleurs du Livre (Paris).

Services Municipaux de Paris

Syndicat Général des Travailleurs dépendant des services municipaux de Paris et du département de la Seine

Voudriez-vous être assez aimable de remettre au Président de l'une des séances du Congrès cette lettre, afin qu'il en soit donné lecture.

Dans la séance du 26 août, le Conseil confédéral, les deux sections réunies, refusa notre admission au Congrès, parce que nous ne remplissions pas la double condition exigée par le Congrès de Montpellier, c'est-à-dire que nous ne sommes pas adhérents à l'Uunion des Syndicats de la Seine (voir le n° 204 de la *Voix du Peuple*); or, à cette même séance, l'on a admis la Chambre Syndicale des Employés, qui n'était pas adhérente non plus à l'Union des Syndicats de la Seine, et contre qui une accusation assez grave fut portée, puisque cette Chambre syndicale aurait empêché, paraît-il, deux autres Syndicats d'employés, adhérents à l'Union des Syndicats de la Seine, de faire partie de la Fédération Nationale des Employés.

Cette lettre n'a pas pour but de protester contre la participation de la Chambre Syndicale des Employés au Congrès de Bourges, mais contre la partialité dont le Syndicat général des Travailleurs municipaux de Paris a été l'objet, syndicat comprenant 4200 membres adhérents.

Nous en appelons au Congrès tout entier.

Recevez, cher camarade Hervier, ainsi que tous les camarades du Congrès notre salut fraternel.

Par autorisation : *Le Secrétaire général*,
COPIGNEAUX.

Le camarade FOUILLAND demande s'il ne serait pas possible de donner les noms des Syndicats qui ne sont pas acceptés.

GUÉRARD répond que dans la commission la discussion a été assez large et assez étudiée pour qu'on adopte purement les conclusions du rapport.

Il ajoute qu'au sujet de la Bourse du Travail de Tulle, la commission, d'accord avec la Confédération, ont décidé une enquête sur place. (Approbation générale.)

DISCUSSION GÉNÉRALE

BONNET, de Marseille, fait connaître qu'à la commission il avait déposé une proposition visant certains délégués qui sont adhérents à un syndicat n'étant ni fédéré, ni confédéré.

Dans vos organisations, ajoute-il, accepteriez-vous qu'un non-syndiqué ait le droit de venir vérifier vos actes et contrôler vos moyens financiers ?

Cependant, le cas est le même pour certains camarades non fédérés et adversaires même de la Confédération ; le Congrès admettra-il l'intervention de ces camarades dans les discussions ?

GUÉRARD répond que la commission a trouvé l'observation de Bonnet très légitime, mais que les statuts étant muets sur ce point, la commission n'a pu qu'émettre un vœu; demandant à l'assemblée de décider que dorénavant tout délégué devra remplir la double obligation.

BONNET déclare alors que plusieurs délégués de Marseille sont dans le cas qu'il a soulevé.

Si le Congrès décide que ces délégués doivent être acceptés à titre de faveur, que dirait-il si le Syndicat des Menuisiers se faisait représenter par Lanoir.

Vous le refuseriez comme « Jaune » !

Le rapporteur rappelle que Bonnet a satisfaction par une modification au rapport :

Le Syndicat des Charbonniers de Marseille

CHRISTINE, au nom du syndicat des Charbonniers de Marseille, dit que si son syndicat n'est pas adhérent à l'Union des Syndicats des

Bouches-du-Rhône, ceci est indépendant de sa volonté. Dès sa formation, une demande d'adhésion avait été faite, mais malgré l'avis favorable de la Commission du Contentieux de la Bourse de Marseille, elle fut repoussée.

A plusieurs reprises, cette demande fut renouvelée, mais sans résultat et malgré l'avis du camarade Sauvage, qui estimait cependant que rien ne s'opposait à l'admission à l'Union, du Syndicat des Charbonniers.

Il rappelle qu'en outre, une lettre fut envoyée à Sauvage, alors secrétaire de la Fédération des Ports et Docks, pour leur admission à cette Fédération, et que ce dernier répondit qu'il ne pouvait l'admettre, l'Union des Syndicats des Bouches-du-Rhône, ne l'acceptant pas.

GUÉNARD, interrompant, déclare que la Commission de vérification n'avait eu qu'à voir si le Syndicat des Charbonniers de Marseille remplissait la double obligation.

CHRISTINE dit que Guérard lui permettra bien d'expliquer pourquoi son syndicat, qui fut traité de jaune, a été empêché de remplir les conditions nécessaires pour être admis au Congrès, et démontrer qu'il n'est pas un syndicat jaune, ayant des idées aussi syndicalistes et aussi révolutionnaires que la plupart des syndicats admis au Congrès.

Il demande que son organisation soit admise à la Confédération en temps que syndicat de métier et fait appel aux camarades PIOCH et SAUVAGE leur demandant de faire connaître si les Charbonniers n'ont pas toujours fait preuve de solidarité.

Notre admission, ajoute-t-il, sera une indication pour la Fédération des Bouches-du-Rhône, et une invitation à accepter notre adhésion.

BOST, de Marseille, en qualité de délégué à la Bourse du Travail de Marseille, répond à Christine que le motif qui a fait rejeter le Syndicat des Charbonniers de la Bourse du Travail est contenu dans la lettre suivante des Ports et Docks de Marseille :

« Nous croyons utile de porter à votre connaissance les incidents qui viennent de se produire dans notre organisation.

Une fraction de syndiqués, en retard de leurs quotités, viennent de se constituer en syndicat de charbonniers, encaissant des quotités, sous le couvert de l'Union sans en avoir reçu le mandat.

Grand nombre de ceux qui, primitivement trompés par la propagande de quelques désorganisateurs, sont allés payer dans leur local, nous réclament aujourd'hui les sommes versées.

Aucun de nos timbres ni signature n'ayant été apposés sur les cases des quotités, il nous est matériellement impossible de tolérer pareils procédés qui s'ils devaient se propager seraient bientôt pour nous un élément de désordre et de dislocation, qui certainement satisferait le côté patronal.

Etant de ceux qui estiment que les ouvriers doivent laver leur linge sale en famille, et que seul l'ouvrier doit juger l'ouvrier, nous n'avons pas cru devoir donner suite aux nombreuses réclamations qui nous sont parvenues en la circonstance.

Nous faisons appel au conseil de la Bourse du Travail et le faisons juge du différend.

Pouvez-vous prendre l'initiative de convoquer les deux parties et les entendre contradictoirement, pour donner des conclusions que nous aurons le devoir de faire parvenir au conseil central de la Fédération siégeant à Dunkerque ?

Nous conformant aux ordres du jour votés dans notre deuxième Congrès national des ouvriers des ports et dans notre assemblée générale du 1er juin 1902, nous avons considéré cette organisation créée à côté de la nôtre comme un syndicat jaune, de là de nombreuses protestations.

Lesquels de nous ont raison ? A vous de vous prononcer ; nous attendons. Dans l'attente, salutations. »

Signé : MANOT.

PIOCH estime que l'on doit oublier les griefs que l'on a pu avoir à se reprocher les uns envers les autres, surtout si l'on considère que depuis quelque temps un projet d'entente avec les Charbonniers est en voie d'aboutir.

Cependant, ajoute-t-il, il est utile de rappeler certains faits.

Au Congrès des ouvriers des Ports et Docks de 1902, à Marseille, 12 syndicats, comptant chacun plus de 25 syndiqués, étaient représentés.

L'on essaya de faire l'union, ainsi que le prouve l'ordre du jour suivant :

« Considérant que dans une ville cosmopolite comme Marseille où tous les éléments étrangers se coudoient, dominent même l'élément français ;

Considérant que l'Union seule fait la force sans laquelle l'ouvrier sera toujours quantité nulle ;

Considérant qu'il ne peut exister de groupement solide sans que l'un et l'autre des éléments qui le composent soient unis, groupés sous la même bannière.

Considérant que ceux qui reculent devant cette union définitive font le jeu des syndicats patronaux.

Les délégués au Congrès des Ouvriers des Ports et Docks et similaires de France réunis ce jour en assemblée, déclarent faire œuvre antisyndicale, toute organisation s'instituant pour créer la division, faire échec au bloc unique de tous les ouvriers, quel que soit le titre dont elles s'affublent (toutes sans exception) seront comprises dans la catégorie des syndicats adverses dits syndicats jaunes et dénommés tels.

Nous tenant à cet ordre du jour, nous rejetons les charbonniers de Marseille parce qu'ils ne s'y sont pas conformés. Si nous avons eu tant de peine à faire disparaître les titres qui nous divisaient, il ne faut pas que les Charbonniers de Marseille viennent aujourd'hui les faire revivre et nous attendons qu'ils veuillent bien nous donner les raisons qui les ont poussés à agir en ce sens. »

Le Syndicat des charbonniers de Marseille refusa de s'y rallier.

Il est donc faux de dire aujourd'hui, que l'Union locale des Dockers de Marseille, n'a pas voulu l'accepter dans son sein.

PIOCH ajoute que dans un but de conciliation, il demande à ce qu'une dépêche soit envoyée au Syndicat des charbonniers pour le mettre en demeure d'entrer dans l'Union locale des dockers de Marseille.

CHRISTINE répond qu'en qualité de délégué il ne demanderait pas mieux que son Syndicat adhère à l'Union des dockers de Marseille, à la condition que dans la dite Union leur autonomie soit respectée. Il estime que les charbonniers faisant un travail spécial peuvent adhérer comme section à l'Union des Dockers. C'est d'ailleurs, ajoute-t-il, l'opinion du camarade Sauvage, secrétaire des Dockers de Dunkerque.

Il prie le Congrès de donner des indications en ce sens. Quant à l'envoi de la dépêche proposée par Pioch, il craint que son Syndicat n'en comprenne pas bien le sens.

La clôture étant demandée, est votée avec les orateurs inscrits.

PIOCH déclare que le Syndicat des Charbonniers ne groupe pas tous les travailleurs de cette catégorie, qu'une grande quantité de charbonniers sont adhérents à l'Union des Dockers de Marseille. De là, une profonde division.

SAUVAGE objecte que Christine lui prête des paroles qui ont certainement dépassé sa pensée ; s'il a déclaré que son Syndicat pouvait entrer à l'Union au même titre que les autres catégories, il n'oublie pas qu'à la

suite du Congrès de 1092, il avait passé 15 jours à Marseille pour essayer
d'organiser l'Union des Dockers comme le sont à Dunkerque, tous les
travailleurs du port, et qu'il n'a pu y parvenir.

PIOCH maintient sa proposition de dépêche au syndicat des Charbonniers et demande qu'un autre télégramme soit également envoyé à Manot pour l'en informer.

CHRISTINE répond qu'il accepte la proposition, à condition que dans
l'Union locale, il n'y ait aucune différence entre les ouvriers français et
étrangers.

Il prie le Président de demander au camarade Potigny s'il n'y a pas
une certaine inscription portée sur les livrets des ouvriers français, qui
n'existe pas sur les livrets des ouvriers étrangers.

PIOCH ne veut pas laisser au Congrès l'impression que les camarades
français empêchent les ouvriers étrangers de travailler (*Protestations*,
Cris : Christine n'a pas dit ça !)

LE PRÉSIDENT estime qu'il ne peut [accorder la parole à Pioch qui
s'est précipité à la tribune. Il constate que ce dernier veut dire que jamais
l'on a empêché les étrangers de travailler à Marseille. Le Congrès en
prend acte.

POTIGNY veut prendre la parole, mais la salle proteste, la clôture
étant votée.

LE PRÉSIDENT constatant que Pioch a proposé d'envoyer un télégramme aux Charbonniers les engageant à entrer dans l'Union locale,
et Christine ayant accepté à condition que son Syndicat soit admis
comme section, ce sera ensuite à l'Union locale d'examiner quel degré
d'autonomie sera laissé à chaque corporation. Sur une question du Président au sujet de l'estampille, PIOCH estime que la question doit être
élucidée ; à Marseille les contremaîtres sont tous italiens, et sous la
pression des patrons ils n'embauchent que leurs compatriotes, alors que
l'Union des Docks est parvenue, par l'estampille, à faire embaucher
français et italiens dans la proportion de 50 pour cent.

Le Congrès est donc à même de constater que l'estampille n'a d'autre
but que de répartir le travail dans des proportions égales entre ouvriers
français et étrangers.

Après cette discussion, le Congrès adopte les conclusions de la
Commission par 125 voix contre 75.

LE PRÉSIDENT. — La proposition votée n'empêche pas celle de Pioch
d'envoyer un télégramme au syndicat des Charbonniers (Assentiment).

Question des sections de chemins de Fer à Paris

FAURE ne pensait pas prendre la parole pour une contestation de
mandat. Son groupe (Syndicat des Chemins de Fer P. L. M.), avait
toujours été validé, même au Congrès de Lyon.

Il demande en conséquence que pour ce Congrès son groupe soit
admis, ne connaissant pas la décision du Congrès de Montpellier, qui,
disent quelques congressistes, a été prise en ce qui concerne la double
obligation.

D'autre part, le Syndicat national comprenant 51 groupes, dont 46
seulement sont représentés, il demande que les 5 groupes qu'il représente
soient validés.

Il dépose, en conséquence, la proposition suivante :

Les délégués des Chemins de Fer demandent que le Congrès accepte les groupes parisiens du Syndicat National des Chemins de Fer de France et des Colonies, au même titre que ceux de province.

Les délégués :

C. PINÇON, ROBERJOT, E. FAURE, CH. BERTHEAU, CAVAL, LEMONNIER,

ANTOURVILLE. — Pour répondre, je ne me baserai que sur la déclaration même du Secrétaire du Syndicat des Chemins de fer qui a reconnu qu'une seule organisation de chemin de fer existait à la Bourse du Travail et que cette organisation était le Syndicat National.

GUÉRARD déclare qu'Antourville lui fait dire qu'il avait reconnu qu'un seul groupe de Paris était adhérent à l'Union des Syndicats de la Seine ; il le renvoie au passage de son rapport qui traite cette question.

Les Statuts de la Confédération disent bien que pour être admis au Congrès, il faut être adhérent à sa Fédération et à la Bourse du Travail. Mais les groupes de Paris, de par l'adhésion du Syndicat National à l'Union des Syndicats de la Seine, se considéraient comme faisant partie de ladite Union, puisque le Syndicat paie pour eux les cotisations statutaires. Ils pouvaient donc, et à juste raison, se considérer comme remplissaut la double obligation.

ROBERT dit que si on admettait la thèse développée par Guérard, il pourrait, au nom de son syndicat, demander d'avoir droit à vingt mandats. En effet, il comprend une section dans chacun des vingt arrondissements de Paris.

BOUSQUET déclare que lorsque la question de l'obligation d'être abonné à la *Voix du Peuple* pour être admis au Congrès vint au Comité confédéral, il s'est aperçu que les sections de chemin de fer n'étaient pas portées comme abonnées, pas plus que le Syndicat National. Il fait les mêmes observations que Robert au sujet des sections qui composent son syndicat.

La clôture étant demandée, KLEMCZINSKI s'y oppose en disant que l'on n'a pas entendu l'avis du rapporteur de la majorité de la Commission de vérification.

DUBÉROS déclare qu'à l'Union on ne connaît qu'une section, c'est le Syndicat National des Chemins de fer, section de Paris. Répondant à l'argument invoqué par Faure, que les sections de Paris avaient été admises à tous les Congrès, notamment à Lyon où elles étaient représentées, il lui fait observer que depuis, il y avait eu le Congrès de Montpellier dont les décisions imposaient la double obligation.

LE GUERY appuie les arguments de Dubéros, il fait remarquer qu'à la Fédération des Transports, tous les Syndicats de Compagnie remplissent la double obligation ; il termine en disant : ou le Syndicat national des Chemins de fer doit être considéré comme Syndicat, et par conséquent n'avoir droit qu'à un mandat, ou il est une fédération, et alors toutes les sections la composant doivent remplir la double obligation.

LAUCHÉ estime que l'on ne peut admettre la différence faite par certains délégués qui s'opposent à l'admission des sections de chemins de fer, entre ces dernières et des syndicats.

L'on peut lui objecter qu'à l'Union des Mécaniciens il existe des sections, et que cependant son organisation ne revendique qu'un mandat, mais à son avis, on ne peut assimiler cette situation à celle des sections des chemins de fer de Paris.

Les travailleurs de chaque Compagnie à Paris, forment une section à part, et le Syndicat national doit être considéré comme une Fédération.

Les syndicats de province admis adhèrent à leurs Bourses. Celui de Paris adhère à l'Union de la Seine, donc, en fait, les sections sont des syndicats remplissant les deux conditions.

Il reconnaît néanmoins que ces sections auraient dû adhérer individuellement à l'Union des Syndicats, mais il estime que c'est là une question de formalité et prie le Congrès d'acccepter les sections du Syndicat National à Paris.

GUÉRARD s'étonne, en raison de diverses interruptions qu'on veuille lui interdire la parole, surtout du côté d'où elles proviennent où l'on prétend avoir le monopole de la liberté. (*Bruit, tumulte, bravos*).

Les groupes de Paris sont venus au Congrès de bonne foi, parce qu'ils ont été invités par la Confédération.

On ne peut, après les avoir invités, les refuser.

GUÉRARD pose la question : Pourquoi les groupes n'ont-ils pas adhéré à l'Union ? Parce que ces groupes s'exposaient à être refusés à cette organisation, deux syndicats de même profession ne pouvant adhérer.

Pour répondre à Bousquet au sujet de la *Voix du Peuple*, il fait connaître que les groupes de Paris et le syndicat lui-même sont abonnés à ce journal.

La liste des orateurs inscrits étant épuisée, le Président met aux voix les conclusions du rapport de la Commission, qui sont adoptées. En conséquence, les cinq sections de Paris des Chemins de fer ne sont pas admises.

LE PRÉSIDENT fait ensuite connaître qu'il a encore en mains, sur la question des sections de chemins de fer, huit propositions demandant l'application des statuts.

Il estime qu'après le vote qui vient d'être émis ces diverses propositions ne peuvent venir en discussion. (*Assentiment*).

MANDATS NON ADMIS

Le président donne connaissance de la proposition suivante :

Le Congrès décide que la Commission des mandats siégera spécialement une *dernière fois* pour étudier les 42 mandats non admis pour cas spéciaux, considérant que les faits nouveaux peuvent prouver que certains de ces mandats peuvent être réguliers.

BOUSQUET (Boulangers de la Seine ; boulangers de Bordeaux)

COUPAT pense que cette proposition ne peut être admise : ou les 42 mandats réservés sont valables, et alors les syndicats doivent être fixés, où ils ne sont pas admissibles, et alors ils n'ont pas le droit de participer aux travaux du Congrès.

DUMAS dit que le rapporteur a déclaré que ces 42 mandats étaient admis en principe, mais que la commission avait besoin de les examiner à nouveau.

LE PRÉSIDENT pense que l'on devrait faire connaître la nomenclature de ces 42 syndicats.

GUÉRARD déclare que sur cette question il est d'accord avec Bousquet ; qu'il est bien entendu que ces mandats seront examinés à nouveau par la Commission et que les organisations intéressées y seront appelées à s'expliquer.

LE PRÉSIDENT donne lecture de la proposition suivante :

La Bourse du Travail de Levallois demande au Congrès que tous les Syndicats remplissant une des deux obligations soient admis.

Il ajoute que cette proposition étant anti-statutaire, ne peut être mise aux voix.

Il donne ensuite connaissance de la proposition suivante :

Attendu que le Comité confédéral a examiné tous les cas litigieux, que les résultats ont été publiés officiellement dans la *Voix du Peuple*, donnant la liste des organisations admissibles.

Que les organisations intéressées se fiant à cette publication et répondant à l'invitation qui leur en fut faite par circulaire ont fait les frais de délégation.

Le Congrès accepte les organisations dont la liste a été publiée comme admissibles au Congrès.

ROSSIAUD, G. BEAUSOLEIL, JACQUET, MESSENS, THÉVENOT, GARNIER.

JUSSERAND ne pense pas que cette proposition puisse être acceptée, car alors il n'aurait pas été nécessaire de faire passer une journée et demie aux congressistes pour examiner les mandats ; il aurait suffi de s'en rapporter au répertoire.

FAURE dit qu'il entend toujours le président et divers délégués demander le respect des statuts ! Comment se fait-il alors que des syndicats fédérés depuis huit jours ont été admis par le Congrès ?

LATAPIE demande l'ordre du jour pur et simple sur la question posée par le délégué des chemins de fer.

BEAUSOLEIL. — Je veux, par ma proposition, faire acte de loyauté ; il existe certaines organisations, vieilles dans la lutte, et qui ont fait leurs preuves, mais qui, pour certaines considérations n'ont pu remplir les deux formalités. Il espère que le Congrès admettra son Syndicat.

LE PRÉSIDENT met aux voix les résolutions de la Commission, qui sont adoptées, et passe à l'ordre du jour sur la proposition Beausoleil.

MANDATS CONTESTÉS

LEGOUIC, de Lorient, demande à connaître la liste des mandats contestés.

COITOU demande alors à ce que l'on opère, pour la continuation de la discussion des mandats contestés, par dossier de Fédération.

LUQUET estime que l'on doit en finir avec la discussion des mandats. Il y a les mandats réservés qui doivent revenir en discussion à la Commission, puis ceux annulés sur lesquels on peut se prononcer immédiatement.

En conséquence, il est urgent, ajoute-t-il, que le rapporteur donne lecture des mandats réservés, et qu'ensuite la discussion continue sur ceux annulés.

LAUCHE propose que la commission fasse un rapport des mandats réservés et contestés dont la liste serait donnée à l'imprimerie. Tous les délégués auraient ainsi le loisir de se renseigner.

GUÉRARD croit que la proposition Lauche serait la meilleure ; il ajoute que le Congrès paraît croire qu'il a été établi une liste des mandats annulés et contestés, alors que cette liste n'existe pas, la commission n'ayant pas eu le temps matériel de l'établir.

POUGET. — Les 42 mandats contestés visent des points insignifiants, tels que le cachet de l'organisation oublié ou des noms raturés ou surchargés, sauf pour Versailles cependant, qui donnera certainement lieu à une discussion.

Il croit qu'il serait préférable d'en finir immédiatement pour ces organisations, ce qui ne demanderait pas longtemps.

DESPLANQUES dit qu'il y a une liste des mandats annulés; il demande qu'on la donne et qu'on en arrive à la discussion du cas des employés.

GUÉRARD donne la liste des mandats annulés.

Alimentation, 4 syndicats pas admis.

DARBON proteste au nom des Boulangers de Lyon, qui se trouve dans le cas ci-dessus.

COUCHOUD dit que ce syndicat n'ayant pas payé ses cotisations depuis 2 ans, ne peut être considéré comme étant fédéré.

BOUSQUET. — Le Syndicat des Boulangers de Lyon a été un des premiers adhérents à la Fédération; Darbon avait donné des billets de tombola pour les placer à des organisations de l'alimentation et voulait que le Comité Fédéral en tînt compte sur les cotisations dûes, ce que ce dernier ne voulut pas admettre. En fait, ce Syndicat est en retard, et bien que Darbon déclare qu'il a signé une déclaration s'engageant à payer le retard mensuellement ce qui est exact, il s'agit de savoir, étant donné sa radiation par la Fédération, si le Congrès vent l'admettre.

DARBON, des Boulangers de Lyon, rappelle les faits cité par Bousquet, et le Congrès suffisamment éclairé, repousse l'admission du Syndicat des Boulangers de Lyon.

Ameublement. — *Syndicat des Ebénistes de la Seine*

Cette organisation fait connaître que l'Union des Syndicats de la Seine ne l'a pas admis, parce que ne remplissant pas les obligations prévues par la loi de 1884. Le délégué estime que le Congrès ne peut forcer un syndicat à s'incliner sous les lois et que le Congrès doit l'admettre dans son sein.

GUÉRARD, dit que la Commission s'est conformée aux statuts et que le syndicat des Ebénistes ne peut être admis.

Une demande de clôture est demandée et votée par le Congrès.

FOUILLAND demande à ce qu'aucune discussion ne puisse avoir lieu sur tous les Syndicats qui ne remplissent pas les conditions prévues par les statuts, le cas étant tranché par les votes antérieurs.

YVETOT, estime que le Congrès peut inviter l'Union des Syndicats de la Seine, à admettre les Syndicats non soumis à la loi.

Sur une intervention de LAUCHE, des mécaniciens, qui dit que l'Union des Syndicats l'a déjà fait, DELESALLE proteste et fait connaître que la proposition dont il était l'auteur a été rejetée. Il engage le Congrès à admettre le syndicat des Ebénistes.

POTIGNY, après les déclarations d'Yvetot et de Delesalle déclare qu'il tient à faire remarquer aux camarades que dès l'ouverture du Congrès, ce dernier a protesté contre les actes arbitraires du Gouvernement et que maintenant on lui demaude de rejeter un syndicat qui ne veut pas accepter une loi. Ce syndicat ayant toujours fait preuve de solidarité on doit l'admettre.

LE PRÉSIDENT met aux voix les conclusions du rapport qui tendent à ne pas admettre le Syndicat des Ebénistes de Paris. *Adopté.*

Il donne ensuite lecture de plusieurs propositions qui sont résumées dans la suivante :

Le Congrès considère que le fait pour un Syndicat de ne pas reconnaître la loi de 1884 ne doit pas à l'avenir constituer un élément de refus d'admission dans une Bourse et dans une Fédération,

GRIFFUELHES.

BRIAT accepte la proposition à la condition qu'au lieu d'être formulée sous forme de vœu elle soit inscrite dans les statuts.

La proposition est votée, l'addition proposée par Briat est réservée jusqu'à la discussion sur la revision des statuts.

Le camarade RENARD du Textile est désigné comme président de la séance du lendemain; ANDRIEUX, de la Métallurgie, et MAUGER, des Bûcherons comme assesseurs.

La séance est levée à 8 heures.

Séance du 14 Septembre (matin)

A neuf heures, le présid nt RENARD déclare la séance ouverte et fait remarquer que la discussion ne peut commencer par suite de l'absence du rapporteur, retenu à la Commission de vérification des mandats.

SERGENT,, des Typos, fait une rectification au procès-verbal de la séance précédente et déclare que l'on y a inséré ce qui n'avait pas été dit et que l'on a omis ce qui avait été dit, en ce sens qu'une lettre y a été insérée qui n'avait pas été lue.

SIEURIN, de Paris, soutient que cette lettre a bien été lue et qu'elle est recouverte de 158 signatures de la 21° section, au lieu de 97 portées au procès-verbal.

SERGENT réplique que Sieurin n'a aucune qualité pour parler au nom de la 21° section du Livre et déclare qu'il est bien légalement mandaté par son organisation qui l'a désigné à une majorité de 1200 voix; dans ces conditions, il est bien le seul représentant de la 21° section.

Plusieurs délégués reprochent à Sieurin de ne représenter aucune section du Livre; celui-ci proteste et dit que la Fédération du Livre ayant recherché de multiples mandats dans toutes les organisations, il s'est reconnu le droit de représenter un Syndicat de la Métallurgie.

CHAMBAS dit que le procès-verbal d'hier ne mentionne pas toutes les raisons pour lesquelles il est intervenu contre la délégation du camarade Chièze, et il dépose la motion suivante :

Le soussigné, délégué du personnel civil de la Manufacture d'Armes de Tulle, après avoir pris connaissance de la lettre de protestation insérée au procès-verbal, porte à la connaissance des membres du Congrès que c'est sur l'aveu même de Chièze que la Commission de vérification des mandats a dû lui refuser de participer aux travaux du Congrès.

Outre la protestation que j'avais à faire sur le point ci-dessus, je déclare faire la preuve immédiatement que la Bourse du Travail de Tulle est une Bourse jaune, dont les statuts permettent aux syndicats patronaux d'y siéger. Ils portent également interdiction de s'occuper des questions économiques d'un ordre général. Cette Bourse a accepté ces conditions sur la demande du préfet de la Corrèze et pour lui faire plaisir. Elle ne peut donc faire partie de la Fédération des Bourses.

Je demande par la même occasion que la Confédération générale du Travail ou la Fédération des Bourses du Travail profite de la première occasion qui se présentera pour qu'un ou plusieurs militants passent dans notre région et nous mettent en demeure de produire les preuves de ce que nous avançons, ou encore qu'on désigne immédiatement deux Bourses fédérées, les plus voisines de Tulle, telles que celles de Limoges et de Brive ou autres, de bien vouloir désigner deux délégués chargés de faire une enquête.

Pour l'Union syndicale du personnel civil de la Manufacture d'Armes de Tulle, Le Délégué, Etienne CHAMBAS.

COUPAT fait des réserves sur la teneur des procès-verbaux qui, d'après lui, ne reproduisent pas fidèlement la discussion ; en conséquence, il demande au Congrès de désigner deux autres secrétaires choisis parmi les délégués de la province.

DUBÉROS fait remarquer que l'on ne doit pas suspecter la bonne foi des secrétaires qui, dans le jeu de la discussion, n'entendent pas toujours exatement ce qui se dit.

En ce qui concerne le Syndicat des Ébénistes de la Seine, DUBÉROS déclare que les statuts de l'Union n'exigent nullement que les Syndicats s'applatissent devant la loi, il déclare que si les Ebénistes avaient fait leur demande d'adhésion ils auraient été admis, contrairement à l'assertion apportée par le délégué de cette organisation à la séance précédente.

Le délégué des Ebénistes affirme avoir rempli cette formalité il y a environ six mois.

BRIAT fait la rectification suivante au procès-verbal du 13 septembre (soir) :

BRIAT accepte sans réserves la proposition Griffuelhes, mais propose de modifier les statuts afin qu'à l'avenir les syndicats ou unions puissent être admis quand le fait de ne pas avoir reconnu la loi de 1884 sera le seul motif.

FAURE, des Chemins de fer, ne peut comprendre que la Confédération viole les Statuts en permettant de valider des mandats ne remplissant pas la double obligation et ajoute que la Commission des mandats a, elle aussi, outrepassé ses droits en ratifiant cette manière de voir. Il demande à ce que sa protestation figure au procès-verbal (*Bruit*).

LE PRÉSIDENT invite tous les délégués à rester calmes et à respecter les opinions de tous les orateurs, car l'attitude hostile qui se manifeste en ce moment est contraire à la bonne marche des travaux du Congrès.

BEAUSOLEIL dit que le procès-verbal d'hier après-midi ne reproduit pas les paroles prononcées par lui ; il a invité tout le Congrès à faire montre d'une d'une grande loyauté en faveur des Employés, mais à aucun moment il n'a été dans sa pensée de faire intervenir une raison financière ; il dit que si le Syndicat des Employés n'est pas confédéré, c'est seulement pour des raisons indépendantes de sa volonté.

CHAMBAS demande que lorsque deux camarades portent le même nom il soit ajouté celui de leur localité ou de leur organisation.

FAURE des chemins de fer dit que le procès-verbal est inexact, il ne porte que 46 mandats pour les Chemins de fer, alors qu'en réalité ils en ont 51.

COUPAT insiste sur la nomination de deux autres secrétaires, car il déclare que les secrétaires actuels ayant un courant d'opinions qui souvent est en contradiction avec celui des orateurs, ils traduisent sous un jour différent les déclarations faites à la tribune. Il termine en disant que de cette façon les rectifications seront moins nombreuses.

LE GUÉRY des Diamantaires, dit qu'il n'avait pas l'intention de prendre la parole, mais sur la suspicion jetée sur les secrétaires il proteste.

COQUARD, de Bourges, au nom de la Province, déclare qu'il s'aperçoit que le Congrès s'occupe de questions personnelles. Les camarades délégués des organisations rurales sont venus au Congrès pour y discuter les intérêts généraux du prolétariat, il engage les uns et les autres à ne pas donner le triste spectacle de voir les militants se déchirer entre eux. (*Applaudissements*).

TABARD s'étonne de la proposition de Coupat. Il combat la nomination de nouveaux secrétaires, et déclare que ces derniers ont toute la confiance de leurs camarades. Il n'admet pas qu'on les traite de falsificateurs (*demande de clôture*).

COUPAT répond que les falsificateurs sont ceux qui falsifient sa pensée.

LE PRÉSIDENT met le procès-verbal aux voix qui est adopté avec les modifications.

LE PRÉSIDENT donne connaissance d'un télégramme adressé aux camarades Anglais réunis en Congrès des Trade-Unions, à Leeds (Angleterre).

Au Congrès des Trade-Unions,
Leeds.

Travailleurs français organisés réunis Congrès à Bourges envoient sentiments fraternels aux délégués prolétariat anglais réunis à Leeds et proclament nécessité union internationale.

VOILIN,	A. HAMELIN,	P. COUPAT,
Mécaniciens Paris.	*Fédération du Livre.*	*Fédération des mécaniciens.*
		Ato KEUFER,
		Fédération du Livre.

Adopté à l'unanimité.

COUPAT maintient sa proposition en déclarant qu'il n'avait nullement l'intention de jeter la suspicion sur les secrétaires ; d'ailleurs, ajoute-t-il, je ne les connais pas, je sais que leur tâche est ingrate et ce ne sont pas des reproches que je leur adresse.

DESPLANQUES, des Coiffeurs, propose qu'à l'avenir, afin d'éviter tout incident, les camarades ayant des rectifications au procès-verbal les communiquent aux secrétaires par écrit.

PATAUD, de la Métallurgie, partage l'avis de Coupat, mais demande à celui-ci de retirer les paroles prononcées à propos des Secrétaires.

DUDEROS dit qu'il n'y a aucune raison d'en nommer de nouveaux.

COUPAT dépose la proposition suivante :

Le Congrès décide d'adjoindre deux secrétaires à ceux qui ont été déjà désignés par le Comité fédéral.

CARREYOU. P. COUPAT, HÉLIÈS.

Cette proposition mise aux voix est acceptée.

LE PRÉSIDENT demande à l'Assemblée de nommer deux secrétaires (*Cris nombreux : Coupat, Coupat*).

Celui-ci déclare ne pouvoir accepter devant prendre la parole sur l'ordre du jour.

GRIFFUELHES, secrétaire de la Confédération, désire que l'on ne discute pas sur des futilités et que les grandes questions qui sont inscrites à l'ordre du jour puissent venir en discussion le plus tôt possible. Il demande aux camarades dont les mandats sont contestés, qu'ils veuillent bien ne pas insister sur les décisions prises.

Les camarades MARATON de Châteauroux, et Jules LEVASSEUR, du Hàvre, sont désignés comme secrétaires.

GARNIER, des Coiffeurs de Lyon, dépose la motion suivante :

Le Congrès, reconnaissant que l'exclusion de certains délégués a été motivée parce que leurs organisations ne remplissaient pas les conditions voulues par le Congrès de Montpellier, demande à ce que tous les délégués représentant des organisations qui ne rempliraient pas exclusivement les trois points qui sont : adhésion à une Fédération de métier ou d'industrie, adhésion à une Bourse du Travail et abonnement à la *Voix du Peuple*, soient admis au Congrès, car il ne faut pas deux poids et deux mesures.

GARNIER, des Coiffeurs.

GRIFFUELHES, Secrétaire, proteste contre cet ordre du jour qui rendrait le Congrès ridicule, il demande qu'on le repousse et que l'on examine les mandats contestés.

GARNIER réplique que sa proposition est conçue dans un but de conciliation. GRIFFUELHES insiste pour qu'elle soit repoussée.

La proposition mise aux voix est repoussée.

GUÉRARD, Rapporteur, donne connaissance de 6 mandats du Bâtiment qui sont refusés : Cercy-la-Tour, Guérigny, Dunkerque. St-Quentin, Cosne, Saint-Brieuc et la Charité.

KERFISER, de Dunkerque, dit que les maçons de Dunkerque sont fédérés

GRIFFUELHES. — Le Secrétaire lui-même reconnaît le contraire.

LAUCHE explique qu'un cinquième mandat celui de St-Brieuc a été invalidé pour cause de ratures et de signatures différentes.

Il cite le cas d'une lettre signée Ery avec un *r* alors qu'il en existe une autre avec la même signature mais avec deux *r* ; il en conclut qu'elles n'ont pas été écrites par la même main et demande que les six mandats soient également repoussés.

COLLET, de Saint-Brieuc, est d'avis que ce mandat de Saint-Brieuc soit annulé, mais il demande l'acceptation des autres et reproche à Lauche d'être de parti pris.

BOUSQUET, de Paris, déclare que les boulangers de Saint-Brieuc sont fédérés et que l'on ne doit pas, pour une simple question de forme, repousser la Bretagne qui a déjà fait ses preuves.

POMMIER au nom des organisations de la Bretagne, énumère les difficultés de l'organisation. Il cite des cas spéciaux où les membres des bureaux des syndicats sont obligés de faire faire leur correspondance par des tiers, il demande au Congrès d'accepter ces mandats. (*Applaudissements.*)

La clôture est prononcée.

DUMAS appuie la validation des mandats de la Bretagne.

GUÉRARD explique les raisons pour lesquelles la Commission s'est prononcée pour le refus des mandats de la Bretagne ; il cite des exemples et termine en disant qu'il serait facile de fabriquer à Bourges autant de mandats que l'on voudrait.

Une voix. — Je demande si nous assistons à un Congrès d'avocats ou d'ouvriers (*Hilarité, cris : « Aux voix ! »*

GUÉRARD. — Je ne désire pas de surprise et je fais connaître à Collet qu'il a un mandat qui lui permettra d'assister au Congrès.

Les conclusions du Rapport sont adoptées à l'unanimité moins deux voix.

LE PRÉSIDENT donne lecture des deux propositions suivantes :

Au nom des organisations de province que je représente ici, j'ai le regret de constater que tous les congressistes ne s'inspirent pas de certaines propositions ayant pour but de laisser de côté les questions personnelles et de s'occuper le plus vite possible de l'ordre du jour du Congrès.

AMIEL, de Carcassonne.

Afin d'éviter tout nouveau retard dans la discussion de l'ordre du jour, le soussigné propose que le rapporteur donne la nomenclature des syndicats ne remplissant pas la double obligation, et que le Congrès statue en bloc sur ces mandats. Les autres contestations viendront individuellement ensuite.

H. JUSSERAND,

LUQUET, des coiffeurs, demande l'ordre du jour sur ces propositions. (Adopté).

GUÉRARD continue son rapport par les Brossiers de Poitiers ; ce mandat est contesté.

LIMOUSIN, de Poitiers, dit que ce syndicat est fédéré et que la réponse de la Fédération est venue après le départ du mandat.

KLEMNCZYMSKI, au nom de la Fédération des Brossiers, dont le siège est à Creil, confirme les paroles de Limousin.

Le RAPPORTEUR invite le délégué à faire la preuve que le Syndicat est fédéré.

Bûcherons. — 3 Syndicats sont refusés comme n'étant pas fédérés : Nevers, Arquian et la Machine, sans discussion.

Charpentiers. — 3 Syndicats ne sont pas fédérés : Caen, Lille, et Chambéry.

SAINT-VENANT, de Lille, explique que la Fédération, au Congrès de Lille, avait décidé de l'accepter.

ESCOT déclare ne pas s'opposer à l'admission des Charpentiers de Lille, ces camarades sont adhérents à la Fédérations des menuisiers, RENARD, de Lille, apporte son attestation.

Le syndicat des Charpentiers de Lille est admis.

Coiffeurs, un mandat refusé à Marseille.

BILLARD, de Versailles, demande à exposer le cas des coiffeurs de Versailles (protestations).

LUQUET dit que le mandat de Versailles est contesté par la Bourse du Travail, mais il insiste pour que le délégué puisse s'expliquer, ce cas étant très intéressant.

Correcteurs. — JUSSERAND déclare que la Fédération du Livre ne conteste pas le mandat du Syndicat national des Correcteurs mais qu'elle se réserve le droit de discuter la validité de son adhésion à la Confédération.

Cuirs et Peaux, 5 syndicats refusés parce que non fédérés.

Chambéry, le Havre et 3 syndicats de Lyon.

Employés, 7 syndicats ref sés : Brest, Bordeaux, Oran, et 4 syndicats de Paris.

BEAUSOLEIL soutient la nécessité pour le Congrès d'admettre le Syndicat des Employés de la Seine ; il fait l'historique du passé d'action de son Syndicat, qui fut toujours à l'avant-garde du prolétariat organisé.

Il dit que s'il n'est pas fédéré, c'est que la Chambre Syndicale de la Seine étant fédérée, et la Fédération n'admettant qu'un seul syndicat par localité, il y a impossibilité pour lui de remplir la double obligation. La fusion avec la Chambre Syndicale fut demandée à deux reprises, mais celle-ci s'y est toujours opposée. Beausoleil déclare que la Chambre

Syndicale s'oppose à l'entrée de son Syndicat à la Fédération, pour la raison bien simple que son Syndicat est antiparlementaire et que la Chambre Syndicale fait de la politique. Il fait l'historique de la situation au point de vue syndical des employés et montre que son organisation fut formée par la Bourse de Paris qui s'était constituée après la fermeture de l'immeuble du Château-d'Eau en 1893. Il demande au Congrès de tenir compte de cette antériorité.

ROUSSEAU, de Reims, déclare qu'il a pleine et entière confiance dans la Fédération et reproche à Beausoleil de mettre en jeu les syndicats de province qui, malgré tout, conservent les uns et les autres leurs conceptions particulières et leur entière autonomie.

La clôture est votée.

LUCAS doit à sa Chambre Syndicale de répondre quelques mots. Il proteste contre les dires de Beausoleil et déclare qu'il est faux que la Fédération compte dans son sein des groupes politiques. Il entend ne pas suivre Beausoleil, mais il tient à s'élever contre le procédé de l'Union de la Seine voulant exiger de son Syndicat ce qui est du domaine de la Fédération, où la plus grande autonomie est laissée aux Syndicats, ce qu'il sera aisé de reconnaître dans les votes qui suivront. (*Applaudissements*).

LÉVY, du Cercle des Employés, dit que ce sont des vieilles querelles politiques qui font la division des employés ; il ajoute que son organisation remplissait avant le Congrès de Montpellier la double obligation prévue par les statuts de la Confédération et demande son admission au Congrès. Il termine en disant qu'il ne s'oppose pas à l'admission des trois syndicats parisiens.

Le Président met aux voix les conclusions du rapport, qui sont adoptées à la majorité.

Habillement : Cinq syndicats non fédérés refusés : Angers, Lille, Poitiers, Paris, Saint-Amand-Montrond.

Livre : Tarbes.

KEUFER dit que la section du Livre de Tarbes s'est retirée de la Bourse parce que celle-ci faisait de la politique.

LAUCHE confirme que les affirmations de Keufer sont exactes.

COUPAT fait connaître que les Mécaniciens de Tarbes ont demandé à la Fédération s'ils devaient quitter la Bourse pour la même raison que la section du Livre.

LAUCHE demande que le cas de la section typographique de Tarbes soit réservé avec celui des coiffeurs de Versailles.

JUSSERAND déclare que l'on a dit qu'à Bourges il y avait des cas identiques à celui du camarade Chièze, de Tulle, et il demande que l'on opère de même pour tous.

BONTEMPS estime, puisque l'on ne fait qu'appliquer les statuts, qu'il faut simplement demander aux Syndicats refusés si oui ou non ils sont fédérés, et ne pas établir une discussion sur chaque cas. Il aurait voulu valider les mandats, mais devant le désir exprimé par le Congrès, sa proposition s'impose pour activer la validation.

KEUFER demande que Tulle ayant laissé 4 mandats, ceux-ci soient confiés par télégramme à un autre camarade, ce qui est adopté.

LUQUET s'oppose à la proposition de Bontemps, car il tient à discuter le cas des Coiffeurs de Versailles.

YVETOT.— Le cas de Versailles n'est pas le même que celui de Tarbes !

La Bourse du Travail de Versailles a chassé les coiffeurs, tandis qu'à Tarbes la section typographique a quitté la Bourse. J'estime que le vrai moyen de ne pas permettre à une Bourse de faire de la politique est au contraire d'y rester.

KEUFER déclare que respectant les décisions du Comité Confédéral qui invitent à ne pas faire de politique dans les Bourses, de cette organisation, le Syndicat de Tarbes s'en est retiré.

BONTEMPS renouvelle sa proposition qui n'est pas prise en considération par le Congrès.

Bâtiment. — Le mandat des cimentiers de Poitiers est contesté.

ETARD affirme que ce Syndicat est fédéré et le rapporteur confirme cette observation.

LEGOUHV dit que le Syndicat des Terrassiers de Lyon a demandé à la Confédération la manière de se fédérer, car il existe deux fédérations, une des maçons et une du bâtiment.

Le délégué des maçons de Lyon et du Rhône dit que la *Voix du Peuple* a annoncé que l'on serait très large pour l'admission au Congrès. Il existe deux Fédérations et il ne peut savoir à laquelle il doit adhérer. Le Comité Confédéral a répondu en ne donnant pas d'indication.

GRIFFUELHES constate que les indications du Comité Confédéral n'ont pas été comprises. En invitant les syndicats se trouvant dans une situation anormale a exposer leur situation, il était bien entendu que les organisations devaient remplir les conditions exigées. Il s'agissait de celles ne pouvant remplir qu'une obligation.

Les conclusions du rapport sont adoptées.

Maréchaux. — Limoges, Angers, refusés.

HARDY déclare que dans la Maréchalerie, les syndicats qui se mettent en retard de leurs cotisations trois mois avant les Congrès sont considérés cemme non fédérés.

Les conclusions du rapport sont adoptées.

Marine. — Les Syndicats de la Régie directe de Lorient, Brest, Toulon, qui ne sont pas fédérés.

LEGOUIC dit que la Fédération de la Marine a refusé d'accepter les syndicats de la Régie directe, bien que ces travailleurs remplissent les mêmes obligations que les camarades fédérés.

Ces camarades travaillent dans les mêmes ateliers et il ne peut comprendre les causes qui les ont fait refuser. Ils se sont adressés à la Confédération qui leur a répondu qu'ils pouvaient adhérer isolément; si le camarade Griffuelhes est là il peut répondre, car supposez que nous fondions une autre Fédération... (*Vives protestations*).

LEGOUIC. — Je dis que nous n'avons pas attendu les parisiens pour les grèves d'Hennebont et de Lorient. (*Applaudissements et protestations*).

GRIFFUELHES répond qu'en effet il a reçu des lettres des syndicats de la régie; il répondit à ces organisations d'envoyer une demande, ainsi que les statuts, pour être soumis au Comité. Les camarades de ces Syndicats demandant à rentrer dans la Fédération de la Marine, le Comité Confédéral ne pouvait que s'en remettre aux déclarations des intéressés et à la Fédération de la Marine. Il a été écrit à cette dernière pour connaître son sentiment et il y aura lieu ensuite de se prononcer au Comité sur cette situation. Il ne faut donc pas dire que le Comité Confédéral a refusé d'admettre ces Syndicats.

La clôture est votée.

LE GALL de la Marine donne les raisons du refus d'accepter à la Fédération de la Marine, les camarades en régie. Ils sont, dit-il, des temporaires, n'appartenant pas en somme à la Marine, et que l'on peut renvoyer à tout moment.

DORIA, de Toulon, explique qu'il existe trois catégories des Travailleurs de la Marine : Régie directe, Régie chez les Entrepreneurs et les Ouvriers des Arsenaux. Ils font pendant six mois les mêmes travaux que les Travailleurs de l'Etat, jouissent des mêmes privilèges, excepté la retraite mais ne sont pas commissionnés et pendant les six autres mois de l'année ils font des métiers différents. Il fait un chaleureux appel en faveur de ces camarades en disant que l'on ne doit pas laisser ces catégories d'ouvriers en dehors du prolétariat organisé. (*Applaudissements*).

VIBERT, secrétaire de la Fédération de la Marine, confirme les déclarations de Griffuelhes, et fait connaître au Congrès que l'admission des Syndicats d'ouvriers en régie a été examinée au dernier Congrès de la Marine, et qu'une solution favorable ne tardera pas à se produire.

Il estime dans ces conditions que le Congrès peut valider les mandats qui lui sont soumis.

DERUEL appuie les paroles de Doria et demande au Congrès d'admettre ces Syndicats.

LE PRÉSIDENT met les conclusions du rapport aux voix; celles-ci sont rejetées et les camarades de la Régie directe sont acceptés.

SAUVAGE dit que c'est un précédent.

Le rapport continue par les *Mécaniciens*. Nice, Tourcoing, Angoulême sont refusés comme non fédérés.

ETARD, au sujet des serruriers d'Angoulême, dit que ces derniers sont adhérents au Bâtiment.

En conséquence ils sont admis.

Les mandats des menuisiers de Blois, Tulle, Dijon et Poitiers sont invalidés, les syndicats n'étant pas fédérés.

ETARD déclarant que les menuisiers de Dijon appartiennent au bâtiment, ceux-ci sont admis.

JUSSERAND demande si le Syndicat de Tulle faisait partie des mandats de Chièze.

Il lui est répondu affirmativement.

Métallurgie. — Lille et Rive-de-Gier sont refusés, étant non fédérés.

Mineurs. — Saint-Eloi-les-Mines est réservé, Merzet, délégué, attendant confirmation de son mandat.

Papier. — Le mandat des porteurs de journaux de Tours est refusé.

Peintres. — Cherbourg non fédéré.

ROBERT, au sujet des peintres de Cherbourg, dit que ce syndicat est adhérent à la Bourse et à la Fédération, mais que c'est la Bourse qui n'est pas confédérée.

Il ajoute qu'il sera bon d'envisager cette question, qui a une très grande importance.

COUPAT estime qu'il y a lieu de statuer sur le cas d'une Bourse non adhérente à la Confédération, car pour lui, une Bourse non adhérente est dans le cas d'un Syndicat fédéré sans être adhérent à une Bourse.

CLÉRET, d'Ivry, ne croit pas que l'on puisse s'intéresser a ce cas, puisque précisément la majorité des Syndicats de Cherbourg sont fédérés, ils auraient pu forcer la Bourse à se confédérer.

ROBERT demande le renvoi de la proposition qu'il a faite relative au cas des peintres de Cherbourg, à la revision des statuts. (Adopté).

Selliers. — 4 Syndicats refusés, Paris.

Textile. — Brodeurs de Lyon, imprimeurs sur étoffes de Saint-Etienne, et teinturiers de Saint-Chamond, refusés.

Le délégué des Imprimeurs sur étoffes de Lyon proteste contre l'admission des Imprimeurs de Saint-Etienne; il affirme que c'est un Syndicat jaune qui, antérieurement, a violé les principes syndicalistes en remplaçant des grévistes.

BASTET, des Imprimeurs sur étoffes de Saint-Etienne, récuse les paroles du délégué de Lyon. Il dit que ce n'est pas un syndicat jaune, puisque la Bourse de Saint-Etienne l'a admis, la Fédération aussi, et que dernièrement encore il participait au Congrès de sa corporation.

Le délégué de Lyon parle au milieu des conversations générales et déclare que c'est seulement avant-hier qu'il a appris la constitution de ce Syndicat.

BASTET affirme que le syndicat de Saint-Etienne est constitué depuis plus d'un an et demande au délégué de Lyon comment il se fait que ne le connaissant que depuis 2 jours il sache que c'est un syndicat jaune.

TESCHE fait la proposition suivante :

Le Congrès invite la Fédération du textile a solutionner le différend entre les Syndicats des Imprimeurs sur étoffes de Lyon et St-Etienne et passe à l'ordre du jour. (Adopté).

LEGUERY demande comment le Congrès considérera un syndicat qui prête la main à la formation d'un syndicat patronal et se réserve de développer ce cas.

Tonneau. — Deux syndicats contestés, Oran et la Nièvre comme non fédérés.

Vanniers. — de la Vallée de l'Oise non fédérés.

Voiture. — Un syndicat refusé (Poitiers) comme non fédéré.

Lavoirs de Saint-Amand et *Scierie mécanique de Lyon* refusés comme non fédérés.

Le Secrétaire de la section des scieurs de Lyon demande à quelle Fédération ils doivent adhérer, car il y a dans leur profession plusieurs spécialités, et il est impossible d'adhérer soit à l'une ou l'autre des Fédérations

GRIFFUELHES répond que les scieurs de Lyon n'ont jamais fait leur demande d'adhésion à la Confédération et que Paris et Angers sont adhérents. Il engage le Syndicat de Lyon à adhérer à la Confédération, ce qui permettrait la constitution d'une Fédération.

LE PRÉSIDENT donne lecture de la motion suivante :

Comme conclusion logique de l'admission des syndicats de la Régie directe de Toulon, Brest et Lorient, qui ne sont pas fédérés, nous proposons l'admission des groupes syndicaux des Chemins de fer et des trois syndicats des employés. E. ROBERGEOT, Emile FAURE, C. PINÇON.

LATAPIE met le Congrès en garde contre la manœuvre habile qui tend au dernier moment à faire se déjuger le Congrès sur les résolutions prises concernant les Chemins de fer et les employés et cela par des adversaires qui ne se tiennent pas pour battus. (*Vive agitation*).

GUÉRARD ne voit pas pour son compte personnel d'inconvénient à ce que la discussion revienne au commencement d'une séance, mais il faut relever le langage de Latapie, il n'y a pas d'adversaires ici. *(Applaudissements)*.

LATAPIE répond qu'ici il y a des organisations qui aident à la constitution de Syndicats patronaux et par conséquent sont bien des adversaires. *(Bravos répétés)*

TESCHE. — Il n'y a pas d'ennemis, telle est notre pensée, mais sans être ennemis, on peut-être adversaires sur une question de tactique.

GUÉRARD, s'adressant à LATAPIE : « Vous ne saviez pas à qui vous vous adressiez. »

LATAPIE. — Je ne connais pas les signataires de cette proposition. *(Tumulte)*.

GUÉRARD. — Vous reculez, maintenant, vous reculez! *(Applaudissements et protestations)*.

LATAPIE déclare ne pas faire de personnalité, mais pour montrer qu'il ne recule pas, il renouvelle ses déclarations premières et affirme que si, dans le Congrès, il n'y a pas d'ennemis, il y a bien des adversaires. *(Violent tumulte)*.

TESCHE, au nom du secrétariat du Congrès, déclare faire des réserves en ce qui concerne la rédaction des procès-verbaux, qui ne peuvent reproduire fidèlement les expressions émises au milieu d'un pareil vacarme.

FAURE, de Lyon, et DESPLANQUES, demandent si GUÉRARD parle comme rapporteur de la Commission de vérification des mandats ou comme délégué.

La clôture demandée est adoptée.

GUÉRARD. — Ce n'est qu'une escarmouche. *(Protestations et bravos)*.

Je dis qu'il n'y a pas lieu de s'émouvoir, car c'est le commencement de la bataille qu'à tort ou à raison l'on veut engager contre des organisations que, pour la circonstance, l'on qualifie d'adversaires sans attendre de connaître leurs mandats. *(Tumulte très violent)*.

LE PRÉSIDENT rappelle les congressistes au plus grand calme, de façon à terminer au plus vite la discussion des mandats.

GUÉRARD. — A la Commission de vérification, les membres ont pu voir que j'avais apporté la plus grande tolérance et j'aurai voulu personnellement que l'on acceptât tous les mandats contre lesquels on ne peut invoquer des raisons de principe, mais je tiens à relever vertement l'expression employée par Latapie et je dis qu'il n'y a d'adversaire pour nous que le patron *(Applaudissements)*.

LATAPIE. — Vous dénaturez notre pensée, mais le Congrès ne s'y laissera pas prendre. Vous savez parfaitement que nous sommes, nous les révolutionnaires, les ennemis implacables du patronat. *(Vifs applaudissements)*.

GRIFFUELHES combat la proposition d'admission des syndicats d'Employés et des groupes de Chemins de Fer. Il estime que les Syndicats de la Marine ne sont pas dans ce cas, car s'ils ne sont pas admis par la Fédération de la Marine, ils le seront par la Confédération, tandis que ceux précités ne remplissent pas les deux obligations.

LE PRÉSIDENT met les conclusions du rapport aux voix, elles sont adoptées.

En conséquence, les syndicats ci-dessous ne sont pas admis, ne remplissant pas les conditions exigées par les Statuts de la Confédération générale du Travail.

MANDATS REPOUSSÉS

ALIMENTATION.
Grenoble. — Syndicat des Ouvriers Boulangers.
Lyon. — Syndicat de l'Avenir des Ouvriers Boulangers.
Lorient. — Syndicat des Ouvriers Boulangers.
Nevers. — Syndicat des Ouvriers Boulangers de la Nièvre.

AMEUBLEMENT.
Paris. — Syndicat des Ouvriers Ébénistes de la Seine.

BATIMENT.
Cercy-la-Tour. — Syndicat du Bâtiment.
Cosne. — Syndicat du Bâtiment.
Dunkerque. — Syndicat des Ouvriers Maçons et métiers connexes.
Guérigny. — Union Syndicale des Ouvriers du Bâtiment.
La Charité-sur-Loire. — Syndicat des Ouvriers en Bâtiment.
Saint-Brieuc. — Syndicat des Plâtriers.
Saint-Quentin. — Syndicat des Ouvriers Maçons et similaires.

BROSSIERS.
Poitiers. — Syndicat des Brossiers.

BUCHERONS.
Arquian (Nièvre). — Syndicat des Ouvriers Bûcherons.
La Machine (Nièvre). — Syndicat Machinois des Bûcherons.
Nevers. — Syndicat des Ouvriers Agricoles.

CHARPENTIERS.
Caen. — Syndicat des Menuisiers, Charpentiers, Ouvriers en Meubles.
Chambéry. — Syndicat des Charpentiers.

CHEMINS DE FER.
Creil. — Groupe du Syndicat National des Chemins de Fer.
Le Bourget. — id.
Nimes. — id.
Paris-Ceinture. — id.
Paris-Nord. — id.
Paris-Orléans. — id.
Paris-Ouest R. D. — id.
Paris-Ouest R.-G. État. — id.
Paris-P.-L.-M. — id.

COIFFEURS.
Marseille. — Syndicat des Ouvriers Coiffeurs.

CUIRS ET PEAUX.
Chambéry. — Syndicat des Travaux du Cuir et Similaires.
Le Havre. — Syndicat des Ouvriers Cordonniers et similaires.
Lyon. — Syndicat des Ouvriers Cordonniers Cousu-main
Syndicat des Ouvriers Cordonniers.
Syndicat des Tanneurs et Corroyeurs.

EMPLOYÉS.
Brest. — Syndicat des Employés de Commerce et de l'Industrie.
Bordeaux. — Union Syndicale des Commis et Comptables de la Gironde.
Oran. — Syndicat des Employés de Commerce.
Paris. — Chambre Syndicale des Employés.
Syndicat des Employés de la Seine.
Cercle amical des Employés de la Seine.

HABILLEMENT.
Angers. — Syndicat des presseurs en confection.

Lille. — Syndicat des Coupeurs en Confection.
Paris. — Groupe Corporatif Indépendant des Ouvriers Tailleurs.
    Union Syndicale des Coupeurs-Tailleurs.
Poitiers. — Syndicat des Tailleurs d'Habits.
Saint-Amand-Montrond. — Syndicat des Ouvriers Tailleurs d'Habits.

LIVRE (Fédération du).
    Tarbes. — Syndicat Typographique (161º).

MAÇONNERIE.
    Albi. — Syndicat des Ouvriers Maçons.
    Chambéry. — Syndicat des Ouvriers Tailleurs de Pierre.
    Lyon. — Syndicat des Maçons.
        Chambre Syndicale des Terrassiers, Puisatiers et Mineurs de carrière.
    Poitiers. — Syndicat des Maçons.
    Saint-Amand. — Syndicat des Ouvriers Maçons.
    Saint-Brieuc. — Syndicat des Tailleurs de Pierres, Carriers et Marbriers.
    Tulle. — Syndicat des Maçons et Tailleurs de Pierres.

MARECHAUX.
    Angers. — Syndicat des Maréchaux.
    Limoges. — Syndicat des Maréchaux-Ferrants.

MECANICIENS.
    Angoulême. — Syndicat des Ouvriers Serruriers.
    Nice. — Syndicat des Mécaniciens.
    Tourcoing. — Syndicat des Ouvriers Mécaniciens.

MENUISIERS.
    Blois. — Syndicat des Menuisiers et Ébénistes.
    Chambéry. — Chambre syndicale des Ouvriers Menuisiers.
    Poitiers. — Chambre Syndicale des Menuisiers-Ebénistes.
    Tulle. — Syndicat des Menuisiers-Ebénistes.

NÉTALLURGIE.
    Lille. — Union de la Métallurgie.
    Rive-de-Gier. — Chambre Syndicale des Ouvriers Métallurgistes.

PAPIER (Fédération du).
    Tours. — Syndicat des Vendeurs de Journaux.

PEINTRES.
    Cherbourg, — Syndicat des Ouvriers Peintres.

PORTS ET DOCKS.
    Marseille. — Syndicat des Charbonniers.

SELLERIE-BOURRELLERIE.
    Paris. — Syndicat de la Sellerie Militaire.
        Syndicat des Ouvriers Selliers-Harnacheurs.
        Syndicat des Ouvriers Selliers et Mécaniciennes de l'article de chasse.
    Syndicat des Ouvriers en Siège-Cuir.

TEXTILE (Fédération du).
    Lyon. — Syndicat des Imprimeurs sur étoffes.
    Saint-Chamond. — Chambre Syndicale des Ouvriers Teinturiers.
    Saint-Quentin. — Syndicat des Brodeurs et similaires.

TONNEAU (Fédération du).
    Nevers. — Syndicat des Ouvriers Tonneliers.
    Oran. — Syndicat des Tonneliers et Foudriers.

TRANSPORTS-MANUTENTION.
    Le Hâvre. — Syndicat des Manœuvres et des Hommes de peine.
    Saint-Denis. — Syndicat des Journaliers, Manœuvres et Aides de tous métiers.

VOITURE.
Poitiers. — Syndicat de la Carrosserie.
SYNDICATS ISOLES (pour lesquels il n'existe pas de Fédération).
Castres. — Chambre Syndicale Ouvrière des Usines d'Ornement en bois.
Clermont-Ferrand. — Syndicat des Caoutchoutiers.
Hermes. — Syndicat des Scieurs en mécanique.
Lyon. — Chambre Syndicale des Ouvriers des Scieries Mécaniques.
Neuville-sur-Saône. — Chambre Syndicale des Travailleurs Manouvriers.
Prémery. — Syndicat des Produits chimiques.
Saint-Amand. — Syndicat des Laveuses, Nettoyeuses, Femmes de journées.
Sissy. — Syndicat des Vanniers de l'Oise.

L'on procède à la formation du Bureau pour la séance de l'après-midi :

Président : DESLANDRES, de Paris ; assesseurs, BOUSQUET, de Paris et MILHAU, ouvrier agricole.

Séance du 14 Septembre *(Soir)*

LE PRÉSIDENT demande aux congressistes de bien vouloir faciliter la tâche du bureau en faisant le plus grand silence.

Il donne ensuite lecture de la lettre suivante de la Fédération Socialiste Révolutionnaire de la Seine (P. S. F.).

La Fédération Socialiste Révolutionnaire de la Seine en sa Séance du Lundi 12 Septembre, sur la proposition du citoyen Jean LONGUET, a voté à l'unanimité la motion suivante que je m'empresse de vous transmettre :

« La Fédération Socialiste Révolutionnaire de la Seine (Parti Socialiste Français) envoie son salut fraternel et ses sympathies aux délégués du prolétariat organisé sur le terrain économique et espère que le Congrès de Bourges consolidera l'unité ouvrière. »

Pour la Fédération et par ordre,
Le Secrétaire, C. MESNARD.
68, Boulevard Saint-Germain. (*Applaudissements*).

LE PRÉSIDENT procède ensuite à la nomination de la Commission de Contrôle. Sont désignés pour en faire partie, les camarades :

ROUSSEAU, de Reims ; BOYANIQUE, d'Albi ; DORIA, de Toulon ; FALANDRY, de Toulouse ; KERFYSER, de Dunkerque ; AMIEL, de Carcassonne ; GUERNIER, de Reims.

Le camarade BONNET renouvelle les observations qu'il a faites à une précédente séance et qui consistent à demander que seuls les camarades confédérés puissent faire partie de la Commission de Contrôle ; il conteste le droit aux camarades non confédérés, de vérifier les comptes de la Confédération.

Il est passé outre à cette proposition, le Congrès s'en tenant à celle votée lors de la discussion des mandats.

Le Président demande ensuite aux camarades désignés de se réunir de suite pour s'entendre sur leur méthode de travail.

ROBERT voudrait également que la Commission se réunisse immédiatement pour commencer son travail, à condition que lorsqu'il y aura des votes à émettre ils en soient avisés. La question des bureaux de placement, seule, dit-il, montre la nécessité d'adopter ma proposition, puisqu'il s'agit de vérifier un roulement de 12.000 francs. Il lui tarde de prouver que les allégations formulées par le citoyen Jaurès au sujet de la campagne contre les bureaux de placement, campagne tendant à faire croire qu'elle avait été faite avec l'argent des nationalistes sont fausses.

LUCAS. — Jaurès n'a jamais dit ça ! Il a d'ailleurs protesté contre ces accusations à la tribune de la Chambre.

LÉVY est d'avis que la commission ne se réunisse que le soir, afin de permettre aux délégués qui en ont partie d'assister aux débats.

DUBÉROS dit que le Congrès n'a pas à tracer les travaux de la commission qui, seule, peut examiner la méthode qu'elle doit suivre.

Il est bien entendu que les camarades de la Commission de contrôle vont se réunir pour s'entendre.

DORIA formule une proposition consistant à ce que la Commission se réunisse le soir.

ROBERT réitère sa demande que la Commission se réunisse immédiatement pour se tracer son travail.

BOUSQUET voudrait que la Commission commença ses travaux le plus tôt possible. Comme sa Fédération a pris une large part à la lutte menée contre les bureaux de placement, il désire que les accusations portées contre lui et sa Fédération de se servir de l'argent des nationalistes, tombent à néant devant les preuves qui seront fournies.

VICTOR, pour les mêmes raisons fournies par Bousquet voudrait que la Commission de Contrôle commence son travail immédiatement. Il demande en outre qu'un membre de sa Fédération puisse en faire partie. Il propose le camarade Nury. Ce dernier refuse.

LE PRÉSIDENT répète que le Congrès n'a pas à suspecter les membres qui viennent d'être désignés et que c'est à eux de tracer leurs travaux. (Applaudissements).

Coiffeurs et Bourse de Versailles

Les camarades LUQUET et BASTET demandent au Congrès qu'avant de passer à l'ordre du jour la question de la Bourse de Versailles soit liquidée.

LE PRÉSIDENT met cette proposition aux voix qui est adoptée.

JACQUOT, des Camionneurs de la Seine, demande au Président de bien vouloir regarder dans les tribunes où se trouvent des délégués.

BILLARD, délégué de la Bourse du Travail de Versailles, explique qu'en Février 1904, le Syndicat des Coiffeurs dont le mandat est contesté avait demandé la salle pour qu'une conférence sur la Régénération humaine soit faite. Le Comité général de la Bourse, par 19 voix centre 1, refusa cette autorisation ainsi qu'il en ressort de la délibération suivante :

Séance du 13 Février 1904

Le camarade Villette propose qu'une réunion soit organisée à la Bourse du Travail où une conférence serait faite par la Ligue de la Régénération humaine. Après discussion de plusieurs Camarades, la proposition Villette est repoussée à l'unanimité par 19 votants contre un.

Quelques jours après, ils furent tout étonnés de voir une affiche annonçant cette réunion. Mais, comme ils ne voulaient pas faire connaître leurs divisions à la bourgeoisie de Versailles, ils laissèrent faire la réunion.

BILLARD estime que le Syndicat des Coiffeurs, en ne se conformant pas à la décision prise par la presque unanimité des délégués, avait manqué à son devoir. Il donne alors connaissance de la proposition faite en séance du 2 juin 1904 par laquelle le Syndicat des Coiffeurs fut radié.

Le Syndicat des Tailleurs et Scieurs de Pierres demande la radiation du Syndicat des Coiffeurs de la Bourse pour la conférence faite par ce Syndicat sur le sujet de la procréation humaine dans une salle de la Bourse, bien que cette salle lui ait été refusée dans une réunion du Comité général.

Un camarade propose le vote sur cette radiation par l'appel nominal, chacun devant avoir conscience de son vote.

Le secrétaire procède au vote par l'appel nominal.

14 *oui* prononcent la radiation, contre 2 abstentions.

BILLARD ajoute que, quant à lui, il a trouvé cette résolution un peu trop sévère et qu'il fit une proposition de réintégration de ce Syndicat à la condition que son président, qui est un patron, en serait exclu.

LUQUET, de la Fédération des Coiffeurs, estime qu'il faut se rappeler les motifs pour lesquels le Syndicat des Coiffeurs a été radié.

Il y a eu en effet, organisée par le Syndicat des Coiffeurs, après refus de la Bourse de Versailles, une réunion sur la *procréation* et *l'éducation de la jeunesse*, conférence admirable par Mme Jeanne Dubois.

C'est sur ce motif que la Bourse de Versailles a radié le syndicat.

La Bourse a prié la Fédération des Bourses, sur la réclamation de la Fédération des Coiffeurs d'examiner le cas.

Le représentant de la Bourse de Versailles, le citoyen L. MAURICE, a a voté alors l'ordre du jour présenté par la Fédération, qui consistait en un blâme à la Bourse.

LUQUET rappelle en outre que la Bourse du Travail de Versailles avait voté l'exclusion des boulangers de la localité, sous le prétexte que ces derniers n'étaient pas encore syndiqués. Cela juge la Bourse. (*Applaudissements*),

A ce sujet, un ordre du jour fut voté au Comité fédéral des Bourses ordre du jour qui fut présenté par le délégué de la Bourse :

ORDRE DU JOUR

Le Comité fédéral des Bourses, mis au courant des faits qui se sont passés à Versailles entre la Bourse du Travail et le Syndicat des Coiffeurs d'une part ; entre la Bourse du Travail et le Syndicat des Boulangers d'autre part;

A adopté à l'unanimité l'ordre du jour suivant présenté par le camarade LUQUET, délégué des Alpes-Maritimes :

« Le Comité Fédéral des Bourses invite la Bourse du Travail de Versailles
« à réintégrer, sans condition, le Syndicat des Coiffeurs, considérant que les
« motifs sur lesquels est basée cette exclusion sont loin de la justifier. — Le
« Comité regrette qu'une Bourse du Travail commette de tels actes d'arbitraire
« qui sont contraires à l'autonomie des Syndicats et aux principes qui doivent
« animer des organisations rouges. — Le Comité blâme l'attitude du Secrétaire
« de la Bourse à l'égard des grévistes boulangers et se réserve de prendre, ulté-
« rieurement, toute décision que nécessitera l'accueil fait par la Bourse du Tra-
« vail de Versailles au présent ordre du jour. »

L'on reproche, ajoute LUQUET, que le placement soit fait par un patron coiffeur.

La Fédération a déclaré que si la Chambre syndicale faisait le placement chez un patron, aussitôt son admission, ce placement serait fait par le permanent des coiffeurs.

Il faut remarquer, que le placement était fait dans une boutique dans laquelle le secrétaire pouvait, contrôler le placement, étant employé dans

la maison et qu'en outre, le patron n'est nullement président du syndicat. .

Il termine en disant que la Bourse de Versailles en excluant le syndicat des coiffeurs, n'a fait qu'emboîter le pas aux réactionnaires de Versailles (applaudissements).

Il demande en conséquence, que la Bourse réadmette le syndicat des
coiffeurs sans condition, et qu'alors le placement sera fait dans la
Bourse.

BOUSQUET, au nom des Boulangers de Versailles, tient à faire connaître aux congressistes la mentalité des membres de la Bourse du Travail
de cette localité.

Il y a trois ou quatre mois, au moment où les boulangers de Paris se
disposaient à faire une nouvelle grève, leurs camarades de Versailles,
bien que n'étant pas encore syndiqués, décidèrent de faire acte de solidarité et demandèrent à cet effet une salle pour faire une réunion à la
Bourse. Cette salle leur fut refusée. Il s'ensuivit que mon camarade
Grégoire, secrétaire-adjoint de son Syndicat, et moi-même, mandatés par
la Fédération des Bourses et par le Comité de la Grève générale, nous
nous vîmes également refuser la salle. Il ajoute que, tout en étant partisan
que l'élément féministe rentre dans l'organisation syndicale, il fut très
étonné que ce fut une femme inconnue qui leur demanda de contrôler
leurs mandats. La réunion n'eut pas lieu à la Bourse, mais elle fut organisée dans un café. Au bout de trois jours de grève, les camarades boulangers qui gagnaient 41 francs par semaine virent leur salaires portés à
45 francs.

YVETOT déclare qu'en tant que secrétaire de la section des Bourses,
il transmit à la Bourse de Versailles l'ordre du jour dont Luquet a donné
connaissance.

Il a reçu la réponse suivante :

Considérant qu'avant de prendre une décision au sujet du blâme envers le
secrétaire et la Bourse, il y avait lieu de faire une enquête et entendre les deux
parties. Cette enquête n'ayant pas eu lieu, le Comité général décide de passer
outre et passe à l'ordre du jour.

Signé : GOUT.

BILLARD pensait que le cas des boulangers était enterré, mais puisqu'il a été soulevé, il tient à expliquer pourquoi la Bourse leur fut refusée.
Le premier jour de grève, ils avaient été très calmes, mais le lendemain
une bande d'énergumènes... (Violentes protestations sur la plupart des
bancs).

LE PRÉSIDENT dit qu'il ne faut pas se froisser, que parmi les délégués
il n'y a pas d'énergumènes et il retire le mot en priant le délégué de
Versailles de ne pas se servir de telles expressions.

Plusieurs délégués font observer que ce n'est pas au président à
retirer le mot.

BILLARD dit qu'il retire le mot ; qu'il a une cause assez ingrate à
défendre, qui est presque perdue, pour qu'on le laisse parler. Il renouvelle
que le premier jour de grève les boulangers avaient été calmes, mais que
le deuxième jour ils avaient cassé les vitres et trois bancs. Le secrétaire
ferma la Bourse. Mais une fois que le Syndicat fut constitué légalement,
il fut admis. Il revient sur la question des coiffeurs en disant que ce Syndicat ne s'était pas conformé à l'ordre du jour voté par le Comité général
et qu'en conséquence ce dernier avait le droit de l'exclure.

LUQUET constate que le délégué de Versailles plaide coupable.

BILLARD dit que le Syndicat des Coiffeurs sera réadmis à la Bourse, lorsqu'il aura chassé de son sein, le Président qui est un patron.

COUCHOUD tient à poser une question au délégué de Versailles, et demande si le Syndicat des Limonadiers adhérant à la Bourse n'a pas comme secrétaire et comme trésorier des patrons limonadiers. (*Bruit*).

LUQUET tient à déclarer que son Syndicat ne fait pas de concession, et que dès qu'il aura les moyens de faire le placement à ses frais, il ne sera plus fait par le patron ; ces moyens lui seront procurés par son entrée à la Bourse, qui pourra faire le placement des coiffeurs.

HARDY déclare que le Congrès ferait acte d'arbitraire s'il acceptait les indications données par Yvetot, qui tendent à l'exclusion de la Fédération des Bourses, de la Bourse de Versailles. Que Bousquet ne peut pas réclamer le monopole de l'action révolutionnaire à Versailles, car les maréchaux l'ont employée depuis longtemps ; qu'ils ont même chanté la *Carmagnole* ; cependant la Bourse du Travail ne les a pas exclus.

LE PRÉSIDENT propose au Congrès de décider que le Syndicat des Coiffeurs sera admis à la Bourse, à la condition que le placement sera fait par la Bourse du Travail et que cette dernière se conformera à l'ordre du jour voté par le Comité fédéral des Bourses.

Cette proposition est acceptée, et le Syndicat des Coiffeurs de Versailles est admis.

Le Congrès repousse une proposition destinée à limiter la parole à deux fois.

DISCUSSION DE L'ORDRE DU JOUR

LE PRÉSIDENT fait connaître que tous les cas spéciaux de vérification des mandats étant épuisés, l'ordre du jour, comporte la discussion du rapport du Comité fédéral (deux sections réunies).

(Se reporter pour la lecture de ce rapport, en tête de la brochure).

LE PRÉSIDENT invite une fois de plus les délégués qui voudront parler à demander la parole par bulletin et donne la parole au camarade Keufer.

KEUFER. — En prenant la parole et avant d'entrer dans la discussion, je tiens à déclarer au Congrès que les intentions qui ont été prêtées aux délégués de la Fédération du Livre, en ce qui concerne la Confédération, ne sont pas justifiées. Nous n'avons d'autre intention que celle d'apporter nos appréciations sur la gestion du Comité Confédéral.

Je crois bon, dans l'état d'esprit des membres du Congrès, de rappeler les paroles prononcées par le camarade Niel, à l'ouverture du Congrès de Montpellier. Voici ce qu'il disait :

> Il est indispensable que tous les camarades réunis ici, quelles que soient leurs pensées, leurs opinions et si je puis m'expliquer ainsi, pour si conservatrices ou anarchistes que soient leurs idées, il faut que chacun puisse s'exprimer ici librement et sans opposition de qui que ce soit. La discussion large, courtoise, a toujours été et restera toujours la méthode de travail pour des personnes qui se réunissent en Congrès dans l'intention de faire de la bonne besogne.

Je veux donc espérer que sous ces auspices, le Congrès entendra toutes les opinions sans parti pris. La lecture des rapports des deux Sections de la Confédération ayant été faite par tous les délégués, je tiens à déclarer que je ne veux pas m'arrêter aux détails ; j'entends limiter le débat en attirant seulement l'attention du Congrès sur des questions essentielles. (Très bien, très bien).

Le Congrès des Bourses du Travail à Alger avait adopté la résolution suivante :

> Le principe de l'Unité ouvrière ne peut en rien entraver la liberté de chaque syndiqué. Mais il doit être entendu que dans une ville, il est de toute importance qu'il n'y ait qu'un syndicat de même profession.
> Les sections de l'Unité ouvrière devront faire tous leurs efforts pour que les syndicats de même profession existant dans une même ville fusionnent au plus tôt.

Et nous lisons dans les statuts de la Confédération, l'article 22 que voici :

> ART. 22. — Etant donné que tous les éléments qui constituent la Confédération doivent se tenir en dehors de toute école politique, les discussions, conférences causeries, organisées par le Comité confédéral, ne peuvent porter que sur des points d'ordre économique ou d'éducation syndicale et scientifique.

Ce sont là des indications précises sur le rôle que devait jouer le Comité Confédéral. Il avait le devoir rigoureux de dépenser son activité à faire non seulement l'unité matérielle déjà ébauchée à Montpellier mais aussi à faire l'unité morale encore plus précieuse, entre les organisations adhérentes à la Confédération. Nous lui reprochons aujourd'hui de n'avoir pas rempli ces importantes attributions. Il a, au contraire, par la conduite de certains de ses membres, contribué à semer la discorde dans la corporation du Livre et à exciter les haines et l'hostilité des autres corporations contre les travailleurs du Livre. (Protestations et Applaudissements).

En plusieurs circonstances, cette hostilité s'est manifestée, et elle s'infiltrait lentement dans le monde ouvrier, sans que nous y attachions d'abord une grande attention. La propagande des délégués de la Confédération était une excellente occasion pour répandre des appréciations désobligeantes, malveillantes et injustifiées contre la Fédération du Livre.

De rares et timides échos nous étaient parvenus sans nous alarmer d'abord ; puis des affirmations plus précises nous étaient adressées par nos correspondants. La plus simple prudence nous conseillait de nous livrer à une enquête, afin de ne réclamer que sur des faits précis, vérifiés. Nous apprenions que la Fédération du Livre et ses fonctionnaires étaient attaqués.

A la première résolution de laisser dire succéda alors la résolution de nous défendre et au besoin d'attaquer. Et l'expérience prouve que c'est une mauvaise tactique de laisser faire ; il vaut mieux quelquefois prendre l'offensive. C'est après la réception de renseignements nouveaux que le Comité Central du Livre, résolut d'adresser une protestation au Comité Confédéral, lui signalant l'attitude de quelques-uns de ses membres qui dénigraient la Fédération du Livre au cours de leur propagande, alors que leur devoir était de soutenir une organisation adhérente à la Confédération. Nous ne recevions aucune réponse du Comité Confédéral et nous apprenions que notre protestation serait discutée dans une séance qui eut lieu en décembre dernier. Nous pouvions espérer nous rencontrer devant un Comité arbitral ; mais notre erreur était grande : au cours des deux séances consacrées à l'examen de notre protestation, nous avons assisté devant un tribunal d'inquisiteurs, qui disséquaient la vie corporative de la Fédération du Livre, s'occupant de détails, de potins, de questions qui ne regardaient en rien le Comité Confédéral. (Vives protestations et applaudissements). A ce propos on me reprocha une lettre personnelle adressée à un de nos fonctionnaires, qui m'avait demandé mon avis sur les doctrines anarchistes. De confiance, je lui exprimai mon opinion. Et cette lettre personnelle fut remise à un membre du Comité Confédéral. Je n'ai rien à y retrancher. Et de plus, je prétends avoir fait œuvre de prudence, comme le feraient tous les délégués ici présents, si leur organisation était, comme la nôtre, objet d'incessantes attaques. Nous en voyons les conséquences par l'état d'esprit du Congrès envers nous. (Protestations).

A la fin de ces deux séances, les délégués se sont prononcés pour l'ordre du jour pur et simple, autorisant ainsi les membres du Comité Confédéral à continuer leur système de dénigrement. Mais nous contestons fortement la validité d'un tel vote, accompli par des délégués sans mandat des organisations qu'ils représentent ; on peut même dire contre leurs intentions, ainsi qu'en témoignent les correspondances reçues d'Angoulême, de Rennes, d'Alger, etc., etc.

Et quels sont donc les griefs que pouvaient invoquer les membres du Comité Confédéral pour attaquer ainsi la Fédération du Livre, pour violer les statuts confédéraux ? On accusait notre méthode d'action réformiste, notre manière de défendre nos intérêts corporatifs.

Mais est-ce donc là une cause valable d'hostilité ? L'autonomie des organisations ne serait donc qu'un mot pour le Comité Confédéral ?

Qui peut affirmer la supériorité absolue, rigoureuse de telle ou telle méthode d'action ? L'expérience de la valeur de la méthode révolutionnaire, violente, celle que préfèrent les anarchistes, a-t-elle déjà établi sa supériorité, a-t-elle fait la démonstration de sa valeur certaine ?

Nous prétendons que l'expérience n'a pas encore été faite, qu'elle est loin d'être concluante dans le sens de sa supériorité. Et en faisant l'hypothèse que les réformistes soient dans l'erreur, est-ce une raison pour nuire à leur organisation ? N'eût-il pas été plus digne d'essayer de leur démontrer que leur tactique est mauvaise, ce que d'ailleurs l'expérience seule démontrera mieux que tous les arguments ? (*Applaudissements*).

Mais ce n'est pas seulement par la parole, par la propagande que le Comité Confédéral a manqué à son devoir, c'est aussi *La Voix du Peuple*, qui est l'organe de toutes les organisations confédérées.

L'article 7 des statuts confédéraux se termine ainsi :

Elle s'occupe de tout ce qui a trait à l'administration syndicale et à l'éducation morale des travailleurs.

Le journal, étant l'organe officiel de la Confédération Générale du Travail, ne peut être *rédigé que par des ouvriers confédérés*.

La Commission du journal veille à ce qu'en aucun cas, l'organe de la Confédération ne devienne la tribune publique de polémiques injurieuses, de querelles personnelles ou politiques.

Je reproche au Comité Confédéral d'avoir violé les prescriptions indiquées dans ces paragraphes en autorisant des non-confédérés à écrire dans la *Voix du Peuple*, ce qui n'est pas grave, mais cet organe a été l'instrument de propagande de rancunes, d'insinuations continuelles qui n'ont fait qu'accentuer les divisions corporatives ; la *Voix du Peuple* a facilement offert l'hospitalité aux articles tendancieux, aux potins de corporations, aux articles acrimonieux ou malveillants de personnalités qui pouvaient ainsi, à leur aise, dénigrer leur organisation propre et ses représentants, et c'est par ce moyen que l'on a laissé se répandre, contre la Fédération du livre, toutes les inepties, toutes les calomnies. (Vives protestations et applaudissements). Cependant, si la rédaction était si large pour insérer de telles communications, elle était plus sévère, moins tolérante pour l'insertion de notes envoyées par les Bourses du Travail, et qui lui étaient désagréables ou contraires au but, obstinément poursuivi par le Comité Confédéral. Est-ce là encore la marque de l'impartialité, de la liberté de l'expression des opinions ?

Je reconnais que l'on m'a accordé, en deux numéros, une large place pour la controverse survenue entre le camarade Pouget et moi. Mais c'était là une controverse courtoise et à laquelle la direction du journal ne pouvait se soustraire.

Tous ces faits constituent l'objet de nos plaintes contre l'attitude du Comité Confédéral. Et nous les exprimons d'autant plus fermement que les membres du Comité Confédéral eux-mêmes se sont montrés très chatouilleux, lorsque d'autres camarades se sont permis d'apprécier leurs actes et qu'ils étaient sur le point d'excommunier ceux qui se permettaient des critiques, parfois un peu vives, je le reconnais.

Ce n'est pas tout. Nous avons encore d'autres griefs à relever contre le Comité Confédéral ; il a violé de regrettable façon les articles 2 et 7 des statuts confédéraux ainsi conçus :

Art. 2 et 3. — Elle admet en outre les syndicats dont les professions ne sont pas constituées en fédérations d'industrie ou de métier, ou dont la fédération n'est pas adhérente à la Confération Générale du Travail.

Les syndicats admis isolément seront groupés par industrie ou métier dès qu'ils seront trois syndicats adhérents à la Confédération Générale du Travail.

Art. 7. — La section des Fédérations d'industries ou de métiers et des syndicats isolés a pour objet de créer ou de provoquer la création de Fédérations d'industrie ou de métier et de grouper en branches d'industrie ou de métier, les syndicats de même profession ou de même industrie, pour lesquels il n'existe aucune fédération.

Malgré les termes précis de ces articles, le Comité Confédéral a prêté la main — la correspondance échangée avec la Fédération des mineurs en fait foi — à la création de syndicats et d'une deuxième fédération, mieux faite à l'image des idées des membres du Comité Confédéral, et il l'a admise de préférence dans la Confédération, bien que la vieille et importante fédération des mineurs ait demandé à y être admise. Je n'insiste pas sur la gravité de ce fait, d'autres camarades sans doute l'examineront de plus près.

Une autre violation des statuts, et qui touche de plus près la Fédération du Livre, a été commise ; je veux parler de la constitution du syndicat des correcteurs, autrefois adhérant à la Fédération du Livre, en syndicat national. Rien, absolument rien, ne justifiait cette transformation, si ce n'est de constituer une nouvelle unité qui pût, par l'intermédiaire de ses délégués, apporter un nouveau concours au Comité Confédéral, pour la défense de ses idées, de sa tactique révolutionnaire (Protestations et bravos). Peu lui importait si cette amputation pouvait affaiblir une organisation antipathique.

Ce qui paraît singulier, dans cette affaire, c'est que j'ai entendu les récriminations de syndicats que l'on voulait obliger à appartenir à leur fédération corporative, et pour les correcteurs, le Comité Confédéral n'a rien négligé pour maintenir leur séparation de la Fédération du livre et faciliter leur constitution en syndicat national. Les mobiles du Comité Confédéral, c'est évident, avaient pour but de faire pièce à la Fédération du livre. d'émietter cette organisation, de l'affaiblir, parce qu'elle n'est pas favorable à l'action directe et anarchiste.

Il nous paraît évident que c'est pour obéir à la même pensée que les syndicats des mineurs dissidents ont été admis à la Confédération ; le syndicat des correcteurs pourra dire qu'il n'a pas voulu revenir à la Fédération du livre parce qu'elle est réactionnaire. Mais c'était une raison de plus d'y adhérer afin d'essayer de lui donner l'impulsion qui lui manque, bien que je constate que les correcteurs, depuis qu'ils sont libres de leur destinée, n'ont pas révolutionné leur profession et qu'ils n'ont pas du tout employé l'action directe, même par la propagande purement platonique.

Tous ces faits établissent d'une manière irréfutable que l'article 37 des statuts confédéraux a été violé. En voici la teneur :

ART. 37. — La Confédération générale du Travail, basée sur le principe du fédéralisme et de la liberté, assure et respecte la complète autonomie des organisations qui se seront conformées aux présents statuts

A quel titre, pour quelles raisons le Comité Confédéral a-t-il agi ainsi contre la Fédération du livre ? Jamais pourtant, en aucune circonstance, nous ne nous sommes immiscés dans les affaires intérieures des autres corporations.

Cette façon d'agir a nui considérablement à l'unité morale qui devrait exister entre les travailleurs confédérés; elle a jeté le trouble dans les relations entre membres de corporations diverses ou de même profession.

Pour terminer, j'affirme avec la plus grande énergie, que toutes les attaques dirigées contre la fédération du livre sont imméritées, car notre corporation lutte depuis plus de cinquante ans pour améliorer sa situation, elle a collaboré d'une façon active à l'œuvre de propagande syndicale, appliquant toujours l'action directe dans ses revendications. Nous avons toujours proclamé la nécessité de l'action syndicale sans repousser l'action législative. Oui, nous préférons la méthode réformiste, parce que nous croyons que l'action directe et violente, préconisée par les anarchistes, coûtera des milliers d'existences ouvrières, sans certitude de résultats durables ; les expériences en sociologie, les expériences violentes sont autrement dangereuses et difficiles que les expériences purement concrètes, en chimie ou en physique.

Toujours nous avons fait nos affaires nous mêmes, sans le concours d'aucun homme politique. Lorsque des difficultés se produisent, c'est un des nôtres, un camarade qui a travaillé ou qui travaille à l'atelier qui part en délégation : il a les capacités et l'expérience nécessaire pour négocier avant de faire la grève ; moi-même qui lutte pourtant depuis si longtemps, qui ai travaillé à l'atelier pendant plus de 20 ans, et je peux être appelé à reprendre le composteur lorsque mes camarades ne verront plus l'utilité de me confier des fonctions. Malgré les services rendus par les fonctionnaires syndicaux qui sont nécessaires, je reconnais qu'un militant qui gagne sa vie à l'atelier a plus de mérite qu'un délégué de syndicat ou de fédération ; mais on ne peut exiger de ces derniers de passer 10 ou 12 heures au syndicat et de gagner encore sa vie à l'atelier

Les accusations dirigées contre la Fédération du livre sont d'autant moins justifiées, que si nous avons cru devoir instituer les secours de maladie, de chômage, avec le viatic..m et les secours de résistance, c'est parce que nous en avons eu l'exemple dans les autres pays, parce que c'est le meilleur moyen d'assurer le concours, l'homogénéité de tous nos adhérents en cas de lutte. Et ce que l'on nous reproche, ne le fait-on pas dans les autres corporations ? N'y fait-on pas aussi de la conciliation. Qu'on me permette de citer un exemple récent, et si je le cite, je prie instamment les métallurgistes, avec qui nous avons de si regrettables démêlés, de n'y voir autre chose que la preuve qui s'impose à tous de faire de la conciliation. Vous avez tous présente à la mémoire la lettre que Bourchet, au nom des grévistes et de la métallurgie, adressait aux patrons d'Hennebont ? N'est-ce pas un appel éloquent à la bienveillance, à l'équité patronale ? Pourquoi alors reprocher si fréquemment au livre ce que l'on fait partout, même chez les métallurgistes ? Comme tout le monde, nous avons été révoltés par l'attitude impitoyable de certains patrons. Ces sentiments de révolte ne sont le privilège d'aucun d'entre nous. Mais la raison nous guidait pour affirmer nos revendications et obtenir satisfaction.

Je conclus, camarades, en répétant que le Comité Confédéral a porté un préjudice moral considérable par sa conduite, car il a dirigé ses coups non seulement contre les patrons mais aussi contre les ouvriers. C'est pourquoi je dépose l'ordre du jour suivant, en invitant le Congrès à le voter avec nous

« Le Congrès invite le Comité Confédéral à donner l'exemple du respect des statuts confédéraux, à rester scrupuleusement dans les limites de ses attributions en ne portant pas atteinte à l'indépendance des organisations adhérentes à la Confédération générale du Travail, et constatant que ces attributions n'ont pas été remplies d'après les indications du Congrès de Montpellier relatives à l'unité ouvrière, notamment l'art. 2 des statuts, touchant à l'organe officiel *La Voix du Peuple*, le Congrès passe à l'ordre du jour sur les rapports présentés par le Comité Confédéral »

BOUGON, délégué de la Bourse de Rennes, dit que dans son discours, le camarade Keufer a déclaré que les membres du Comité Confédéral qui allaient faire des réunions de propagande attaquaient la Fédération du Libre. Il tient à lui répondre ce qui s'est passé à Rennes. On a déclaré que le camarade Beausoleil y avait attaqué la Fédération du Livre. Or, à cette réunion qu'il présidait, il affirme que Beausoleil, en faisant sa conférence, a été amené à parler sur les deux tendances du prolétariat organisé, mais qu'en aucun cas il n'a proféré des attaques contre la Fédération du Livre.

Il a parlé des conséquences du machinisme, et à l'appui de ses idées, il a cité l'introduction du machinisme dans la chapellerie et la typographie, et des résultats produits contre les travailleurs de ces corporations, qui auraient dû, au contraire, en profiter pour l'amélioration de leur sort,

Il s'est trouvé deux typos qui, n'ayant pas compris le sens de ses paroles, ont demandé à la Bourse du Travail de Rennes un vote de blâme contre Beausoleil ; mais cette proposition n'a jamais été adoptée. Pour donner satisfaction au Syndicat du Livre, la Bourse du Travail avait voté un ordre du jour engageant les orateurs à ne pas critiquer une Fédération adhérente à la Confédération. Il a donc été surpris de voir un article paru dans la *Typographie* disant qu'il avait été voté un ordre du jour de blâme contre le camarade Beausoleil. Le Conseil de la Bourse du Travail a interrogé le Syndicat typographique, qui avait fait parvenir cet ordre du jour à la Fédération, et ce dernier a répondu que personne n'avait voulu en endosser la responsabilité.

Il ajoute qu'à Rennes, le secrétaire du Syndicat typographique dirige un journal *jaune*, et avec Marc Sangnier du Sillon, organise des conférences, comme à Fougères, et un congrès comme à Saint-Malo.

Il termine en déclarant qu'il n'a aucun parti pris contre la Fédération du Livre, mais qu'il a tenu à rétablir la vérité, et que jamais la Bourse de Rennes n'a voté un ordre du jour de blâme contre le Comité Confédéral.

En province, ajoute-il, nous n'avons pas toutes ces subtilités, et suivant les circonstances, nous sommes réformistes ou révolutionnaires.

BOYANNIQUE, délégué d'Abi, dit que les camarades qu'il représente font de l'action syndicale qui a produit des résultats, et il demande aux partisans de l'action directe de démontrer que leur action a produit de meilleurs résultats que la leur.

Il y a dans le Midi un camarade qui, quoique partisan de l'action directe, s'est occupé surtout à faire de l'organisation ; si dans les mouvements qui se sont produits, des résultats plus appréciables n'ont pas été obtenus, la cause en est à ce que ce camarade lui aussi, avait été victime de calomnies et d'injustices.

Comme le disait Keufer, sous prétexte que nous n'avons pas les mêmes idées politiques, s'en suit-il que nous devions nous disqualifier mutuellement. C'est aux camarades qui professent des idées plus avancées que nous, à nous démontrer que leur action est meilleure que la nôtre et nous les suivrons. Mes camarades et moi, nous nous abonnerons à *La Voix du Peuple*, mais à la condition que nous n'y serons pas attaqués.

Il déclare qu'il a un autre mandat à remplir au nom des Mineurs d'Albi. Il demande comment il se fait que malgré les demandes réitérées du camarade Cotte, secrétaire de la Fédération des Mineurs, cette organisation n'ait pas été admise à la Confédération. Il faut qu'il y ait des motifs très graves pour refuser une organisation aussi puissante que celle des Mineurs, et cependant, alors qu'on refusait d'admettre la fédération on admettait des syndicats isolés. Le Comité Confédéral a été plus loin, il a créé une nouvelle fédération. Il termine en proposant qu'une fois les explications fournies, le Congrès décide que la Fédération des Mineurs sera admise à la Confédération générale du Travail.

HARDY dit que la question des Mineurs étant posée par le rapport du Comité Confédéral, il est nécessaire que les travailleurs connaissent l'attitude du dit Comité vis-à-vis de la Fédération des Mineurs. Nous savons tous, nous, les vieux militants, ajoute-t-il, qu'après avoir permis aux mineurs de lutter contre le prolétariat minier dans le Pas-de-Calais, nous étions en droit de les voir ensuite avec nous. Ils ne l'ont pas fait, nous le leur avons reproché.

Après le Congrès de Montpellier, ils se sont cependant décidés à venir avec nous.

Mais des dissidences produites par des questions personnelles entre Escalier et Cotte, ont empêché leur admission, sauf pour les syndicats isolés de Montceau-les-Mines et Décazeville qui ont été admis à la Confédération générale du Travail.

Arrive la grève de 1902, et l'on voit au syndicat de Montceau, une lutte magnifique au sujet de laquelle on doit rendre hommage au camarade Merzet.

Mais dans les autres centres, on assiste au dénigrement des camarades en grève.

Au Comité Confédéral, l'on discute si la grève est révolutionnaire ou non, en déclarant que l'on marcherait dans le premier cas, mais non dans le deuxième.

Montceau reprend le travail, et ce sont les mineurs de cette contrée que l'on considère comme révolutionnaires, alors qu'ils restent sous le joug des compagnies. (Vives protestations).

Le citoyen Prost fait même voter un ordre du jour laissant pleine autonomie aux syndicats en grève.

Ce que l'on voulait certainement, c'est que la grève échouât. (Vives protestations et tumulte).

Nous renions une telle attitude.

Le Comité National des Mineurs demande l'appui de la Confédération Générale du Travail.

Joucaviel formula cette demande en même temps que celle de l'adhésion à la Confédération et on lui répondit : si vous n'aviez pas avec vous tels ou tels des députés etc., on vous soutiendrait, soyez des révolutionnaires, l'on ira avec vous. La Confédéralion n'avait pas le droit de faire de telles réponses (*Bruit*).

Cependant, l'appui de la Confédération Générale du Travail leur fut acquis, et des délégués furent envoyés sur le terrain minier.

Mais plus tard, des Membres autorisés de la Confédération Générale du Travail allèrent dans le Nord, dans le Pas-de-Calais, semer la discorde dans les centres miniers (*Vives protestations*).

Incapables, ces membres ne purent réussir, mais l'on continua d'une façon plus *jésuitique* la lutte sourde contre la Fédération des mineurs. (*Protestations, tumulte*).

Le citoyen Cotte fait des demandes successives pour hâter l'admission de sa Fédération ; on le traîne en longueur, et pendant ce temps, l'on espère arriver à grouper des organisations minières en dehors de lui. L'on forme enfin un Congrès à Carmaux où Garnery se rend et sème la division.

GARNERY. — Je ne pouvais pas y semer la division, puisque le Congrès n'a même pas voulu m'y admettre et m'entendre. (*Applaudissements*).

HARDY — Là, le citoyen COTTE fait ressortir que statutairement l'on ne peutrefuser son admission, et le citoyen Griffuelhes traite cette Fédération de cadavre. Là encore il a manqué d'esprit d'organisation. (*Rires ironiques*).

Vient enfin le Congrès International des Mineurs, et le Comité Confédéral n'adresse pas à ces camarades un salut fraternel.

Pour tous ces motifs, l'on ne peut adopter le rapport confédéral.

VILLEVAL. — Mon intervention dans ce débat va porter sur deux points : l'un d'un ordre général, comme membre du Comité Confédéral ; l'autre comme délégué de mon organisation, puisque l'on a fait intervenir le cas du Syndicat National des Correcteurs qui, à mon avis, n'avait pas sa place dans ce débat, puisque ceux qui l'incriminent en ce moment n'ont pas cru devoir contester le mandat du délégué et ne se sont pas opposés à sa validation.

Sur ce dernier point, j'assure au Congrès que je ne m'étendrai pas longuement, que je serai très bref, car je considère qu'il est des questions qui n'ont plus à intervenir ici.

Comme délégué au Comité Confédéral, j'ai été un de ceux qui ont cru devoir passer outre à la demande de blâme de la Fédération du Livre contre plusieurs camarades qui ont été chargés d'aller faire de la propagande contre les bureaux de placement.

En effet, le camarade Beausoleil a été fort incriminé, et il lui est reproché d'avoir tenu des propos désobligeants sur la Fédération du Livre. Eh bien ! le Comité fédéral a été à même de se rendre compte que cette accusation perdait considérablement de son ampleur et qu'il convenait de ramener les faits à de plus justes proportions.

Beausoleil, dans une conférence syndicaliste, a simplement, au cours de son exposé, donné son avis sur les méthodes d'action employées par les organisations ouvrières et, en manifestant sa préférence pour une action énergique et même parfois violente, il a cru devoir avertir les éléments plutôt modérantistes de la classe ouvrière, qu'ils seraient un jour fatalement obligés, devant l'extension et le constant développement de l'outillage mécanique, de modifier leur manière de faire et de rentrer dans une voie plus révolutionnaire que celle suivie jusqu'alors. C'était le cas de la Fédération du Livre, qui, elle aussi, se voyait envahir par un élément nouveau, la machine.

Comme vous le voyez, camarades, il n'y avait pas lieu de tant s'émouvoir et de demander que le Comité confédéral infligeât un blâme contre Beausoleil. (*Applaudissements*).

Voyons, à présent, le cas Yvetot.

Délégué également par le Comité Confédéral pour faire de la propagande contre les bureaux de placement, il a été amené, lui aussi, à donner son avis sur les deux tendances du syndicalisme et sur les différentes méthodes employées par les organisations ouvrières.

C'était son droit, et nous avons trouvé bizarre la plainte du Livre, alors que son secrétaire général n'avait que le souci, dans les tournées qu'il faisait en province, d'affirmer ses préférences, se préoccupant parfois trop de faire considérer l'élément révolutionnaire du syndicalisme comme un élément décevant, capable de détourner la classe ouvrière de sa fonction particulière, et surtout comme un véritable danger, d'une importance qui ne devait échapper à personne.

Nous avons trouvé d'autant plus bizarres les récriminations du Livre, que cette Fédération contenait dans son sein, elle aussi, des éléments révolutionnaires qui pouvaient, si l'on admet cette thèse, se trouver froissés également par les appréciations du camarade Keufer (*Bravos répétés.*)

Cependant, ils n'ont jamais formulé aucune plainte contre ce dernier et n'ont jamais demandé qu'il fût blâmé pour les paroles qu'il croyait devoir prononcer au cours de ses conférences et qu'ils pouvaient, eux aussi, trouver désobligeantes à leur égard. (*Applaudissements*).

C'est pour toutes ces raisons que le Comité Confédéral, s'inspirant de la plus grande tolérance, a repoussé l'ordre du jour de blâme déposé par la Fédération du Livre et adopté l'ordre du jour pur et simple. (*Très bien ! Bravos*).

Maintenant, j'ai remarqué que le camarade Keufer, dans le cours de son exposé, a bien souvent — est-ce avec une intention de discrédit ? — parlé d'anarchistes et de libertaires, alors que ces préoccupations n'ont aucunement leur place dans ce débat

Il n'y a ici ni anarchistes, ni socialistes, ni positivistes ; il n'y a seulement que des syndiqués groupés pour poursuivre un seul but, qui doit être but commun, puisqu'il figure en tête même des statuts de la Confédération : la suppression du salariat et du patronat. (*Vifs applaudissements.*)

Keufer a protesté de ses bons sentiments et de ceux qui animent la Fédération du Livre. Qui en a douté ? Pas nous, assurément. Cependant, il est bien de notre droit d'examiner ensemble les moyens plus efficaces, les plus propices d'affranchissement du prolétariat ; car nous n'avons pas ici à examiner des questions d'intérêts purement corporatifs, il n'y a plus dans cette enceinte de typographes, de menuisiers, de charpentiers, de correcteurs, etc., mais des travailleurs que doivent surtout préoccuper les grands problèmes sociaux qui passionnent le monde ouvrier pour rechercher ensemble leur solution et aboutir à plus de bien-être et de liberté. (*Applaudissements*).

Cependant, puisque nous discutons et que des reproches nous sont adressés, il y aurait lieu de voir si certaines organisations, telle que la Fédération du Livre par exemple, s'inspirent toujours des idées générales émises dans les congrès ouvriers et si les décisions des dits Congrès trouvent toujours un écho favorable auprès de ces organisations.

Nous sommes malheureusement obligés de constater qu'il n'en est pas ainsi, puisque nous voyons précisément que certains Syndicats du Livre croient qu'il est bon qu'ils aient parmi eux des patrons appartenant à la Chambre Syndicale des Maîtres Imprimeurs.

Comme j'ai pour habitude de fournir des preuves à ce que j'avance, voici ce qui a été communiqué tout récemment.

Dans un extrait du Bulletin de la Bourse du Travail de Lyon, voici ce que j'y trouve :

Le citoyen Couturier expose que MM. Chouard et Plan, directeurs de l'Imprimerie Nouvelle et de l'Association typographique, sont à la fois membres du Syndicat ouvrier et du Syndicat patronal ; ils sont même tous deux membres du bureau du Syndicat patronal. Il y a là une anomalie qui ne devrait pas exister.

Maleval, des Typographes, répond que MM. Chouard et Plan sont, depuis sept ans, membres du Syndicat patronal et qu'ils y sont rentrés avec l'autorisation du Syndicat ouvrier. (*Bruit et applaudissements.*)

J'ai devant moi également deux numéros du *Bulletin des Maîtres-Imprimeurs*, dont le dernier porte la date de juillet 1904 et qui porte les noms des deux patrons en question comme syndics du syndicat patronal.

A la section Roubaix-Tourcoing (139e section), c'est encore un patron qui est trésorier du Syndicat ouvrier, le confrère Jean Gallet.

Et comment peut-il en être autrement quand on est à même de lire dans le journal officiel de la Fédération du Livre les lignes suivantes :

Songeons moins aux formes ou aux moyens de l'attaque en nous fortifiant dans nos moyens de défense ; essayons, par des mesures à notre portée, de sortir de notre stérilité en établissant un lien plus étroit entre les intérêts si opposés du travail et du capital.

Beaucoup trop de nos camarades estiment que le patron est et doit rester l'éternel adversaire, l'ennemi que nous devons combattre sans merci ; d'aucuns même en rêvent la suppression totale... (*Oui, Oui !*)

C'est là une théorie dangereuse pour tous, mais surtout pour ceux qui ne la partagent pas, car, qu'on le veuille ou non, le patron généralise et prête aux plus modérés les sentiments manifestés — souvent avec emportement — par quelques-uns seulement. Que d'améliorations partielles rendues irréalisables précisément à cause de cette théorie ; que de petits faits — parfois aux conséquences tragiques — n'eût-on évités avec une compréhension différente de nos droits et de nos devoirs ?

LE GUÉRY. — Biétry et Lanoir ne parlent pas autrement. (*Applaudissements.*)

Là où la modération et l'esprit de conciliation cèdent le pas à l'obstination, au parti pris et souvent à la haine, rarement — sinon jamais — une solution heureuse n'intervient ou n'a de chance de vivre ; mais, au contraire, l'antagonisme s'affirme davantage et, en fin de compte, l'ouvrier en sort ou vaincu ou amoindri dans ses prérogatives. A revendiquer d'une façon absolue l'application de ce que nous pensons toujours être notre droit, nous perdons dans nos rapports avec le patron l'habitude de la modération et de l'affabilité, bornés que nous sommes à ne voir en lui qu'un adversaire qu'aucun bon sentiment n'inspire.

Il n'est pas sage toujours de ne traiter que de puissance à puissance : nous devrions, plus justement, opposer notre probité et notre honneur professionnels à certaines exigences injustifiées du patron. J'aime à penser que plus de pondération et un esprit plus pacifique, qu'en nous abstenant de certaines dithyrambes où les accents trop révolutionnaires couvrent parfois la voix de la sagesse, donneraient des résultats meilleurs et que patrons et ouvriers y gagneraient.

Après cela, vous conviendrez, camarades, qu'il n'y a rien d'extraordinaire que des syndicats, s'inspirant de pareils conseils, soient disposés à accueillir à bras ouverts des patrons. (Applaudissements).

KEUFER. — Voudriez-vous, camarades Villeval, faire connaître au Congrès, le nom du signataire de cet article.

VILLEVAL. — Le camarade Keufer me demande le nom du signataire de l'article qui ne porte que les initiales Ch. B. 2098, pensant peut-être que je songe à le lui attribuer ; loin de là ma pensée ; néanmoins, je crois que cette conception des relations d'ouvriers et patrons est assez agréée par le secrétaire de la Fédération du Livre, puisque je retrouve sous sa signature dans un article intitulé « La Propagande » et ayant pour sous-titre « A Orléans », les déclarations qui suivent :

La section avait organisé une réunion des patrons en vue de la création d'un Syndicat patronal et d'une commission mixte. A cette occasion, un délégué avait été demandé au Comité central, et M. Rivière, le maître imprimeur de Blois, fort bienveillant et très favorable aux syndicats, avait également été invité à prendre la parole.

Cette réunion a eu lieu à Orléans ; j'y ai pris la parole après M. Rivière, et le soir même le principe de la création d'un syndicat patronal et d'une commission mixte avait été voté.

Le lendemain, je faisais une causerie typographique à laquelle presque toute la typographie orléanaise assistait.

Jusqu'à présent les patrons orléanais n'ont fait preuve d'aucune initiative. C'est toujours la même chose ; des lamentations, oui ; des actes pour remédier à la situation, il n'y faut pas compter, du moins pour le moment.

A. KEUFER.

Et bien, je persiste à croire, que ce n'est ni le rôle, ni l'attitude, ni la mission d'un délégué de Syndicat ouvrier et qu'un tel esprit ne peut qu'être préjudiciable au développement d'une organisation et aussi à sa dignité. (Applaudissements répétés).

Notez, camarades, que je n'obéis à aucune haine contre Keufer, en parlant ainsi. C'est une bataille d'idées qui a lieu ici ; et j'ajoute que je ne mets nullement en doute, son honnêteté et sa loyauté. (Très bien, très bien).

Il est comme beaucoup d'entre nous, un convaincu et un passionné pour son idée, et je suis obligé de reconnaître, comme d'ailleurs il le dit lui-même, qu'il ne trompe personne et que jamais il n'a varié dans ses opinions. (Applaudissements).

Il reste toujours confiant dans l'entente du capital et du travail. (Rires).

Maintenant, il me reste à m'expliquer sur le deuxième point que j'ai promis d'envisager. Je ne serai pas long, car j'estime que cette question n'a qu'une importance secondaire ici. C'est comme délégué des correcteurs que je vais m'expliquer.

C'est à tort, encore une fois, que le Comité Confédéral a été incriminé en ce qui concerne notre cas. Il n'a fait, en l'occurence, que respecter les statuts de la Confédération, qui disent que peuvent être admis dans son sein les Fédérations d'industries, de métiers et les Syndicats nationaux.

Comme il nous est reproché de faire œuvre de division syndicale, il est de notre droit de nous justifier. Voici les faits :

Le Syndicat National des Correcteurs, anciennement adhérent à la Fédération du Livre, alors qu'il n'était simplement que syndicat des correcteurs, a cru devoir, après le congrès du livre de 1900, se retirer de la Fédération pour des raisons d'ordre intime, parce qu'il pensait ne pas y trouver des garanties suffisantes. Comme je ne veux fatiguer le Congrès je ne crois pas devoir lui exposer ces raisons en détail, ce qui serait infiniment oiseux et n'aurait plus sa raison d'être en ce moment. Néanmoins, je puis lui faire savoir les raisons qui ont déterminé ce syndicat à se constituer en syndicat national.

Comme le Congrès de Montpellier qui a consacré l'unité ouvrière avait introduit dans ses statuts qu'il était nécessaire de satisfaire à une double obligation et que les correcteurs ne voulaient pas être en dehors de la grande famille prolétarienne, il s'est constitué, dans les délais prescrits, un syndicat national, pour grouper dans son sein tous les collègues de province qui voudraient collaborer à son œuvre.

C'est à ce moment que se constitua un autre syndicat de la même profession, que la Fédération du Livre accueillit sans même daigner nous aviser du fait afin d'essayer d'établir un rapprochement qui eut pu avoir, peut-être, pour résultat, notre retour à la Fédération du Livre. Mais cette précaution a été négligée et ladite Fédération s'est montrée plus qu'incorrecte à notre égard.

Aussi suis-je étonné de ses récriminations, qui me semblent bien tardives, car jusqu'ici elle s'était montrée plutôt large dans l'interprétation des statuts de la Confédération, puisqu'elle n'a pas hésité à prendre le parti de la liberté quand il leur fut soumis le cas litigieux de la Fédération de la Métallurgie et des Mécaniciens.

Et, en effet, voici ce que l'on trouve dans un extrait de séance du Comité Central.

Le Comité Central, après avoir entendu les délégués de la Fédération de la métallurgie et ceux de l'Union des mécaniciens, exposant réciproquement la constitution de leur organisation respective et les conditions dans lesquelles se fait leur propagande.

Déclare qu'il est incompétent pour se prononcer avec autorité sur les déliminations professionnelles propres à chacune de ces Fédérations.

Qu'il entend respecter pour elles, comme il veut la faire respecter pour la Fédération du livre, l'autonomie la plus entière dans l'emploi des moyens de groupement et d'action.

Qu'en aucun cas, dans le passé, il n'a voulu porter atteinte aux intérêts d'une organisation ouvrière quelconque et que, dans l'avenir, il apportera la plus grande prudence dans le concours qu'il pourra prêter à une corporation en vue de la propagande parmi ses membres ou pour la défense de ses intérêts.

En agissant ainsi, il évite de contribuer, même involontairement, à de regrettables divisions.

D'autre part, nous voyons qu'en Allemagne, — c'est un journal corporatif qui me l'a appris, — une fédération de correcteurs s'est également fondée dans le but de défendre ses intérêts corporatifs.

Or, nous ne voyons pas que ce qui est bon au-delà du Rhin puisse être mauvais en France, puisqu'on nous cite toujours en exemple les organisations étrangères, et nous trouvons une fois de plus injustifiées les critiques faites contre le Comité Confédéral qui, en l'occurrence, a fait son devoir en respectant les statuts élaborés au Congrès de l'unité ouvrière. J'ai fini. (*Applaudissements répétés.*)

YVETOT. — J'avais l'intention de me défendre longuement devant le Congrès des accusations portées contre moi, pour démontrer que je n'ai pas attaqué la Fédération du Livre.

J'ai été souvent en province, et chaque fois j'ai fait mon possible, me souvenant que j'étais typo, pour rassembler mes collègues de la localité que je visitais et leur parler un autre langage syndical que celui de Keufer. A Nevers, à Nancy et dans bien d'autres endroits, j'eus l'occasion de parler des deux méthodes, et comme une thèse ne se soutient qu'avec des arguments, je ne pouvais en exposer de meilleurs que ceux fournis par mon organisation. Je me suis borné chaque fois à faire un parallèle entre les deux tactiques. J'ai dit que les caisses de chômage et de maladie ne devaient pas être le but du syndicalisme.

A la Fédération du Livre, j'essayais de démontrer que la mutualité n'atténuait pas le chômage ni ne diminuait le nombre des malades ; elle soulageait seulement leurs victimes. Je n'ai pas dit que je trouvais mauvaise la mutualité ; j'ai dit qu'un Syndicat n'avait pas que cela à faire, mais qu'il avait à obtenir la journée de huit heures et à établir le placement d'une part, et, d'autre part, à acquérir un meilleur salaire et à exiger des ateliers et des conditions de travail plus hygiéniques.

Tout à l'heure, Keufer parlait d'éducation. Eh bien, sans prétention, j'estime que nous sommes, au Syndicat typographique parisien, quelques militants qui faisons, justement parce que, révolutionnaires, un peu de besogne en ce sens.

Comment sommes-nous secondés ?

Au Comité syndical de la section parisienne, lorsque nous obtenons une décision de l'Assemblée générale, il y a le vote dans les ateliers, sous prétexte que 300 syndiqués ne peuvent faire la loi à 3,600.

Alors toutes les bonnes résolutions, toutes les initiatives sérieuses nées des assemblées générales sont étouffées par le coup d'état syndical qui est le vote dans les ateliers. C'est un appel au jugement des indifférents qui ne se dérangent jamais pour discuter leurs intérêts ou critiquer leurs fonctionnaires.

Au Comité central, pour l'organe de la Fédération du Livre, on rejette tous les articles d'éducation syndicale qui ont une tendance révolutionnaire ou, lorsque par hasard on condescend à insérer l'article d'un confrère qui ne pense pas comme le Comité et son délégué, alors on châtre cet article ou on l'agrémente de commentaires qui le déprécient ou le tournetn en ridicule.

En revanche, on insère sans commentaires, intégralement, des articles comme celui dont Villeval vous a lu des extraits.

Je me souviens avoir présenté un article sur le Congrès des Bourses de 1900. Dans cet article où je narrais la discussion qui eut lieu à ce Congrès, j'exposais la méthode patriotique d'enseignement de la géographie à nos enfants, tel que je l'avais vu dans les préaux d'école où se tinrent des réunions syndicales de banlieue. Cet acticle eut trois feuillets retranchés. J'en demandai la raison à Keufer qui me répondit : Il faut songer qu'il n'y a pas que les ouvriers typos qui lisent la *Typographie Française*, il y a aussi les patrons.

Dernièrement, le Comité Central vota l'achat de plusieurs albums en faveur des soldats russes et japonais blessés en Extrême-Orient, alors que précédemment il avait refusé l'achat du *Manuel du Soldat*. (*Applaudissements*).

Lorsqu'à Nancy, des camarades typos, après m'avoir entendu me félicitèrent, je leur demandais d'envoyer au Comité central un ordre du jour ou quelques notes sur la conférence syndicale faite au milieu d'eux pour qu'on l'insère dans la *Typographie*. Le Secrétaire de la section de Nancy reçut une lettre qui l'informait que la note relative à la causerie d'Yvetot ne serait pas insérée et que si l'on en exigeait les raisons le Comité central les donnerait. On demandait aussi tout ce que j'avais pu dire.

Cette façon d'accueillir ce qui concernait la propagande syndicale ne me découragea pas, et dernièrement à Dijon, je parlais en public et fis un parallèle des deux méthodes.

Un ordre du jour de protestation des typos de Dijon parvint au Comité Confédéral après avoir paru dans la *Petite République* et dans la *Typographie*.

Je ne veux pas m'étendre sur ce fait trop connu, mais je fais remarquer qu'aucun typo ne me fit la moindre observation ni la plus petite réfutation. C'est seulement sur les conseils d'un politicien de Dijon qu'ils adressèrent cet ordre du jour de protestation à la *Petite République* et au Comité Central, dans lequel ils déclarent même n'avoir pas assisté à ma réunion.

Deux séances du Comité Confédéral ont été employées à écouter les plaintes des délégués du Livre contre les militants du Comité Confédéral.

Je fus, à cette séance, obligé de répéter ce que j'avais pu dire à Dijon, car aucun de ceux qui me le reprochaient ne savait ce que j'avais dit.

Lorsque les mouchards contribuent à faire passer devant les tribunaux correctionnels ou cour d'assises des militants syndicalistes, ils ont au moins un rapport des choses dites ou faites sur lequel s'appuie l'accusation.

Pour l'affaire de Dijon au Comité Confédéral, il n'y avait rien de tel et je dus me faire mon propre accusateur pour qu'on sache sur quels mobiles on avait à se prononcer.

Après l'ordre du jour pur et simple du Comité Confédéral, on aurait dû en rester là ; mais on préféra soumettre encore la question au Congrès. Pourquoi ?

Aussi brièvement que possible, j'ai dit les faits qui m'étaient reprochés. Il me reste à bien faire comprendre que lorsque j'étais à Paris, ma propagande semblait moins dangereuse à Keufer, qui ne voit dans les 3.600 syndiqués de Paris que la 21° section, c'est-à-dire une simple unité des cent soixante sections qui forment la Fédération du Livre.

Il a suffi que j'aille souvent en province faire la même propagande syndicale que je faisais à Paris pour que Keufer s'alarme et suscite partout non pas des contradicteurs, mais des espions contre la Confédération Générale du Travail. C'est que la grande tolérance de Keufer s'arrête où la discussion et la contradiction de sa tactique et de ses tendances se montrent.

Lorsqu'un autre militant n'appartenant pas à la Fédération du Livre, fait les affirmations que je puis faire moi même, on dit qu'il se mêle d'affaires qu'il ne connaît pas et qui ne le regardent pas. Lorsque c'est un typo qui critique on lui dit qu'il a tort, comme s'il était possible pour lui de parler des couturières, des boulangers, à la corporation desquelles il ne connaît rien. D'autres déclarations, sans doute, viendront encore vous démontrer, au cours de cette discussion, de quel côté se trouve la loyauté ! (*Applaudissemeuts*).

LE PRÉSIDENT déclare qu'il a reçu une proposition de tenir une séance de nuit, et que lui-même est du même avis.

GRIFFUELHES demande au Comité de ne pas faire de séance de nuit attendu qu'en sa qualité de Secrétaire du Comité Confédéral il est obligé de se documenter pour répondre aux attaques qui ont été dirigées contre la Confédération.

La séance de nuit est repoussée.

LE PRÉSIDENT demande aux orateurs qui se sont fait inscrire, s'ils n'ont pas d'arguments nouveaux à fournir de renoncer à leur tour de parole.

La clôture avec les orateurs inscrits est proposée.

HARDY déclare qu'il est contre la clôture en ce sens qu'on ne connaît pas ce que répondra Griffuelhes. Il estime que des camarades pourront toujours se faire inscrire pour réfuter ses arguments.

Deux propositions tendant à ce que la séance soit continuée jusqu'à sept heures ou jusqu'à huit heures, sont mises aux voix. Le Congrès décide que la séance sera levée à sept heures.

KEUFER dit qu'il est heureux que son intervention ait amené la discussion actuelle, que lui et sa fédération ayant été attaqués, il sera nécessaire d'examiner l'attitude d'autres fédérations.

Comme il est possible que d'autres attaques se produisent, il réserve son tour de parole afin de répondre à toutes à la fois.

LÉVY. — Comme je fais partie du Bureau de la C. G. d. T., je demande aux organisations que j'ai visitées si elles ont à se plaindre de mon attitude.

A Rennes, j'ai rendu compte de mon mandat et j'ai été surpris de voir ensuite un blâme qui n'avait jamais existé que dans le journal de la typographie.

A Chartres, le Secrétaire m'a félicité de mon attitude, disant qu'il pensait comme moi et qu'il ne se serait pas exprimé autrement.

Nulle part, enfin, je n'ai calomnié la Fédération du Livre ; j'ai cité des exemples, j'ai fait des comparaisons, c'est tout.

ABEILLE, de Chartres. — Je proteste contre les paroles de Lévy, comme délégué de la Section typographique de Chartres. Au cours de sa dernière conférence dans cette ville, le camarade Lévy a dit que la Fédération du Livre cherchait la scission avec la C. G. d. T., que cette Fédération ne voulait pas du Label Confédéral parce qu'il y avait : « Bien-être et Liberté » et que si cette Fédération ne voulait pas suivre la méthode d'action de la C. G. d. T., celle-ci chercherait son écrasement. C'est de cette façon que l'on entend faire l'unité ouvrière.

JOLLY, d'Auxerre. — J'ai entendu dire par Keufer que partout où les délégués de la Confédération passaient, ils attaquaient la Fédération du Livre. C'est faux !

En revanche, il n'en a pas été de même d'un camarade du Livre qui, lui, a critiqué Lévy. Ce conférencier était Hamelin, avec qui je me suis expliqué. D'ailleurs, le Syndicat du Livre, à Auxerre, est sorti de la Bourse pour laisser la place au *Manuel du Soldat*.

FAURE, de Lyon, tient à confirmer ce qu'a dit Villeval. Il y a à Lyon au Syndicat du Livre, deux patrons membres du comité, qui font partie du syndicat patronal.

La Chambre syndicale a été mise en demeure de se séparer de ces patrons, mais depuis six mois rien n'a été fait.

L'on a dit que certains syndicats se servaient d'imprimés dans des maisons autres que celles payant le tarif, c'est vrai; mais la raison en est toute naturelle, puisqu'il n'existe que des patrons ou des maisons mixtes.

ESTELLÉ, d'Alger, a constaté avec écœurement la lutte entamée entre certains militants.

Il a constaté que certains ordres du jour que la Bourse du Travail de cette ville avait envoyés à *La Voix du Peuple* n'avaient pas été insérés. Il proteste surtout contre une partie d'un rapport qui n'a pas été publié en entier et un ordre du jour envoyé en Décembre.

POUGET dit que tous les ordres du jour ont été publiés, mais qu'un résumé seulement du rapport a été publié à cause de sa longueur, quant au dernier ordre du jour dont parle Estellé, il n'en a pas eu connaissance.

ESTELLÉ continue en demandant que toutes les méthodes soient respectées et que la lutte actuelle cesse.

Il termine en faisant l'historique de la façon dont on traite les ouvriers à Alger.

SIEURIN. — Des congressistes ont dit que l'on avait eu tort d'écrire des articles contre la Fédération du Livre dans *La Voix du Peuple* et que l'on devait faire sa propagande dans sa corporation et non ailleurs.

Or, nous n'avons que deux moyens de propagande : la parole et la plume. Yvetot vous a dit tout à l'heure que par le vote dans les ateliers, infirmant les décisions des Assemblées générales de la typographie parisienne, notre propagande par la parole devenait nulle. Par la plume il en est de même ! Au sujet de la prudence procréatrice, Keufer repoussa avant de l'avoir lu, la publication d'un article. La *Typographie française* refusa également d'en insérer un sur le *Sou du Soldat*, et cependant quelques mois après, la 21ᵉ Section du Livre décidait de servir une mensualité aux typographes sous les drapeaux.

Il y a quelque temps, je fis un autre article sur un voyage à Londres. A ma protestation contre la possibilité de sa non-insertion, Keufer me répondit : « Si on ne vous l'insère pas dans la *Typographie française*, on vous l'insérera dans *La Voix du Peuple* ».

Quand il y a des ordres du jour contre la Fédération du Livre, on ne les insère pas et naturellement on insère ceux contre la C. G. d. T.

En somme, on nous empêche de faire de la propagande dans la *Typographie*.

Le Congrès prend ensuite connaissance du télégramme suivant des grévistes des tramways de Cette :

Trois manifestations superbes faveur grévistes, aidez-nous. Commission grève tramways.

Puis après désignation des camarades SURNOM, comme président ; citoyenne GARNIER et VALVIS, assesseurs, la séance est levée à 7 heures.

Séance du 15 Septembre (*Matin*)

Le Président ouvre la séance à 8 heures.

Rectification au procès-verbal de la Séance du 13 Septembre (matin).

LE GUÉRY. — Je ne croyais pas avoir à prendre la parole, mais devant les suspicions apportées sur les secrétaires, je vois un nouveau procès de tendances.

Je demande donc que figure au procès-verbal ma protestation contre Guérard, ainsi formulée :

« Je proteste vivement contre les paroles de Guérard. Je n'admets pas qu'il soit fait ici de procès de tendances aux délégués du Congrès.

(Cette protestation suit ces paroles de Guérard).

GUÉRARD s'étonne, en raison de diverses interruptions, qu'on veuille lui interdire la parole, surtout du côté d'où proviennent les interruptions où l'on prétend avoir le monopole de la liberté. (*Bruit, tumulte, bravos*).

Rectification au procès-verbal de la Séance du 14 Septembre (matin)

DUBÉROS dépose la rectification suivante :

En ce qui concerne le Syndicat des Ebénistes de la Seine, Dubéros déclare que, dans les statuts de l'Union, il existe, en effet, un article stipulant que les Syndicats qui demandent leur admission, doivent indiquer le numéro de dépôt légal, mais l'Union n'exige nullement, ainsi que cela a été dit à la précédente séance, que les Syndicats respectent les lois.

L'Union a cru devoir introduire cet article dans ses statuts, pour éviter le danger d'une dissolution possible, mais, dit-il, avec l'esprit révolutionnaire qui anime actuellement l'Union, je suis convaincu que si le Syndicat des Ebénistes avait fait sa demande d'admission, il aurait été admis.

HARDY déclare qu'à la Fédération de la Maréchalerie, les Syndicats ayant plus de trois mois de retard dans le versement de leurs cotisations perdent leurs droits de fédérés.

C'est le cas des contestations pour les Syndicats des ouvriers maréchaux de Limoges et d'Angers qui sont en retard de plus d'une année.

COUPAT estime qu'il y a lieu de statuer sur le cas d'un Syndicat fédéré et adhérent à une Bourse non confédérée. Ce Syndicat doit être admis au Congrès, car ce Syndicat n'est pas responsable de l'indifférence de sa Bourse. Il doit être considéré comme un Syndicat adhérent à sa Fédération confédérée et qui n'aurait pas dans son arrondissement de Bourse du Travail constituée.

LE PRÉSIDENT donne lecture d'une lettre venant de Tours.

Les camarades MARATHON et Jean LEVASSEUR déposent la motion suivante :

En acceptant de nous adjoindre aux secrétaires chargés du procès-verbal des séances, il n'est jamais entré dans notre pensée que ce devait être pendant toute la durée du Congrès. Le contraire étant soutenu par quelques congressistes et par les secrétaires permanents eux-mêmes, nous en appelons au Congrès pour qu'il veuille bien désigner d'autres secrétaires à chaque séance, car il n'est pas raisonnable d'exiger de congressistes qui ont un mandat bien déterminé d'occuper une fonction qui les empêche de pouvoir remplir convenablement ce mandat. Le caractère particulièrement ardu et ingrat de ce poste fait un devoir aux congressistes qui, comme leurs co-délégués s'intéressent d'une façon toute particulière aux débats auxquels donnent lieu le Congrès.

J. LEVASSEUR, MARATHON.

GAUTHIER, de Saint-Nazaire, tient à expliquer la situation faite à sa Bourse au sujet des deux tactiques; il déclare que l'ensemble des organisations la composant approuve le Rapport du Comité Confédéral dans toute sa teneur, car la propagande révolutionnaire est indispensable à la marche du prolétariat.

Yvetot poursuivi pour cette même propagande fut approuvé à Saint-Nazaire par tous les militants sans distinction d'Ecole.

Il dit qu'il y a plusieurs semaines un patron avait soumissionné à 33 o/o de rabais, ce qui fait une différence de 45 o/o entre la Basse-Bretagne et Saint-Nazaire ; ces façons de procéder sont nuisibles au prolétariat et c'est pourquoi nous poussons nos camarades à la méthode révolutionnaire.

MERZET, de Montceau, donne les raisons pour lesquelles son Syndicat ne put participer à la grève générale des mineurs ; ils firent appel aux autres Syndicats ainsi qu'à la Fédération Nationale pour s'unir dans le mouvement de solidarité de tous les mineurs de France.

Il accuse le nombre de 12.000 syndiqués sur 12 non-syndiqués ce qui démontre l'importance de l'organisation.

MERZET dénonce la façon anormale à laquelle il fut procédé au *Referendum*; il apporte la preuve des falsifications auxquelles s'est livré Cotte, de concert avec un journaliste. A ce sujet, il organisa des conférences en commun avec Escalier de 1901, *et non Escalier 1904*.

Dans ces laborieuses tournées, Merzet fut traîné dans la boue, il fut empêché de faire tout son devoir et ces tournées ne donnèrent pas les résultats que l'on attendait.

Mais les difficultés surgirent nombreuses et empêchèrent les mineurs de Montceau de prendre part à la lutte engagée en 1902 par leurs camarades mineurs de France. Merzet explique les manœuvres pratiquées par les membres du Comité National qui pour lui sont des agents du gouvernement.

Il donne la preuve de ce qu'il avance par la lecture des diverses lettres et dépêches émanant de Cotte, lesquelles prouvent surabondamment que cette Fédération des mineurs n'est dirigée que par des politiciens.

Il fait l'historique de la grève de Montceau-les-Mines et relate en résumé tous les efforts faits pour aboutir.

Malgré tout, il ne se découragea pas et tenta de faire l'union dans la mesure de ses moyens. Il alla même dans ce but au Congrès de Lens auquel assistaient deux délégués de la Confédération Générale du Travail qui purent se rendre compte de l'état d'esprit des deux organismes en présence.

MERZET continue en donnant lecture d'une lettre de Cotte par laquelle celui-ci avoue que la grève générale fut déclarée avec l'intention arrêtée de ne pas la faire. (*Mouvements divers*).

Il se plait, et le Congrès tout entier avec lui, à reconnaître la loyauté du Comité Confédéral qui dans de telles conditions voulut bien recevoir dans le sein de la Confédération Générale du Travail, son organisation, qui avait tout fait pour l'unité des forces minières, (*Applaudissements répétés*).

Merzet affirme que la nouvelle organisation de mineurs qu'il a l'honneur de représenter est digne de la grande famille des travailleurs organisés.

Il termine en déclarant qu'après l'exposé de pareils faits, le Congrès peut se rendre compte qu'il était impossible aux mineurs de Montceau et de tous ceux faisant partie de la nouvelle fédération de rester au milieu de gens employant de pareils procédés à ceux qu'ils vient de dénoncer. (*Applaudissements*).

LE PRÉSIDENT donne lecture du télégramme suivant du citoyen Jaurès :

Je n'ai jamais dit à personne et je n'ai jamais pensé que la Confédération du Travail avait reçu des fonds nationalistes. J'ai démenti à la Chambre ce propos absurde. Je ne sai pas quelle peut être l'origine de cette légende et je ne comprends pas dans quel intérêt quelques-uns s'obstinent à me prêter un langage qui n'a jamais été le mien. Je vous prie de transmettre ma protestation au Congrès avec mon salut socialiste.

Jean JAURÈS. (*Applaudissements et mouvements divers*).

TRAUX, de Belfort, proteste au nom de la Bourse de Belfort, contre la partialité de la Commission de rédaction de *La Voix du Peuple* et se plaint qu'un ordre du jour envoyé n'ait pas été inséré. Cet ordre du jour était motivé par l'envahissement de la Bourse du Travail de Paris par la police et en faveur de la suppression des Bureaux de placement.

Le journal *La Voix du Peuple* devant être l'émanation du prolétariat tout entier, sans distinction d'École, la rédaction aurait dû insérer cet ordre du jour.

Il reproche également à la Commission de rédaction de n'avoir pas inséré le compte-rendu du referendum sur le Conseil supérieur du travail.

POUGET répond qu'à cette époque des milliers de protestations du même genre se produisirent et il fut impossible de les insérer toutes, le journal n'ayant que quatre pages et ne pouvant contenir toute la copie qui lui est envoyée.

Au sujet du Conseil supérieur du Travail, Pouget prouve qu'il n'y a pas de la faute de la Commission du journal, qui, en toute occasion, fit son devoir. (*Applaudissements*).

LUCAS. — Si *La Voix du Peuple* n'insérait pas des articles de polémique violente, il pourrait y avoir de la place pour les autres idées. (*Protestations nombreuses*).

POUGET. — Il y a en effet dans *La Voix du Peuple* des articles de polémique, mais non de polémique violente. Je proteste contre les paroles de Lucas et lui rappelle que Keufer usa largement des colonnes de *La Voix du Peuple*.

GUÉRARD. — Nous avons à nous demander si le Comité Confédéral, depuis deux ans, a fait tout son devoir.

J'ai le regret de constater le contraire, car il n'a pas suivi la ligne de conduite tracée par les congrès antérieurs. (*Protestations nombreuses et applaudissements*)

On est obligé de constater que depuis au moins 3 ans, il y a un véritable malaise dans la classe ouvrière.

Je crois en ce qui me concerne, que ce malaise ne repose que sur un malentendu, mais quoi qu'il en soit, il est absolument nécessaire que ce Congrès le fasse disparaître, et nous avons pour devoir de rechercher les causes qui l'ont fait naître.

Il y a dix ans, les travailleurs refusaient d'entrer dans les syndicats à base politicienne.

Au Congrès de Londres, les militants syndicalistes, notamment Keufer ne voulurent aucune accointance avec les politiciens qui assistaient à ce Congrès, ce qui démontre que ce n'est pas d'aujourd'hui que lui et ses amis s'opposent à l'intrusion de la politique dans les syndicats.

Nous avons vu dans les Syndicats ouvriers entrer ceux qui jusque-là étaient restés à l'écart.

Je leur demande s'ils ont cru agir ainsi pour que la politique ne pénètre dans les organisations? Si oui, qu'ils me permettent de leur dire que les faits démentent leur pensée.

Ils font la même besogne qu'il y a dix ans, faisaient les politiciens dans les organisations ouvrières, qu'ils accusaient de faire de la politique anarchiste.

Ils enseignent que l'action économique ne peut marcher à l'unisson de l'action politique; (*protestations*). C'est là une erreur.

Il ne faut pas que dans les Syndicats on laisse croire que l'action politique et économique ne peuvent marcher de pair.

Mais pour arriver à un résultat vraiment anti-parlementaire, les organisations ouvrières doivent d'abord acquérir une puissance assez forte pour obliger les corps élus à s'occuper sérieusement du sort des travailleurs.

Il faut pour cela, que la tactique que devra suivre le Comité Confédéral pendant les deux années qui vont suivre, lui soit dictée par le Congrès.

Pendant ces deux années, le Comité livré à lui-même devra donc s'inspirer des décisions du Congrès.

L'on doit exprimer le désir que le Comité Confédéral fasse disparaître dans son sein tous les sujets de froissement entre les militants qui ont des conceptions différentes.

En ce qui concerne la *Voix du Peuple*, il est indispensable que l'on n'y insère pas des articles pouvant froisser la conception des syndiqués qui, ne partageant pas les idées avancées, n'en sont pas moins des travailleurs sincères.

De cette façon, on pourra arriver à former des groupements forts et unis, et le jour où le prolétariat sera amené à montrer sa force, tous les éléments sans distinction, seront prêts à la lutte.

La *Voix du Peuple* ne doit pas servir à une politique, et malheureusement, nous avons constaté que ses colonnes avaient été employées à cette besogne, notamment lorsqu'elle prit parti contre le ministère.

Le Comité a encouru en cette circonstance une grande responsabilité, car il était de son devoir de travailler à l'Union entre les organisations et non de semer la discorde en les aigrissant les unes contre les autres.

Donc, ceux qui disent : pas de politique, sont les premiers à en faire, et je dis qu'en agissant ainsi, ils accomplissent une besogne mauvaise.

TABARD. — Autrefois, vous aussi, étiez en dehors de la politique

GUÉRARD. — Je ne réponds pas à une interruption personnelle ; je n'ai pas varié et je défie le camarade Tabard de prouver que je suis en contradiction avec tout mon passé.

Je n'approuve certes pas la tactique de Keufer et du Livre que je considère par trop modérée, mais je considère d'autre part que l'action directe n'est pas dirigée contre le patronat, mais bien contre des travailleurs qui ne pensent pas comme certains.

Si par action directe, on entend celle dirigée exclusivement contre le patronat, je suis prêt à en accepter la théorie.

S'il faut comme les boulangers, montrer sa vitalité en manifestant dans la rue, par la violence même, contre les pouvoirs publics, j'en suis partisan, car cette tactique eut pour résultat, il faut le reconnaître, de grouper des travailleurs qui, jusqu'à cette époque, étaient restés en dehors du prolétariat.

Sur la question des bureaux de placement, je reconnais que les parlementaires qui, depuis longtemps, laissaient dormir le projet de suppression dans les cartons, durent sous la pression syndicale voter le projet. si imparfait soit-il ; mais il s'agit de savoir si cette action directe à donné de bons résultats et si dans tous les cas la violence doit-être employée.

Sans aucun doute, Bousquet mérite nos félicitations pour ses longs et laborieux efforts dans l'action entreprise contre les bureaux de placement, mais je conteste les résultats, puisque les patrons ont pu organiser des bureaux de placement qui sont encore plus dangereux que ceux payants.

Nous ne devons donc pas rejeter certaines lois qui peuvent rendre des services aux travailleurs. Exemple : la loi sur les accidents.

En ce qui concerne la journée de huit heures, je dois rappeler que c'est par l'initiative de deux ministres qu'elle a pu être appliquée à deux catégories de travailleurs, les Postes et Télégraphes et la marine.

Là, encore, est une preuve que l'initiative des pouvoirs publics n'est pas toujours à dédaigner

Mais alors, s'il en est ainsi, pourquoi des conflits entre travailleurs ! Pourquoi écarter systématiquement les autres moyens, alors que l'action directe n'a pas encore prouvé son efficacité ?

Il n'y a donc pas de doctrines ni de dogmes à imposer et ceux qui disent: pas de politique en tout et partout, ont certainement dépassé leur pensée. Nul n'a le droit de contester la bonne foi des militants dans la ligne de conduite qu'ils se sont tracée.

La violence n'étant que le mouvement d'un moment et non un mouvement réfléchi, il arrive souvent que celui qui la préconise, n'a ni la volonté, ni l'énergie de la continuer.

Je me demande même si ceux qui professent des idées violentes, ne vont pas à l'encontre du but qu'ils désirent atteindre et qui ne tend qu'à l'isolement de ceux qui, comme la Fédération du Livre, professent des idées modérées. (Nombreuses protestations).

GUÉRARD. — Je constate que les protestations qui viennent de se manifester, prouvent qu'il n'y a entre nous comme je le disais au début, qu'un malentendu, et je vois avec plaisir que le Congrès ne veut pas l'isolement des camarades du Livre.

J'en arrive à la question Cotte, et là encore je prétends que le Comité Confédéral n'a pas fait tout son devoir.

Je n'approuve pas la conduite de Cotte, mais j'estime que le Comité a de son côté, manqué de tact en insérant dans la *Voix du Peuple* et dans *l'Action directe*, le document qui servit de base, avant de l'avoir communiqué à la Fédération des mineurs.

Cela aurait évité la lutte qui existe en ce moment dans les organisations minières.

Pour toutes ces raisons, j'estime que le Comité Confédéral n'a pas toujours rempli son devoir à notre satisfaction, et je termine en demandant que la *Voix du Peuple* ne soit plus au service d'une idée, ni soumise à l'influence d'un seul homme, mais que rejetant toutes les politiques, elle soit vraiment l'organe du prolétariat organisé.

Il faut que le travailleur placé en face des difficultés de la vie, pense avec son cerveau, et non avec celui des autres.

Je suis persuadé que ce Congrès ne donnera pas le triste spectacle qui se produit dans les partis politiques, et que malgré les annonces de division, tous les délégués faisant taire leurs animosités et celles qui peuvent exister dans leurs milieux respectifs, concentreront tous leurs efforts contre l'ennemi commun, la bourgeoisie capitaliste, et aideront ainsi à faire triompher la belle devise de la Confédération du Travail : Bien-être et Liberté ! (Applaudissements unanimes).

LE PRÉSIDENT donne la parole à Thomas de Montluçon. A ce moment un grand nombre de délégués demandant la clôture, LE PRÉSIDENT consulte l'Assemblée qui la repousse.

THOMAS. — Hier, le délégué du Syndicat Métallurgiste de Montluçon, a reproché à notre camarade Hamelin d'être venu à Montluçon, faire une conférence dans le plus grand secret ; il lui a reproché en outre d'avoir déblatéré sur des camarades. Je viens apporter un formel démenti à ces allégations.

Jamais notre camarade Hamelin n'est venu à Montluçon pour y faire œuvre de division ; il laisse à d'autres, cette besogne.

Cette conférence était spécialement organisée pour les typographes et je désavoue la conduite d'un camarade qui se permet d'assister à une réunion pour laquelle il n'a nullement été convoqué. Cette conférence fut organisée par le Syndicat typographique de Montluçon et non par le camarade Hamelin. Je proteste contre le Comité Confédéral qui accepta l'insertion dans la *Voix du Peuple* d'un article émanant du camarade Joly, alors que l'ordre du jour voté à la conférence d'Hamelin, ne fut pas inséré.

GARNERY déclare qu'il n'avait pas l'intention de prendre la parole au sujet du rapport du Comité Confédéral, mais il tient à répondre au camarade Hardy qui l'a accusé d'avoir semé la division au Congrès de Carmaux.

Il affirme n'avoir pu semer la division à Carmaux pour la simple raison qu'il ne fut pas reçu par le Congrès des mineurs.

Hardy a donc altéré la vérité. Il explique la situation qui fut faite au Comité Confédéral lors de la tentative pour réunir les deux organisations des mineurs et termine en renvoyant Hardy au rapport rédigé à ce sujet, sur lequel il aurait pu puiser certains renseignements dont il a vraiment besoin pour parler de la question. (*Applaudissements*)

JUSSERAND cherche à démontrer que le Comité Confédéral a outre-passé ses droits en admettant le Syndicat National des correcteurs. Il accuse en outre le Comité d'avoir non seulement violé les statuts, mais de les avoir interprétés faussement en se prêtant à la constitution de ce Syndicat national en face et au préjudice de la Fédération du Livre.

Lorsqu'il fut décidé d'admettre à la Confédération les syndicats nationaux, ce fut dans le but de permettre à quelques organisations d'être confédérées alors qu'elles ne pouvaient constituer de Fédération.

Cette clause conservait surtout le syndicat des Chemins de fer et celui des Postes et Télégraphes.

Quoiqu'il en soit, JUSSERAND ne voit aucun danger dans ce syndicat au point de vue du Livre. Il est d'ailleurs trop peu important pour qu'il soit à craindre ; mais ce précédent est dangereux pour l'avenir de toutes les organisations, et c'est pourquoi il déposera en ce sens une demande de modification aux statuts afin que de semblables faits ne puissent se renou-veller.

JUSSERAND, continuant, reproche au Comité Confédéral d'avoir admis l'organisation des mineurs qui est la moins nombreuse, au lieu de prendre la Fédération nationale.

Je constate qu'une majorité fait la loi au Comité Confédéral.

Je fais observer que Villeval Yvetot et le néo-métallurgiste Sieurin (*protestations*), n'ont apporté des griefs contre un homme, qu'en raison d'une haine farouche vouée à celui que nous vénérons tous.

BOUSQUET de Paris, est étonné des critiques formulées contre le Comité Confédéral. En opérant cette besogne, les camarades devraient s'apercevoir qu'ils font leur propre critique.

En ce qui concerne les reproches adressés à la *Voix du Peuple*, pour non-insertion d'articles, Bousquet trouve ces reproches d'autant plus mal fondés que les camarades réformistes n'envoient jamais de copie, et que seuls les révolutionnaires participent à la confection de la *Voix du Peuple* ; il n'y a donc rien d'étonnant à ce qu'elle reflète seulement la pensée des camarades ayant des idées avancées.

Il démontre que la tactique d'action directe préconisée par l'Alimentation a donné de bons résultats. Le Syndicat des Boulangers de Paris, ajoute-t-il, qui n'était composé que de 15 membres en 1900, est monté au joli chiffre de 3 à 4.000. De plus, les 18 grèves entreprises par la Fédération (à Paris et en province), ont toutes été victorieuses. Voilà des résultats que l'on ne peut nier. (*Applaudissements*).

Or, si cette tactique révolutionnaire a donné de tels résultats, demandez à la Fédération du Livre, ce que la sienne ultra-modérée leur a rapporté au point de vue général ? Rien, pas même une augmentation sur les salaires. (*Protestations*).

BOUSQUET termine en exprimant l'espoir que toutes les organisations feront comme la Fédération de l'Alimentation, de « l'action directe », seul moyen pratique pour arriver à l'émancipation du prolétariat. (*Bravos ! très bien !*)

DUBÉROS, des coiffeurs. — Je regrette que les représentants du Prolétariat français soient réunis pour vider les querelles des typographes qui, logiquement, ne regardent pas le Congrès.

Certains délégués du Livre ont apporté des attaques contre le Comité

Confédéral, alors qu'il est prouvé que le Livre viola outrageusement les statuts confédéraux (*Dénégations*).

Je dis que Villeval a prouvé par des faits que le Livre viole les statuts confédéraux. (*Applaudissements*).

On a dit que le Comité Confédéral semait la division parmi les travailleurs, qu'il excitait les organisations les unes contre les autres !

Est-ce que ce Congrès ne démontre pas, par le nombre des délégués et des mandats que la Confédération a au contraire semé l'*Union* et la *Fraternité*. (*Applaudissements prolongés*.)

Je dis donc que l'on doit clôturer cette discussion oiseuse pour aborder les questions qui intéressent le prolétariat et ne pas nous engager plus avant dans la besogne de désunion accomplie par quelques pontifes infatués de leur personne. et non par le Comité Confédéral qui a fait tout son devoir. (*Applaudissements*).

HAMELIN, du Livre, est heureux de prendre la parole après Dubéros qui, entraîné par un parti-pris contre des personnalités, n'a pas, comme le camarade Keufer, placé le débat sur des questions d'ordre général, mais bien sur les Militants qui ne partagent pas ses conceptions.

Il reconnaît que Villeval a été très habile et qu'il a su trouver les expressions nécessaires pour s'attirer les sympathies de la majorité du Congrès ; mais il lui reproche de s'être servi de documents inexacts et d'avoir de cette façon jeté la suspicion parmi les Congressistes. (*Protestations*).

Il accuse Dubéros d'avoir défendu un délégué patron, lequel a été validé par les révolutionnaires.

LUQUET. — Je ne veux pas laisser continuer l'orateur dans ses déductions fausses.

Le délégué de Versailles lui a déclaré en effet, avoir mandat d'accuser le Syndicat de Versailles d'employer un patron comme délégué au placement, alors qu'il savait parfaitement que cela était faux. (Applaudissements, rumeurs).

HAMELIN répond que cela est bien ce qu'il voulait dire, que le Syndicat de Versailles était représenté au placement par un patron.

Au sujet des insertions dans l'organe du Livre, il déclare que cette question n'a pas été soutenue avec des preuves et que jamais la Fédération n'a décidé l'insertion d'articles militaristes.

Il dit qu'Yvetot a reproché au Livre que sa caisse de chômage et de secours fonctionnaient au détriment de la résistance. Il expose qu'il est préférable de venir en aide aux chômeurs, afin d'éviter qu'il n'aillent avilir les salaires dans les ateliers.

Il ajoute que la caisse de secours n'est pas une caisse de mutualité, car elle n'est pas constituée comme les sociétés de secours mutuels d'essence bourgeoise.

Il s'élève donc contre ces critiques qui ne sont pas justifiées.

LE PRÉSIDENT fait observer à Hamelin qu'il n'est pas sur l'ordre du jour.

HAMELIN déclare avoir toujours fait de la propagande antimilitariste, notamment en propageant le *Manuel du Soldat*.

Il prend Sieurin à partie en le traitant de Judas. (Violent tumulte).

SIEURIN proteste énergiquement ; une partie du Congrès est debout et somme Hamelin de retirer ce propos injurieux pour Sieurin.

SIEURIN a la parole pour une motion d'ordre. Il demande que figure au procès-verbal la menace du délégué de la 21º section du Livre, qui vise à le chasser de son organisation parce qu'il a accepté un mandat de la Métallurgie.

Il proteste contre ce procédé d'intimidation en disant que la Fédération du Livre a fait le raccolage des mandats dans les autres organisations et que, par conséquent, il a bien le droit, lui aussi, de représenter un Syndicat en dehors du Livre.

LE PRÉSIDENT invite Hamelin à ne pas employer de termes blessants.

KEUFER. — J'ai entendu un métallurgiste dire ne pas en avoir pour son argent avec Sieurin ! (*Violentes protestations*).

DUMAS. — Je demande au Président de faire retirer les expressions employées par Hamelin à l'égard de Sieurin.

HAMELIN retire l'expression de Judas et continue en blâmant la *Voix du Peuple* d'avoir inséré un article du camarade Jolly, du Syndicat métallurgiste de Montluçon, qui ne relatait pas exactement les faits cités, car, dit-il, je n'ai jamais attaqué un camarade pendant ma conférence.

JOLLY, de Montluçon. — Menteur !

COUPAT. — A mon tour je demande que cette expression soit retirée à l'égard d'Hamelin.

JOLLY. — Je retire le mot menteur, mais je dis qu'Hamelin ne dit pas la vérité. (*Rires et protestations*).

HAMELIN laisse le Congrès juge du procédé qui consiste à écouter aux portes comme l'a fait à Montluçon un camarade de la Métallurgie.

Il continue en disant que la Fédération du Livre que l'on attaque seule au Congrès peut se féliciter d'être la mieux organisée, avec 20.000 membres hommes, puisqu'elle vient comme force syndicale après la métallurgie qui a 156 mandats.

La citoyenne GUERNIER de Lyon. — Je suis étonnée que dans une Fédération aussi nombreuse, aussi bien organisée que celle du Livre, la femme soit tenue à l'écart. C'est donc que la Fédération du Livre tient la femme pour une quantité négligeable? *(Rires et applaudissements*).

HAMELIN. — En ce qui me concerne, je suis absolument partisan de l'émancipation intégrale de la femme.

BLANCHARD de Lyon, déclare qu'il n'est pas réformiste, et que cependant il a à se plaindre de la partialité de la *Voix du Peuple*, qui n'a pas inséré un article de Donzel de Lyon, sur la représentation proportionnelle.

POUGET explique pourquoi cet article n'a pu être inséré.

Il ajoute que les travailleurs de Lyon, n'ont pas lieu de se plaindre attendu que deux articles de Donzel ont été insérés, alors que les autres camarades sur le même sujet n'en eurent qu'un.

BLANCHARD dépose alors la proposition suivante qui est adoptée:

Je demande au Congrès qu'il invite le Comité Confédéral, à insérer dans tous les numéros de la *Voix du Peuple*, une petite correspondance pour informer, les camarades qui font des articles, pour quelles raisons ceux-ci ne sont pas insérés.
BLANCHARD, des travailleurs sur cuivre de Lyon.

LE PRÉSIDENT. — Il y a une demande de clôture, je la mets aux voix. (*Protestations*). — La clôture mise aux voix est adoptée. (*Tumulte*).

TESCHE, secrétaire, rappelle au Congrès, qu'un vote a été émis dans la séance précédente au sujet de la discussion en cours, et qu'il est bien entendu que malgré la clôture qui vient d'être votée, les délégués pourront se faire inscrire à nouveau, après la réponse du secrétaire du Comité Confédéral (*Assentiment*).

LE PRÉSIDENT. — Je donne la parole au premier des orateurs encore inscrits, le camarade Latapie, de la Métallurgie.

LATAPIE. — Contrairement aux espérances de certains d'entre vous, j'éviterai autant que possible, les questions ayant un caractère personnel.

Cependant, si dans la lutte actuelle je n'apporte pas l'acuité que l'on attend, et ce, par suite de l'appoint donné à la Fédération des Mécaniciens par Keufer qui, enragé de prosélytisme positiviste, a tenté d'abord de désagréger l'Union Fédérale des ouvriers Métallurgistes de France, et ensuite a fait répandre un factum contre moi, je tiens à dire au citoyen Keufer que je ne recule nullement et suis toujours disposé à être son homme sur quelque terrain que ce soit. (*Bravos, bruit*).

Ceci dit, je vais donner lecture d'une déclaration signée de l'unanimité des délégués métallurgistes tendant à ce que nos dissentiments avec le Livre et nos rivalités avec la Fédération des Mécaniciens soient vidées en dehors de nos assises.

Donc au préalable et dans ce but je dépose la déclaration suivante :

« Les délégués des différents syndicats adhérents à l'Union Fédérale des Ouvriers Métallurgistes de France » représentés au XIVe Congrès National Corporatif, considérant que les Congrès corporatifs ont pour but principal d'étudier les questions générales portées à l'ordre du jour et non de solutionner des différends personnels existant entre organisations ouvrières confédérées — attendu que celles-ci ont leur complète autonomie de pensée et d'action — déclarent ne pas devoir abuser des instants précieux du Congrès pour liquider les dits différends ;

Considérant d'autre part qu'il y a lieu toutefois de s'expliquer en public sur les litiges en cause relatés par une brochure distribuée aux Congressistes par la Fédération du Livre, proposent à celle-ci de se réunir avec nous hors séance pour liquider une fois pour toutes les critiques qui ont eu lieu entre ces deux organisations, mais déclarent une fois de plus ne pas vouloir entraver un seul moment la marche normale des travaux du Congrès. »

Suivent 54 signatures.

(*Applaudissements*).

Cette déclaration, comme vous avez pu le juger, est une preuve de notre ardent désir d'union entre toutes les organisations confédérées et elle démontre, d'autre part, que suivant le désir de quelques-uns d'entre vous, nous ne nous laisserons pas entrainer dans des discussions qui, selon nous, doivent être solutionnées ailleurs que dans ce Congrès.

Enfin le citoyen Keufer ayant déclaré hier « qu'il regrettait profondément le différend survenu entre le Livre et la Métallurgie », il me sera permis, camarades, d'aborder à mon tour la discussion qu'a soulevé le rapport du Comité Confédéral.

N'ayant aucune critique à faire à ce rapport, je me bornerai à réfuter la thèse exposée par Guérard, car je la considère dangereuse pour l'élément révolutionnaire de la Confédération !

Jouant un peu trop du mot « politique », Guérard prétend que celle-ci a de nouveau surgi dans le sein des organisations centrales ; aussi cherche-t-il à faire d'elle un épouvantail.

Avant de m'expliquer sur ce sujet, je crois nécessaire de dire en quelques mots comment j'entends l'organisation ouvrière, et ce qu'est le Syndicat.

A mon avis et aussi de celui de la majorité des syndicalistes révolutionnaires, nous considérons que de toutes les formes d'association ouvrière soit, Université Populaire, Groupes de Libre-Pensée, d'Etudes ou Politiques, le Syndicat en est la supérieure et d'autre part, qu'il est le seul groupement qui reflète judicieusement l'antagonisme de classe qui existe entre salariés et salariants.

Mieux que tout autre mode d'organisation, le Syndicat permet de recru er le plus grand nombre de travailleurs, parce qu'il est un groupement d'intérêts communs ayant à se défendre et à lutter contre un ennemi commun : le capitaliste et ses suppô!.s.

Enfin, le Syndicat, contrairement aux groupes ou écoles politiques, admet dans son sein, les prolétaires de toutes conditions sans avoir à chercher quelles sont les conceptions politiques ou sociales qui les animent : il suffit que ce soient des salariés.

Donc, puisque cette forme d'organisation permet de recruter et d'unir des camarades d'idées politiques opposées, il est pour nous un devoir d'en profiter pour les éduquer le plus possible dans leurs droits et devoirs, puis ensuite de les aiguiller vers des idées larges et généreuses.

Ceci accompli, il est du rôle des militants syndicalistes de démontrer aux nouveaux syndiqués, que le Syndicat doit se suffire à lui-même pour lutter contre toutes sortes d'exploitations.

J'estime — et les tournées de propagande que j'ai faites à plusieurs reprises dans la Bretagne, n'ont fait que confirmer ma pensée — que le Syndicat n'a pas seulement pour but de résister à l'exploitation capitaliste, mais qu'il doit encore lutter contre l'Eglise, l'Armée et l'Etat, en un mot contre tout ce qui revêt une forme d'oppression quelconque.

Je n'ignore point que la loi de 1884 nous interdit de nous occuper de questions religieuses et politiques ; cependant en raison du rôle de résistance qui incombe au Syndicat, je me demande s'il n'est pas logique de combattre les religions qui, toutes préconisent la résignation et promettent en gage de celles-ci, les félicités problématiques du ciel.

Ne faut-il pas aussi qu'il en soit de même contre l'armée qui ne sert qu'à maintenir intacts les coffre-forts de la bourgeoisie. (Applaudissements).

Et enfin est-ce que la mission du Syndicat n'est pas aussi de lutter contre *l'Etat* ? Si, ce me semble ! (Nouveaux Applaudissements).

L'entité *Etat*, étant une superfétation sociale n'ayant sa raison d'être que pour veiller au maintien de la *propriété* et des privilèges, qui, forcément en découlent et dont seuls, les dirigeants profitent, il est de notre devoir de le combattre.

Gendarme des capitalistes et d'exploiteurs de tout acabit, « L'Etat » n'a donc sa raison d'exister et n'a été créé que pour canaliser l'œuvre d'émancipation prolétarienne et oppresser les producteurs.

Il en résulte que l'action syndicale ne sera réellement féconde qu'autant que nous contribuerons à décroître la puissance gouvernementale où pour mieux dire la puissance de « l'Etat ».

Et maintenant que je crois m'être suffisamment étendu sur le rôle social du Syndicat, je répondrai à Guérand que son discours habile ne réussira nullement à nous faire tomber dans le piège qu'il nous tend.

Il espère que dans ce Congrès, où non seulement il y a deux fractions rivales, mais où aussi les révolutionnaires se divisent en anti-parlementaires et en parlementaires, il espère dis-je, par des manœuvres non dépourvues d'artifices, nous opposer les uns aux autres afin d'en faire bénéficier la cause modérantiste.

Il perd son temps !

Il y a trop longtemps qu'au point de vue syndicaliste nous marchons la main dans la main avec nos camarades socialistes-révolutionnaires et contrairement à ce qu'il escompte, nous sommes certains que les paroles qu'il a prononcées auront pour résultat, une union encore plus étroite entre révolutionnaires.(*Applaudissements*).

Voulant éviter toute nouvelle surprise, je dois des explications à nos camarades révolutionnaires parlementaires, aussi je m'en acquitte sans faux fuyants.

Je suis de ceux qui abhorrent la politique électorale dans le sein des organisations syndicales ; mais je reconnais le droit à quiconque de faire, en dehors de l'action purement économique des syndicats, de la politique ou de la néo-politique.

Puis enfin, il s'agit une fois pour toutes, de s'expliquer sur le mot « politique »! Je prétends, et c'est indiscutable, que tous les groupements syndicaux font de la politique, qu'on le veuille où non.

Oui, puisque du fait qu'en plus des améliorations immédiates mais tangibles que le Syndicat a pour but d'obtenir, il a aussi comme idéal : la transformation sociale actuelle. Eh bien, du fait que nous cherchons à transformer notre situation économique, fatalement il y aura aussi transformation politique, donc, de par la force même des choses on est amené à faire de la politique générale.

Ceci dit, je tiens à affirmer, en opposition à Guérard et comme explications aux camarades révolutionnaires, que je n'ai qu'une piètre confiance dans les pouvoirs publics. Pour moi, je considère les parlements comme des enregistreurs de la volonté prolétarienne ; toute leur besogne consiste à sanctionner un ordre de choses préalablement réalisé par l'action purement ouvrière ; exemple les mineurs anglais et les travailleurs américains pour la réduction des heures de travail.

En ce qui concerne les prétendues réformes qui nous viennent d'en haut, c'est-à-dire celles octroyées par le « Pouvoir », je prétends qu'elles sont inefficaces et ne peuvent avoir de durée dans la société actuelle.

Partisan des réformes tangibles et non du « tout ou rien » comme faussement on accuse mes amis et moi-même, j'estime et je dis bien haut que tout ce qui nous est donné d'une main par le Parlement nous est tôt ou tard repris de l'autre par le Patronat. En supposant même — fait extraordinaire — que les réformes dont on nous a dotés ne nous seraient pas reprises, n'est-ce pas encore nous qui en payerions les frais ? Eh bien si, et pour cause. Le travail seul ayant une valeur parce que créateur de toute richesse, que l'on le veuille ou non c'est lui qui par répercussion en supporterait les conséquences matérielles !

Pour vous convaincre que les réformes législatives sont illusoires et n'ont pas de durée, il me suffit de vous signaler la fameuse loi qui permit à Paris de supprimer les droits d'entrée sur les boissons hygiéniques. Lorsque celle-ci fut promulguée, nos camarades chantaient victoire : ils allaient pouvoir boire meilleur et meilleur marché.

Hélas ! comme nos bons dirigeants n'ont pas pour habitude de diminuer les gros traitements de leurs fonctionnaires, il en découle qu'à chaque fois qu'il nous octroient de prétendues améliorations, celles-ci se retournent contre nous. C'est ainsi qu'après avoir, à Paris, profité pendant quelque mois de cette réforme, nous vîmes l'Etat et la Ville de Paris imposer la propriété bâtie afin de se rattrapper de l'exonération votée sur les dits droits d'entrée. Comme Messieurs les Propriétaires sont malheureusement et contrairement à leurs locataires groupés en de puissants syndicats, ils firent snpporter à ces derniers, par une augmentation sensible des loyers, les taxes de remplacement. Les travailleurs se virent floués une fois de plus.

Ce n'est pas tout! Alors que les gouvernants ont pour mission logique de faire respecter les lois, nous avons vu et pu constater la bienveillance de ceux-ci lors de l'application du deuxième palier de la loi Millerand-Colliard.

A cette époque, des travailleurs se mirent en grève pour exiger du patronat le respect de la loi et nous eûmes le triste spectacle — contrairement à ce qui nous serait arrivé en l'occurence si c'eût été nous qui ayons violé la loi — de voir un gouvernement envoyer des troupes et sabrer les travailleurs qui s'étaient mis en grève pour faire respecter la « légalité ».

Voilà ce qu'il y a à attendre de l'intervention gouvernementale ainsi que des soi-disants lois ouvrières. (*Applaudissements*).

Ce qui me surprend des théories exposées par les modérés, c'est qu'ils ont la conviction que l'œuvre législative peut rendre des services. C'est loin d'être ma façon de voir; j'estime que si, chaque fois que l'on nous donne une loi, nous sommes obligés de faire de l'agitation pour en bénéficier, autant s'en passer et imposer nous-mêmes nos desideratas par la force consciente, seule accoucheuse de tout progrès.

Camarades, ne voulant point abuser de la parole, je m'en voudrais si, en quelques mots, je ne vous narrais pas un petit résumé de ce qu'est l'Union Fédérale des Ouvriers Métallurgistes de France, que je représente ici et qui pratique, autant que faire se peut, la méthode que je vous expose.

Des différentes organisations qui existent dans notre pays, certainement celle-ci est l'une des plus puissantes et d'idées on ne peut plus généreuses et larges.

Je serais désireux de voir inscrit dans les statuts de toutes les Fédérations, comme cela l'est dans la nôtre, que le but principal que nous poursuivons, c'est « la transformation de la Société capitaliste en une Société communiste. »

Je voudrais encore voir appliquer, comme chez nous, le système fédéraliste tel que l'avaient conçu les membres de la Fédération Jurassienne, précurseurs de l'ancienne « Internationale »; c'est-à-dire l'individu libre dans le groupe, celui-ci libre dans la Fédération et celle-ci à son tour autonome dans la Confédération.

Procédant ainsi, chacun pense par lui-même et agit suivant son tempérament, et nul n'est contraint, attendu que c'est librement qu'il a accepté des statuts.

Eh bien! en employant cette méthode, qui crée des énergies et multiplie les initiatives, nous avons, dans l'espace de cinq années, enregistré de magnifiques résultats. De 45 Syndicats dont se composait à cette époque notre Fédération, aujourd'hui 174 sont affiliés, 158 sont représentés à ce Congrès par 56 délégués.

Je termine, camarades, en vous engageant à voter les conclusions du rapport confédéral et en vous mettant en garde contre ce que l'on tente de faire depuis quelques années, il faut le dire pour vous garer du danger: c'est de faire des Syndicats ou des Fédérations ouvrières des organismes d'Etat comme en Suisse.

Notre rôle est d'empêcher par tous les moyens et de nous opposer irréductiblement à ce qu'il en soit ainsi; il faut rester en dehors de toute attache gouvernementale ou autre.

Le Syndicalisme comme je l'ai déjà dit, se suffit à lui-même pour mener tous les combats; par conséquent il doit avoir une vie et une action propre n'ayant pas à se préoccuper des influences extérieures.

Et maintenant pour ce qui a trait à nos divergences de vues, je déclare que l'union est nécessaire. Cependant, sans vouloir imposer de dogmes, me rappelant très bien que c'est pour cela que les différents Partis Socialistes se sont désagrégés et que d'autre part les Congrès ouvriers ne sont ni des conciles, ni des parlements édictant des lois toujours autoritaires, j'estime que les Syndicats Confédérés ont pour devoir de repousser dédaigneusement toute entente permanente entre le Travail et le Capital et qu'ensuite ils doivent se conformer autant que possible aux statuts constitutifs de la Confédération Générale du Travail, ainsi qu'à l'indication révolutionnaire donnée par le Comité Confédéral, dont je me suis efforcé de tracer et de préciser en quelques mots, la tactique, persuadé que la grande majorité des congressistes la ratifiera.

A cette seule condition, l'union sera réellement féconde. (Vifs applaudissements).

GRIFFUELHES invite les camarades à faire leur demande de brochures afin qu'un nombre suffisant puisse être fixé pour le tirage.

LE PRÉSIDENT met aux voix la proposition suivante qui est adoptée :

Le Congrès envoie son salut fraternel à Pivoteau, malheureuse victime du patronat, qui las de souffrir et d'être dans la misère frappa directement son contre-maître affameur.

Le Congrès décide en outre que la quête de midi sera envoyée au comité qui s'occupe de la défense de Pivoteau.

A. BONTEMPS, délégué des Boulangers d'Alger. (Adoptée).

POICHAU de Lyon, explique le cas des typographes de Lyon qui comptent en effet, dans leur sein deux directeurs de coopératives. Mais lorsque le Syndicat apprit que ces syndiqués étaient des patrons, il demanda au Comité Central le droit de les radier, ce qui fut fait.

Le Congrès reconnaîtra donc qu'en la circonstance, la section et la Fédération du Livre firent leur devoir.

LAUCHE. — Il nous faut, pour expliquer les raisons qui nous guident, et qui font que nous critiquons la gestion du Comité de la Confédération Générale du Travail, il nous faut, dis-je, faire une courte déclaration.

Le Congrès actuel, comme les Congrès précédents a pour mission et pour devoir d'examiner les rapports soumis aux organisations et aussi la tactique suivie, l'action faite entre deux Congrès. Dire que cette discussion est inutile et fastidieuse, que le temps ainsi passé est à regretter, n'est pas une appréciation exacte.

Des camarades qui ont eu la charge d'administrer la Confédération ne peuvent que souhaiter qu'une bonne et franche discussion soit faite, afin qu'ils sachent si véritablement ils ont respecté la discussion du dernier Congrès, s'ils ont suivi strictement les statuts qui régissent la Confédération, et aussi s'ils ont facilité et aidé les corporations adhérentes; en un mot s'ils ont fait leur devoir.

On ne peut prétendre à la perfection, s'opposer à toutes critique ; nous critiquons de bonne foi, sans parti pris, mais c'est avec la conviction que des explications réciproques surgira une solution capable de mieux aider la marche des Syndicats.

Le devoir du Comité Confédéral est de sauvegarder l'autonomie de toutes les Fédérations adhérentes, de respecter leur liberté d'action.

Est-ce que le Comité Confédéral a respecté cette autonomie proclamée dans nos statuts, est-ce que les Fédérations ont pu librement conduire leur action, affirmer leurs conceptions ? je dis non.

Plusieurs fédérations ont eu à se plaindre avec raison, de l'attitude du Comité Confédéral à leur égard, de sa tendance autoritaire.

Le Livre est l'objet d'attaques incessantes, d'autres fédérations se voient systématiquement mettre à l'écart tandis que d'autres sont favorisées. Nous nous élevons contre ces différences, nous protestons contre cette manière de faire. Nous reconnaissons que difficilement les hommes peuvent dans l'organisme ouvrier faire abstraction de leurs tendances personnelles ; tous nous gardons nos propres conceptions, mais n'empêche que nous devons, dans l'intérêt commun, faire le possible pour ne pas, parce que des militants représentent des corporations diverses, diffèrent sur des questions de tactique, faire le procès de ces corporations.

Je dis, je prétends, que c'est parce que les militants du Comité Confédéral ne peuvent pas tolérer des idées contraires, qu'une lutte acerbe, injuste, est faite à d'autres corporations.

La preuve ? dira-t-on. Je la trouve dans cette brochure, qui a nom l'*Action directe*, brochure éditée sous le patronage de tous les fonctionnaires de la Confédération, de tous les militants formant la majorité des comités confédéraux, car leurs noms sont imprimés sur la couverture. Lisez le dernier numéro paru, que très gracieusement on a distribué à tous les congressistes. Des insultes, des attaques y sont dirigées contre d'autres camarades, contre des organisations. Eh ! bien, c'est de là que vient ce malaise dont se plaint le monde syndical, et les responsables ce sont ceux qui se plaignent de nos critiques.

Il n'est pas possible de discuter à la Confédération avec des camarades qui insultent dans une brochure, et la dignité commande de se séparer de ces citoyens. Que plus de fraternité, plus de sincérité s'établisse entre tous les militants, et meilleure sera l'action, plus féconde en seront les résultats. *(Applaudissements)*.

Je passe à un deuxième ordre d'idées, et je dis que la tactique du Comité Confédéral est versatile, et que les statuts confédéraux sont souvent violés. A l'appui de mon assertion, je veux citer un fait précis qui en démontrera l'exactitude. En 1902, après le Congrès de Montpellier, une grève eut lieu à Marseille ; c'est celle des inscrits maritimes. Le Gouvernement, inquiet de l'action de nos camarades qui faisaient au mieux pour obtenir des améliorations légitimes, le Gouvernement, gêné par cette résistance arrêta notre camarade Rivelli. Cette arrestation pouvait jeter le trouble dans les rangs grévistes et aider le patronat à maintenir ces travailleurs dans leur situation pénible. Tous les syndicats protestèrent, mais ces protestations ne furent pas capables de faire que notre camarade fut mis en liberté.

Membre du Comité Confédéral, je fis une proposition demandant à ce que la Confédération fit une démarche près le chef du gouvernement pour, au nom des organisations syndicales, protester contre cet attentat à la liberté et au droit de grève, et aussi pour exiger la mise en liberté immédiate du citoyen Rivelli. Au nom du principe révolutionnaire, on refusa ma proposition.

Quelques mois après, pareille situation se présente, et alors ce furent les camarades qui avaient refusé ma proposition qui en présentèrent une identique et la firent adopter.

Une délégation fut trouver M. Combes. Ce qui était mauvais, dangereux en 1902 était bon quelques mois plus tard. Nous verrons les explications qu'on nous fournira pour expliquer ces contradictions.

La *Voix du Peuple* a oublié trop souvent que les polémiques étaient interdites entre militants et aussi entre organisations.

Il ne faut plus que ces polémiques se renouvellent ; mais ce qu'il faut empêcher, c'est aussi que des syndiqués usent de cette tribune pour attaquer les Fédérations. On me répondra que c'est difficilement que l'on examine les articles, car peu de citoyens nommés de la commission de rédaction assistent aux séances où se fait le journal. Pour éviter que des Fédérations soient attaquées par un syndiqué, il serait bon que lorsqu'un article tend à cela, il soit soumis à la Fédération intéressée. Ainsi le journal deviendrait un organe intéressant, les articles de propagande et de statistiques et renseignements y seraient publiés, et cela serait de la bonne besogne.

Encore un fait établissant que les statuts ont été violés : en 1904, aux élections générales des conseillers municipaux, contrairement à toutes nos décisions antérieures, le Comité Confédéral a fait de la politique, et de la politique électorale. Dans l'espace de quelques jours, des affiches contradictoires ont été apposées sur les murs, et elles s'adressaient aux électeurs. C'est là une action mauvaise, et les camarades de la Confédération Générale du Travail n'avaient pas ce droit.

Et pour terminer, je veux répondre à une accusation gratuite ; je veux détruire une légende qu'avec trop d'insistance on colporte.

On dit, on fait croire, que ce sont les socialistes révolutionnaires qui sont cause des divisions entre militants syndiqués au sein du Comité Confédéral. C'est une erreur. Il n'y a pas, camarades, que les Socialistes révolutionnaires qui diffèrent avec les camarades libertaires, car, et je peux faire appel au témoignage de Delessalle, de Pouget, à plusieurs reprises, ce sont les socialistes, ceux qu'à tort les libertaires qualifient de réformistes qui ont dû mettre l'accord entre les libertaires qui étaient très divisés. (*Applaudissements et protestations*).

Non, les divisions ne viennent pas des socialistes, les divisions viennent de ce que nous ne nous expliquons pas nettement, de ce que des malentendus sont entretenus à dessein.

Sur la représentation proportionnelle, nous pourrons examiner ce que l'on appelle les deux méthodes, mais avec le désir qu'une union solide s'établisse entre tous, union indispensable à notre action, à notre affranchissement (Applaudissements).

Le Congrès procède ensuite à la nomination du bureau qui est ainsi composé pour la prochaine séance :

Président : Bougon de Rennes ; Assesseurs : Baudoin de Limoges, Veuillat des Bûcherons.

La séance est levée à midi-vingt.

Séance du 15 Septembre (*Soir*)

La séance est ouverte à 2 heures. LE PRÉSIDENT donne lecture des lettres suivantes ayant trait au différend en cours entre le Directeur de l'Eden-Théâtre de Bourges et l'Union syndicale des Artistes lyriques ;

Je prie le Président de vouloir bien communiquer au Congrès le résultat de ma démarche auprès du Directeur de l'Eden-Concert, car elle intéresse le prolétariat en général et les congressistes en particulier.

Satisfaction est obtenue ; c'est une victoire syndicale due à l'action directe, et au nom de mon organisation, j'adresse des remerciements sincères à tous les congressistes pour leur acte de solidarité prolétarienne ; grâce à leur discipline syndicaliste et à leur attitude énergique, ils ont laissé notre index porter ses fruits et nous ont permis de traiter avec dignité ; je me fais un devoir et un plaisir de l'affirmer.

SPIRUS-GAY,
Délégué de l'Union Syndicale des Artistes lyriques.

(*Vifs applaudissements*).

Ci-dessous copie de l'acte de capitulation du Directeur de l'Eden-Concert de Bourges, M. Huchet ;

Bourges, 14 Septembre.

A la suite d'une entrevue et des explications échangées entre M. Spirus Gay, délégué de l'Union syndicale des Artistes lyriques et M. Huchet Directeur de l'Eden-Concert, ce dernier reconnaît que l'affiche intitulée « Appel aux Travailleurs » a été mal interprétée par lui ; que la lettre qu'il a écrite au Conseil Syndical de ladite Union en réponse à cette affiche et contenant des termes trop vifs à son égard est retirée.

D'autre part, le délégué du Syndicat reconnaît également que cette affiche ne visait pas particulièrement son établissement.

La mise à l'index, par les Membres de l'Union Syndicale des Artistes est retirée.

Ch. HUCHET, SPIRUS-GAY.

LE PRÉSIDENT donne ensuite la parole au camarade GUERNIER, de la Bourse du Travail de Reims.

GUERNIER déclare qu'il a reçu mandat des organisations qu'il représente d'en appeler devant le Congrès du refus par *La Voix du Peuple* d'insérer des articles de camarades appartenant à la minorité. On s'est plaint hier que *La Typographie* n'insérait pas les articles des syndiqués n'ayant pas la même tendance que le Comité Central, vous verrez qu'il n'y a pas qu'à *La Typographie* qu'il en est ainsi. (*Bruit, tumulte*).

PIOCH. — Je demande que les orateurs ne répètent pas ce qui a déjà été dit.

GUERNIER continue. Il me semble, dit-il, que l'on discute sur les rapports confédéraux et par conséquent sur la gestion de *La Voix du Peuple* ; j'ai bien le droit de dire mon sentiment. Il se plaint que des articles qu'il avait envoyés aient été refusés par la rédaction ou châtrés.

Niel ayant critiqué la Bourse du Travail d'Alençon, il lui demandait sous forme de lettre ouverte ce qu'il pensait de la lettre suivante écrite par un partisan de l'Action Directe.

Paris, 30 juillet 1903.

A Monsieur le Directeur des Cirages français, Paris.

Nous avons reçu la réponse à notre lettre du 27 courant. Malgré l'ardent désir que nous avons d'apporter en cette circonstance une indication n'ayant qu'un mobile : mettre fin à la grève, vous persistez à ne pas vouloir même avoir un simple entretien avec des tiers. C'est votre droit. (*Bruits*).

ANTOURVILLE interrompt et demande comme motion d'ordre que les orateurs n'imposent pas au Congrès la lecture d'articles de journaux.

COUPAT tient à déclarer que les délégués, pour étayer leurs discussions, ont le droit de se servir de tous les documents qu'ils ont à leur disposition. (*Bruits et tumulte*).

Le silence rétabli, GUERNIER continue la lecture de la lettre :

Mais il y a possibilité encore de tout concilier.

Vous connaissez la situation. Par suite d'incidents que nous n'avons pas à juger ici, il peut y avoir, à Hennebont, des troubles très graves coutant la vie à quelques êtres humains, ouvriers, soldats, femmes et enfants. Cela ne nous regarde pas et nous déclinons toute responsabilité, pouvez-vous répondre. Cette réponse, vous ne la ferez pas.

Il y a à la Compagnie des Cirages français des administrateurs qui ont un cœur humain et qui doivent, comme nous, être anxieux et redouter le terrible malheur d'une hécatombe.

Ce sont à ces sentiments que nous faisons appel, et voici ce que je viens vous demander, vous adjurant d'apporter à l'examen de cette proposition un peu de bienveillante attention, et de ne pas la repousser par une brutale fin de non-recevoir.

Nous restons persuadés que les revendications des grévistes sont légitimes et qu'en tout cas elles peuvent être discutées et examinées. Cela a été fait, nous direz-vous. Nous n'en doutons pas. Mais c'est un nouvel examen que nous croyons possible, en présence de délégués « pris parmi vos ouvriers exclusivement », et vous, même employés, de M. Égré et des administrateurs que vous jugerez bon de convoquer à cette réunion. Cette réunion pourrait avoir lieu à Paris ; deux ou trois représentants de votre personnel ouvrier y viendraient avec un mandat régulier de leurs camarades de travail.

Il nous paraît que l'entente pourrait s'établir et, avec une part égale de modération et de bonne volonté, il serait possible de rétablir, dans les foyers d'Hennebont, l'harmonie entre la direction et les travailleurs, condition essentielle pour la bonne marche d'une industrie.

Espérant, Monsieur, que votre réponse sera de nature à démontrer qu'il y a, en vous, une large part d'idée généreuse.

Recevez l'assurance de ma considération,

A. BOURCHET.

GUERNIER. — Or, la *Voix du Peuple* n'a pas voulu insérer cette lettre qui était cependant écrite par un de ses amis.

TESCHE. — Je constate qu'en voulant trop prouver, Guernier vient de faire lui-même la meilleure démonstration de l'impartialité de la *Voix du Peuple*. (Rires).

POUGET dit que cet article a été refusé par l'unanimité de la Commission du journal, qui a considéré que l'on cherchait à créer les divisions dont se sont plaints les camarades qui ont parlé contre la *Voix du Peuple*

VIBERT de Brest. — Le Livre se plaint qu'une campagne acrimonieuse soit menée contre lui par les camarades de la Confédération qui font des réunions en province ; j'affirme que chaque fois que ces camarades sont venus à Brest, ils n'ont pas parlé de la Fédération du Livre. Je tiens à déclarer que les délégués de province ne sont pas venus au Congrès pour écouter les acrimonies de Keufer contre d'autres camarades. Le Livre nous parle d'union, alors que le Syndicat du Livre n'a pas voulu adhérer à la Bourse du Travail de Brest, sous prétexte qu'elle avait des tendances trop avancées. J'ai eu l'occasion d'en parler à Hamelin et ce dernier m'a déclaré que chaque Syndicat faisait ce qu'il voulait et que la Fédération ne pouvait les forcer d'adhérer à la Bourse du Travail. Je tiens à répéter qu'à Brest, les camarades de la Confédération qui y sont venus faire des conférences, se sont occupés des questions d'ordre général, qu'ils ont fait de la propagande syndicaliste. Bien qu'ayant des opinions différentes à Brest, nous sommes unanimes à les remercier de leur propagande. J'aurai à reprendre la parole, lorsque sera discutée la représentation proportionnelle. Mais je dois déclarer que nous ne sommes pas venus pour entendre de grands discours par des orateurs....

LUCAS interrompant. — Ces orateurs ont dit quelque chose d'intéressant!... (Violent tumulte).

VIBERT continuant. — Nous sommes venus du fond de la Bretagne pour nous instruire et non pour entendre des questions de personnalités. Il remercie les camarades du Comité Confédéral qui ont fait leur devoir. (Vifs applaudissements).

ESCOT demande que seul le secrétaire du Comité Confédéral et l'orateur inscrit pour lui répondre, prennent la parole.

LE GUÉRY, déclare qu'il avait quelque chose d'intéressant à dire, mais pour ne pas faire perdre un temps précieux au Congrès, il se rallie à la motion Escot (Applaudissements).

FOUILLAND de Montluçon. — Il faut cependant tenir compte des appréciations de chacun sur les actes du Comité Confédéral. Cependant dans le but de hâter les travaux du Congrès, je renonce à la parole. (Très bien, applaudissements).

ANTOURVILLE, LEGOUHY et quelques autres délégués renoncent également à leur tour de parole. (Applaudissements).

GRIFFUELHES. — Je prie les autres orateurs inscrits, surtout ceux qui se proposent de défendre le Comité Confédéral, de renoncer à la parole. J'espère me suffire à moi-même pour ce travail.

NIEL. — Ne voulant pas être long, je ne renonce pas à mon tour de parole ; je veux surtout remplir un rôle de témoin.

On a un peu trop oublié que l'on ne discutait que la première partie du rapport du Comité Confédéral.

Je tiens à dire que si les critiques du camarade Keufer contre les camarades de la Confédération étaient fondées, je serais le premier à l'applaudir, mais il n'en est pas ainsi, et je tiens, sans parti-pris, à rétablir la vérité.

Il y a trois ou quatre mois, Yvetot est venu faire une conférence à la Bourse du Travail de Montpellier.

A la suite de cette conférence, nous eûmes une conversation entre Yvetot, Picoulet et moi, au cours de laquelle Picoulet se déclara en parfaite communion d'idées avec Yvetot.

Or, quelque temps après, dans le journal de la Fédération du Livre, ce fut le contraire qui fut imprimé, et c'est ainsi qu'on put lire cette phrase :

Montpellier envoie un compte-rendu de la conférence faite par Yvetot dans cette ville et de la mauvaise impression qu'il a produite sur les auditeurs.

Picoulet ne voulut pas, à la lecture de cette... erreur, volontaire ou non, que l'on puisse croire qu'il en était l'auteur, et adressa alors à Yvetot la lettre suivante :

Au confrère YVETOT, de la Confédération du Travail, Paris
Cher confrère,

Je trouve dans la *Typographie* du 16 avril (*séance du 10 avril 1904*), quelques lignes ainsi conçues : « Montpellier envoie le compte-rendu de la conférence faite par Yvetot dans cette ville *et de la mauvaise impression qu'il a produite sur les auditeurs.* »

Je dois vous déclarer que je n'ai rien écrit de tel à la Fédération.

Veuillez agréer mes cordiales salutations.

G. PICOULET, *secrétaire de la 16e section.*

En même temps, Picoulet protesta également auprès de la Fédération du Livre et en avisa Yvetot par la lettre ci-dessous :

Ayant, en même temps que je vous adressai ma lettre, protesté auprès du Comité central, contre la note parue, le Comité vient de me répondre que j'ai parfaitement raison, que cette note est le fait d'une fausse interprétation tout à fait involontaire de la part du Comité.

J'ai tenu à vous faire part de la réponse du Comité Central afin qu'il n'y ait aucun malentendu ni supposition de malveillance.

Le Comité Central de la Fédération du Livre fit, dans ces conditions, paraître dans la *Typographie* la rectification suivante :

Le correspondant de Montpellier signale l'interprétation inexacte donnée à son appréciation sur la conférence d'Yvetot. En effet, l'interprétation donnée dans le procès-verbal de la séance du 10 avril n'est pas conforme à la correspondance reçue ; mais, bien qu'involontaire, cette interprétation aurait pu avoir un *caractère plus catégorique* encore si nous avions reproduit textuellement les termes de notre correspondant.

Nous devions cette explication ; mais notre correspondant aurait dû s'adresser au Comité central et lui demander une rectification au lieu d'envoyer des excuses à Yvetot, que celui-ci s'est empressé de publier dans la *Voix du Peuple*, entretenant les lecteurs de ce journal d'un fait sur lequel il ne sont pas renseignés.

Je ne suis d'aucun parti, et ne puis être, je crois, taxé de partialité, mais je tiens, et les faits que je viens de citer le prouvent, je tiens, dis-je, à proclamer qu'à Montpellier Yvetot n'a laissé aucune mavaise impression, et qu'il n'a nullement attaqué le Livre.

JOLLY d'Auxerre, retire son tour de parole, mais invite Hamelin à faire une conférence contradictoire à Auxerre. Il verra dans ces conditions, que là encore, la Confédération n'est pas en mauvaise posture.

DUCHEREUX. — Je tiens à protester contre les paroles prononcées par le délégué du Livre de Montluçon, ce camarade nous disait ce matin : Latapie a fait une réunion à Montluçon où il fallait montrer carte rouge ; la réunion que fit Latapie avait pour ordre du jour : le renvoi d'un chef d'équipe, or je ne crois pas qu'une organisation puisse traiter ses différents entre patrons et ouvriers en réunion publique. En ce qui concerne Yvetot je tiens à la vérité et je dois dire qu'il fit une réunion publique au 1er Août 1903, et que c'est à la suite de cette réunion que le Syndicat du Livre fit son adhésion à la Bourse de Montluçon. Je ne crois pas que cet acte soit de la désorganisation ; le 5 mars 1904, il fit une conférence publique devant au moins 2.500 personnes, et il fut couvert d'applaudissements bien qu'il eut traité, de la Société future devant des femmes et des enfants.

En général, à chaque fois qu'un délégué de la Confédération à passé à Montluçon, nous avons eu une recrudescence d'adhésions dans nos Syndicats montluçonnais.

GÉNY de l'Oise tient à affirmer, également, que jamais, dans sa contrée, les délégués de la Confédération Générale du Travail n'ont attaqué la Fédération du Livre.

BRIAT lui aussi pour ne pas allonger les discussions ne fera qu'une courte déclaration.

Ne partageant pas les idés de Keufer et de la majorité des syndiqués du Livre, il tient cependant à déclarer au nom des travailleurs organisés de Belfort et de Montbéliard, qu'en 1897, et en toutes circonstances, les camarades du Livre leur ont prêté le plus large concours ; que dans les organisations il y a des tempéraments différents, et qu'il faut se montrer indulgents et réserver nos critiques et nos coups pour les patrons. *(Applaudissements)*.

SERGENT, tient à relever les contradictions qu'il y a dans les paroles de Bousquet et de Pouget, au sujet de la *Voix du Peuple*. Alors que ce dernier dit que les chassis ne sont pas en caoutchouc et que pour cette raison on ne peut insérer tous les articles ou rapports, Bousquet déclare qu'elle manque d'articles.

BOUSQUET interrompant. — J'ai dit qu'il manquait des articles des réformistes, ce qui n'est pas la même chose.

SERGENT. — On nous a dit qu'il y avait deux sortes d'action. L'action directe et l'action réformiste. Je ne connais pour ma part qu'une seule action, l'action syndicale. Nous n'acceptons pas le rapport du Comité Confédéral parce qu'il a fait de la politique anarchiste. *(Bruit)*.

LATAPIE et plusieurs délégués protestent contre ces paroles.

SERGENT. — Nous qu'on qualifie de réformistes, nous sommes aussi Révolutionnaires que quiconque, et nous en avons donné les preuves en maintes circonstances. *(Rires et bruits)*.

Nous prétendons que les libertaires ne joignent pas les actes à la théorie. *(Tumulte)*.

FAURE. — Je demande au Président de rappeler l'orateur à la question qui est le rapport Confédéral.

SERGENT. — Je conclus en disant que le Congrès doit donner le mandat au Comité Confédéral de ne pas s'occuper de questions personnelles mais faire l'unité ouvrière pour le bien du prolétariat tout entier. *(Applaudissements sur quelques bancs)*.

KEUFER. — Camarades, vous me permettrez de donner quelques explications au Congrès, et tout en vous exprimant mes regrets, sur la lenteur des débats, je vous ferai observer, que si nous arrivons à sortir du Congrès, ayant largement, avec toute l'ampleur nécessaire, exposé les uns et les autres nos vues sur la méthode d'action, nos travaux n'auront pas été inutiles, surtout si nous arrivons à faire l'union entre les diverses organisations de France.

J'aurais préféré, certes, avant d'intervenir, entendre les camarades Pouget et Griffuelhes, mais je souscris volontiers, au désir légitime qu'ils ont de ne parler qu'en dernier lieu, puisqu'ils doivent répondre aux griefs invoqués contre le Comité Confédéral,

Je relèverai en commençant l'appréciation d'un délégué qui tout à l'heure a exprimé cette opinion, que cette discussion avait été prolongée à dessein pour paralyser les travaux du Congrès ; je déclare qu'il est impossible que ce reproche puisse s'adresser à moi, qui me suis trouvé hier, en rentrant dans l'ordre du jour, à reprocher au Comité Confédéral, d'avoir permis à ses délégués des attaques déplacées et injustes contre certains militants et certaines organisations, d'avoir par le rejet de la Fédération des mineurs, et l'admission du Syndicat national des correcteurs, favorisé la désagrégation de certains groupements ouvriers, et d'avoir, dans la *Voix du Peuple*, autorisé des polémiques regrettables, et éliminé certaines communications contraires à la tendance générale de la majorité de la Confédération.

Je ne veux pas revenir sur ces points, écartant le débat sur la méthode, que je me propose, s'il y a lieu de reprendre au cours du Congrès, je veux purement et simplement reprendre les arguments qui ont été opposés à nos affirmations, et qui tendraient à incriminer notre bonne foi.

Au délégué de Rennes, qui est venu affirmer que Beausoleil en délégation confédérale, s'était tenu dans la stricte limite de la discussion, je pourrais opposer deux lettres affirmant et signalant de sa part des propos tenus contre notre organisation ; je pourrais aussi rappeler l'ordre du jour que le Comité de la Bourse de Rennes a voté, à la suite de la discussion, au sein du Comité Confédéral sur ce cas, invitant son délégué à prendre désormais l'avis de sa Bourse avant d'émettre un vote important.

Mesure fort juste d'ailleurs et qu'il serait avantageux de voir généraliser, si on voulait éviter ce qu'on a vu trop souvent, des délégués se prononcer d'une façon manifeste contre l'opinion de la Bourse qu'ils représentent.

Pour ce qui est de l'incident relatif à Montpellier, je donne volontiers satisfaction à Niel, en ce sens que c'est par erreur que *La Typographie Française* a signalé l' « Impression déplorable » causée par la conférence d'Yvetot dans cette ville ; la phrase de la lettre de notre correspondant qui a donné lieu à cette interprétation s'applique à une réunion publique faite par Yvetot à Béziers ; pour ce qui est de la conférence de Montpellier une expression plus dure encore peut-être a été employée par ce correspondant qui nous dit textuellement : « qu'il a la conviction que les opinions exprimées par Yvetot contribuent à désagréger les Syndicats. »

J'arrive enfin à l'incident de *L'Ouest-Éclair* soulevé par le délégué de Rennes. Ce camarade a prétendu que le Trésorier d'une de nos sections, celle de Rennes, aidait les rédacteurs de l'organe plus haut cité à créer des Syndicats jaunes dans la région de Saint-Malo, Saint-Servan. Je dis qu'il suffirait qu'on nous donne des preuves des faits ainsi allégués, pour que nous excluions de notre organisation des syndiqués qui agiraient ainsi contre la classe ouvrière, s'il s'en trouve parmi nous.

Un Délégué. — On ne vous a pas incriminé.

Keufer. — On a incriminé notre organisation et au nom de la Typographie française j'ai le droit de répondre ; j'ai le droit de signaler et de mettre en évidence devant le Congrès la différence primordiale qui existe entre la condition corporative et spéciale des travailleurs de notre organisation et celle des autres professions, celle de la Métallurgie par exemple.

Alors que les travailleurs métallurgistes travaillent dans des usines, où, groupés nombreux dans les ateliers, ils sentent peser lourdement sur eux la rigueur des règlements appliqués par le patronat, qui tient les ouvriers sous sa dépendance ; les typographes, généralement peu nombreux dans leurs ateliers, travaillent à côté du patron, qui souvent est un ancien camarade d'atelier, et le coudoient tous les jours.

Au point de vue des idées, on s'explique mieux la modération ou la prudence des Travailleurs du Livre, car ils travaillent souvent chez un patron qui est l'imprimeur de fractions politiques quelconques, qui souvent travaille exclusivement soit pour des socialistes, soit pour des cléricaux, soit même... pour des positivistes. Pour ces motifs, il ne peut, dans son travail, manifester bruyamment ses tendances ; c'est peut-être ce qui explique la modération relative des camarades typos, qui ne peuvent cependant avoir toutes les opinions des patrons chez lesquels ils travaillent successivement.

Je reviens à l'affaire de Brest, soulevée par le camarade Vibert, qui reproche à notre section de ne pas adhérer à la Bourse du Travail de sa localité ; mais, camarades, pouvons-nous être rendus responsables de ces faits ?

Partout, en toutes circonstances, nous avons engagé nos sections à entrer dans les Bourses du Travail ; un grand nombre de ces Bourses, la plupart peut-être, ont été fondées par nos camarades typos. Nous estimons que, quelle que soit la tendance des unions locales, il est du devoir de nos sections de participer dans leur sein à la vie des organisations ouvrières, et si elles n'ont pas le bonheur d'y voir prévaloir leur méthode de lutte, ils doivent combattre et essayer d'y amener les autres organisations ; mais il faut dire aussi que la majorité, dans les Bourses, se montre trop souvent intolérante.

Je laisse de côté les attaques personnelles qui m'ont été faites à moi et aux autres camarades du Livre ; les travailleurs ici présents luttent depuis assez longtemps dans les organisations ouvrières pour savoir que l'injure et la diffamation sont le lot ordinaire de tous les militants. (*Appl.*)

Villeval, en me reprochant, hier, d'avoir, dans mon exposé, été un peu trop ardent dans mes critiques contre les révolutionnaires et contre certains camarades typos, a oublié de rappeler quelles injures m'avaient été adressées, et, dans une revue même dont il avait la direction, il a oublié le dernier article de cette revue, où un partisan de l'action don nous pourrions peut-être citer la conduite quand ses intérêts sont en jeu, me traînait littéralement dans la boue.

Villeval nous a fait un grief de notre action pour ce qui est de la création de commissions mixtes.

Oui, nous avons toujours pensé — et je suis encore de cet avis — qu'il était de notre intérêt de chercher, dans les commissions, sans abdiquer, le moins du monde, notre dignité et notre indépendance, le maximum de résultats, sans engager nos capitaux, et sans laisser nos militants dans une action, aux résultats souvent aléatoires.

Eh ! d'ailleurs, n'y a-t-il que nous qui avons employé ces procédés ? Renard, délégué du textile, me contredira-t-il quand je rappellerai qu'en des circonstances récentes son organisation a cherché elle aussi à assurer, même par la grève, le fonctionnement de commissions mixtes ? Pourquoi alors, nous jeter l'anathème ? Pourquoi, alors, nous reprocher ce que vous ne songez pas, et que vous n'avez jamais songé à reprocher à d'autres organisations ? Et aussi, regardons autour de nous ! nos camarades d'Autriche, d'Allemagne, d'Angleterre, de Suisse, ont réussi par cette méthode à obtenir un maximum de résultats, au sujet de la diminution des heures de travail et l'établissement d'un minimum général de salaire après avoir obtenu la journée de 9 heures.

Pourquoi n'obtiendrions-nous pas, en France, et par les mêmes moyens, des résultats identiques (*Applaudissements*).

Quand on m'a reproché d'attaquer les doctrines révolutionnaires, a-t-on pu jamais dire qu'à un instant quelconque de ma vie de militant, fort longue déjà, puisque je lutte depuis plus de 25 ans, j'avais eu dans une seule réunion ou conférence de propagande, un mot acerbe, acrimonieux quelconque, contre un protagoniste des idées révolutionnaires ? Jamais, et je défie qui que ce soit de dire ici que mon attitude ait jamais cessé d'être correcte ! J'attaque les idées et non les hommes, et je puis donc venir affirmer ici combien je trouve injustifiés les reproches qui m'ont été faits ! Et d'ailleurs il faut se souvenir que dans la lutte on ne conserve pas toujours la mesure nécessaire.

Dans cette malheureuse question de l'achat de dix albums en faveur des blessés Russes et Japonais dont Yvetot, peu loyalement, a fait un des points importants de son argumentation, ceux qui nous ont blâmés, ont-ils bien cherché à se rendre compte des mobiles de la décision du Comité Central Typographique.

Nous n'avons pas violé nos statuts qui nous imposent de consacrer nos fonds à la seule défense des intérêts professionnels, puisque les albums achetés sont destinés aux tombolas corporatives. Et pourra-t-on nous blâmer d'avoir, en la circonstance, mis entre les mains de travailleurs des pages magnifiques et si puissamment éducatrices des Anatole France, des Mirebeau et des Séailles ! Non, camarades. et d'ailleurs Yvetot et ses collègues ont fait là une critique tendancieuse, peu sincère. Je n'ai pas ici, plus qu'Yvetot, à dissimuler mes conceptions particulières. Je suis de ceux qui pensent que la France a le devoir absolu, rigoureux d'assurer son existence et de maintenir son intégrité, si elle veut continuer à faire rayonner son action sociale. (*Applaudissements et vives protestations*).

... Eh oui, sans être pour cela un chauvin, sans cesser d'élever ma protestation contre les excitations à la haine entre les nations et les races, nous pouvons d'autant mieux affirmer nos sentiments internationalistes que notre vie corporative quotidienne manifeste d'une façon suffisamment précise, nos tendances à l'égard de l'Internationale ouvrière. Nous avons montré que nous savions, nous, organiser la solidarité envers nos camarades de l'étranger. Nous venons justement, d'accord avec les camarades Allemands, Autrichiens, Suisses, Alsaciens-Lorrains, etc., d'organiser un service international de viaticum et de secours de route, de chômage et de maladie, et de signer des contrats de réciprocité !

Et tous, à quelque nationalité; à quelque race qu'ils appartiennent, recevront à la Fédération du Livre les secours prévus par les contrats de réciprocité. (*Vifs applaudissements*),

N'est-ce pas là, camarades, la plus belle manifestation qu'on puisse faire en faveur de l'Internationale, manifestation pratique d'une bien plus grande portée, que toutes les manifestations verbales plus ou moins déclamatoires. (*Applaudissements et protestations*).

D'ailleurs, je tiens, et ce sera là le dernier point de mon argumentation, en ce qui me concerne, à m'élever d'une façon énergique contre la tendance voulue qu'ont eu nos contradicteurs à concentrer sur moi leurs reproches et à essayer de me faire croire comme l'unique inspirateur des volontés et des actes de l'organisation typographique. Oui, je suis un fervent positiviste, mais il y a auprès de moi, au Comité central, de bons et vieux militants qui ne partagent pas mes opinions philosophiques, mais tous, chez nous, expriment librement leurs opinions, leurs tendances, et participent également aux décisions fédérales, et si quelques-uns, par suite des services qu'ils ont rendus à leur organisation, — il en est chez nous comme au Comité Confédéral, — sont plus écoutés, ont plus d'influence, prétendez-vous le leur reprocher ?

Il circule, dans le monde ouvrier français, une opinion qui consiste à considérer certain membre du Comité Confédéral comme l'inspirateur tout puissant de tout ce qui s'y fait, de tout ce qui s'y dit ou écrit. Je n'ai pas à rechercher ce qu'il y a de vrai ni à incriminer qui que ce soit de ce fait.

Exécuter les volontés de mon organisation et rien de plus ; j'entends néanmoins prendre toute la responsabilité de ses actes et cette responsabilité je l'assume avec tous les camarades du Comité pour tout ce qui concerne notre méthode d'action et nos procédés de défense corporative qui nous ont été reprochés avec tant d'acrimonie.

On nous a reproché notre méthode d'action dans les grèves ; la métallurgie elle-même suit la même voie, emploie les mêmes moyens, en insérant dans ses statuts que ses syndicats, avant de cesser le travail, doivent prendre avis du Comité de l'Union Fédérale.

J'ai entre les mains les statuts de la métallurgie ; ils contiennent plusieurs paragraphes qui indiquent qu'en cas de conflit dans la corporation, aucune grève ne pourra être déclarée sans avoir reçu l'autorisation du Comité Central, sans que des mesures préliminaires aient été prises.

Et j'ai lu les comptes-rendus des nombreux Congrès qui se sont tenus cette année, et tous ont exprimé le vœu pour prendre les mesures relatives à la conciliation dans les grèves, à la création de caisses de chômage, de maladie, de résistance, de viaticum, contre les abus de l'apprentissage, le travail des femmes, etc. Toutes agissent comme la Fédération du Livre. Et alors pourquoi nous reprocher ce que fait la Fédération du Livre ?

J'ai là, et si je voulais m'en servir cela me serait facile, la liste des améliorations légales, demandées par nombre de congrès professionnels, tenus par des organisations, qui, cependant, n'ont pas foi en notre méthode ; rappellerai-je toutes les résolutions de ces congrès, relatives à la loi sur les accidents, à la limitation légale de la journée du travail, l'application du décret sur les adjudications, la fixation d'un minumum légal de salaire, réglementation sur l'hygiène et la sécurité des travailleurs etc., et il semblerait croire, que les organisations les plus anti-parlementaires, se soient donné beaucoup plus que la nôtre, la tâche d'assaillir les pouvoirs publics de leurs revendications ; j'ai entre les mains la nomenclature de toutes les corporations qui réclament l'intervention de la loi.

Nous n'avons jamais cessé, nous, de proclamer la suprématie de l'action économique sur les moyens politiques, et de défendre les syndicats ouvriers, contre la tentative de main-mise sur eux, des organisations politiques.

Reportez-vous, camarades, à quelques années en arrière, et rappelez-vous les incidents qui, en 1896, ont marqué le Congrès de Londres.

Rappelez-vous qu'à ce Congrès, une majorité de délégués politiques, prétendait exclure des délibérations, les représentants anarchistes, adversaires de l'action parlementaire, de certains groupements corporatifs, et je me souviens même que c'est seulement à une voix de majorité que ces camarades ont été admis ; et rappelez-vous, citoyen, quelle a été mon action en la circonstance.

Seul contre tous les délégués politiques les plus notables, je me suis élevé de tout mon pouvoir contre l'ostracisme dont on voulait frapper les délégués, ouvriers libertaires, et ceux qui étaient là, se souviennent quel accueil me fut fait dans le milieu parlementaire, à Londres et à mon retour à Paris.

Eh bien, camarade, un parallèle entre ces incidents, et la situation actuelle, donne des enseignements vraiment inattendus.

Il nous a fallu lutter pour que les délégués anarchistes soient admis à Londres ; il serait vraiment extraordinaire que ceux-ci, aujourd'hui, frappent de leurs excommunications les organisations qui s'affirment comme hostiles à l'action directe, parce qu'elles acceptent, dans une certaine mesure, l'intervention de l'Etat.

Au point de vue des doctrines qui se partagent le prolétariat français, laquelle devons-nous adopter ? Chaque parti, les collectivistes, les partisans de la conquête des pouvoirs publics affirment la supériorité de leur solution, alors que les anarchistes combattent avec une extrême énergie, l'action légale, l'action collectiviste comme aussi despotique.

Et moi, qui suis un positiviste dont la foi se confirme plutôt qu'elle ne se refroidisse, je n'accepte ni l'une ni l'autre doctrine,

Est-ce que les libertaires feront à leurs adversaires un délit d'opinion ?

Nous n'admettons pas que la transformation morale se fera par une révolution brutale, il faut d'autres moyens pour nous conduire vers l'idéal auquel chacun de nous aspire, il faut une longue préparation mentale, il faut une modification morale des individus.

Et sur l'action directe, violente, je tiens à affirmer que nous la considérons comme funeste aux travailleurs, non pas par parti pris, mais parce que nous considérons que la violence n'est pas le meilleur moyen pour obtenir satisfaction, pour avoir des améliorations et la méthode d'action révolutionnaire est dangereuse en ce sens, qu'elle amènera inévitablement des représailles dont les travailleurs seront victimes : elle contribuera à désagréger les organisations ouvrières.

C'est pourquoi nous maintenons notre opinion, nos préférences pour la méthode de réformiste, sans enlever la liberté des autres organisations qui préconisent l'action révolutionnaire ; elles la feront à leurs risques et périls.

Je termine, camarades, en confirmant toutes mes observations sur la conduite du Comité Confédéral qui n'a pas appliqué les statuts Confédéraux dans leur intégrité.

Je résume donc toute cette discussion en déclarant qu'il est du devoir du Congrès d'affirmer le respect de l'autonomie des organisations, quelle que soit leur méthode d'action, puisqu'elles luttent comme chacun de nous pour conquérir plus de bien-être, plus de liberté, plus de dignité ! (Applaudissements).

POUGET, avant de répondre aux critiques faites à la *Voix du Peuple* dit quelques mots comme délégué du Syndicat des mineurs de Decazeville.

Il rappelle que c'est après la scission des mineurs au Congrès d'Alais en 1902, que les Syndicats de Montceau-les-Mines et de Decazeville, n'ayant pu auparavant obtenir que la Fédération des mineurs adhérât à la Confédération Générale du Travail adhérèrent individuellement. Quant à la Fédération, elle n'a songé à demander son adhésion que lorsqu'elle a vu les Syndicats l'abandonner ; elle espérait ainsi leur barrer l'entrée de la Confédération Générale du Travail et les obliger à réintégrer chez elle.

Il ajoute qu'au moment de la grève générale des mineurs, le Syndicat de Decazeville, quoique n'étant plus fédéré, se solidarisa avec les autres bassins et fit grève ; par contre, la Fédération oublia, durant toute la grève, de faire acte de solidarité avec lui et ne lui envoya pas de secours.

Il conclut en disant que ce n'est, que c'est seulement après avoir fait tous ses efforts pour réaliser l'accord entre les divers éléments miniers que le Comité Confédéral, devant le mauvais vouloir de la Fédération, admit d'autres Syndicats isolés. Et c'est plus tard, que ceux-ci ont pris l'initiative de constituer l'Union Fédérative des Mineurs de France.

Ce point éclairé, il en vient au débat général.

D'abord, il rappelle à Guérard et à Keufer qu'au Congrès International de Londres, en 1896, tout comme au Congrès actuel, il n'y avait que des délégués de Syndicats et l'épithète « d'anarchiste » fut lancée contre certains d'entre eux. A ce moment, Keufer et Guérard se trouvaient en concordance avec lui et d'autres camarades, au point qu'on traitait presque Keufer, sinon d'anarchiste, du moins d'allié de ceux-ci. Et cela, parce que le nœud du Congrès était de savoir si on imposerait un credo politique aux délégués des Syndicats. Keufer, Guérard, Pouget, etc., se trouvèrent d'accord contre ce credo.

Or, aujourd'hui, les situations respectives se sont déplacées et il constate que, dans le Congrès présent, Keufer, faisant ce que d'autres eurent le tort de faire à Londres, a été le premier à lancer dans le débat le qualificatif d'anarchiste. Il sait pourtant qu'il n'y a ici que des délégués de Syndicats dont les opinions n'ont pas à être examinées. (*applaudissements*).

POUGET, répondant à Guérard qui a insinué que certains sont de nouveaux venus aux Syndicats, rappelle que, pour son compte personnel, il fut un des initiateurs de la Chambre syndicale des Employés — et ce, en 1879. Depuis, il a toujours eu la même manière de voir qu'alors et si, pendant quelques années on ne l'a pas vu au Syndicat, c'est que les hasards de la lutte l'en ont empêché — tels que le séjour en des « maisons » gouvernementales. (*Applaudissements répétés*.). Il ajoute que si d'autres camarades sont venus plus tard à la bataille syndicale, il n'y a pas à leur en faire reproche, mais à se réjouir qu'ils soient venus. (*Bravos*).

Entrant dans le cœur du débat, Pouget dit le mal fondé des critiques formulées contre *La Voix du Peuple*. Elle est ouverte à tous, il n'y a de restriction que celle nécessitée par le cadre du journal qui n'est pas extensible. Pour ce qui est des polémiques acerbes, la Commission s'est toujours efforcée de les éviter, avec la préoccupation de ne pas étouffer la libre discussion. Et alors il a pu se produire que certains ont vu ou cru voir des critiques là où la Commission n'avait aperçu que de la libre discussion.

Il rappelle d'ailleurs que ce n'est pas aujourd'hui seulement que ces récriminations contre *La Voix du Peuple* s'élèvent. Bien avant les incidents actuels, à une époque où il serait impossible de prétendre au Livre qu'il était pris à partie, Keufer critiquait *La Voix du Peuple* : en juillet 1901, Keufer se plaignait de la non insertion d'une communication à Yvetot, critiquant le Secrétaire du journal. Et cela avant de s'être informé si la communication non insérée était arrivée à *La Voix du Peuple*. Il dut reconnaître qu'elle n'avait pas été envoyée.

Eh bien, c'est par des insinuations pareilles et mal fondées qu'on a voulu créer une légende contre *La Voix du Peuple*.

Il rappelle aussi dans quelles étranges conditions fut insérée dans la *Typographie Française* une prétendue protestation du Syndicat typographique de Clermont-Ferrand.

Du fait d'une erreur des typos ou du correcteur, un ordre du jour envoyé de cette ville parut incomplet dans la *Voix du Peuple* datée du Dimanche 17 Avril 1904. Or, avant que le Syndicat Typographique de Clermont eut pu avoir connaissance de cet article, dans sa séance du Samedi 16 Avril, le Comité Central du Livre recevait une protestation et dans la *Typographie* du 1er Mai, on lisait :

Séance du 16 Avril. — Clermont-Ferrand envoie l'ordre du jour adressé à la *Voix du Peuple* et témoigne sa surprise d'en avoir vu le texte *tronqué* dans cet organe.

Or la *Voix du Peuple* s'imprime tous les jeudis. Elle est pliée et mise sous bande et expédiée aux abonnés dans la nuit du jeudi au vendredi ; elle arrive à Clermont le samedi. Eh bien, comment expliquer que le Syndicat typographique ait pu prendre connaissance de ce numéro et ait pu envoyer une protestation pour le Samedi 16 Avril. Il y a là quelque chose de mystérieux !

Ces faits — et d'autres qu'il est inutile de citer, — indiquent un regrettable parti-pris contre La *Voix du Peuple*. Ils sont le résultat de deux tendances qui divisent le monde ouvrier. Mais ces deux tendances ne sont pas celles des réformistes et des révolutionnaires.

Pour son compte, POUGET considère qu'il n'y a entre ces deux modes qu'une différence de points de vue et que les uns et les autres peuvent marcher d'accord, à condition de poursuivre ensemble ainsi que l'indique l'article 2 des statuts de la Confédération Générale du Travail des fins révolutionnaires : l'expropriation capitaliste.

Voilà la base nécessaire. Et c'est grâce à cette base économique, qu'à la Confédération générale du Travail, s'est fait ce qui n'a pu être réalisé dans aucun camp, depuis 20 ans, l'union des militants d'écoles les plus diverses; dans la Confédération générale du Travail les travailleurs qui se réclament d'être blanquistes, guesdistes, allemanistes, anarchistes, indépendants, etc., marchent la main dans la main, menant ensemble le bon combat pour la suppression du salariat. (*Très bien, très bien*).

N'est-ce pas un résultat superbe et qui plaide en faveur de l'action économique que cette réalisation d'une « unité » dans la lutte sociale entre des travailleurs se réclamant des conceptions diverses. (*Applaudissements*).

Donc, la distinction n'est pas entre réformistes et révolutionnaires ; elle est entre les partisans de la suppression du salariat et ceux qui, oubliant les principes fondamentaux de la Confédération Générale du Travail se laissent aller à poursuivre l'entente, cordiale où non, entre le Capital et le Travail.

Ces derniers, Pouget les qualifie d'une épithète qu'a lancé Hardy — et qu'il emploie, parce qu'elle a été lancée par ce citoyen, — les partisans de l'aplatissement. (*Applaudissements*).

HARDY. — Le mot d'aplatissement ne s'appliquait qu'à Bourchet pour sa conduite, lors de la grève d'Hennebont. (*Bruit*).

LATAPIE. — Hardy vient de commettre une lâcheté, et l'on ne répond pas aux lâches ! (*Bravos et bruit*).

POUGET. — Il y a, d'un côté, les travailleurs qui, soit réformistes, soit révolutionnaires, poursuivent la lutte syndicale, et ont des fins révolutionnaires : la suppression du salariat ; de l'autre, ceux qui croient ou pratiquent l'entente entre le travail et le capital.

Ceux-ci, ce sont ceux qui créent des syndicats patronaux, comme l'a fait Keufer à Orléans et comme l'ont fait dernièrement à Paris, les lithographes dont le Bulletin de la Fédération lithographique, se réjouissait d'avoir « sur l'initiative du syndicat ouvrier, constitué un syndicat patronal... »

Les partisans de l'aplatissement sont aussi ceux, qui, comme le secrétaire du syndicat typographique de Paris, en 1902, s'emploient à faire diminuer les salaires. (*Applaudissements et protestations*).

Et Pouget cite le fait suivant, à l'appui de son affirmation :

En 1902, alors que le tarif linotypiste était de 11 francs, le journal l'*Echo de Paris* monta des linotypes et, sans en aviser l'équipe, traita pour elle au taux de 10 fr. 50 avec le directeur de l'imprimerie. Quand l'équipe eut connaissance de la chose, elle envoya une délégation au Syndicat pour protester. Il lui fut répondu qu'ils devaient accepter 10 fr. 50: « Faites ce que vous voudrez, mais si vous n'acceptez pas ce prix, on ne vous reconnaîtra pas comme grévistes... » Les camarades eurent le tort de commencer le travail et de subir cette diminution. Il n'en est pas moins vrai que cette réduction de salaire est le fait du Secrétaire du Syndicat. Et, depuis lors, dans la plupart des journaux, le tarif est descendu à 10 fr. 50.

Ces faits ne sont pas isolés malheureusement, conclut Pouget. Ils sont la conséquence des conceptions et de directions différentes. Et c'est cela qui crée le malaise !

Mais que tous les travailleurs, quelles que soient leurs préférences, réformistes ou révolutionnaires, aient pour but, non l'entente avec le Capital, mais bien l'émancipation intégrale, ainsi que le posent les principes de la Confédération Générale du Travail et l'accord se fera complet entre tous et on aura fini des querelles intestines. (Vifs applaudissements).

GRIFFUELHES. — Je demande au Congrès de reconnaître les difficultés de ma tâche, car j'ai à répondre sur de nombreux points, que la discussion, en s'élargissant, semble avoir mis au second plan. Je me bornerai, comme c'est mon rôle, à rester dans l'ordre du jour qui a trait à l'examen des rapports soumis par le Comité.

Je tiens, tout d'abord, à dire à Guérard, qui, comme à Montpellier, a tenté, par une subtilité exagérée, de déplacer la question, que je ne saurais être dupe de toute diversion. Guérard a prétendu que derrière le Comité une influence politique n'avait cessé de se manifester grâce à un camarade qu'il n'a pas désigné. Et comme il importe que ce personnage mystérieux soit connu du Congrès, je me fais un devoir de déclarer que ce personnage n'est autre que votre serviteur. Pour démontrer l'existence réelle d'une semblable influence, Guérard a affirmé que des attaques avaient été dirigées contre le Gouvernement par pur parti-pris, pour obéir à de prétendues préoccupations antiministérielles. Ainsi, d'après Guérard, l'action du Comité a eu un caractère politique, d'après Sergent, elle a eu un caractère anarchiste. Il y a là une contradiction, parmi les délégués ayant formulé des reproches au Comité, qui, pour le succès de leur cause, ne devrait pas se produire.

J'aurais voulu que Guérard apportât le moindre fait à l'appui de son argumentation au lieu de se renfermer dans un vague imprécis, et qu'il citât des lignes de moi, abusivement dirigées contre le Gouvernement ! Et puisqu'il a omis cette élémentaire précaution, j'apporterai des citations tirées de la *Voix du Peuple* qui ne sont pas de ma main.

Au lendemain du retour de la délégation française qui fut à Londres en juin 1901, et à propos d'une réunion, les policiers rentrèrent dans la Bourse du Travail de Paris. Pour protester contre ce procédé policier, la *Voix du Peuple* publia les lignes qui suivent :

« Le Préfet de police Lépine n'a pas mobilisé sa brigade de réserve pour « un acte aussi grave que l'envahissement de la Bourse du Travail sans en « avoir reçu l'ordre de son chef direct, le Ministre de l'Intérieur...

« C'est donc Waldeck-Rousseau qui a voulu, qui a prémédité l'invasion de « la Bourse. »

Et plus loin, il y est dit :

« Mais il fallait une *journée* à Waldeck et il a tout fait pour l'avoir. Si le « sang n'a pas coulé mercredi, ce n'est pas sa faute ; cela tient à ce que les tra- « vailleurs, pris à l'improviste, n'avaient pas d'armes. Ils avaient le droit de « répondre à la violence par la violence et de brûler la cervelle aux bandits qui « violaient leur domicile à main armée. »

Ces lignes d'une violence inouïe ont été écrites en collaboration par Guérard et Pouget ! Je demande que l'on apporte un article semblable de moi.

Ce point rétabli, j'arrive à une préoccupation qui depuis le début semble dominer dans l'esprit des délégués et que Keufer a soulignée.

Il a été dit que le Comité avait contesté la libre autonomie des orga- nisations. Je répondrais que jamais, une décision prise a pu être considé- rée comme une atteinte portée à cette autonomie si nécessaire, Il n'a été apporté aucun fait pour la raison bien simple qu'il n'en existe pas. La Fédération du Livre elle-même ne saurait soutenir avec preuves à l'appui une telle accusation.

Une protestation est parvenue au Comité émanant de cette Fédération relative à un langage injurieux et préjudiciable qu'auraient tenue, dans des réunions, Beausoleil et Yvetot. Le premier à Rennes, le second à Dijon. Le Comité discuta deux séances sur cette protestation qui motiva l'ordre du jour pur et simple.

Le délégué de la Bourse de Rennes a fait connaître hier au Congrès l'attitude de Beausoleil ; je n'y reviendrai pas. Pour plus d'exactitude, je me rapporterai au moment où fut voté l'ordre du jour pur et simple.

Devant le Comité, Beausoleil déclara n'avoir pas tenu de propos blâ- mables à l'égard du Livre. Il avait, dans son exposé, établi une compa- raison, et ses explications furent jugées plausibles, à tel point que le ca- marade Hamelin s'en déclarait satisfait. Keufer, au contraire, les estimait insuffisantes. Yvetot, de son côté, fit les déclarations que le Con- grès a entendu hier.

Je ferais remarquer au Congrès, ce que chaque camarade a d'ailleurs pu observer d'après les procès-verbaux des deux réunions précitées, que la plus grande partie des camarades qui prirent part à la discussion étaient des typographes. Ainsi les membres d'une même organisation venaient au Comité Confédéral nous entretenir de leurs différends qui de- vaient nous rester étrangers.

L'ordre du jour pur et simple signifiait que pour le cas Beausoleil, les explications données étaient jugées satisfaisantes et il renvoyait le cas Yvetot à l'organisation du Livre ; ce camarade appartenant à cette fédé- ration relevait d'elle, rien ne nous autorisant à nous occuper des affaires entre typos.

Pour terminer sur ce point, voici une lettre du trésorier de la Bourse de Dijon, un ouvrier typo qui déclare n'avoir pas entendu sortir de la bouche d'Yvetot les paroles qu'on lui a attribuées.

Il est donc permis d'affirmer que rien ne reste de la protestation du Livre au sujet des réunions de Rennes et de Dijon, et on ne peut que re- gretter l'empressement du Livre à protester sur des faits non contrôlés. Cette constatation nous amène à rechercher le pourquoi des récriminations du Livre.

Dans la *Typographie*, organe du Livre, des ordres du jour tendancieux ont paru, par lesquels les auteurs protestaient contre les « dirigeants de la Confédération ». On y insinuait que tous les membres du Comité se livraient en province à un dénigrement du Livre. Comme il m'était permis de supposer que cet ordre du jour s'adressait à moi comme à mes camarades, j'écrivis à la Fédération du Livre pour connaître les griefs qu'elle formulait à mon égard. Le secrétaire, au nom du Comité Central, me répondit que les membres du Comité n'avaient rien relevé de répréhensible qui put m'être imputable.

Cela me permet de manifester l'étonnement de voir la persistance du Livre à vouloir faire porter sur tous, ce qui ne serait en admettant qu'il y eut faute, que l'œuvre de quelques-uns. Et j'ai le droit de dire que le Livre en agissant ainsi, cherchait des prétextes pour critiquer et disqualifier le Comité.

Le délégué d'Alger s'est plaint qu'une protestation de la Bourse de cette ville en faveur du Livre, n'ait pas paru dans la *Voix du Peuple*. Or, des 3 ordres du jour qui nous ont été adressés sur le même sujet, aucun n'a été publié, d'autant que contrairement à ce qu'a dit le délégué d'Alger, la demande d'insertion n'a pas été faite. J'ajoute, comme il ressort de la lecture que cet ordre du jour se retourne contre le Livre.

Yvetot déclare qu'en qualité de délégué de la Bourse d'Alger au Comité des Bourses, il n'a reçu aucun blâme sur sa conduite.

J'arrive à une autre préoccupation qui se constate chez des délégués. On craint que de nombreux délégués soient venus au Congrès avec l'intention bien arrêtée d'excommunier d'autres délégués. C'est là une supposition erronée. Je crois pouvoir dire que chez les camarades ayant mandat d'approuver les travaux du Comité, il n'y a aucun désir d'excommunication portant contre des délégués à ce Congrès.

On a dit aussi que le Comité par son attitude, avait jeté la division parmi les syndiqués. Je conteste cette affirmation, car avant le fonctionnement régulier de la Confédération Générale du Travail, des divisions existaient entre les travailleurs. Actuellement, des différends permanents se constatent dans des villes pour des raisons qui n'ont rien à voir avec notre action. Je pourrais citer des villes trop nombreuses où les haines dominent, des journaux qui contiennent des injures à l'égard d'organisations et de militants. De ce regrettable état de chose, la Confédération Générale du Travail ne saurait prendre une part de responsabilité : les divisions sont humaines et nous les attribuer est contraire à la vérité.

Les camarades du Livre disent que la Confédération a violé les statuts qui la régissent en admettant le Syndicat national des Correcteurs. Je répondrais que ne pas l'accepter eut été violer ces statuts. Ces statuts disent que les Fédérations de métier et d'industrie sont admissibles et comme les syndicats nationaux sont assimilés aux Fédérations nationales, le Syndicat National des Correcteurs ne pouvait être refusé. Jusserand a prétendu ce matin que seulement les Chemins de fer et les Postes pouvaient s'organiser en Syndicat National, ce qui est inexact. Chaque corporation est libre de s'organiser comme elle l'entend en vertu du Congrès de 1900 et de l'autonomie tant réclamée par le Livre. Il a plu aux Correcteurs de s'organiser en Syndicat National, c'est leur affaire. Le Comité ne pouvait que les accepter.

JUST. — Mais il n'y a presque pas d'adhérents dans ce Syndicat National.

GRIFFUELHES. — Les statuts ne stipulent pas le nombre de syndiqués ou de Syndicats que doit avoir une Fédération et un Syndicat National. L'importance numérique ne pouvait non plus le faire refuser.

Au sujet des Mineurs, qu'il me soit permis de faire observer aux défenseurs de la Fédération Nationale non admise, que leurs reproches ont une portée trop limitée. Ils devraient, pour être logiques, contester l'admission de la Fédération Nationale des Travailleurs Municipaux formée avec le concours du Syndicat Général de Paris et dont le Secrétaire est Copignaux. Je regrette que ce camarade ne soit pas présent, il confirmerait mes paroles.

Les délégués qui ont parlé contre le rapport, voudraient-ils dire que pour cette dernière Fédération, nous avons agi avec les mêmes mobiles que pour les mineurs? Cette accusation serait plutôt curieuse. Il importe pour le Congrès de donner l'historique de l'affaire des Mineurs, comme de celle des Travailleurs Municipaux. Car dans l'un comme dans l'autre cas, nous avons opéré de la même façon.

CAILLOT, délégué des Travailleurs municipaux de Lyon, déclare que c'est grâce à l'attitude de la C. G. T. que le différend qui existait dans cette catégorie de travailleurs a disparu.

GRIFFUELHES. — Au Congrès de Lyon 1901, les délégués des Fédérations nationales avaient insisté auprès du délégué de la Fédération des Mineurs pour que celle-ci fît son entrée dans la C. G. T. Ces délégués s'étaient déclarés prêts à faire des concessions pour faciliter cette entrée. Peu de temps après, avant le Congrès minier d'Alais (1902), la C. G. T. rappela à la Fédération minière les pourparlers du Congrès de Lyon. A ce moment, il eût suffi qu'une demande d'admission nous fût adressée. L'acceptation était de rigueur. Mais nulle demande ne nous parvint. Cette insistance de notre part pour que les mineurs viennent avec nous, détruit l'argumentation apportée ici. Elle prouve que le Comité n'a pas été animé des sentiments qu'on a voulu lui prêter.

Jusqu'au Congrès d'Alais, les Mineurs sont tous réunis dans une seule Fédération. Là, les discussions qui s'y produisent provoquent une dislocation. Les syndicats de Montceau et de Decazeville se retirent de ladite organisation. Peu de temps après, ils se confédèrent : la Confédération devait, selon les statuts, les accepter, puisque la Fédération nationale restait en dehors.

Des mois se passent. Survient la grève d'Octobre 1902 ; de nouvelles scissions se produisent, des Syndicats de la Loire quittent la Fédération Nationale, un nouveau Syndicat se forme dans le Pas-de-Calais. Fin Décembre de la même année, le Syndicat de la Loire, le nouveau du Pas-de-Calais et la Fédération Nationale nous adressaient séparément une demande d'admission. La situation pour le Comité était la suivante: accepter la Fédération Nationale et mettre en demeure avec menace de radiation en cas de refus, Montceau et Decazeville de réintégrer la Fédération ou suspendre toute admission des nouveaux éléments en les invitant à se mettre d'accord pour ne former qu'un seul groupement.

Le Comité a préféré choisir cette dernière façon de procéder. Et comme un Congrès de mineurs devait se tenir à Carmaux quelque temps après, le Comité invita les parties à établir une entente faite de concessions mutuelles qui, en permettant la réunion de tous les éléments miniers, facilitaient la rentrée de tous les mineurs dans la Confédération Générale du Travail.

Cette décision fut transmise à la Fédération des mineurs, qui répondit par une sorte de mise en demeure de l'accepter, en obligeant Montceau et Decazeville à reprendre place dans son sein.

Je répondis à cette lettre dans une forme identique et s'il est vrai que le mot de cadavre ait pu choquer des délégués, je ne vois rien qui puisse m'empêcher de le retirer.

Vint le Congrès de Carmaux, un délégué de la Confédération Générale du Travail, le camarade Garnery fut envoyé. Il vous a dit hier comment il fut reçu. L'accord ne put se faire ; la situation restait donc la même. Pour y mettre fin, le Comité décida d'accepter isolément les Syndicats de mineurs qui, par la suite, décideraient de leur mode de groupement.

La Confédération Générale du Travail ne peut être, quoiqu'on prétende, rendue responsable de la division minière qui date du Congrès de Lens (1901) et qui éclata au sujet de la lutte à engager contre les Compagnies. Merzet s'est suffisamment expliqué hier ! Je n'y reviendrai pas.

Le Comité a opéré dans des conditions identiques pour les travailleurs Municipaux. En Janvier 1903, il existait une Fédération des Travailleurs Municipaux de la Seine, comprenant 19 Syndicats. Cette organisation était confédérée. Ces syndicats ayant éprouvé le besoin de s'unir en une seule organisation, décidèrent de former le Syndicat Général. Mais des Syndicats restèrent en dehors de cette fusion. L'un de ces derniers, sitôt la dissolution de la Fédération départementale, demanda son admission à la Confédération Générale du Travail.

Comme syndicat isolé, c'était le Syndicat des Cantonniers de Paris; conformément aux statuts, cette organisation fut admise. Peu de jours après, le nouveau Syndicat Général faisait sa demande et il fut lui aussi accepté par le Comité avec l'intention de créer une fédération nationale de ces travailleurs.

C'est, à ce moment, une lutte que les passions et la haine portent à un état d'acuité inouï. C'est un échange d'attaques entre camarades dont les revendications sont connues. Cette division chez ces travailleurs ne saurait non plus nous être imputable.

Quelques mois se passent et nous sommes saisis d'une demande d'admission de la part d'un Secrétariat National créé par le Syndicat des Cantonniers. Si l'on eût agi, comme l'auraient voulu pour les mineurs, les délégués qui nous reprochent notre attitude, le Comité aurait accepté ce Secrétariat National en mettant en demeure le Syndicat Général d'en faire partie.

Comme pour les mineurs, le Comité tint compte du Syndicat Général, organisation confédérée, et le consulta sur cette demande. Ce dernier nous déclara que de son côté, il tentait la constitution d'une fédération nationale. Devant cette situation provoquée par des haines entre militants, le Comité invita les deux syndicats à abandonner leur organisation nationale et leur demanda de nous laisser le soin d'organiser un Congrès des travailleurs municipaux qui aurait charge de former une fédération qui de droit serait confédérée. Les deux parties acceptèrent, et le Congrès, le 6 décembre dernier, dans cette ville, s'acquittait de sa besogne.

Il est fastidieux de donner plus de détails sur ce qu'il advint. Ce qu'il importe de retenir c'est que la parole donnée par le Secrétariat National fut retirée, et pendant 5 à 6 mois deux organisations nationales vécurent.

Récemment, à Lyon, l'accord s'est fait. Il n'y a plus qu'une fédération confédérée.

En l'espèce nous avons tenu compte des camarades du Syndicat Général, dont les opinions ne sont pas celles que l'on nous donne. Nous avons vu en eux des travailleurs confédérés que l'on ne pouvait sacrifier en vertu d'une application étroite des statuts.

Ce que nous avons fait pour les travailleurs municipaux, nous l'avions fait pour les mineurs de Montceau et de Decazeville aussi intéressants.

Pour conclure sur ce point, j'ajouterai que l'accord qui s'est fait chez les travailleurs municipaux peut se réaliser chez les mineurs ; il suffit que des concessions soient faites de part et d'autre. Le Comité formule les souhaits qu'il en soit ainsi.

Le Congrès peut voir que dans l'un comme dans l'autre cas, nous avons agi dans d'identiques conditions.

On a parlé d'une affiche qui, lancée lors des élections, avait, a-t-on dit un caractère politique. Bousquet a déclaré au Congrès que le but que l'on s'était donné en posant cette affiche, a été obtenu. Je suis de cet avis et c'est ce point qui doit nous arrêter. On a ajouté que cette affiche fut proposée par les anarchistes, ce qui est faux, elle le fut par des camarades partisans du vote et si je n'avais tenu bon, quant aux termes, l'affiche eut eu alors un caractère tout autre.

Le Comité en imposant un engagement au pouvoir par une affiche, n'a fait que renouveller, ce qui a été fait pour le Livre, notamment pour le label et par les chemins de fer pour leurs revendications. Ces organisations engageaient les électeurs à ne pas voter pour les candidats qui ne remplissaient pas les conditions par elles édictées.

LAUCHE. — Ces organisations sont autonomes dans leur propagande.

GRIFFUELHES. — Je ne le conteste pas, mais il serait surprenant de voir ces organisations nous reprocher d'avoir employé un moyen d'action qu'elles ont utilisé auparavant.

Dans cette affaire, comme dans toute autre, le Comité a vu l'intérêt ouvrier qui seul l'a guidé.

En résumé, le Comité a la conviction d'avoir fait son devoir dans la limite de ses moyens et c'est pourquoi je déclare au Congrès que rien n'est retiré du rapport. Le Congrès doit dire nettement s'il accepte ou refuse le compte-rendu de nos travaux. (*Applaudissements prolongés*).

LAUCHE rappelle la question qu'il a posée. J'ai présenté, dit-il, une contradiction dans l'attitude du Comité au sujet du conflit de Marseille et de celui d'Hennebont.

GRIFFUELHES. — Il m'est difficile d'avoir présentes à l'esprit toutes les décisions du Comité. Ce que je puis dire, c'est que pour Hennebont, une délégation fut décidée et dont je fis partie. Mais pour le cas de Marseille, je n'ai pas souvenance de ce que rappelle Lauche, cependant je ne conteste pas le fait.

GUÉRARD dit qu'il avait été décidé dans une séance antérieure, que les délégués pourraient prendre la parole après les explications de Griffuelhes. Il dépose en conséquence la proposition suivante :

« Les camarades qui désirent répondre au Comité se concerteront et dési« gneront un délégué à cet effet. (*Vives protestations*).

Cependant, ajoute-t-il, si l'on fait le silence, je parlerai. (*Oui, oui...*).

GUÉRARD. — Griffuelhes a dit qu'il avait été pris à partie par moi ; j'estime donc qu'il est de mon devoir et même mon droit de répondre.

Il m'appartient d'apporter au Congrès, au nom de mon syndicat, une indication : Griffuelhes a dit que je lui avais reproché d'avoir combattu le Goûvernement. Cela n'est pas exact. (*Bruit, tumulte*).

MAUGER. — Laissez parler Guérard, car il ne faut pas que l'on puisse dire qu'il y a eu obstruction pour l'empêcher de causer.

GRIFFUELHES. — Je prie le Congrès de laisser parler le camarade Guérard, ainsi qu'il le demande. Il ne faut pas que l'on puisse dire, ce qui ne manquerait pas d'arriver, que le Comité Confédéral, a eu peur de la discussion. Ayant conscience d'avoir fait tout notre devoir, les critiques ne peuvent en rien nous effrayer. (*Applaudissements*).

CUÉRARD. — Je n'ai pas à reprocher à Griffuelhes d'avoir attaqué le Gouvernement, car j'estime que tout citoyen a droit de critiquer. Mais j'ai reproché au Comité Confédéral d'avoir, aux élections dernières, pris parti pour une des tendances syndicales, et c'est ce que je lui reproche, rien de plus.

J'estime qu'en sortant ainsi de son rôle, il aurait pu diviser les travail!leurs.

J'ai exprimé l'avis que le Comité Confédéral avait pour mission de relier toutes les forces syndicales, et qu'il ne devait pas sortir de son rôle d'arbitre.

J'ai cité ce fait au sujet des mineurs, c'est qu'une lettre, arrivée on ne sait comment, avait été égarée à la *Voix du Peuple*. Nous avons donc le droit de dire que de telles fautes ne doivent pas se renouveler.

En ce qui concerne les élections et les interventions auprès des élections, la tactique des Chemins de fer n'a pas été la même que celle indiquée, et le reproche fait à Griffuelhes pour son intervention, subsiste complètement.

Il ne faut pas nous imposer un dogme, car s'il en était ainsi, le travailleur n'aurait plus l'esprit de critique nécessaire.

Le Comité Confédéral a préconisé une tactique qui n'est pas en accord absolu avec tous les travailleurs organisés. Sans examiner, suivant l'opinion de Karl Marx, qu'il faut considérer comme un dogme la loi d'airain des salaires, j'estime que le Comité Confédéral doit suivre la tradition des Congrès de Limoges et de Montpellier.

Nous n'avons pas à émettre de vote de blâme ou de confiance, mais nous avons le droit de dire que s'il y a eu des fautes, il ne doit plus en être ainsi, qu'il ne doit pas être fait de politique même libertaire .(*Applaudissements, bruits*).

LE PRÉSIDENT fait connaître qu'il a reçu trois demandes de séance de nuit et invite le Congrès à se prononcer.

DUBÉROS combat la séance de nuit et demande que la discussion continue.

Il en est ainsi décidé, mais le Congrès se prononce pour une séance de nuit le 16.

NIEL demande la parole sur la position de la question. Le vote, dit-il, va avoir lieu sur tout le rapport, alors que l'on a discuté sur la première partie seulement. Comme il pourrait se faire que des camarades aient des observations à présenter sur la deuxième partie, il estime que le Congrès doit se prononcer à ce sujet.

ROBERT estime que la deuxième partie comprenant le rapport financier étant soumise à une commission spéciale, l'on ne pourra voter que lorsque cette dernière aura terminé ses travaux.

ACAMBON. — A Montpellier, un délégué avait proposé de mettre la

Voix du Peuple, à 5 centimes ; je demande ce qui a été fait pour arriver à ce résultat.

POUGET. — Si tous les travailleurs achetaient la *Voix du Peuple*, peut-être aurait-on pu arriver à en diminuer le prix. Mais dans la situation actuelle, nous n'avons pu non seulement opérer cette réforme, mais été obligés d'augmenter le prix des abonnements.

La Fédération du Livre présente alors sur le rapport confédéral un ordre du jour pour lequel la priorité est demandée.

PIOCH estime que le Congrès doit avant tout se prononcer pour ou contre le rapport confédéral. S'il y a une majorité contre, l'on verra alors à voter sur un ordre du jour.

Le Congrès décide à mains levées de voter pour ou contre le rapport confédéral.

Toutes les organisations devront déposer un bulletin avec leur titre ainsi que le nom de leur Fédération.

Sont désignés comme scrutateurs : LE GUERY, MAUGER, CROUAU, FAURE, MERHEIM, PIOCH, PONNARD, ESCOT et CHARBONNOIS.

Pendant que l'on procède au scrutin, le PRÉSIDENT donne lecture des adresses suivantes :

Marseille, 15 Septembre, 3 heures 40 soir.

Réunion demain matin. Télégraphierons décision corporation.

JAUR, secrétaire charbonniers.

Tunis, 14 Septembre, 9 heures 30 soir.

Je vous ai télégraphié dimanche 11, que police après avoir lacéré affiches annonçant réunion, non contente de ce vandalisme, a dissout la dite réunion sous prétexte que loi 1884 sur les Syndicats n'est pas applicable en Tunisie. Agissez en conséquence, réponse urgente.

NATOLI Joseph.

Plusieurs délégués proposent d'adresser une protestation au Gouvernement.

YVETOT estime qu'il n'y a pas à protester, mais bien à encourager les camarades de Tunis à la résistance. (*Assentiment*).

LE PRÉSIDENT donne ensuite lecture des lettres suivantes : 1º du Syndicat ouvrier mixte international de Genève (Suisse) :

Genève, le 14 Septembre 1904.

Au Congrès Ouvrier de France, Bourges,

Camarades,

Le *Syndicat Ouvrier mixte International* de Genève (Suisse) envoie son salut fraternel aux Travailleurs de France réunis à Bourges, leur souhaitant l'énergie de briser définitivement avec la politique pour se vouer désormais à *l'action purement économique.*

Cette dernière seule peut nous acheminer à la Révolution Sociale, pour l'émancipation complète des producteurs.

Vive le Communisme libertaire !

Vive la Révolution !

Pour le Bureau :
HOMAN. (*Applaudissements*).

2º Du Syndicat du Bronze et imitation de Paris :

Paris, le 15 Septembre 1904.

La Chambre syndicale du Bronze et imitation, tout en regrettant de ne pas pouvoir remplir les conditions voulues pour avoir droit de se faire représenter au Congrès de Bourges, prie les camarades délégués de bien vouloir accepter son salut fraternel et de le reporter aux organisations qu'ils représentent.

Pour et par ordre : *Le Secrétaire,* LUBOIS.

(Applaudissements).

Le bureau pour la prochaine séance est ensuite désigné : président, Lauche ; assesseurs, Amiel et Coriol.

LE PRÉSIDENT donne ensuite la parole au camarade Mauger pour le résultat du vote sur le rapport du Comité Confédéral :

MAUGER, rapporteur. — Malgré le travail consciencieux auquel s'est livrée la Commission chargée du dépouillement du scrutin sur l'approbation, ou le rejet des conclusions du rapport du Comité Confédéral, il lui a été naturellement impossible de se procurer le chiffre rigoureusement exact des organisations représentées.

Certains chiffres ont bien été annoncés dans les comptes-rendus qui vous ont été distribués, mais ces chiffres ne sont pas d'une exactitude rigoureuse en raison de l'admission ou de l'exclusion de certains syndicats.

En outre, beaucoup de délégués ayant omis d'indiquer sur leurs bulletins la Fédération à laquelle ils pouvaient appartenir, la Commission a dû classer les syndicats suivant la fédération qui lui paraissait se rapprocher le plus de la profession.

Pour diminuer le travail de dépouillement d'un prochain scrutin, s'il doit y en avoir, le Commission demande aux délégués de ne pas oublier de mentionner en tête de leurs bulletins, la Fédération à laquelle ils peuvent appartenir et s'ils n'appartiennent à aucune fédération, mettre le terme *isolé*.

Ceci dit, voici aussi exactement que possible les résultats du scrutin.

RÉSULTATS DU SCRUTIN SUR L'APPROBATION OU LE REJET DU COMITÉ CONFÉDÉRAL

Nombre de syndicats ayant pris part au vote, 1214.

Bulletins trouvés dans l'urne, 1214.

A déduire, bulletins blancs,   13.

Bulletins ne contenant aucune désignation et comptés comme blanc, 1

                                                Total   14

Bulletins nuls :

Produits chimiques de Prémery.   1

Lithographie de Tours,   1

Tramways de Grenoble,   1

Bourse de la Roche-sur-Yon,   1

Bourse de Tarbes,   1

Modeleurs mécaniciens de Saint-Etienne, trouvé en double.   1

                                                Total   6

                                      Total général   20

Suffrages exprimés, 1194.

Majorité absolue, 595.

Pour : 825.

Contre : 369.

(Vifs applaudissements, et bravos répétés).

La séance est levée à 8 heures et demie.

Séance du 16 Septembre *(Matin)*

LE PRÉSIDENT ouvre la Séance à 8 heures 1/2 et donne immédiatement la parole au camarade Dubéros, sur l'ordre du jour.

DUBÉROS estime qu'en raison du grand nombre de questions inscrites à l'ordre du jour et du peu de temps que le Congrès peut y consacrer, il y a urgence, en ce qui concerne la journée de huit heures et les modifications à apporter aux Statuts, à nommer deux Commissions qui seront chargées de présenter des rapports étudiés.

FAURE, de Lyon, appuie la proposition Dubéros et invite les camarades qui auraient des propositions de modifications des Statuts à présenter, à les faire parvenir à la Commission compétente.

TABARD qui demande la parole pour une motion d'ordre, se déclare hostile à la nomination de deux commissions et demande que le Congrès aborde l'ordre du jour tel qu'il est indiqué.

LE GUÉRY est également opposé à la proposition Dubéros. Il est persuadé qu'il suffira aux orateurs d'abréger leurs discours pour aboutir en temps voulu.

DUBÉROS maintient sa proposition et insiste pour son adoption.

LAUCHE, président, fait remarquer qu'une Commission de 15 membres serait suffisante pour étudier les deux questions dont a parlé Dubéros, et qu'il pourrait y avoir en effet intérêt à ce que le Congrès se prononce dans ce sens. Adopté.

Il est procédé à la nomination de cette Commission. Sont désignés :

DUBÉROS, GAUTHIER, DELLESALLE, BLANCHARD, HÉLIÈS, ANTOURVILLE, CASTANS, GEUSIN, ESCOT, BARROUCAUD, RALLOIS, ROSSIAU, JEANNIN, PATAUD et GAILLARD.

Le Congrès décide ensuite d'aborder la question de la Représentation proportionnelle.

CHRISTINE, au nom d'un grand nombre de délégués, demande à ce que les orateurs pour ou contre cette proposition soient limités à cinq.

La proposition est, dit-il, signée de 75 délégués.

LE PRÉSIDENT s'étonne de n'avoir pas cette liste en main.

LUQUET demande à ce que l'on se prononce contre cette proposition.

La proposition Christine est adoptée.

LE PRÉSIDENT demande au Congrès de quelle façon il entend mettre en pratique la proposition Christine. Veut-il lever la séance pendant 5 minutes, pour permettre aux partisans et aux adversaires de la représentation proportionnelle de s'entendre pour la désignation de leurs orateurs ?

Cette façon de procéder est adoptée, et la séance est levée.

A la reprise, le président donne lecture des noms des orateurs désignés pour prendre la parole.

Pour : Maroux, Coupat, Keufer, Lucas et Guérard.

Contre : Vibert, Henriot, Niel, Luquet et Villeval.

LE PRÉSIDENT donne aussitôt la parole au camarade Maroux qui lit le discours suivant :

MAROUX. — L'insertion de la question relative à la représentation proportionnelle dans l'ordre du jour du Congrès de Bourges a soulevé d'assez vives discussions dans le monde ouvrier.

De différents côtés, on s'est livré à diverses appréciations sur les mo -

biles qui ont guidé les auteurs de cette proposition ; on a suspecté leurs intentions, jusqu'à leur attribuer le secret désir de prendre le pouvoir, d'envahir la Confédération pour remplir les fonctions administratives.

Bien que cette proposition émane de différentes organisations, on en a attribué la paternité à la Fédération du Livre, alors qu'elle n'a fait que se rallier à cette idée; et si le principe de la Représentation Proportionnelle n'a pas été suggéré par les représentants de la Fédération du Livre, est-il besoin d'affirmer qu'ils n'ont pas d'avantage, à aucun moment, brigué l'honneur de remplir des fonctions à la Confédération.

C'est-à-dire qu'en s'occupant d'un nouveau mode de représentation à la Confédération, même dans les Congrès, les corporations n'obéissent qu'au très légitime désir d'assurer, dans les manifestations du monde ouvrier, l'expression sincère, exacte des idées, des tendances de la vie syndicale, pour la lutte économique.

C'est donc un principe que nous défendons, une mesure organique à laquelle il faudra se rallier tôt ou tard, telle est du moins notre avis, et les camarades Bourchet et Dellesalle ne le nient pas, mais en ajournent cette réforme du mode de représentation, au moment où l'organisation ouvrière sera complète. On conviendra que c'est un peu loin.

Pourquoi quelques corporations ont-elles résolu de changer le système de représentation actuellement en vigueur à la Confédération et avec lequel, nous assure-t-on, on a conduit les organisations ouvrières de France vers le succès ?

Est-ce, comme on l'a dit, pour satisfaire la basse ambition de quelques camarades, ou est-ce parce que nombre de corporations adhérentes à la Confédération ont trouvé que les délibérations, les décisions du Comité Confédéral (les deux sections réunies ou séparées), n'étaient pas prises en conformité de l'opinion des adhérents que représentent les délégués et qu'il n'était tenu aucun compte de l'importance des groupes constituant la section des Fédérations de métiers, notamment ?

Nous n'avons pas la prétention de convaincre tous les camarades ici présents en affirmant que l'exclusive préoccupation de tous est d'assurer à la Confédération la fidèle expression des aspirations des travailleurs français, convaincus que cette libre manifestation, à laquelle participeraient les corporations suivant leur importance, donnerait à la confédération une direction différente, se déclarerait en faveur d'une autre méthode d'action.

De cette déclaration catégorique faut-il conclure que systématiquement, par calcul préétabli, il s'agisse d'éliminer de l'administration de la Confédération tel élément plutôt que tel autre ? Nullement, et nous le désirerions d'autant moins que les membres de nos organisations, d'une manière non équivoque, auraient l'occasion de se prononcer sur les questions étudiées, suivant l'importance de leur nombre et non pas suivant *l'idée personnelle* de nombreux délégués, désignés on sait comment, et représentant des Syndicats ou des Fédérations numériquement faibles. C'est le système qui prévaut actuellement au nom de l'égalité, égalité absolue, entre les petites et les grandes organisations, quelles que soient les surprises que peut réserver le système actuel de représentation : nombre de délégués ne connaissant pas l'organisation, la Bourse qu'ils représentent, et ceux-ci ne sont pas connus de leurs mandants, ils ignorent leurs opinions.

Et alors, les membres du Comité Confédéral, tous égaux, sans souci des idées et des tendances des membres de l'organisation qu'ils représentent, sans avoir à se préoccuper *de l'importance du nombre de syndi-qués compris dans le groupe,* se prononcent librement sur toutes les questions simples ou graves, quelles que soient les conséquences morales ou financières de telle décision, et donnent l'impulsion à la Confédération suivant leurs principes et leurs conceptions individuelles. Il en est ainsi dans beaucoup de Bourses du travail, où l'on vote sans indications et surtout sans tenir compte de l'importance numérique des syndicats.

Dans ces conditions, peut-on affirmer que l'on parle, qu'on agit au nom de tous les travailleurs organisés ?

Nous savons que ces considérations n'arrêtent pas les partisans de l'action prépondérante des minorités agissantes, intelligentes. C'est pourquoi nous comprenons que les membres du Comité Confédéral ne se comportent pas comme des administrateurs qu'ils disent être, mais comme des dirigeants qu'ils sont en réalité ; nous ne le leur reprochons pas, mais nous estimons qu'ils doivent diriger avec l'esprit de l'ensemble des travailleurs de la majorité, exprimée par une représentation proportionnelle.

Les membres actuels de la majorité du Comité Confédéral n'accepteraient pas le rôle de simples administrateurs ; ils sont réellement des hommes d'initiative, des dirigeants, qui entraînent une partie des travailleurs organisés.

En se considérant comme de simples administrateurs, les membres du Comité Confédéral dissimulent modestement leur véritable action. Ce n'est pas un blâme que nous leur adressons, c'est un hommage à leur habileté. Ils pratiquent à merveille la théorie des minorités, des individualités actives, énergiques. Et nous croyons aussi à l'influence, dans tous les milieux, de ces minorités et des individualités. Mais nous ne sommes pas d'accord sur le sens de leur action, qui n'est inspiré que de leurs préférences.

C'est pourquoi nous estimons que notre proposition de représentation proportionnelle et justifiée afin de régler l'action de ces dirigeants ; ou alors, si ces dirigeants ne sont que de simples administrateurs, que deviennent les fameuses qualités de la minorité si prétentieusement invoquées ?

Qu'on nous laisse dire la vérité : les adversaires de la Représentation Proportionnelle combattent ce principe pour garder avec eux une majorité formée de petites organisations, par la crainte de voir leur échapper une action en apparence puissante, mais qui, en réalité, est soutenue par une faible, très faible proportion de travailleurs.

Il nous faut donc combattre les raisons invoquées en faveur du maintien du *statu quo.*

Un des arguments le plus fréquemment invoqué et celui qui chatouille le plus agréablement les petites organisations, c'est que la représentation proportionnelle est anti-égalitaire ; on institue deux catégories de groupements : ceux qui sont supérieurs par le nombre et par de puissantes caisses et ceux qui sont inférieurs par leur pauvreté et le nombre restreint de leurs adhérents.

La dimension de ce rapport ne permet pas d'embrasser la question dans toute son étendue pour la traiter d'une façon complète.

En principe, oui, toutes les limites de groupes sont équivalentes, les titulaires de chaque profession doivent être considérés comme des fonctionnaires sociaux, quel que soit le métier exercé, et entre travailleurs nous nous considérons comme ayant droit à la même considération.

Mais une fois satisfaction accordée à ce sentiment d'égalité, entrons dans la réalité des choses : nous prétendons que le travail d'un typo, d'un coiffeur, d'un employé, n'a pas l'importance de celui d'un mineur, d'un boulanger, d'un employé des transports. On peut se passer quelque temps du travail de certaines professions, tandis que l'arrêt du travail d'autres professions devient une menace pour toute la société. Donc, il n'y a pas égalité ; on rencontre partout l'inégalité.

Au point de vue de l'organisation, peut-on prétendre qu'il y a égalité entre les Fédérations qui comptent de 10 à 20.000 membres, en France, et les Fédérations et les groupes syndicaux qui ne comptent que 500, 100, 40, 10 membres ?

Les décisions prises en commun à la Confédération ou dans les Bourses du Travail affecteront-elles au même degré les organisations nombreuses ou ayant peu d'adhérents ?

Peut-on affirmer qu'il y a égalité, équivalence dans les conséquences ?

La R. P. détruirait l'égalité et écraserait les petits syndicats, découragerait les efforts des militants, et enfin, en paralyserait l'action révolutionnaire, le rôle précieux dans la lutte sociale de ces syndicats.

Mais si l'on craint l'effacement des petits syndicats, que peut-on dire aujourd'hui en voyant les petits groupes, souvent représentés par deux ou trois membres, lorsque ce n'est pas par le secrétaire tout seul, étouffer la voix d'une organisation plus forte.

Faut-il citer la manière dont se font les votes au Comité Confédéral ? Combien de questions importantes, nous a-t-on assuré, qui étaient votées par une majorité de représentants de petites organisations, contre une minorité d'organisations nombreuses et fortes qui représentaient une très grande majorité d'adhérents ? Et toujours le vote se produisait ainsi dans des questions qui auraient eu une autre solution si on avait eu le souci des intérêts en jeu.

La Fédération du Livre en sait quelque chose à l'occasion du vote sur sa protestation. Ce n'est pas un cas unique.

C'est faire injure aux grandes organisations que de supposer qu'elles se prononceront toujours contre les intérêts des petits syndicats. Mais s'il y a de réels et graves intérêts corporatifs à défendre, les travailleurs appartenant à de grandes fédérations n'ont-ils pas souvent montré la générosité de leurs sentiments, le souci des intérêts généraux du prolétariat ? Certes, il y a l'égoïsme professionnel, comme l'égoïsme des individus ; mais toutes les corporations en subissent l'influence, il n'y a que les groupements peu étendus qui peuvent à leur gré, sans rien compromettre de leurs intérêts personnels, syndicaux, se livrer à de continuelles affirmations de principes révolutionnaires, en faveur de la grève générale expropriatrice, se prononcer en faveur de mesures de salut public, sans que rien de leur petit agglomérat n'ait à en souffrir en quoi que ce soit. Est-ce là le rôle utile des minorités, cette action énergique sans responsabilités effectives ?

Oui, avec vous, nous reconnaissons que les minorités font souvent mouvoir les masses, et cela est vrai dans divers ordres de phénomènes. Mais dans nos organisations corporatives peut-on concevoir avec bon sens que les minorités intelligentes, peuvent entraîner la masse des syndiqués et peut-être des non-syndiqués, sans que ceux-ci aient eu la faculté de se prononcer sur l'opportunité, l'efficacité, l'urgence d'un mouvement qui devra influer profondément sur leur situation,

Il nous semble que la perspective d'une réussite ou d'un désastre mérite bien que les intéressés soient comptés lorsqu'un vote de cette importance a lieu, surtout s'il doit entraîner des conséquences morales, financières, si cette masse doit donner un précieux appoint dans l'action.

Et enfin, par la Représentation Proportionnelle n'habitue-t-on pas les individualités à s'occuper de la chose corporative, à s'initier aux manifestations qui touchent aux intérêts du prolétariat ?

La théorie des minorités actives n'est pas assez démonstrative pour justifier la prétendue influence magique des syndicats minuscules sur le mouvement économique.

Les opinions sont trop contraires sur les avantages de l'action directe révolutionnaire, sur le mode d'action préconisé par les libertaires, pour que nous consentions, sans plus sûre expérience, à nous incliner devant la majorité, devant la souveraineté intellectuelle des minorités, impuissantes dans leur profession, et d'une grande vigueur émancipatrice à la Confédération, en paroles tout au moins.

La Représentation Proportionnelle est une mesure, dit-on, destinée à étouffer toute tentative de progrès social, à paralyser l'esprit révolutionnaire. C'est là une appréciation quelque peu fantaisiste, car les partisans de l'action directe, les libertaires affirment avec une belle assurance l'avènement inévitable des réformes — pardon — du régime social où toute contrainte aura disparu. Et alors, pourquoi réclamer le *statu quo* puisque rien ne peut arrêter l'impulsion donnée ?

Ne vaut-il pas mieux accepter un système de représentation qui constituera un véritable baromètre, car la majorité se prononcera alors d'une façon régulière pour telle ou telle méthode et nous posséderons l'expression réelle de l'opinion ouvrière.

Actuellement, nous pouvons le déclarer, on entretient l'illusion dans le public sur les véritables opinions de la masse ouvrière, on s'expose aux pires déceptions, aux plus décourageantes surprises. En voici des exemples :

Depuis longtemps l'idée de la grève générale est propagée dans les organisations ouvrières, on a même déjà essayé de la réaliser. Nous nous trouvons en présence d'un évènement à propos duquel le Comité Confédéral crût opportun d'organiser la grève générale.

On passe au vote ; une forte majorité des délégués se prononce favorablement. Vient la date où il faut quitter les ateliers : Croit-on que le vote du Comité Confédéral aura suffi pour donner le branle, pour susciter le mouvement de suspension générale du travail ? Ne comprend-on pas que les petites organisations auront pu voter impunément tout ce qu'on voudra et que l'on commettra une grande faute si on ne tient pas compte de la représentation proportionnelle comme l'a fort bien démontré Guérard dans un numéro de la *Voix du Peuple*.

Nous n'avons pas oublié la grève générale des mineurs ? La défection des corporations, même de celles qui faisaient partie du Comité de la grève générale.

MERZET. — J'ai donné connaissance au Congrès comment avait été décidée cette grève dont le Comité National lui-même prévoyait la non-réussite. C'étaient des vôtres ceux-là. (*Applaudissements*).

Qu'il s'agisse d'autres questions importantes, d'une manifestation violente dans la rue, de l'action directe dans une grève, de l'action longue et persévérante pour la marque syndicale, d'un boycottage sérieux, d'une mesure grave de solidarité, ne voyez-vous pas, camarades, combien la R. P. devient nécessaire si vous voulez faire quelque chose de sérieux, si ces multiples manifestations de l'activité corporative ne doivent pas rester platoniques ?

Nous répétons que des mesures prises en commun, qui entraînent des conséquences morales et de solidarité financières, votées entres petites et grandes organisations, n'imposent de réelles et lourdes obligations qu'aux grandes organisations ; elles doivent entrer en ligne de compte et cela d'autant plus que la plupart du temps les petits syndicats bénéficient de l'esprit de solidarité des grandes fédérations.

UN DÉLÉGUÉ. — Elles ne font en la circonstance que leur devoir. (*Applaudissements*).

MAROUX. — Nous abordons une question assez délicate, mais elle doit être examinée, c'est la proportionnalité des cotisations. Jusqu'ici, toutes les grandes organisations ont versé très scrupuleusement la cotisation en proportion du nombre de leurs adhérents payants.

Ne serait-il pas juste, également, qu'à ces obligations soient attachés des droits, qu'aux charges financières il soit adjoint une proportionalité d'action, d'intervention, en raison même des responsabilités attribuées par les statuts confédéraux ?

Il y a là un argument très sérieux en faveur de la Représentation Proportionnelle, et si nos camarades ne veulent pas d'une aristocratie de l'argent — et il n'en existe pas parmi nous — nous pourrions aussi bien dire que nous n'acceptons pas d'aristocratie administrative ou directrice, sous prétexte d'égalité absolue, de minorité numérique intelligente, conciente, ce qui, entre parenthèse, est peu flatteur pour les organisations qui ont une majorité numérique.

Nous ne nous donnons pas la peine de relever l'hypothèse qui a été faite de voir une organisation riche augmenter volontairement le nombre de ses adhérents payants pour disposer d'un nombre de voix supérieur et peser sur les décisions. Vraiment, c'est avoir une piètre idée de la moralité des organisations ouvrières. On conçoit la diminution du nombre de membres payants sur les inscrits, comme dans certaines corporations que nous pourrions nommer, mais nous ne pouvons admettre l'exagération du nombre des cotisants, car la fraude pourrait bien vite être démêlée et contrôlée.

Le système américain est excellent pour établir la proportionnalité des voix ; nous y arriverons tout à l'heure.

Une observation nous a frappé : c'est la difficulté, pour certaines fédérations pauvres, dont les salaires de ses membres sont fort peu élevés, de verser des cotisations en proportion de leur effectif. Mais la proportionnalité des cotisations n'implique pas qu'elles doivent être très fortes ; elles peuvent rester ce qu'elles sont, puisqu'aujourd'hui ces mêmes fédérations les versent. Il semblerait que l'on cherche les raisons les plus superficielles pour combattre une proposition qui s'impose à l'examen et nous ajoutons à l'adoption du Congrès. Du reste, nous ne serions pas hostiles à des mesures qui atténueraient les charges d'organisations qui luttent péniblement.

Le Congrès dira si les organisations importantes n'ont d'autres droits que celui d'écouter, de suivre, de payer sans avoir le droit de parler.

Et enfin, la réforme que nous réclamons aujourd'hui ne constitue pas une innovation, un fait nouveau, bien qu'on nous reproche de vouloir établir la Représentation Proportionnelle au sommet de l'édifice confédéral, sans l'avoir appliqué à la base, c'est-à-dire dans les syndicats. Et la Fédération du Livre, ici encore, a les honneurs des contradicteurs ; on lui a reproché de réclamer, pour le Comité Confédéral, ce qu'elle n'applique pas chez elle.

Les détracteurs, avant de lui adresser ce reproche, auraient bien fait de lire les statuts de la Fédération, ils auraient su que le Congrès typographique de 1900 — ce n'est donc pas pour la circonstance — a introduit dans les statuts fédératifs, un article qui introduit l'usage de la Représentation Proportionnelle dans les votes des délégués.

Il en est de même pour les congrès du secrétariat typographique international.

En supposant même que ce mode de votation n'ait pas encore été appliqué, il n'est pas interdit d'en faire l'expérience au Comité Confédéral, expérience jugée nécessaire par les procédés parlementaires qui règlent le vote et qui décident des majorités au dit Comité, composé d'un certain nombre d'anti-parlementaires. Nous avons entendu assez de plaintes à se sujet.

Nous arrivons, camarades, à la partie de notre rapport dans laquelle nous voulons vous faire connaître comment est appliquée la Représentation Proportionnelle à l'étranger. Vous y puiserez d'utiles et intéressants renseignements :

Les exemples que nous donnent les organisations étrangères prouvent surabondamment que la R. P. est loin de mettre un frein au progrès, à la prospérité des organisations ouvrières de l'Europe et de l'Amérique. Toutes, avec ce mode de solution, assurent une équitable représentation aux diverses organisations.

Si nos camarades français repoussaient la R. P., que nous considérons indispensable, quel autre moyen de vote emploierait-on pour consulter avec efficacité, avec sincérité, l'opinion ouvrière dans ses intentions ?

Se contentera t-on toujours de mots redondants, de déclamations violentes, de surenchère et de trouver le vide ensuite ? (*Protestations*).

L'Unité faite à Montpellier est absolument relative, la Confédération est encore un organisme trop compliqué, il faut un effort pour se reconnaître dans les divers détails de son fonctionnement, dans la constitution de ses effectifs.

Il serait urgent d'en simplifier encore les rouages comme en Amérique, par la seule création de fédérations d'industrie ou de métiers, comme les préfèrent les Américains, de syndicats non fédérés et de Bourses du Travail.

Il faudrait perfectionner cet organisme central, et l'application de la R. P. viendrait lui donner un caractère plus sérieux, plus solide, plus organique.

Il a été reproché aux auteurs de la proposition de la R. P. de vouloir détruire la Confédération. Ce sont là des reproches que rien ne justifie, nous y avons toujours été attachés, mais en lui attribuant des fonctions normales, régulières, et non pour entretenir une fiction dans le public sur l'autorité, la puissance des organisations qui la composent. Et c'est justement les personnalités remuantes qui nous ont fait de tels reproches, qui combattent la R. P., craignant de perdre leur influence sur la direction du prolétariat français, dont l'immense majorité est réfractaire aux idées libertaires. (*Protestations et bravos*).

Pour terminer, nous invitons chaleureusement le Congrès à se prononcer en faveur de la Représentation proportionnelle. Cette modification dans les conditions où se manifesteront les votes du Comité Confédéral donnera plus de cohésion aux organisations adhérentes, une plus grande valeur aux mesures qui y seront prises en assurant la participation à la vie confédérale de forts contingents volontairement disciplinés, acceptant des devoirs mais revendiquant aussi des droits en proportion de leurs responsabilités.

Nous concluons donc en affirmant notre absolue conviction : le principe de la Représentation Proportionnelle assurera la prospérité, l'union dans la confédération, et nous invitons le Congrès à le voter. (*Applaudissements sur un certain nombre de bancs et vives protestations*).

VIBERT répond à l'orateur précédent, qui prétend que seules les petites organisations sont partisantes de la représentation non proportionnelle. Il fait remarquer : 1º la Fédération de la Marine qui compte 12.000 syndiqués à la Confédération ; 2º la Fédération de la Métallurgie, qui compte 11.500 ; la Fédération des Bûcherons, qui a 4.500, et plusieurs autres qui ont plus de 3.000 sont contre la Représentation Proportionnelle, donc que l'assertion du camarade Maroux n'est pas fondée.

VIBERT dit pourquoi à la Marine l'on n'est pas partisan de la Représentation Proportionnelle ; il fait remarquer à juste titre que certaines améliorations ont été accordées à des diverses catégories des ouvriers de l'Etat, telle la journée de 8 heures, et alors il craint que la Confédération Générale ne soit à un moment donné entre les mains des travailleurs de l'Etat au détriment des travailleurs de l'industrie privée, en un mot de tous les travailleurs en général.

Il craint donc que les Fédérations des travailleurs de l'Etat ne soient contraintes par les Ministres, leurs propres patrons, de faire un arrêt dans les revendications sociales, acceptées par intimidation ou par convoitise personnelle.

Les travailleurs de l'Etat, dit-il, qui jouissent de la journée de 8 heures, doivent s'unir tous pour faire triompher leurs camarades des autres catégories de l'Etat, afin de la leur faire obtenir, et alors, dit-il, tous prêteront un concours efficace aux autres exploités pour qu'ils obtiennent leurs revendications.

Ainsi, dans notre organisation, des syndicats comme Indret ou Guérigny, qui ont très peu de personnel dans leurs usines, mais dont la totalité de ces ouvriers sont syndiqués, se trouveraient donc en infériorité et ne pourraient jamais faire entendre leurs revendications. Aussi, au nom de la Fédération de la Marine, nous assurons tous les travailleurs de l'industrie privée que les travailleurs de l'Etat leur prêteront toujours leur concours le plus grand et le plus désintéressé et en effet, dit-il, à Brest, actuellement, nous venons de faire voter la grève générale de solidarité pour faire obtenir la journée de huit heures aux autres camarades, ouvriers de l'Etat, qui ne l'ont pas encore, et nous déclarons que nous n'avons pas peur d'être menés par des minorités, c'est-à-dire par certains petits syndicats, dignes d'avoir leur place comme les grands syndicats.

Dans ces considérations nous nous prononçons contre la Représentation Proportionnelle et nous nous contentons d'avoir un représentant par fédération, et quoi qu'en disent certains adversaires, nous disons aux travailleurs de l'industrie qu'ils peuvent compter sur le concours révolutionnaire des travailleurs de la Marine.

COUPAT. — Quelle que soit l'opinion que l'on peut avoir sur les systèmes de représentation proportionnelle qui sont soumis au Congrès, il est un point sur lequel tous devront être d'accord, c'est la nécessité de transformer le système de représentation actuel.

Il est, en effet, absolument impossible que des assises ouvrières se développent dorénavant dans les mêmes conditions qu'à Bourges.

Tous, vous avez remarqué que la multitude des délégués présents dans cette salle est d'un grave inconvénient pour la direction et la clarté des débats. Il semble, d'autre part, que la discussion doit se heurter entre un certain nombre de militants qui, connus depuis longtemps dans le mouvement ouvrier, ont seuls l'autorité nécessaire pour faire écouter leur parole. Quelques jeunes camarades, ou nouveaux venus dans nos congrès, qui n'ont pas l'habitude de répandre leurs opinions dans le monde ouvrier, et peuvent, malgré tout, avoir d'excellents arguments à faire valoir, sont annihilés ; la masse des congressistes qui ne peut prendre part aux débats, devient intolérante, les séances sont tumultueuses, et souvent, comme hier après-midi, il est impossible aux camarades de l'une ou l'autre tendance, de tenir la tribune. Et, d'autre part, est-il utile de persister à demander aux organisations ouvrières des sacrifices si considérables, en considérant l'unité syndicale comme base de représentation, et en appelant chaque groupement à se faire représenter. Votre système actuel est en réalité un système de représentation proportionnelle, mais de représentation proportionnelle vicié, en ce sens, que le nombre de mandats correspond aux sacrifices que se sont imposés les différentes Fédérations, et je ne crois pas trop dire, en assurant qu'il nous serait impossible de renouveler, dans deux ans, un pareil effort.

Ne voyez-vous pas, par exemple, les syndicats de chemins de fer, si nombreux, n'être représentés que par 5 délégués, et par conséquent perdre tout le bénéfice de leur solide organisation. Et, au point de vue prolétarien général, n'aurait-il pas été préférable de mettre nos ressources à la disposition des camarades grévistes de Marseille, qui luttent si péniblement, que de les sacrifier ainsi, je puis le dire, en pure perte ; je sais bien que d'après l'opinion de nos contradicteurs, il est nullement utile que dans les congrès se manifeste l'opinion de la majorité du prolétariat ; toute leur action et les arguments qu'ils opposent à la légitime revendication des organismes qui demandent une forte représentation dans les congrès, ou comités administrateurs, est basée sur la théorie souvent enviée des minorités conscientes et agissantes.

Il serait peut-être utile, si nous pouvions instituer à propos de cette question, un débat sur la tactique de répondre à cette théorie, et de montrer comment en mainte circonstance, elle a été loin de répondre aux espérances de ses partisans.

Je rappellerais la grande grève générale du bâtiment de 1898, et vous verriez que si cette théorie excite, quand les masses sont préparées par les circonstances, leurs revendications, à suivre les mouvements engagés par les minorités, ils échouent piteusement, si ceux qu'on veut engager dans la lutte, n'y sont intéressés par aucune revendication où circonstance, d'un intérêt particulièrement pressant.

Alors que les travailleurs des bâtiments, à la presque unanimité, quittaient leurs chantiers, une grande réunion avait réuni tous les travailleurs de la construction métallique.

Cette réunion décidait la grève. Eh bien, le lendemain, 1 sur 1000 à peine des ouvriers avaient cessé le travail ; ceux-là, presque tous hostiles au mouvement, ne l'avaient suivi que par discipline, et ils en étaient les victimes !

Tout à l'heure, Vibert, pour combattre notre proposition, déclarait la repousser au nom de son organisation qui, disait-il, suffisamment puissante et favorisée, avait suffisamment de générosité de sentiments, pour ne pas écraser les petits ; qu'il nous permette de lui rappeler, que la générosité des sentiments consisterait peut-être plus tôt en la circonstance, à admettre en son sein, les travailleurs moins favorisés de la régie directe, qui dans une année ont peut-être 6 mois de chômage.

Mais camarades, quand bien même nous partagerions votre opinion sur le pouvoir magique d'une minorité agissante, pouvons-nous croire réellement que votre organisme actuel est une minorité suffisante !

Regardez vos organisations, comparez vos effectifs à celui des travailleurs de vos professions ! Comparez aussi vos fédérations aux organisations étrangères similaires.

Dans tous les Congrès internationaux, le prolétariat français paraît annihilé ; une seule corporation peut faire figure à côté des Trades Unions Anglaises ou autres puissantes Fédérations étrangères, c'est justement celle du Livre. *(Protestations)*.

Eh oui ! les travailleurs Anglais, les ouvriers Allemands, les militants de leurs organisations corporatives, ont bien compris comment il serait possible d'embrigader dans le syndicat les masses amorphes que retiennent seuls les résultats palpables ! Ils ont bien compris que ce n'était pas avec des formules idéales et des spéculations métaphysiques qu'on retenait l'ouvrier au syndicat. Les organisations créées ainsi, au lendemain d'un emballement de réunions publiques, ne peuvent avoir d'existence réelle ; elles ne sont que fumée, elles ne sont que vapeur, et seul l'intérêt corporatif immédiat est d'un attrait suffisamment puissant pour former le ciment solide qui doit maintenir les prolétaires unis. *(Applaudissements)*.

Si vous voulez donc que le prolétariat français fasse figure, si vous voulez que la faiblesse de nos syndicats cesse d'être un objet de pitié *(Protestations)*, pour nos camarades étrangers, il faut donner à notre organisme une autre plate-forme, d'autres cadres qui lui permettent de croître et de devenir réellement puissant !

Ah ! d'ailleurs, nous n'ignorons pas quel est le sort qui attend notre proposition, nous savons qu'elle ne trouvera pas une majorité dans ce Congrès, mais d'année en année, et c'est pour cela que nous persévérons dans notre action, notre méthode pénètre les organisations ouvrières.

A Lyon, nous n'étions que quelques-uns, à Montpellier, c'est 74 mandats qui demandaient la Représentation Proportionnelle, dans quelques années nous serons la majorité.

Et quand j'entends les camarades de ce côté de la salle (la gauche) essayer de mettre en contradiction ce qn'ils appellent notre tendance réformiste d'aujourd'hui et notre action révolutionnaire d'antan, je ne peux m'empêcher de me rappeler nos luttes d'autrefois, et l'attitude alors de nos contradicteurs d'aujourd'hui.

C'est vous qui avez changé, quoi que vous en disiez, c'est vous qui avez modifié vos théories et vos doctrines. Quand dans nos ateliers nous faisions de la propagande syndicale, nous incitions les travailleurs à l'organisation ; vos correligionnaires d'alors, vous-mêmes, veniez derrière contrecarrer notre propagande et affirmer aux travailleurs que leur entrée dans un organisme syndical était un culte d'aliénation de leur liberté, d'abdication de leur dignité ! (*Vives protestations*).

Vous êtes cependant venus à notre méthode, les farouches protectionnistes de la théorie de l'effort isolé et indirect en sont venus à l'association ; les amis de la liberté limitée se sont soumis et pliés à des statuts parfois rigoureux ! vous étiez adversaires de toute forme gouvernementale, mais vous demandiez à votre sort des améliorations légales ; vous étiez hostiles à toute forme de suffrage, mais vous votiez dans vos syndicats ; ennemis de la hiérarchie et des fonctions, vous élisiez des fonctionnaires syndicaux.

Et je conclus : vous serez jusqu'au bout conséquents dans votre évolution, vous voudrez que la représentation soit exacte et vous voterez la Représentation Proportionnelle ! '(*Applaudissements et protestations*).

Et aussi. à l'heure actuelle, n'est-ce pas la Représentation Proportionnelle à rebours qui régit notre mouvement. syndical ? Ne sont-ce pas les petites organisations qui ont au Comité Confédéral l'influence prépondérante ?

Et on en arrive dans l'organisme administrateur à d'étranges situations. Rares sont au Comité Confédéral, les délégués, appartenant à la profession qu'ils représentent. (*Vives protestations*).

J'estime que beaucoup de syndicats composés de travailleurs manuels, sont représentés, par des camarades appartenant plutôt au monde intellectuel. Ah ! je ne veux pas ici diviser le prolétariat, en travailleurs manuels et intellectuels. Quoiqu'il soit absolument nécessaire, que des camarades travaillent à l'action pratique de tous les jours, il est non moins indispensable, que des intellectuels, peut-être rêveurs, viennent apporter dans notre vie sombre et décevante de tous les jours, un peu de la lumière du poétique idéal. Mais il ne faudrait pas que cet idéal fasse trop perdre de vue, les contingences et les nécessités pratiques. Si vous persistez dans cette voie, vous partirez vite, très vite certes, pour vous rapprocher de cet idéal, ma.. ~uand vous serez bien loin, et que vous vous retournerez, l'immense majorité du prolétariat, au lieu de vous suivre, sera loin derrière vous. (*Applaudissements*).

HENRIOT, — Avant d'entrer dans les questions de détail et cependant assez importantes, pour lesquelles la Fédération Nationale des Allumettiers est nettement hostile à tout système de représentation proportionnelle, je crois bon d'essayer de réfuter une partie de la thèse soutenue par le camarade qui m'a précédé à cette tribune. Il a laissé croire que si la représentation proportionnelle n'était pas votée, les syndicats puissants comptant plusieurs milliers d'adhérents, se subdiviseraient en autant de fractions qu'ils jugeraient nécessaires afin d'augmenter le nombre de leurs unités et ainsi obtiendraient un plus grand nombre de voix dans les congrès. Mais, que ce camarade me permette de lui signaler un exemple qui démontrera combien ces syndicats en se subdivisant amoindriraient inévitablement leur puissance d'action. Ainsi le département de la Seine compte deux manufactures d'allumettes ; l'une à Pantin, l'autre à Aubervilliers ; eh bien à un moment donné, certains camarades manifestèrent l'intention de créer deux syndicats, puisque deux manufactures se trouvaient à proximité l'une de l'autre ; cette question fut l'objet d'un débat animé, et après une étude approfondie, nous avons reconnu que si nous fractionnant en deux parties, notre force s'en trouverait fatalement diminuée.

Un autre point : le camarade Coupat a aussi reproché aux ouvriers de la marine de ne pas accepter dans leur fédération, les ouvriers de la régie directe; je dois déclarer que chez nous, également ouvriers de l'Etat, il n'en est pas ainsi ; tous les ouvriers et ouvrières embauchés dans nos manufactures à titre temporaire sont admis dans nos syndicats, malgré les inconvénients de ce mode d'embauchage.

En ce qui concerne la représentation proportionnelle proposée par le Livre et certaines Bourses du Travail, cette question fut discutée avec toute l'ampleur qu'elle mérite, dans les assemblées générales de nos syndicats. Elle] eut d'ailleurs son écho dans notre Congrès qui tint tout récemment ses séances à la Bourse du Travail de Paris. Or, la Fédération des Allumettiers ne peut admettre les divers systèmes de représentation proportionnelle qu'on nous présente, pour des raisons qui, selon nous, méritent que l'on s'y arrête un instant. La consommation des allumettes, en France, exige seulement pour satisfaire ses besoins un contingent d'environ 1900 ouvrières et ouvriers ; or, sur ce nombre total, 95 pour cent sont syndiqués; eh bien, malgré ce tant pour cent de travailleurs que groupe notre Fédération, qui est de beaucoup supérieur à celui de toute autre organisation y compris le Livre, nous serions tenus en tutelle par des fédérations qui ne comptent que 10 ou 20 pour cent de membres syndiqués. Nous persistons à croire qu'il serait profondément injuste d'écraser des petites fédérations comme la nôtre, qui cependant sont plus à même de faire aboutir leurs revendications, que certaines fédérations, telles que le Livre et la Métallurgie, si la représentation proportionnelle était votée; ce vote constituait un avantage sérieux en faveur de certaines branches de l'industrie auxquelles sont affectés des centaines de mille de travailleurs. Avant de conclure, qu'il me soit permis de citer quelques exemples de la puissance vitale de notre Fédération, qui se trouverait impitoyablement condamnée à ne pouvoir se faire entendre.

Lorsque l'administration des Finances fut déterminée à introduire dans les manufactures d'allumettes, des machines à fabrication continue, elle s'adressa au Syndicat pour discuter des conditions de travail ; celui-ci, tant par sa force numérique que morale, sut imposer un salaire minima pour les travailleurs affectés à ces nouvelles machines; cela, camarades, nous le devons précisément au grand nombre de syndiqués que nous avons su grouper, et c'est pour ces raisons que représentant ici peut-être la plus petite fédération, qui donna en de mémorables circonstances, des preuves éclatantes de sa puissance syndicaliste, nous vous demandons de repousser tout système de représentation proportionnelle.

Laissez-moi ajouter qu'aujourd'hui toutes les fédérations des travailleurs de l'Etat, faisant partie intégrante de la Confédération Générale du Travail, grâce aux appels du Comité Confédéral, toute ligne de démarcation choquante étant complètement disparue entre les travailleurs de l'Etat et ceux de l'Industrie privée, nous désirons fermement continuer à vivre en bonne harmonie, attendu que sur bien des points nous avons des intérêts communs, et seul, le maintien du *statu quo* nous permettra de continuer ces bonnes relations pour le plus grand profit de tous.

GUÉRARD demande au camarade Henriot de quelle manière les allumettiers décréteraient une grève.

Henriot dit que la Fédération a employé plusieurs moyens pour décréter la grève, parfois elle fut déclarée à main levée.

Elle a même décidé la grève dans les ateliers d'un commun accord, sans procéder à aucun vote.

KEUFER déclare que les intéressants arguments exposés par Coupat vont alléger sa tâche, ce qui évitera d'impatienter le Congrès.

Le Congrès de Montpellier a examiné déjà cette question de la représentation proportionnelle. Et à ce propos, le camarade Bourchet disait ceci :

> J'ai ajouté que pendant la période transitoire il pourrait surgir certaines difficultés ; il est même possible que des rivalités s'établissent. Mais malgré ces craintes il faut avoir confiance. *De la façon dont les délégués sont nommés pour représenter les Fédérations et les Bourses du Travail, cela nous donne toute garantie.* Ils viennent d'un peu partout. Ce seront des hommes à l'esprit éclairé, aux idées larges, que vous enverrez au Comité Confédéral et qui n'auront d'autre but que de faire l'Unité. Je demande donc que l'on vote les propositions de la Commission,

Le jugement que je viens de communiquer est tout à fait optimiste, et je suis loin de le partager, et si ce jugement est flatteur pour les administrateurs de la Confédération, j'estime qu'il est exagéré, car au Comité Confédéral lorsqu'il s'agit de prendre une décision quelconque qui a les préférences dudit Comité, on emploie les combinaisons parlementaires pour aboutir au vote de la mesure, et cela par des camarades qui affirment leurs principes anti-parlementaires.

Ainsi, lorsqu'il s'est agi de la protestation de la Fédération du Livre, nous avons vu avec quelle désinvolture on a voté l'ordre du jour pur et simple, sans consulter les corporations dont ils sont les mandataires. Eh ! bien là, il y avait déjà une cause, pour nous, de réclamer un autre mode de représentation. Et pourtant ce n'est pas la Fédération du Livre qui a pris l'initiative de cette proposition de la Représentation Proportionnelle, quoi qu'on en ait dit, pour avoir l'occasion de suspecter son intention. J'affirme à nouveau que nous n'avions aucune intention autre que celle d'assurer aux corporations une représentation proportionnelle à leur importance.

Les membres du Comité Confédéral nous a-t-il été affirmé par des camarades qui en font partie, lorsqu'une décision importante doit être prise, qui est chère aux camarades libertaires, ne la soumettent pas à une seule des sections de la Confédération, mais au Comité Fédéral tout entier ; on s'assure ainsi le vote de cette décision. C'est ainsi qu'agissent généralement les dirigeants de la Confédération. Et lorsque je les appelle dirigeants, je ne crois pas froisser nos camarades, car je suppose qu'ils n'accepteraient pas d'être de simples administrateurs sans initiative. D'ailleurs il ne peut y avoir de responsabilités dans la direction sans initiative et le principe démocratique qui voudrait établir une égalité absolue entre des fonctionnaires qui doivent diriger, qui sont actifs, dévoués, qui usent constamment d'initiative, n'est pas juste, et qu'on le veuille ou non, il est exact que l'autorité morale, l'influence appartient toujours à ceux qui agissent, et cela dans tous les milieux.

Le camarade Vibert, des ouvriers de la marine est venu nous affirmer que sa Fédération, une des plus fortes, la plus forte peut-être, était contre la représentation proportionnelle, parce qu'elle ne veut pas permettre aux fortes organisations d'écraser les organisations les plus faibles, mais de les protéger et de les aider dans leurs efforts d'émancipation.

Sans s'en douter, le camarade Vibert m'a fourni un des meilleurs arguments pour soutenir notre thèse, car il a prouvé que les grandes Fédérations comme la sienne, comme celle de la Métallurgie et d'autres sont disposées à soutenir les efforts d'émancipation des groupes plus modestes. Il est donc inexact de dire que ces petites corporations seront sacrifiées, écrasées par les puissantes fédérations.

J'ai déjà invoqué le témoignage du camarade Bourchet ; sur ce point encore, je rappelle une idée exprimée par lui au Congrès de Montpellier. Il déclarait que les petites organisations rendraient des points aux groupements plus nombreux au point de vue de la virilité et de l'action. C'est là une opinion quelque peu exagérée et qui laisserait croire que les petites organisations, que les minorités seules sont capables de vigueur. Ce serait véritablement à désespérer si cette opinion était fondée ; mais l'expérience démontre que l'on peut trouver des idées avancées, ou plus exactement des sentiments généreux et des idées d'émancipation. C'est donc un très mauvais argument contre la représentation proportionnelle.

Mais voyons le danger, les inconvénients du système de vote actuel, qui laisse croire à une majorité considérable des ouvriers s'associant à telles idées, la grève générale par exemple.

Examinons combien il serait nécessaire d'établir la R. P., lorsqu'il s'agit d'obtenir le concours de la masse ouvrière en vue de la grève générale, de l'action directe.

Il y a quelques années, les mineurs avaient décidé de faire la grève générale ; à ce propos le Comité de la grève générale qui avait fait une active propagande, avait convoqué les organisations parisiennes

A cette convocation, quelques corporations seulement avaient répondu : Guérard, Coupat, Sauvage, s'y trouvaient avec le Livre ; mais la grève générale annoncée ne pouvait être déclarée avec celle des mineurs, bien qu'on l'ait annoncée avec ostentation. Il y a là un exemple frappant de l'inconvénient qu'il y a à escompter un mouvement, une action quelconque, lorsque les intéressés ne sont pas consultés, lorsqu'on prend des décisions sans tenir compte de leurs intentions.

Les mêmes arguments peuvent être invoqués en ce qui concerne l'inefficacité du mouvement en faveur de la suppression des bureaux de placement, qui ont changé de forme, de titulaires.

Et s'il s'agit de l'application de l'action directe violente ou révolutionnaire, croyez-vous qu'elle s'exercera par la seule déclaration de la majorité du Comité Confédéral et qu'à la suite d'une telle déclaration les travailleurs se jetteront dans l'action directe et pourront ainsi réaliser la révolution expropriatrice, qui transformera notre société si mal organisée en une société harmonique parfaite, où la justice règnera.

Qui oserait affirmer que ce mouvement pourrait être obtenu par la seule décision du Comité Confédéral, avec le vote des organisations de force moderne, et qui imposerait des responsabilités morales, matérielles aux autres organisations plus nombreuses.

On voit combien il serait grave de voir de petites organisations qui n'ont rien à risquer et qui viendraient imposer les décisions prises par une majorité dans laquelle elles figureraient pour une part importante.

Cette situation indique d'une manière évidente qu'il est nécessaire de remédier à ce vicieux système de représentation, qui permet d'entretenir l'illusion dans le monde ouvrier. *(Protestations).*

Et un des moyens d'y remédier est précisément de simplifier l'organisation ouvrière en France, beaucoup trop compliquée. Pour comprendre tous les détails de ces rouages, il faut faire un effort considérable et être familiarisé depuis longtemps à cette organisation.

Examinons la constitution des effectifs de la Confédération pour démontrer le jeu de la représentation et l'influence qu'elle peut exercer.

Dans le tableau publié par la Confédération, nous trouvons 20 organisations représentant 114.000 membres et 23 organisations comptant 22.550 membres. Supposons que l'on ne compte dans les mesures graves à prendre que les unités fédérales et alors nous verrons que les 23 organisations prendront des mesures qu'on imposera aux 20 organisations plus nombreuses, plus importantes; elles leur imposent toutes les conséquences d'un vote avec toute sa répercussion morale et financière sans que les petites organisations puissent être touchées ou atteintes.

Maintenant, laissez-moi vous communiquer des documents que j'ai réunis à la suite de la mise à l'ordre du jour de la question de la Représentation Proportionnelle. C'était utile de montrer ce qui se fait à l'étranger dans des corporations qui sont solidement organisées, qui prospèrent. Voici ce qui se passe en Allemagne.

Voici la réponse du citoyen Legien, Secrétaire-général de l'Union générale des Travailleurs Allemands :

Dans nos corporations, le droit au vote, ainsi que le droit de représentation ne sont pas les mêmes pour toutes les sections ou corporations.

Dans chacune des Fédérations les sections ont un nombre de délégués à choisir d'après le nombre de leurs membres.

Le nombre en est différent·

Dans les corporations possédant un grand nombre de membres, il est choisi un délégué par 500 à 1.000 membres. Pour les petits syndicats qui y adhèrent ils sont réunis pour le vote.

Ce qui a lieu pour les syndicats est d'usage aussi pour notre Congrès corporatif.

Les corporations sont astreintes à choisir un délégué pour 3.000 membres.

Les petites corporations choisissent un délégué.

Pour les propositions importantes, le nombre de voix est basé sur le nombre de membres que les délégués représentent.

Il est vu plus loin que pour les questions importantes, le nombre de voix représenté par les délégués présents ne compte plus, mais que ce chiffre est basé sur le nombre de membres que les délégués représentent.

Pour l'Amérique, où l'organisation est puissante, où les Fédérations de métiers fonctionnent merveilleusement, les conditions de représentations dans les Congrès de la grande Fédération américaine du travail sont les suivantes :

La représentation au Congrès est basée comme suit : Pour les Unions nationales et internationales, comptant moins de 4.000 membres, 1 délégué ; 4.000 membres et au-dessus, 2 délégués ; 8.000 et au-dessus, 3 délégués ; 16.000 et au-dessus, 4 délégués ; 32.000 et au-dessus, 5 délégués ; et ainsi de suite. Les Fédérations d'*État*, les Fédérations locales et les Syndicats locaux de professions n'ayant pas d'Union nationale ou internationale, ont droit à un délégué à condition que ce délégué ne soit pas membre ou ne puisse pas être membre d'autres trades-unions.

Les délégués seront élus 2 semaines au moins avant le Congrès annuel de la Fédération Américaine du travail et le Secrétaire de la Fédération devra être immédiatement avisé du résultat de l'élection.

Le Secrétaire de la Fédération prépare, pour le Congrès, des listes imprimées indiquant le nombre de voix auxquelles les délégués des Unions nationales et internationales ont droit, d'après leur effectif moyen dans l'année courante, relevé sur les rapports adressés à la Fédération jusqu'au 30 Septembre précédent le Congrès annuel.

Aucune organisation démissionnaire, suspendue ou exclue d'une organisation nationale ou internationale affiliée à la Fédération, ne sera reconnue ou repré-

sentée dans la Fédération, ni dans aucune Fédération centrale, Union nationale
ou internationale affiliée à la Fédération Américaine du travail, sous peine,
pour ces dernières, de la peine de la suspension.

Il est bon de faire remarquer qu'en Amérique, les Fédérations de métier sont préférées aux Fédérations d'industrie, et dans une même corporation on voit souvent deux ou trois fédérations de professions similaires.

Au vote, les délégués représentant leur Fédération nationale, se partagent le nombre de voix par fraction de 100 membres; ainsi une fédération qui compte 20 000 membres peut avoir 5 délégués et chaque délégué
dispose de 40 voix, soit une voix par 100 membres. Les Fédérations locales, qui correspondent à nos Bourses du Travail, n'ont qu'une voix.

Au Canada, c'est le même mode de représentation qui est pratiqué.

La fédération des charpentiers et menuisiers américains nous a con-
firmé ces détails.

Voici pour l'Angleterre les renseignements qui nous sont parvenus de
notre correspondant :

1. Les syndicats peuvent avoir un délégué pour 2.000 membres ou pour
moins de ce nombre ; par exemple si un syndicat a moins de 2.000 adhérents, il
a droit à 1 délégué ; s'il avait 2001 membres, il aurait droit à 2 délégués et de
même s'il avait 3.999 membres ; s'il en avait 4.001, il aurait droit à 3 délégués,
et ainsi de suite.

2. Cette règle a été instituée afin de donner plus de voix aux grands syndicats. Mineurs V.

3. Cette règle n'a pas toujours existé ; elle a été instituée en 1890.
Dans une liste de syndicats représentés, je trouve :

(a) Le Synd. des Forgerons d'ancres de navires	130 adhérents,	1 délégué.
(b) Relieurs de livres	4.000 »	2 »
(c) Fabricants de Chaudières	49.000 »	24 »
(d) Briquetiers	39.000 »	20 »
(e) Typographes de Londres (L. I. C.)	11.400 »	6 »
(f) Mineurs	330.000 »	165 »
(g) Tisseurs	82.367 »	47 »

4. Quant aux votes au Congrès, il y a un vote par 1.000 adhérents ; par
exemple le syndicat (a) a 1 vote, le (b) 4, le (c) 49, le (f) 330, et ainsi de suite.
Mais les votes ne peuvent pas être divisés ; par exemple, les mineurs doivent
donner leur 330 votes à une proposition ; c'est aux 165 délégués à s'arranger
entre eux ; dans la pratique il n'y a aucune difficulté, me dit M. Bonermann.
Vous voyez que par ce système les grands syndicats ont un grand avantage,
ce qui n'est que juste.

Lorsque la question de la Représentation Proportionnelle est venue
en discussion, on a reproché à la Fédération du Livre d'avoir appuyé
cette proposition et même d'en avoir pris l'initiative, alors que pour son
fonctionnement elle n'emploie pas le système de la Représentation Proportionnelle. Ceux qui nous adressent ce reproche auraient bien fait de
lire nos statuts ; voici l'article 69 :

ART. — Les délégués au Congrès seront nommés à raison d'un par section.
Le délégué de chaque section aura droit à un nombre de voix proportionnel au
nombre de sociétaires qu'il représente : pour 1 à 100 membres, une voix; pour
101 à 200 membres, *deux voix*; pour 201 à 500 membres, *trois voix* ; pour 501 à
1,000 membres, *quatre voix*; pour 1,101 à 2,000 membres et au-delà, *cinq voix*.

Voyons maintenant comment on vote au secrétariat typographique
international, fondé par la Fédération française du livre dès 1880 :

DROITS ET DEVOIRS DES FÉDÉRATIONS ADHÉRENTES AU DROIT DE VOTE

Art. 8. — En cas d'élection ou de votation, la majorité absolue (la moitié plus une) des voix des fédérations affiliées fait loi, sur la base que 2,000 membres donnent droit à une voix. Une fraction de 501 membres, au moins, donne droit à une autre voix. Les fédérations de moins de 2.000 membres disposent d'une voix.

On le voit, les reproches qu'on nous adressait à ce sujet, comme sur tant d'autres questions, sont aussi inexactes, aussi injustifiées. Le Congrès le reconnaîtra, je l'espère.

En Suisse, les travailleurs du Livre ont constitué deux fédérations, l'une pour les typographes de la Suisse romande et l'autre pour les typographes de la Suisse allemande.

Voici le mode de votation pour la Fédération typographique romande :

Art. 29. — Chaque section nomme un délégué disposant d'un nombre de voix égal à celui de ses membres, déduction faite des sociétaires ayant déclaré dans leur section réserver leurs voix pour l'Assemblée générale ou s'y faire représenter par d'autres.

La nomination d'un délégué devra se faire au moins deux mois avant l'Assemblée fédérative.

Ils inscrivent le nombre exact des voix obtenues dans leur section, pour ou contre la proposition en votation.

Le Sociétaire ne pouvant assister à l'Assemblée de section peut envoyer son vote, par écrit et en temps voulu, sur les questions publiées par le *Gutenberg*.

Les voix des absents et de ceux qui ne prennent pas part aux votes sont réparties au prorata des suffrages exprimés pour ou contre les propositions. Les voix de ceux qui déclarent s'abstenir sont déduites du chiffre total avant le calcul de la répartition. Ce calcul se fera avant l'Assemblée des délégués et par les soins des Comités de section.

Les sections peuvent donner pleins pouvoirs à leurs délégués pour voter en leur nom quand elles le jugeront opportun.

Voici, pour la Fédération Typographique de la Suisse romande, comment on procède dans le Congrès :

Art. 23. — Les sections doivent se faire représenter à l'Assemblée générale par un ou plusieurs délégués, lesquels représentent tous les membres de la section, à l'exception de ceux qui prennent part en personne à l'Assemblée générale. Les représentants de la minorité ont à produire une pièce justifiant leur plein pouvoir.

Art. 27. — Les conférences de délégués sont composées comme suit : les sections comptant jusqu'à 55 membres envoient 1 délégué, de 51 à 100 membres deux délégués, de 101 à 150 membres 3 délégués, de 101 à 200 membres 5 délégués ; on ne peut pas envoyer plus de 5 délégués Chaque délégué n'a qu'une voix.

La Fédération des Typographes de l'Autriche nous a répondu par les renseignements que voici :

Dans nos Congrès de Fédérations comme dans les autres Congrès de Fédérations corporatives, le vote est pratiqué de la façon suivante :

Les délégués des différentes corporations, en ce qui concerne les principales questions, ont toujours droit à un nombre de voix égal au nombre de membres qu'ils sont chargés de représenter au Congrès.

Pour les questions relativement de moindre importance, chaque délégué présent a droit à *une voix*.

De cette façon on obtient une plus juste proportion pour la répartion des voix.

Pourquoi nous agissons ainsi, en voici l'explication :

Le vote proportionnel doit empêcher que les représentants des petites organisations, qui, dans leur ensemble, ne possèdent que quelques centaines de membres, prennent la majorité sur les grandes organisations et que la volonté d'un petit groupe de membres ne soit supportée par l'ensemble des membres des autres organisations dans une question qui n'aurait d'importance que pour la minorité des travailleurs et serait néfaste pour leur ensemble.

Comme chacun a les mêmes devoirs il semble naturel qu'il ait les mêmes avantages.

Enfin, la Fédération internationale de la Métallurgie, qui a son siège à Amsterdam, s'est prononcée à une forte majorité pour le système de la Représentation Proportionnelle. Voici la résolution votée :

Chaque organisation qui a payé sa cotisation à la Fédération a droit de vote. Le nombre des voix dont elle dispose est réglé suivant le nombre des membres sur lequel est calculé sa cotisation régulière, de telle sorte qu'elle a droit à une voix pour 5.000 membres. Les organisations jusqu'à 5.000 membres, ont par conséquent une voix ; les organisations plus nombreuses ont droit à une voix de plus pour la fraction restante, division faite du nombre de leurs membres avec 5.00, à condition que cette fraction compte au moins 2.500 au plus. Les décisions concernant des modifications aux statuts sont prises à une majorité de deux tiers des voix, les autres décisions à simple majorité.

Voici, camarades les renseignements précieux appelés à édifier les membres du Congrès, que nous avons pu nous procurer. Ils prouvent que la Représentation Proportionnelle est loin de nuire à la prospérité ou à l'indépendance des organisations.

Je comprends l'opposition des camarades anti-parlementaires à la Représentation Proportionnelle, parce que ce système constitue une sorte de représentation exacte des opinions de la majorité ; c'est ce qui contrarie ceux qui veulent donner la direction du mouvement ouvrier à une minorité qui se considère comme inférieure à ceux qui font partie de la majorité.

Il est vrai que dans nos Syndicats, le parlementarisme fonctionne, puisque c'est le seul moyen que nous ayions de désigner les fonctionnaires, de leur donner l'autorité que leur confère l'élection. Il en est de même dans le domaine politique, l'élection, le système parlementaire est le seul moyen qui permette de faire surgir régulièrement les pouvoirs. Dans nos organisations syndicales, toute mesure quelconque pour qu'elle puisse avoir toute son efficacité, avoir une action plus durable et plus étendue, il faut qu'elle reçoive la sanction du plus grand nombre.

Ce qui est vrai à la base de l'organisation confédérale, est vrai également au sommet, et c'est ce qui nous fait affirmer que la Représentation Proportionnelle est un moyen de donner à nos organisations plus de garanties, à donner aux décisions du Comité Confédéral un caractère plus organique, plus pontif ; et pour imparfait qu'il puisse être, comme l'ont laissé apercevoir les camarades Bourchet et Delesalle, améliorer, perfectionner, ce système de représentation.

Le principe de la Représentation Proportionnelle devra être affirmé ici par le Congrès, et si ce principe était admis, l'entente se ferait facilement sur la proportionnalité de la représentation.

Voilà, camarades, les raisons qui nous ont engagés à nous associer à cette proposition qui viendra consolider l'organisation centrale en assurant aux corporations des droits équivalents aux charges qu'on leur impose, qu'elles acceptent volontiers, mais à la condition aussi que leurs intérêts soient sauvegardés. (*Applaudissements*).

NIEL. — De même qu'il serait ridicule, de nos jours, qu'une exposition se fît sans qu'elle eût son « clou », de même il semble impossible maintenant qu'un congrès puisse se tenir sans qu'il ait son « clou ». Le clou du Congrès de Lyon fut les *les lois ouvrières* ; le clou du Congrès de Montpellier fut l'*Unité ouvrière* ; celui du Congrès de Bourges est la *Représentation Proportionnelle.*

Eh ! bien, je suis bien aise qu'une discussion large puisse se produire aujourd'hui, sur une question qui a tant passionné depuis quelque temps. Je ne veux pas rechercher les motifs — peut-être mesquins — qui ont déterminé les auteurs de cette proposition. Je préfère m'en tenir sur le terrain même de la question et je crois pouvoir démontrer, à l'aide d'arguments de deux catégories : ceux d'ordre matériel et ceux d'ordre moral, qu'il est impossible d'adopter la Représentation Proportionnelle.

D'abord, il est évident que le Comité confédéral, augmenterait dans une certaine mesure, car avec la Représentation Proportionnelle le nombre de délégués ne pourrait qu'augmenter, et ainsi, peu à peu, nous nous rapprocherions de ce Parlement ouvrier que tout le monde craint et qu'il faut éviter. Vous pourriez me répondre que le même délégué pourrait avoir plusieurs voix et qu'il ne serait pas nécessaire de trouver de nouveaux délégués. Mais comme cela est possible aussi avec la représentation égalitaire, il y a avantage à conserver le *statu quo.*

Mais comment établir la Représentation Proportionnelle ? Sur le nombre de *syndicats* ou de *syndiqués* ? Dans le premier cas c'est facile. Les fédérations et les bourses qui constituent la Confédération étant composées de syndicats, il serait facile de proportionner le nombre de voix de chaque bourse ou fédération au nombre de syndicats dont elle serait composée.

Mais serait-ce la vraie Représentation Proportionnelle ? Pas toujours, puisqu'une Bourse de 30 syndicats peut avoir moins de syndiqués qu'une Bourse de 3 syndicats. Il faudrait donc l'établir sur le nombre de syndiqués. Et pourtant est-ce qu'une Bourse qui a trouvé moyen de grouper 30 syndicats, quoique petits, n'a pas autant de mérite qu'une Bourse qui n'en a que 3 gros ?

Pour établir une juste représentation proportionnelle sur le nombre de syndiqués, il faudrait qu'il fût possible de contrôler le nombre de syndiqués dans chaque organisation ; il faudrait fouiller dans les livres de comptes, dans les listes d'adhérents, dans la vie intime de chaque syndicat, faire des enquêtes, etc. Quelle inquisition syndicale ! que de protestations, de réclamations, de plaintes, de brouilles et de divisions en perspective ! Car il ne faut pas se le dissimuler, nos syndicats ne sont pas composés d'hommes parfaits et selon qu'ils y auraient intérêt ils majoreraient ou diminueraient le nombre de leurs syndiqués.

Existe-t-il d'ailleurs, en France, une Fédération appliquant strictement la Représentation proportionnelle ?

LUCAS. — Les Employés !

POUGET. — Au Conseil supérieur du Travail !

NIEL. — Lucas ne se doute pas de la puissance de sa déclaration en faveur de mes arguments, car justement sur cette question du Conseil supérieur, le gouvernement doit annuler les votes majorés des syndicats des Employés. Et le gouvernement est favorable... (*Applaudissements prolongés*).

Pourquoi les Fédérations, surtout celles qui demandent aujourd'hui la Représentation Proportionnelle, n'ont-elles pas appliqué déjà ce système chez elles ? Parce que les mêmes difficultés que je signale se sont présentées pour elles. Parmi elles, il y en a qui font payer à leurs syndicats fédérés une cotisation égale quelque soit le nombre de leurs syndiqués ; évidemment celles-là n'appliqueront pas la Représentation Proportionnelle. Les autres font payer d'après le nombre de membres, et c'est là que commencent toutes les difficultés.

Je ne connais pas non plus de Bourse du Travail qui ait appliqué la Représentation Proportionnelle. Comment donc se fait-il qu'une chose qui est tant en défaveur dans les organismes secondaires devienne tout-à-coup si bonne et soit en si grande faveur pour l'organisme supérieur qu'est la Confédération ? Chaque fois qu'un Secrétaire de Bourse veut savoir le nombre de syndiqués d'un syndicat, il se heurte à une résistance des administrateurs des syndicats qui ne tiennent pas beaucoup à faire connaître le nombre de leurs membres : les uns parce qu'il est trop petit, les ,autres parce qu'ils ne veulent pas payer des cotisations pour tous ou qu'ils ne tiennent pas à faire connaître la force de leurs effectifs.

Voilà les nombreuses difficultés que rencontrerait partout l'application de la Représentation Proportionnelle.

Mais je vais plus loin et j'affirme que le Congrès n'a pas qualité pour adopter la Représentation Proportionnelle.

En effet, s'il l'adoptait et qu'il dût s'en suivre une application générale, il porterait une atteinte directe à l'autonomie des organisations qui constituent la Confédération : Syndicats, Bourses et Fédérations. Chaque organisation a le droit absolu et la liberté de s'administrer comme elle l'entend et vous ne pouvez avoir aucune sanction contre une organisatiou qui ne voudrait pas appliquer la Représentation Proportionnelle.

Logiquement le Congrès ne pourrait imposer la représentation proportionnelle qu'au Comité confédéral, et je vous prie de remarquer la contradiction qu'il y aurait de voir l'organisation syndicale française pratiquer la représentation proportionnelle au sommet, alors qu'elle ne serait pas appliquée à sa base. Vous feriez, contrairement au principe fédéraliste d'autonomie, qui est l'essence de notre syndicalisme, partir une réforme d'en haut pour l'appliquer en bas, alors que toutes les réformes doivent partir d'en bas pour se compléter et se concréter en haut. Faites d'abord la propagande nécessaire pour appliquer la représentation proportionnelle dans vos syndicats, dans vos Bourses ou Fédérations respectives, et après nous verrons à l'appliquer au sommet de l'organisation ouvrière.

J'en arrive maintenant aux arguments d'ordre moral et de principe. Ils sont au nombre de trois.

Le premier, c'est celui que j'appellerai le droit des minorités. Lorsque les adversaires de la représentation proportionnelle disent qu'ils ne veulent pas laisser écraser les petites organisations par les grandes, les partisans de la représentation proportionnelle répondent avec assez de raison qu'ils ne veulent pas non plus que les petites fassent la loi aux grandes, les uns et les autres ont raison. Pour satisfaire donc tous les droits, il est tout naturel que les minorités de chaque organisation devraient avoir leur part de représentation dans la proportionnalité. Mais comment établir cette juste part des minorités et des majorités dans nos divers organismes et nos Congrès alors que, vous le savez, rien n'est moins fluctuant et moins changeant que les minorités et les majorités. Il faudrait modifier à chaque instant les proportions et ce serait une véritable cacaphonie.

Le deuxième argument — et ici je prie le Congrès de vouloir bien m'écouter — c'est que la représentation proportionnelle, ce serait la mort sans phrase de la solidarité ouvrière, moteur moral du syndicalisme conscient.

J'ai admiré, comme toujours, le soin que le camarade Keufer avait apporté à se documenter auprès des organisations des autres pays : l'Angleterre, l'Allemagne, l'Amérique etc., où la représentation proportionnelle est appliquée, mais je n'ai pas approuvé sa conclusion quand il nous disait : « Pourquoi n'en serait-il pas de même en France ? »

Les Anglais, les Allemands, les Américains appartiennent à une race de tempérament froid, mathématique, positif — je ne dis pas : positiviste (*Applaudissements*) — et il est tout naturel que leurs organisations soient dans une certaine mesure imprégnées de ce tempérament mathématique qu'on trouve dans le principe de la représentation proportionnelle. Mais nous sommes en France, il ne faut pas l'oublier, nous appartenons à cette race latine chez laquelle le sentimentalisme tient autant de place que le matérialisme, et il est aussi naturel que nos organisations se ressentent également de ce tempérament particulier. Les différences de mœurs, de caractères, de tempéraments, d'histoire, doivent logiquement se traduire par des différences de faits. En France, nous ressentons plus vivement le besoin de liberté et nous répudions davantage à tout ce qui paraît être de l'embrigadement. Chez les latins, le sentiment joue un rôle aussi fort que le calcul, et je m'en réjouis. L'homme n'est pas seulement un composé de cellules chimiques obéissant aveuglément aux lois fatales de la matière inerte, il est aussi un composé mystérieux de volonté, d'intelligence, de sentiment qui influent fortement dans l'accomplissement de ses actions. Tuer le sentiment serait donc tuer une partie de l'homme et détruire un important moteur de la vie sociale.

Eh bien, je dis que le sentiment de solidarité ouvrière qui nous ordonne de nous aider les uns les autres dans toutes les corporations, quelles qu'en soient la nature et l'importance, serait atteint par le principe de la représentation proportionnelle, qui introduirait dans nos mobiles des éléments purement matériels de calcul, de chiffres, au détriment des nécessaires éléments de sentiment. Ce ne serait plus le devise : « Un pour tous, tous pour un », ce serait « 20 pour 20, 15 pour 15, 5 pour 10 ou 10 contre 5 », et alors qu'ainsi les corporation les plus fortes seraient sûres d'avoir la solidarité des plus petites quand elles le voudraient, les petites ne seraient pas certaines d'avoir celle des grandes quand elles en auraient besoin. Ce serait, je le répète, la solidarité algébrique ou arithmétique substituée à la vraie solidarité ouvrière.(*Vifs applaudissements*).

Que vous nous prêtez des sentiments grossiers, allez-vous me dire !

Mais alors, si ces préoccupations de chiffres n'existent pas chez vous, à quoi peut bien servir la représentation proportionnelle ?

Le troisième argument, c'est celui que j'appellerai le réveil de l'aristocratie proportionnelle. Vous savez, camarades, toutes les disputes, toutes les scènes de violence, tous les crimes mêmes, qui se commirent jadis au bon vieux temps du compagnonnage. Tout cela certes, était dû à un défaut d'éducation. Mais il n'en est pas moins vrai que ces rivalités corporatives avaient créé des aristocraties professionnelles, dont nous ressentons encore, hélas ! aujourd'hui les néfastes effets. Cependant grâce aux Unions locales de syndicats ou Bourses du Travail, dans lesquelles se rencontrent quotidiennement les travailleurs de tous métiers grâce à ce frottement continuel des salariés de toutes conditions, ces rivalités s'éteignent et ces aristocraties disparaissent. Mais il ne faut pas oublier pourtant que nous vivons dans un milieu de hiérarchie, d'autorité, que nous sommes tous égoïstes et sensibles aux honneurs ou aux supériorités, et tout ce qui serait de nature à flatter ces mauvais sentiments doit être évité. Eh! bien la Représentation Proportionnelle en accordant à certaines corporations, la supériorité numérique, réveillerait ce sentiment d'aristocratie proportionnelle au moment où il expire et tout le monde ouvrier a intérêt à le laisser mourir.

Voilà, camarades, les arguments de principe qui s'opposent à la Représentation Proportionnelle.

Le camarade Keufer a rappelé qu'au Congrès international des métallurgistes d'Amsterdam, la question avait été discutée et malgré l'opposition des délégués français, la Représentation Proportionnelle avait été adoptée. C'est vrai, Mais est-ce un argument ? Voulez-vous que je vous oppose un argument contraire ? Le hasard est quelquefois si bizarre ! Ainsi en même temps que ce Congrès ouvrier, dans cette même ville d'Amsterdam avait lieu un autre Congrès tenu par les amis même de ceux qui réclament aujourd'hui la Représentation Proportionnelle : le Congrès socialiste international. La Représentation Proportionnelle y fut rejetée puisqu'on donna 2 voix à chaque pays sans tenir compte du nombre de socialistes dans chaque nation.

Enfin et pour terminer, pour quels objets si précieux et si importants demande-t-on la Représentation Proportionnelle ? Pour des questions en définitive bien secondaires : pour *l'administration* de la Confédération. Et c'est pour des questions purement administratives que chaque fois qu'il faudrait émettre un vote au sein de la Confédération, vous iriez mettre en branle un mécanisme aussi lourd, aussi compliqué que la Représentation Proportionnelle ?

Craignez-vous que pour des cas très importants tels qu'une cessation générale de travail pour une réforme donnée, la minorité mette en branle la majorité des travailleurs et engage ainsi ses intérêts ? Mais dans ces cas spéciaux, usez-donc du referendum ainsi que vous y a invité le Congrès de Montpellier, mais laissez pour les choses courantes, l'administration plus simple et plus souple de la représentation égalitaire. (Applaudissements).

Camarades, en rejetant la Représentation Proportionnelle, vous sauvegarderez le vrai principe de solidarité ouvrière. (Vifs applaudissements).

Après le discours de Niel, le Président fait procéder à la nomination du bureau pour la séance du soir.

Sont désignés : Président, le Guéry ; assesseurs, Pioch et la citoyenne Montagne.

La séance est levée à midi 20.

Séance du 16 septembre. (*après-midi*).

La séance est ouverte à 2 heures 20 m.

Le Président donne lecture des dépêches suivantes :

De la Fédération des Préparateurs en produits chimiques à Paris :

Prière communiquer que Congrès décide adhésion Fédération préparateurs à Confédération et envoie témoignages fraternelle sympathie aux *congressistes* Bourges. Reynaud. (*Applaudissements*).

Du syndicat des Boulangers de la Seine :

Salut fraternel congressistes. Félicitations. Vive action directe révolutionnaire. Syndicat Boulangers la Seine. (*Applaudissements*).

De l'Association des Jeunes Facteurs :

L'Association Générale des jeunes facteurs téléphonistes et télégraphistes réunie en congrès à la Bourse du Travail, envoie aux représentants du prolétariat organisé un salut fraternel et ses meilleurs vœux de succès pour la bonne marche de leurs travaux. (*Applaudissements*).

Des Charbonniers de Marseille, en réponse à la proposition Pioch votée à une précédente séance :

Corporation refuse connaissant mieux situation Marseille que ceux ayant parlé dans le sens rentrer union dockers. Si confédération veut juger n'a qu'à déléguer pour enquête sur place. Jaur. (*Bruit*).

Pioch, en présence de cette réponse, dit que le syndicat des Charbonniers a eu la même attitude au Congrès de Cette. Il estime qu'ayant fait ainsi que Christine leur délégué, tout le possible pour arriver à une entente, le Congrès doit donner mandat au Comité Confédéral de régler le différend.

Cette proposition est adoptée.

De la Bourse du Travail d'Alger :

J'affirme que ordre du jour envoyé 31 décembre à *Voix du Peuple* pour insertion, amitiés à tous. Soulery.

Pouget, dit qu'il ne nie pas que l'ordre du jour ait été envoyé, mais que quant à lui, il ne l'a pas reçu.

Le Congrès adopte ensuite l'ordre du jour suivant relatif aux vexations dont sont victimes les travailleurs de la Tuuisie :

Le Congrès considérant que l'affirmation gouvernementale française tendait à dire que les ouvriers français ou indigènes ne pourraient bénéficier de la loi (????) des syndicats professionnels du 21 mars 1884, et doivent, sans espoir possible de défense, se laisser exploiter toujours et quand même par le patronat.

Ne veut point faire l'honneur au ministère actuel d'une juste et légitime protestation, mais en engageant les *Exploités Tunisiens* à s'affirmer davantage dans la lutte de classe pour la vie, les délégués présents de plus de 1200 organisations, s'engagent à les soutenir par toutes les actions possibles.

A. LAMARCHE, GRENOBLE, E. BUILOT, MILLET, CAGICAREL GERMAIN, des Peintres de Paris, J. G. LOISON, Peintres de Tours.

Un Délégué demande, à propos des quêtes qui se font après chaque séance du Congrès, que celle qui sera faite à la fin de la séance en cours, soit réservée en faveur des dockers de Lyon.

Pommier s'y oppose et demande au Congrès de ne pas changer sa façon de voir qui consiste à répartir toutes les sommes recueillies entre toutes les organisations en grève. (*Assentiment général*).

Alibert, Bourdeau et Bertrand déposent la proposition suivante au sujet de la prud'homie :

D'accord avec nos collègues de Perpignan et autres délégués nous demandant qu'il soit nommé une Commission sur la question prud'homale prése .tée par Perpignan, qui rédigera un rapport et cela pour abréger les travaux du Congrès. Il est bien entendu que cela ne veut pas dire de supprimer la discussion.

    Les Délégués : ALLIBERT, Fédération des Chapeliers ; BURDEAU, Syndicat des Chapeliers ; BERTRAND, de Perpignan.

Le Congrès décide que tout le monde étant d'accord sur cette question, il ne sera pas nommé de Commission et que la discussion aura lieu à son tour.

LE PRÉSIDENT donne ensuite la parole au camarade Lucas, sur la question à l'ordre du jour (R. P.).

LUCAS. — Quel que soit le temps que doit prendre le débat sur la Représentation Proportionnelle, j'estime que ce temps n'est pas perdu, car nous abordons un des points capitaux de l'ordre du jour du Congrès, qu'il est du devoir de chacun de traiter dans toute son ampleur.

Je m'associerai tout d'abord aux récriminations de Niel à propos des incidents qui ont marqué les discussions qui, pendant ces derniers jours, ont attiré l'attention du Congrès ; il a semblé là qu'il s'agissait de vider les querelles et de régler tous les différends pendants entre Fédérations d'industries, Fédérations de métiers, grandes et petites organisations. De ces discussions, Niel nous l'a dit ce matin, on aurait pu craindre à certains moments qu'il ne se reformât une sorte d'aristocratie prolétarienne ! Eh bien, je relève le mot, ceux qui votent avec Niel ont été les premiers à apporter leurs récriminations contre les camarades d'une autre tendance, la Fédération du Livre et celle des Employés ont été parmi le plus violemment et le plus injustement, peut-être — certainement même — critiquées avec acrimonie.

Nous n'avons quant à nous rien à nous reprocher, ceux qui sont ici et m'ont entendu en province, savent que jamais à aucun moment, dans les nombreuses tournées de propagande que m'a confié la Fédération nationale des Employés, j'ai eu un mot violent ou acrimonieux contre une catégorie de travailleurs.

En contact permanent avec les camarades employés qui, vous le savez, sont trop souvent imbus de préjugés regrettables, et croient encore en maintes circonstances à leur supériorité sur leurs camarades manuels, j'ai fait tout ce que j'ai pu pour dissiper ces préjugés, pour leur montrer combien étaient puissants les liens d'intérêts et de communes revendications, qui les rattachaient à la grande famille prolétarienne, à laquelle je les exhortais de s'unir.

Il n'y a ici ni travailleurs manuels, ni travailleurs intellectuels, il n'y a que des prolétaires conscients, délibérant sur de meilleurs moyens de s'émanciper. (*Applaudissements*).

Abordons maintenant le point capital du débat ; il s'agit de la constitution même de la Confédération générale du Travail ; aucun problème ne doit donc être plus passionnant pour nous ! Suivant que tout à l'heure nous allons voter dans tel ou tel sens, nous allons nous prononcer en faveur de tel ou tel mode de constitution, nous allons maintenir l'organisation ouvrière, dans l'ornière où suivant nous, elle se meut si difficilement, (*protestations*) ou nous allons lui donner un essort qui lui permettra de jouer, vis-à-vis du prolétariat, le rôle éducateur, et la fonction émancipatrice auxquels elle est destinée !

Niel me permettra de reprendre la distinction qu'il a faite, entre les différentes catégories d'arguments qui militent en faveur de notre thèse, et qu'il a si bien divisé en arguments d'ordre matériel, et en arguments d'ordre moral.

En entendant, ce matin, toutes les raisons qu'il nous donnait au point de vue matériel, je ne pouvais m'empêcher de remarquer en moi-même, combien ces arguments avaient entre eux un air de famille ; je ne pouvais m'empêcher de remarquer, tout en le déplorant avec amertume, qu'ils se résumaient tous à un seul mot : « Cela sera bien difficile. »

Il n'était pas question de plus ou moins de justice, entre la représentation proportionnelle, et ce qu'il appelle représentation égalitaire, que j'appellerai moi, représentation inégalitaire, il se contentait de nous dire, ne votez pas la Représentation Proportionnelle, car si vous l'adoptiez, combien de difficultés insurmontables, ne rencontreriez-vous pas pour l'appliquer !

Et en entendant ces arguments, sortir l'un après l'autre de la bouche de Niel pour en aboutir aux mêmes conclusions, je ne pouvais m'empêcher de comparer avec ceux que produisent dans d'autres assemblées, les adversaires des réformes ou innovations favorables au Prolétariat.

Oui, camarades, quant à la Chambre, au Sénat, des citoyens s'en viennent à la tribune proclamer la nécessité de telle ou telle réforme, de telle ou telle innovation destinées à améliorer le sort de la classe ouvrière, il se trouve toujours de bons esprits qui montent à la tribune, et qui viennent dire : « Mais Messieurs, nous ne contestons pas le caractère de justice de la réforme que vous nous proposez, mais elle rencontrerait des difficultés pratiques de réalisation tellement insurmontables, que nous sommes dans l'obligation de la repousser. » Et tout à l'heure, camarade Niel, comme je relisais en déjeunant, la discussion sénatoriale, relative à la Prudhomie, je constatais que les arguments identiques, d'ordre matériel, dont vous vous serviez contre notre proposition avaient été utilisés au Sénat, par le rapporteur, le réactionnaire Cordelet, contre les revendications des camarades employés ! (*Protestations, rumeurs*).

Camarades, je vous en prie, je n'ai pas voulu, loin de moi, assimiler l'esprit qui anime Niel à celui de M. Cordelet, mais, permettez-moi de regretter qu'il se trouve ici des camarades, qui puissent se servir dans nos discussions, de quelques emprunts, aux méthodes de ceux qui nous combattent.

NIEL. — Permettez-moi un mot, Lucas ! tout ce que vous venez de dire serait très exact, si, à côté des arguments d'ordre matériel, je n'avais apporté des arguments d'ordre moral.

LUCAS. — J'ai dit moi-même, vous le savez Niel, au début de cette discussion, que vos arguments se divisaient en deux parties, je me propose, dans la suite de mes développements, d'examiner les raisons d'ordre moral, que vous avez pu faire valoir. Ces arguments vous les avez condensés vous-même en un seul mot, ils sont basés sur des raisons d'ordre sentimental.

Et certes, je pense comme vous, que la vie ne vaudrait pas la peine d'être vécue, si à côté des contingents matériels de notre existence, ne venaient se manifester, parfois, ces poussées sentimentales ; et, dans toutes les phases de notre existence, à côté des nécessités d'ordre économique, d'ordre plutôt corporel, il y a les nécessités d'ordre spirituel ou d'ordre sentimental.

Moi je pense également que si le sentiment est une très belle chose, il est aussi une chose dont on doit se méfier; il se base en effet soit sur la raison, sur l'intelligence ou sur des poussées d'un ordre plutôt instructif. Et il se produit ce fait, que si les arguments qu'il fournit sont basés sur la raison pure, ils nous amènent à des conclusions efficaces et de progrès mais s'ils sont basés sur le cœur, c'est-à-dire sur l'esprit qui existe en nous de par les atavismes ancestraux, et les emprunts de l'éducation, il peut aboutir à la pure réaction, à la plus fâcheuse routine et au plus hideux des scepticismes religieux.... (*Applaudissements*).

Il faut donc se méfier des arguments d'ordre sentimental.

Ceci dit, je me permettrai de demander à Niel si parce que le problème est difficile à résoudre, on doit par cela même en abandonner l'examen. Ah ! camarades, je pense que dans nos organisations sont soulevés des problèmes bien plus délicats, bien plus difficiles, que chacun aborde avec son tempérament particulier, ses convictions propres, et même ses préjugés et en s'aidant les uns et les autres, on arrive à des solutions qui se rapprochent le plus possible des idées de justice et d'équité !

J'admets, camarades d'ailleurs que cette discussion ne changera pas le résultat du vote que vous allez émettre tout à l'heure et que s'il y a des camarades qui auront été touchés par les arguments des uns et des autres, ils se rappelleront au moment de déposer leur bulletin qu'ils ont un mandat ferme à remplir et ceux-là pourront se dire : « mes camarades ont eu tort de me donner ce mandat et je ne me reconnais pas le droit de changer leurs volontés, mais dès que je serai rentré chez moi, je pourrai les éclairer et travailler à faire changer leur manière de voir. »

Marx dont on a parlé hier, et qui a fourni à la Confédération Générale du Travail, sa noble devise : « l'Emancipation des travailleurs sera l'œuvre des travailleurs eux-mêmes », Marx, dis-je, a proclamé que le prolétariat, doit éduquer la société; eh bien, nous disons nous, que le Prolétariat doit commencer dans ses syndicats et ses groupements par s'éduquer lui-même, et c'est à cette œuvre que travailleront les délégués, en apportant dans leurs centres d'action respectifs, les arguments contradictoires qu'ils ont entendu formuler ici !

Ce qui prouve que nos espérances ne sont pas vaines, c'est que depuis que s'est posée dans nos Congrès, la question si importante que nous agitons à l'heure actuelle, plus considérables ont été chaque année, les minorités qui se prononçaient en faveur de nos propositions.

Tout d'abord, seul le Syndicat des chemins de fer mène la lutte; à Paris en 1900, à Lyon en 1901, quelques unités syndicales seulement approuvent sa proposition, à Montpellier en 1902 nous étions 75, et quelques puissent être les espérances des camarades adversaires de notre proposition, ils savent bien qu'à Bourges, ils ne pourront conserver une telle majorité.

Et d'ailleurs, peut-on ici parler de majorités ou de minorités ? J'entendais tout à l'heure, applaudir à la proclamation du résultat d'un vote, permettez-moi de vous dire, camarades que c'était là une mauvaise conception; que nous soyons majorité ou minorité dans ce Congrès, nous ne sommes qu'une infime minorité dans le prolétariat, qui offre à notre propagande, un champ d'action beaucoup plus vaste et plus fertile, que celui sur lequel on porte les luttes et les dissensions entre camarades ouvriers.

Mais, camarades, Niel n'a-t-il pas exagéré d'ailleurs, les difficultés d'ordre matériel, qui d'après lui, militent contre notre thèse ; il a mis au premier plan, la difficulté pour la Confédération, de s'assurer du nombre èxact de syndiqués, pour chaque organisation. Il y a pourtant des marques ; nos camarades anglais, allemands, ont bien pu les trouver, pourquoi ne suiverions-nous par leur exemple ? Ah, je sais bien que Niel, reprenant l'argument de Latapie, au Congrès International de la Métallurgie, a étayé son argumentation à ce sujet, sur les différences de races et de tempéraments. Permettez-moi de lui répondre, que sans manifester le moins du monde, un sentiment de chauvinisme, je ne crois pas que nous leur soyons tellement inférieurs ! Nous devons nous efforcer de faire, ce qu'ont fait les autres. Doit-on attribuer tant d'importance à ces différences ces de tempérament ? Dans notre pays, même, ces différences n'existent-elles pas ? Y a-t-il similitude de caractère et de procédés d'action entre le camarade de Marseille ou de Toulon, et celui de Dunkerque, entre celui de Brest et celui de Paris ? Il ne faudrait pas parce que nous rencontrons une colline sur notre route, se la figurer une montagne ardue et renoncer à la gravir. Le prolétariat doit aborder tous les problèmes, les étudier avec méthode, et chercher à les résoudre, sans confondre la force véritable, avec la violence inutile et tapageuse. (*Applaudissements et protestations*).

Et n'y a-t-il pas, camarades, pour le point qui nous arrête, les bilans financiers des organisations, qui indiquent d'une façon précise le nombre de leurs cotisants ? Qui oserait, à ce propos, parler aujourd'hui d'inquisition ? Il est des procédés de dissimulation indignes des organisations ouvrières, avec lesquels il faut en finir ; nous voulons réformer le monde, commençons d'abord par nous réformer nous-mêmes !

Ici, camarades, permettez-moi d'ouvrir une parenthèse, et au nom de la *Fédération Nationale des Employés*, de relever un incident qui s'est produit à la séance de ce matin. Oui, ce matin, pendant que Niel développait ce point de son argumentation, le camarade Pouget, par une interruption, a mis en cause notre Fédération, et rappelé les incidents qui avaient amené l'invalidation de notre élu, Dalle, au Conseil supérieur du Travail.

Et, cela a été une grande douleur pour nous, employés, de voir Niel, — délégué ici d'un syndicat d'employés, qui a protesté contre cette mesure, — en tirer argument, et les camarades d'un côté de la salle applaudir à l'acte d'arbitraire commis par un ministre contre des camarades syndiqués sur les injonctions d'une Fédération jaune. (*Applaudissements et protestations*).

POUGET. — Vous avez voulu faire fusion avec cette fédération. (*Applaudissements et protestations, tumulte prolongé*).

LUCAS. — Camarades, tout autre que Pouget aurait pu oser avec une apparence de bonne foi, me lancer l'interruption qu'il vient de m'adresser, mais je puis dire ici qu'il est inadmissible d'entendre un camarade, rédacteur en chef du journal du Prolétariat, aussi au courant qu'il l'est du mouvement ouvrier, apporter ici une allégation qu'il ne croit pas, qu'il ne peut pas croire, être l'expression de la vérité ! (*Applaudissements, tumulte prolongé*).

Camarades, je dois à mon organisation de répondre à cette allégation. Oui, j'ai été à Tarbes, au Congrès de la Fédération de Rouen, chercher un terrain d'entente, mais non pas entre nous et la Fédération, qui contient dans son sein — et c'est pour cela que je la qualifiais de jaune — des syndicats patronaux et mixtes, mais entre nous et quelques syndicats réellement ouvriers, fourvoyés dans cette organisation. Et cela est tellement vrai, que certains éléments de la Fédération de Rouen auraient toutes qualités voulues pour adhérer à la Confédération générale du Travail, que deux d'entre eux, celui de Limoges et de Bordeaux, avaient demandé leur adhésion à ce Congrès. Et si vous les avez repoussés, c'est pour des raisons d'ordre statutaire, parce qu'ils ne remplissent pas la double obligation. L'un d'entre eux même, celui de Limoges, je crois, est adhérent à la Bourse du Travail de cette localité.

Un Délégué de Limoges. — C'est exact.

Lucas. — Quoique, camarades, nous ne soyons pas ici pour trancher ces débats purement corporatifs, avant de poursuivre mon argumentation, je rappellerai que si la Chambre syndicale des employés a refusé de se soumettre à l'inquisition ministérielle et de laisser vérifier ses livres par les délégués de M. Trouillot, une commission ouvrière, dans laquelle était suffisamment représenté l'élément libertaire — elle était composée des camarades Dreyfus, Chevallier et Quillent — a eu en main tous les documents et a conclu à la sincérité de nos déclarations. (*Applaudissements*).

Mais je poursuis et ne voulant pas par cet incident prolonger outre mesure les débats, j'aborde immédiatement l'étude des principaux arguments que Niel a opposés à notre thèse.

Il a paru craindre, et c'était là sa principale objection, que par le vote de la Représentation Proportionnelle, le Comité Confédéral ne devienne un véritable Parlement ouvrier. Eh bien, camarades, ne serait-l pas facile d'éviter cet inconvénient ? Ne pourrait-on pas dans ce but prendre une série de dispositions comme celles qui sont préconisées par es Bourses d'Alger et de Reims, dans les circulaires qui vous ont été soumises ?

On nous a aussi objecté la non représentation des minorités dans notre système ! Et à l'heure actuelle les minorités sont-elles représentées ? Ce sont là d'ailleurs des questions d'ordre intérieur qu'il sera facile à chaque organisation de traiter dans son propre sens !

Et on a dit aussi qu'il y a grand intérêt à maintenir le système actuel qui a pour base générale, la solidarité ouvrière, pensez-vous qu'il suffit d'un vote avec votre représentation actuelle pour assurer cette solidarité ouvrière ? Oui, affirmez-là dans les Congrès, clamez-là dans des meetings, je dis que c'est là de la viande creuse dont vous nourrirez les masses ? Au lendemain de l'enivrement de la réunion publique, il est possible que ces foules suivent un mouvement qu'elle n'ont pas provoqué, auquel elle n'ont pas consenti, mais l'ivresse du moment disparue, elles retourneront à leurs erreurs.

C'est pourquoi nous pensons nous, qu'au lieu de bercer certaines catégories de travailleurs avec ces grands principes de solidarité ouvrière, au lieu de les habituer à compter sur leurs camarades, et non à compter sur eux-mêmes, il est de notre devoir de ne pas dissimuler que tout progrès à réaliser exige un effort, et qu'il faut accomplir cet effort. Ainsi de l'action continue de tous ceux qui souffrent, de tous ceux qui travaillent, des efforts soutenus de tous les prolétaires conscients, de l'amélioration progressive et volontaire de leur sort, sortira un jour, il faut bien l'espérer, notre Paradis à nous, qui est la République sociale! (Applaudissements).

Vos applaudissements, camarades, me montrent que nous sommes presque tous d'accord ici sur ce point, nous devons de jour en jour travailler pour que le prolétariat hâte par ses efforts, la nécessaire évolution sociale, et lourde est la responsabilité qui pèse sur nos épaules, difficile à remplir est le devoir qui nous oblige à résister parfois à nos élans instinctifs, pour ne considérer que l'intérêt des travailleurs. Et cependant ce devoir nous est tout tracé, et nous y manquerions gravement, si nous poussions le prolétariat dans une voie, où il serait voué à un échec certain ! C'est pourquoi nous demandons un mode de représentation qui ne risque plus à un certain moment de lancer la Confédération dans une voie, où l'engagement des Syndicats n'aurait qu'une influence très restreinte, sur le milieu corporatif dans lequel ils se meuvent.

Certes, nous félicitons l'activité et le dévouement de camarades, qui, isolés dans leur centre, isolés dans leur milieu, entreprennent l'organisation des travailleurs d'une contrée ou d'une profession, malgré mille difficultés et périls ; nous félicitons ceux-là et nous leur rendons hommage, parce qu'ils ont bien conscience de la force prolétarienne et de la nécessité des groupements, parce qu'ils sont les semeurs qui répandent la bonne graine qui germera plus tard et donnera une abondante moisson ! Mais, cependant, nous ne voulons pas faire que ceux-là, qui, absorbés par ces difficultés, ces périls que je signalais, perdent peut-être un peu de vue l'intérêt pratique de l'organisation, parce que la leur est trop embryonnaire, parce qu'ils sont absorbés par les luttes nécessaires à sa constitution, nous ne voulons pas faire que ceux-là, sans aucun esprit de méfiance d'ailleurs de notre part, viennent diriger les grandes organisations avec leur embryon de syndicat ! Non pas que nous voulions écraser les jeunes syndicats, mais bien pour les encourager à s'accroître. (*Applaudissements*).

Ce que nous demandons aux petits syndicats c'est d'abandonner ce mesquin sentiment d'orgueil corporatif, et avant de songer à leurs intérêts propres, de penser aux intérêts généraux du prolétariat ! Ce que nous demandons aux petits syndicats, c'est de ne pas tomber dans l'égoïsme, que Niel supposait à un moment donné, être dans l'esprit des grandes organisations !

Lorsque vous aurez à juger la cause qui vous est soumise, élevez votre esprit, élevez vos cœurs, camarades, cherchez à vous débarrasser de tout sentiment de jalousie ou de mesquine méfiance et jugez selon votre conscience !

Examinez de sang-froid les arguments que nous vous soumettons et pesez-les en toute équité.

Demandez-vous, comme le faisait Guérard à Lyon, quelle serait la conclusion d'une grève générale, votée par une majorité apparente. L'organisation représentant 2 à 3.000 syndiqués, contre une minorité en représentant plus de 100.000.

Et les camarades qui combattent notre thèse sont-ils bien sûrs de la force et de la sincérité des arguments qu'ils nous opposent.

Un de nos camarades délégués, que nous avons remarqué à cause de l'attention intelligente mais parfois bruyante avec laquelle il suit le cours des débats, j'ai nommé le camarade Liénard, écrivait la semaine dernière dans la *Voix du Peuple*, un article significatif contre la Représentation Proportionnelle. Or, si je prends le compte-rendu du Congrès de Lyon, page 60, je trouve que Liénard, à Lyon, exprimait une opinion contraire et s'écriait :

LIÉNARD. — A Tourcoing nous avons 5 syndicats rouges qui représentent 3.000 membres et 34 syndicats jaunes qui n'en renferment que douze cents. S'ils étaient ici et que nous votions par mandat, ils auraient forcément raison de nous. C'est donc le nombre d'adhérents qui doit être consulté, et non le nombre de mandats.

Et si je cite ces faits, c'est que je tiens essentiellement à montrer aux camarades qui sont ici ou se croient ici les représentants de la tendance opposée à la nôtre, que leurs amis, en maintes circonstances, ne se sont pas opposés d'une façon formelle à notre thèse.

Au Congrès de Montpellier (p. 155), Bourchet faisait la déclaration suivante :

« Oui, le jour où le mouvement syndical sera plus solidement constitué, la représentation proportionnelle pourra se discuter sérieusement... »

Il ne la repoussait donc pas en principe, et je comprends, d'ailleurs, fort bien son hésitation à ce moment. L'unité ouvrière venait d'être constituée, la Confédération Générale du Travail réorganisée. On ne savait pas quels résultats allait donner le nouvel organisme, et trop d'innovations en même temps eussent pu lui être fatales. Griffuelhes, d'ailleurs, au même Congrès (p. 156), et tout en combattant la proposition Hardy, admettait que celui-ci avait raison en théorie. Le Congrès des Métallurgistes de l'Oise s'est prononcé favorablement à la représentation proportionnelle, s'inclinant en cela devant une décision du Congrès International des Métallurgistes tenu le 15 août dernier à Amsterdam, qui invitait les organisations adhérentes à pratiquer ce système dans leur propre sein.

Le camarade Donzel, un libertaire pourtant, a suffisamment fait justice, dans la *Voix du Peuple*, de cet argument que les grandes organisations étaient forcément antirévolutionnaires, pour que j'aie à citer l'exemple des Fédérations de la Marine, de la Métallurgie, qui, sur le dernier vote, ont à la presque unanimité approuvé l'attitude du Comité Confédéral, et même de celle des Employés, qui s'est scindée en deux fractions égales.

Enfin, je voudrais, camarades, réfuter d'un mot l'argument de Niel, qui, ce matin, vous rappelait ce qui s'était produit au Congrès politique d'Amsterdam. Si Niel militait dans une organisation politique, il saurait que chaque groupement adhérent a dans les Congrès, ou organismes centraux, un nombre de voix proportionnel au nombre de cartes du Parti qu'il a retirées, c'est-à-dire au nombre de ses cotisants. Il sait bien, d'ailleurs, quelles protestations se sont élevées, dans les organisations et journaux socialistes européens, contre le mode de votation au Congrès d'Amsterdam.

Enfin, je dis, et j'aborde ici un point particulièrement délicat du débat, que Niel s'est fait l'écho, à la tribune, d'une préoccupation d'un ordre tout spécial. « En dehors des raisons d'ordre constitutionnel, a-t-il dit, il y a d'autres raisons, je ne veux pas les connaître », et il ajoutait qu'elles lui paraissaient piètres et mesquines. Eh bien, camarades, quand bien même ces raisons seraient celles qu'a exprimées ou sous-entendues Niel, les épithètes piètres et mesquines seraient-elles de circonstance ? Est-ce que la minorité du Comité Confédéral, constatant que la méthode en honneur à la Confédération Générale du Travail est loin d'être celle que pratique réellement la majorité du prolétariat, n'a pas le droit et le devoir de chercher à faire prévaloir celle-ci ? Peut-on traiter de piètre et de mesquin le souci que nous avons que l'orientation donnée à la Confédération Générale du Travail ne soit pas contraire aux vœux et aux sentiments de la majorité du Prolétariat organisé ?

Croyez-vous, d'autre part, que vous n'êtes pas vous-même influencés par des raisons n'ayant rien à voir avec la justice ?

Non, ce sont là des raisons trop importantes, trop légitimes pour qu'on puisse traiter de piètres et de mesquines les préoccupations qui les guident et qui ne sont autres que le souci d'un légitime devoir !

Pensez-vous donc que c'est une majorité d'organisations, minorité de syndiqués, à la Confédération Générale du Travail, faible minorité elle-même du monde ouvrier, qui pourrait assumer la direction d'un mouvement des millions de prolétaires français ? Pensez-vous donc qu'une infime minorité de travailleurs entraînerait ainsi dans la lutte l'immense majorité de la classe ouvrière ? Je dis qu'il y a là un danger pour notre organisation, et ce danger nous devons à nos mandants de le signaler au Congrès !

On a dit et répété au dehors, à toutes les organisations, et aux délégués ici présents que la décision qu'ils allaient prendre n'avait rien à voir avec la justice, que ce n'était là qu'une question de tactique ; vous avez donc conscience vous même, et c'est la votre condamnation, de ne pas représenter la majorité du prolétariat organisé ?

Vous en êtes réduit pour défendre votre thèse à reprendre la vieille théorie de majorités inertes et de minorités agissantes !

Ah ! je sais que quand la masse humaine a été soulevée par un flot révolutionnaire, c'est d'une minorité que partait la poussée libératrice ; mais tout au moins a-t-il fallu que la masse se laissât faire, qu'elle ait été suffisamment préparée à ce mouvement révolutionnaire, que la pénétration ait été suffisante, pour que cette masse se laissât sombrer ! Vous avez grand tort d'invoquer ce qui s'est produit en 1789.

Ce sont dites-vous les ouvriers du faubourg Saint-Antoine et du faubourg Saint-Marceau qui ont fait la Révolution, qui ont pris la Bastille et les Tuileries ; mais pourquoi. alors que d'autres mouvements commencés dans les mêmes conditions et obtenant les mêmes résultats immédiats, ont misérablement échoués, celui de 1789, a-t-il abouti ? C'est qu'il existait alors réellement et dans la masse des villes et par la masse des campagnes, une préparation à ce mouvement. Inconsciemment peut-être, le tiers-état provincial, les classes rurales. s'étaient peu à peu assimilé les idées des encyclopédistes, et rêvaient d'un régime meilleur ; et ceux qui étaient les initiateurs du mouvement, trouvaient devant eux la majorité du peuple préparé.

Malheureusement, pour la Révolution économique que nous voulons faire, nous ne sommes pas suffisamment préparés pour que la minorité active et agissante puisse faire aboutir un mouvement...

UN DÉLÉGUÉ. — Nous autres, travailleurs des champs, nous préparons la Jacquerie, et ce sont vos conceptions qui retardent la Révolution.

LUCAS. — Oui, camarade qui êtes délégué d'un syndicat agricole, vous avez raison de parler de la Jacquerie ; la Jacquerie, j'y pensais, c'est justement un de ces mouvements violents, mal préparés, sursaut aveugle des masses exploitées, qui ne peut aboutir à un résultat ; ce qu'il faut, c'est hâter l'évolution, et c'est justement là le but de l'organisation économique, le but de nos syndicats.

Parler révolution est bon, la faire est mieux ; et pour cela, préparons de fortes organisations établies sur des bases justes.

Que feriez-vous donc en cas de révolution subite, vous donnant tout d'un coup le pouvoir ? Pourriez-vous en écarter la majorité des Travailleurs ? Pourriez-vous constituer une sorte de gouvernement autoritaire en constituant en aristocratie gouvernante la minorité intelligente et agissante dont vous parlez tant ?

Non camarades, ce qu'il faut, c'est continuer le combat, continuer la lutte, sans écarter personne. Luttons de nos deux bras, sur tous les terrains, avec toutes nos forces et nos énergies !

Lorsque, sur la côte battue par l'Océan, le rocher, depuis des siècles resté inébranlable, s'écroule tout-à coup, un jour de tempête, arraché par la vague furieuse, sa chute n'a pas pour cause unique la violence de la mer déchaînée.

Il a fallu pour ruiner l'œuvre du temps autre chose que l'assaut de la mer soulevée par l'orage, il a fallu la lente infiltration des sources sous-marines, il a fallu le long effort, le doux battement du flot berceur aux jours de calme qui, parcelle après parcelle, minait à tout instant la dure masse de granit.

Et vous voulez opposer la puissante vague des moments de tempête à la honte des instants de calme ?

Allons donc ! leurs efforts se complètent, leur œuvre est commune! (*Vifs applaudissements*).

Eh bien ! n'en est-il pas de même de nous ? Les entrailles profondes du prolétariat, ne renferment-elles pas les mêmes besoins de force, que contiennent les profondeurs du vaste Océan ?

Ayons la force, et non seulement la violence ; car si celle-ci après s'être manifestée, fait place chez l'être à une réaction funeste, la force véritable et consciente n'est découragée par aucun échec.

Latapie disait tout à l'heure, et cela est de nature à susciter chez nous toutes les espérances, que notre organisme était jeune.

Oui ! notre organisme économique est jeune, embryonnaire, et cependant malgré les incertitudes du début, les divisions causées par la faiblesse des liens nouvellement créés, les fautes de contribution inévitables dans tout organisme nouveau qui doit être à la fois assez compact pour être une force, et assez souple pour embrasser dans ses groupements l'unanimité des travailleurs, la confédération générale du travail, représente déjà une force. (*Bravos répétés*).

Unissons-nous donc ! Entendons-nous, pour porter remède aux vices de notre organisation.

De ce Congrès doit sortir une Confédération renforcée, se renfermant dans son rôle, se tenant en dehors des luttes politiques fertiles en divisions pour le prolétariat, se groupant pour le combat économique en une unité assez vigoureuse pour obtenir d'abord un peu plus de *bien-être* et de *liberté* pour les travailleurs, et préparer leur prochaine et complète émancipation !

Mettons la Justice et l'Egalité à la base de notre organisation, puisqu'aussi bien nous luttons pour fonder dans la large fraternité des hommes la cité de justice et d'égalité ! (*Vifs applaudissements*).

LUQUET constate qu'il arrive un peu tard dans cette discussion déjà bien longue ; il fait appel à l'attention bienveillante des congressistes et assure qu'il abrègera le plus possible.

J'essaierai, dit-il, de laisser de côté tout le sentimentalisme apporté par les orateurs qui m'ont précédé et ne baserai mon argumentation que sur des faits d'un ordre plus réaliste. Je prouverai qu'il y a dans cette question moins de préoccupation d'ordre administratif, qu'une question de tendance. Mais je voudrais tout de suite anéantir un argument que Coupat invoquait à l'appui de la Représentation Proportionnelle ; ce camarade prenait prétexte du grand nombre de délégués dans ce Congrès pour étayer sa thèse.

« Le système de représentation actuellement en vigueur dans les

Congrès, nous amène un nombre considérable de délégués, ce qui rend difficile les discussions et empêchent à des camarades jusqu'ici obscurs, mais d'une grande valeur cependant, de pouvoir se produire, les anciens seuls pouvant avoir l'oreille du Congrès, nous dit Coupat, » Mais camarade Coupat, si votre système de représentation doit avoir pour résultat de restreindre le nombre des délégués, il adviendra que ce seront les plus au courant, c'est-à-dire les plus anciens qui seront envoyés dans les Congrès et les intelligences non encore révélées ne pourront pas d'avantage se produire puisqu'elles ne seront même pas au Congrès.

J'en conclus donc que l'argument de Coupat porte à faux.

J'arrive maintenant à l'incident soulevé par Lucas relativement au différend de la Chambre syndicale des Employés de Paris et le Ministère de Commerce. Les camarades qui soulignaient une déclaration de Niel m'ont chargé, je crois, d'expliquer leur attitude.

LUCAS dit qu'il serait de toute courtoisie de laisser de côté cet incident, sans quoi il répondra. (*Bruit prolongé*).

LUQUET dit que la courtoisie consiste à laisser ceux contre l'attitude desquels on a protesté, s'expliquer; il le fera sans acrimonie et Lucas répondra s'il le croit nécessaire.

Le citoyen LUCAS protestant à nouveau, le président l'invite à laisser Luquet s'expliquer.

LUQUET dit qu'il rétablira simplement la vérité et les intentions de ses amis et lui, travesties par Lucas.

Le citoyen MALLARDÉ, qui interrompt, est rappelé au silence par le Président.

MALLARDÉ. — Je prie le Président de ne pas défigurer mon nom et...

PATAUD. — Le Congrès n'a pas à s'occuper du nom et de la personnalité de Mallardé, il s'en moque...

MALLARDÉ. — Vous avez cependant été bien content de trouver le concours de Mallardé...

PATAUD. — En quelle circonstance ?

MALLARDÉ. — A Issy-les-Moulineaux, pendant la grève, lorsque je vous apportais cent francs pour vos grévistes.

PATAUD. — Je prends acte, au nom des grévistes, du reproche de Mallardé.

LUQUET: — Niel a rappelé que le ministre du commerce, que l'on ne nous reprochera pas d'être très sympathique à nos tendances, a été lui-même dans l'obligation d'annuler les élections au Conseil Supérieur du Travail, parce qu'il lui a été prouvé que la Chambre Syndicale des Employés de Paris avait, pour faire élire son candidat, majoré les chiffres de ses adhérents; et il ajoutait que cette majoration pourrait se produire pour avoir la majorité des voix dans le sein du Comité Confédéral. C'est l'argument que nous applaudissions, et non l'acte du ministre qui, d'ailleurs, est assez sympathique à l'organisation dont il s'agit, puisqu'à son intention, pour son candidat, il a été créé un siège nouveau au Conseil Supérieur du Travail.

Nous n'avons pas applaudi à ce qu'on appelle l'arbitraire d'un ministre, et Niel n'a fait que constater un fait; si je me trompe, on me démentira.

Et maintenant, camarades, permettez-moi de rappeler un argument contenu dans un article de Delesalle. Si nous acceptions la représentation proportionnelle, il faudrait la pratiquer dans le Comité Fédéral des

Bourses, et il arriverait que quelques grandes Bourses, comme celle de Paris, alliées à celles de Lyon, de Marseille et Bordeaux suffiraient pour avoir la majorité et ainsi étouffer toutes les autres Bourses de province. Cela pourrait suffire pour condamner la représentation proportionnelle.

Les partisans de la représentation proportionnelle objectent que les petites organisations, par leur multiplicité, majorent les grandes, et que c'est un petit nombre de syndiqués qui fait la loi au grand nombre. Si le fait était vrai, et qu'il y eût là un danger, est-ce que le contraire ne constituerait pas un autre danger. Car enfin c'est, je le répète, une question de tendances avant tout; or si on connaît la portée et la valeur des décisions du Comité Confédéral en ce qui concerne l'action ouvrière proprement dite, on se rappellera qu'elles ne constituent que des indications, des invitations, et si, aujourd'hui, une minorité des syndiqués décidait quelque chose qui soit contraire aux intérêts du plus grand nombre, ces derniers peuvent, dans une certaine mesure, résister rien que par leur force d'inertie à ce qu'ils considéreraient comme une faute. Il n'en saurait être de même différemment.

Il y a donc avec la représentation actuelle une balance sinon nécessaire, du moins qui suffit à faire disparaître les craintes des camarades qui ne pensent pas comme nous.

Mais la représentation proportionnelle basée sur le nombre de syndiqués est-elle bien logique, car enfin, est-il loyal de laisser une corporation noyer par son nombre une autre corporation? Nous savons tous qu'il y a des industries et des métiers qui ne peuvent, en raison de leur fonction sociale, compter une aussi grande quantité de membres que d'autres et nous arriverions ainsi à permettre aux mineurs par exemple, de ne plus laisser de volonté propre aux préparateurs en pharmacie ou aux employés des postes et télégraphes qui sont moins nombreux que les premiers; l'alimentation, qui compte peut-être 500.000 travailleurs, pourra grouper plus d'individus que la typographie qui n'en compte que 20 ou 25.000 au maximum. Et je demande à Keufer s'il serait juste que telle corporation ou telle industrie écrase telle autre profession, à moins que les partisans de la représentation proportionnelle nous disent que toutes les industries n'ont pas la même valeur et qu'elles ne sont pas socialement toutes aussi utiles les unes que les autres.

KEUFER. — Non.

LUQUET. — Alors s'il en est ainsi, si les typos sont moins utiles que l'alimentation, les pharmaciens, les coiffeurs, etc., moins utiles que les mineurs, que ne nous propose-t-on une représentation proportionnée à l'utilité sociale de chaque industrie et dès lors qu'importe le nombre des syndiqués?

Nous disons, nous que toutes les corporations organisées comme elles l'entendent, doivent avoir une représentation égale dans le Comité Confédéral qui ne saurait être proportionnée au nombre des syndiqués.

Lucas comme Niel, disait que le sentiment, la poésie, étaient indispensables à la vie; ceux qui les développent ont donc leur utilité selon vous! donnez-leur donc aussi des droits de s'affirmer dans la lutte, quoique peu nombreux.

Ah! Vous nous reprochez que ce soient des minorités de syndiqués qui dirigent le mouvement; cela n'est vrai que dans une certaine mesure. Elles ne dirigent pas, elles sont comme le seraient les majorités, forcées de tenir compte des circonstances et des contingences sociales, elles s'en inspirent elles aussi, car ces contingences s'imposent à tous. Leulement elles peuvent être entrevues par un orbite différent, ressenties de façons diverses.

La vérité est, que ce sont toujours des minorités qui sont les plus actives et que pour cela, il fau; les laisser se produire, ne pas les étouffer. C'est la minorité des travailleurs qui sont syndiqués et ce sont dans les Syndicats des minorités de syndiqués qui poussent les autres. Les gros bataillons embarrassés souvent de mutualisme ne se mettent en branle que difficilement et il faut les entraîner.

Nos camarades qui se prétendent très positifs, nous reprochent constamment de ne pas assez tenir compte des milieux très différents dans lesquels nous évoluons les uns et les autres. Mais alors pourquoi abusent-ils d'exemples pris à l'extérieur, au-delà des frontières. Nos tempéramments sont-ils les mêmes que ceux de nos camarades allemands ou anglais. Je ne le crois pas. Et s'il est vrai qu'il faut tenir compte des milieux entre travailleurs des contrées et des pays différents, Pourquoi dès lors, tenter de nous imposer toujours l'exemple — quelques fois bon cela est vrai, mais pas en tout — de nos camarades de l'extérieur ?

KEUFER objecte que la tendance opposée commet l'abus contraire.

LUQUET déclare qu'il est d'accord avec la délégation lyonnaise qui l'a chargée de le dire en son nom à la tribune, pour reconnaître que ce sont généralement les petites organisations qui provoquent les mouvements et entrainent la masse.

GUÉRARD. — Cela arrive rarement.

LUQUET. — Il y a cependant des exemples et j'en rappellerai un. Après deux referendums sur la grève générale de leur corporation, referendums qui pour avoir donné la majorité pour la grève n'avaient réunis qu'une certaine quantité de voix pour ou contre, les mineurs ne sortirent pas de la mine. Puis quelque temps après, le bassin du Pas-de-Calais se mettait en grève, presqu'aussitôt, sans referendum nouveau tous les bassins imitaient le Pas-de-Calais et la grève devenait ainsi presque totale.

C'était donc une minorité qui l'avait provoquée, déchaînée, et les résultats eussent pu être tout autres.

Il n'est donc pas indispensable pour engager une action ou un mouvement que toujours une majorité consultée ait pu se prononcer préalablement.

J'arrive maintenant à un fait que vous me permettrez de vous citer, camarades, et qui prouve combien peut être néfaste pour l'action ouvrière, la représentation proportionnelle. J'emprunterai l'argument à un homme qui ne peut être susceptible de servir ou de partager nos conceptions, et n'a, j'en suis convaincu, de sympathies, ni chez les uns, ni chez les autres ici. Je veux parler de M. Yves Guyot.

Vers 1899, les manœuvres des ports d'Angleterre, constituaient une Union qui groupa bientôt près de 200.000 adhérents ; son esprit était nettement révolutionnaire, elle avait pour principe de rester une organisation de combat et de ne pas s'embarrasser de réserves pour les maladies et les accidents. Cette union avait des tendances socialistes. Or, voici comment à cette époque, le vieil unionisme qui avait une tendance opposée, pratiqua l'étouffement. Je le répète, je cite M. Yves Guyot.

« L'*Old Unionisme*, le vieil unionisme, décida de s'affranchir du *New Unionisme* et il fit cette opération au Congrès de Cardiff (septembre 1895).

Le Comité parlementaire décida l'expulsion de tous les membres qui ne travailleraient pas de leur métier ou qui n'étaient pas des employés payés par les

Trade Unions : cette formule visait Keir Hardie, Ben Tillett et d'autres membres de l'*Indépendant Labour P rty*. De plus, il subtitua au vote par mains levées le vote par bulletins, chaque membre ayant droit à autant de votes qu'il représentait de milliers de Trade Unionistes.

La réforme faite par le Comité parlementaire donna 166 voix aux délégués des mineurs, 77 aux six délégués des mécaniciens, 83 voix aux tisseurs. En y ajoutant les voix des délégués des 41.565 membres de l'Union des Employés de Chemins de fer, *quatre Sociétés arrivaient à avoir 367 voix, chiffre suffisant pour écraser toute opposition.*

John Burns avait été l'auteur de cette mesure qui pouvait être assimilée à un Coup d'Etat. A un reporter qui le lui faisait observer, il répondit :

— En religion, en politique, partout la Providence est du côté des gros bataillons. Pourquoi ne gouverneraient-ils pas ici ?

— Mais les minorités ont leurs droits ! reprend l'interviewer.

— Les majorités sont miséricordieuses. »

Voilà, camarades, encore une fois, vers quels résultats tend la représentation proportionnelle.

Plus récemment encore et en France, le ministre Trouillot n'a-t-il pas tenté la même chose à l'égard de la Bourse du Travail de Paris, espérant museler, si je puis m'exprimer ainsi, les organisations qui font de l'action.

Voici la lettre qu'il adressait à ce sujet au Préfet de la Seine :

Paris, le 15 janvier 1904.

Le Ministre du Commerce, de l'Industrie, des Postes et Télégraphes,
à Monsieur le Préfet de la Seine,

La discussion du règlement général de la Bourse du Travail, prévu par l'article 9 du décret du 17 juillet 1900, vient d'être inscrite à l'ordre du jour de la prochaine session du Conseil municipal. Je crois devoir appeler votre attention sur l'intérêt qui s'attache à ce que les dispositions de ce règlement soient élaborées en concordance avec celles du décret qui l'a précédé.

En ce qui concerne particulièrement l'admission des Syndicats, il me paraîtrait tout à fait désirable que le règlement soit basé sur ce principe : que tout Syndicat régulièrement constitué doit être admis. La Commission administrative aurait seulement pour mission de répartir les locaux entre les Syndicats. Les Syndicats qui, faute de place, n'auraient pas de bureau distinct, auraient droit aux services communs : salles de réunions, salles de cours professionnels, bibliothèques, etc. Les Syndicats, dans ce dernier cas, pourraient avoir une salle commune pour faire leur correspondance.

Il serait encore désirable que tous les Syndicats admis à la Bourse, qu'ils aient ou non un local, aient le droit de vote pour la nomination de la Commission administrative, *chaque Syndicat disposant d'un nombre de voix proportionné au nombre de ses membres. Le règlement pourrait s'inspirer des conditions de cotisations et de vérification imposées pour les élections au Conseil supérieur du Travail.*

Si le règlement adopté par le Conseil municipal omettait certaines de ces dispositions, j'examinerai s'il y a lieu de les inscrire dans le décret.

Mais il serait préférable que le décret ne réglât que les questions d'ordre public, laissant complètement au Conseil municipal le soin de régler les conditions de leurs relations entre eux.

Le Ministre du Commerce, de l'Industrie, des Postes et Télégraphes,
TROUILLOT.

Ainsi, ce que le Gouvernement voulait avec la Représentation Proportionnelle, en s'en servant, c'était contrôler les syndicats, porter atteinte à leur liberté, à leur autonomie, à leur dignité. On voulait cela, parce qu'on s'était aperçu que la Commission administrative de la Bourse du Travail de Paris, dont on ne voulait faire qu'un intermédiaire entre l'administration préfectorale et les organisations syndicales, avait pendant la campagne contre les Bureaux de placement, secondé de son mieux et utilement les efforts faits par les travailleurs au cours de cette période d'agitation.

Le gouvernement voulait donc se servir de la Représentation Proportionnelle pour brider l'action syndicale, il voulait l'appliquer comme un frein à notre ardeur revendicative, à notre volonté, à nos efforts d'affranchissement.

Certes, je ne prête pas un but identique à nos camarades partisans de la Représentation Proportionnelle; ils n'ont pas de semblables intentions, ni un tel but, je veux le croire. Mais alors puisqu'ils courent à un résultat contraire à leur désir, puisqu'ils ne veulent pas mettre de frein à l'action d'une fraction syndicale, que vient donc faire leur proposition ?

D'ailleurs, qu'ils le sachent, si la Représentation Proportionnelle était appliquée, acceptée par le Congrès, elle ne changerait en rien ce qui existe, elle ne modifierait en rien la majorité actuelle du Comité Confédéral ; s'ils veulent la preuve de ce que j'avance, le secrétaire de la Confédération qui a fait un petit travail de pointage peut la leur fournir.

Et puisque cette proposition de Représentation Proportionnelle doit rester vaine, sans résultats pour ceux qui en attendent; que d'autre part, nous la jugeons contraire aux principes d'égalité, cessons donc ces discussions qui, nous dit-on, ne portent que sur des questions d'ordre administratif et qui nous aigrissent les uns les autres ; réservons nos instants, déjà trop courts, pour lutter contre nos adversaires communs; le patronat et toutes les formes d'oppression et d'exploitation. (*Applaudissements répétés*).

LE PRÉSIDENT donne la parole à Guérard, mais celui-ci ayant été obligé de s'absenter, appelé à Paris par un télégramme, plusieurs délégués proposent Lauche pour prendre la parole à sa place.

PLUSIEURS DÉLÉGUÉS. — Non ! Non ! Hardy ! (*Rires*).

COUPAT s'indigne de cette proposition qu'il qualifie d'ironique. Il estime que l'on doit un peu plus d'égards à des adversaires.

Le Congrès décide d'entendre le camarade Lauche à la place de Guérard.

J. LAUCHE. — Je ne devais pas prendre part à cette discussion, et c'est le départ forcé de Guérard, obligé d'être ce soir à Vierzon pour une réunion des Employés des Chemins de fer, qui fait que j'intervienne à sa place.

De cette discussion, la plus importante de ce Congrès sortira quelque chose de bon; partisans et adversaires de la représentation proportionnelle, s'exprimant librement et en toute franchise, le mouvement ouvrier ne pourra que gagner à cette libre discussion, et tous nous nous en félicitons.

En 1898, au Congrès de Rennes, c'étaient les représentants des Chemins de Fer qui portèrent cette question devant le Congrès, et à cette époque ce Syndicat était considéré comme le plus révolutionnaire. Donc, il n'est pas juste de dire, il n'est pas exact que ce soit une proposition que seuls peuvent accepter les réformistes ou les Syndicats que l'on nomme ainsi, puisqu'en 1898 le Syndicat considéré comme le plus révolutionnaire demandait que la proportionnalité dans la représentation au Congrès fût adoptée. En 1900 à Paris, en 1901 à Lyon, en 1902 à Montpellier, aux trois derniers Congrès corporatifs de la Confédération Générale du

Travail, cette question fut discutée, et puisqu'elle revient aujourd'hui, c'est donc qu'elle intéresse les organisations syndicales, c'est qu'elle a une importance qu'on ne peut nier.

Et on peut rappeler la déclaration du citoyen Bourchet, rapporteur au Congrès de Montpellier, qui disait : *La représentation proportionnelle est la représentation de l'avenir, mais elle n'est pas possible en l'état de l'organisation ouvrière actuelle.*

Ce n'était donc pas la condamnation de l'idée, mais la remise à une époque où seraient plus forts, mieux organisés et plus puissants les Syndicats. Aujourd'hui on veut condamner nettement ce principe; les articles publiés dans la *Voix du Peuple* prouvent l'importance de cette question et aussi le parti-pris de plusieurs militants. *(Bruit).*

La *Voix du Peuple* organe officiel de la Confédération Générale du Travail a ouvert une discussion à laquelle nous n'avons pas voulu prendre part, mais je tiens à répondre ici aux articles publiés contre la Représentation Proportionnelle.

Le citoyen Latapie dans le n° 195, traitait cette question en invitant ses partisans à exposer leurs raisons et il disait que ces citoyens ne pouvaient être que des partisans de la « Paix sociale » des inconscients qui écraseraient les conscients qui voulaient aussi « endiguer le mouvement révolutionnaire » pour le remplacer par « le modérantisme » et « le mutualisme. »

POUGET, dans le n° 200, répondant à un article du citoyen Donzel, à qui il reproche en qualité de libertaire d'être partisan de la Représentation Proportionnelle, dit que les partisans de la Représentation Proportionnelle « escomptent un mouvement de répression » et qu'en l'adoptant on risque d'aboutir à écraser les minorités anciennes. » Il dit aussi que peu lui importe que la majorité qui dirige, soit ou non majorité, cela l'intéresse peu. *(Vives protestations).*

Le camarade Lauche quitte la tribune sous prétexte qu'on ne veut pas l'entendre.

Plusieurs délégués protestent contre cette attitude.

LAUCHE. — Je ne parlerai pas des articles de Dellesalle, car on ne peut pas discuter les articles qu'un camarade publie dans la *Voix du Peuple* quand, presqu'au même moment il insulte les militants qui ne lui plaisent pas dans un journal libertaire. *(Vives protestations).*

Dans le numéro 202, Dubéros, lui, n'y va pas par quatre chemins, il affirme, sans rire, que les partisans de la Représentation Proportionnelle sont les agents du ministère qui veut imposer ce mode de votation à la Bourse du Travail de Paris. *(Oui, oui).* Et pour bien démontrer que la Représentation Proportionnelle ne serait que la négation des minorités il demande comment l'on tiendrait compte d'un vote ou 5.000 citoyens se prononceraient pour et 4.500 contre.

Voilà donc brièvement résumées, les objections faites au principe de la Représentation Proportionnelle qui ont paru dans la *Voix du Peuple.*

Je tiens à y répondre, je le ferai le plus brièvement possible et j'espère, vu ma fatigue, qu'on me laissera m'expliquer librement et facilement.

Je proteste contre les arguments de Latapie représentant les partisans de la Représentation Proportionnelle comme des partisans de la Paix sociale. De quel droit écrit-on pareille assertion ? Vouloir obtenir par un système plus équitable que loyalement se manifestent les opinions de la majorité des syndiqués n'est pas suffisant pour qualifier des camarades de partisans de la Paix sociale, et on devrait se garder de faire de pareils écarts de plume.

On ne veut pas de la Représentation Proportionnelle parce que, dit Latapie, les inconscients feraient loi. Pourquoi qualifier la majorité des syndiqués d'inconscients ?

Ce sont là des craintes et non des arguments valables ; il est absolument nécessaire que la Confédération représente les idées et les tendances de la majorité syndicale si on veut que vraiment les décisions et indications données soient suivies, respectées. Ce sont là des mots avec lesquels on se grise, avec lesquels on détourne la question de son véritable terrain. Et quand on écrit aussi qu'on veut faire triompher le modérantisme par le mutualisme, nous répondons que la question est déplacée, et que c'est dans un débat particulier que cette question devrait être traitée.

Mais vouloir condamner avec la Représentation Proportionnelle les institutions de solidarité que quelques organisations françaises développent afin de mieux amener les syndiqués pour l'action journalière contre le patronat, c'est œuvre mauvaise et nous protestons.

La force des Syndicats étrangers, particulièrement des Anglais et des Allemands, est due aux œuvres de solidarité sociale qu'ont instituées ces organisations. Au dernier Congrès international de la Métallurgie, qui vient d'avoir lieu à Amsterdam, à l'unanimité a été adoptée une motion disant que les institutions de solidarité créées par les Syndicats étaient nécessaires au développement et à l'action syndicale.

Partisan résolu de ces institutions, je prétends qu'elles ne peuvent que développer les capacités syndicales, l'action ouvrière, et non les empêcher.

Quand Pouget écrit que la représentation proportionnelle écrasera les minorités, je demande s'il est préférable que ce soient les minorités qui écrasent les majorités ; s'il n'est pas juste que les minorités conscientes soient écrasées, il n'est pas juste non plus que les majorités le soient.

Dire aux travailleurs que le Syndicat est l'organisation dans laquelle on peut le mieux faire prévaloir ses conceptions et affirmer ensuite que les minorités seules ont droit de diriger le mouvement et seules peuvent bien le diriger, c'est, à mon avis, faire œuvre mauvaise.

Représentation proportionnelle signifie pour Pouget : Regression, recul, piétinement. De quel droit fait-on de pareilles affirmations ? Rien ne les motive, ne les justifie. Mais alors on s'explique que l'on soit forcé de déclarer que l'on se soucie peu si la majorité est bien la majorité, pourvu que triomphent les idées et les tendances des adeptes d'une méthode.

Je suis de ceux qui s'élèvent contre de pareilles intentions, car les syndiqués sont majeurs et ils n'ont pas besoin ni de directeurs, ni de maîtres, les travailleurs syndiqués sauront se conduire et n'ont pas besoin d'être guidés.

Et si nous examinons l'action de toutes les organisations syndicales, si nous examinons les appels, les questions à l'ordre du jour et les résolutions prises dans les Congrès Corporatifs on sera obligé de conclure avec nous que les adversaires de la Représentation Proportionnelle agissent et discutent comme ses partisans, et que donc, on n'a pas le droit de dire que seuls les adversaires de la Représentation Proportionnelle veulent marcher de l'avant et les partisans piétiner.

De l'ordre du jour du Congrès de l'Alimentation j'extrais :

Les accidents du travail ; Réglementation des heures du travail ; Apprentissage, repos hebdomadaire , délai congé ; Prudhomie.

Ce sont là des réformes, et ces questions tous les Congrès Corporatifs les ont examinées.

La Fédération de la Métallurgie dit dans une circulaire pour le Congrès, parue dans son journal de juin 1902 :

Il faut consolider la Fédération, pour que, actuellement, au point de vue immédiat, elle nous aide à acquérir le plus de bien-être possible et qu'elle puisse continuer à faire l'agitation nécessaire pour saper les bases de la société marâtre qui nous opprime et que nous avons le malheur de posséder.

Est-ce que les organisations qui défendent la Représentation Proportionnelle parlent différemment ? *(Oui, oui.)*

Et à l'ordre du jour de ce Congrès, nous relevons :

Institution du viaticum ; Création de caisses de solidarité ; Coopération de consommation et de Production.

Questions encore que traitent toutes les organisations que l'on accuse de vouloir implanter une « régression » dans le mouvement ouvrier.

Faut-il citer les Coiffeurs dont les représentants ici vont se prononcer contre la Représentation Proportionnelle ? Dans leur organe corporatif, n° du 15 juillet 1903, je lis :

Nous présentons nos revendications au patronat, non pas pour qu'il voie s'il est possible de les accepter, et qu'il nous fasse connaître dans quelles conditions il peut les accepter, mais seulement pour qu'il n'en ignore, car nous ne voulons rien en distraire.

Nous préférons l'entente et la solution à l'amiable au complet, car nous considérons que le conflit économique, fatal souvent, a pour les organisations ouvrières les résultats qu'ont pour les particuliers les procès, et pour les nations, la guerre. Ils laissent, suivant le proverbe, le vaincu tout nu, et le vainqueur en chemise.

Nous ne présentons pas beaucoup pour avoir peu ; ce n'est peut-être que successivement que nous ferons triompher les différentes clauses de notre cahier de revendications, mais nous n'abdiquerons sur aucune.

Ce n'est pas bien méchant, et nous ne comprenons guère que ceux qui écrivent ainsi, nous traitent de réformistes, car ce n'est rien de dangereux pour les patrons. *(Applaudissements.)*

Les représentants des syndicats des peintres voteront aussi contre la Représentation Proportionnelle, et pourtant on peut dire que c'est la corporation qui, dans ses Congrès, pour le succès de ses revendications, fait appel constamment aux législateurs afin que la loi vienne les protéger. Au Congrès de Bourges, tenu en 1902, les Peintres votent de poursuivre l'application de toutes les lois, leur amélioration et le vote de lois concernant la Prud'homie, sur l'hygiène et l'invalidité du travail, sur les inspecteurs ouvriers, et dans le rapport du Comité Fédéral soumis à ce Congrès je lis que le Comité Fédéral a fait des démarches près les entrepreneurs, les architectes et les pouvoirs publics, afin d'obtenir le vote d'une loi.

Il en est de même pour les syndicats du textile qui mettent à l'ordre du jour de leur Congrès l'examen des lois et les modifications qu'elles comportent.

Dans toutes les professions on s'intéresse ainsi aux réformes, on les discute avec la ferme intention de les faire aboutir, et donc il ne faut pas essayer de faire croire que seuls les syndicats partisans de la Représentation Proportionnelle songent aux réformes, alors que tous ont le même désir. Pouget, plus que quiconque le sait, et alors je ne m'explique pas la diversion qu'il tente.

Le premier argument de Dubéros demandant comment on tiendra compte avec la Représentation Proportionnelle dans un vote ou 5.000 syndiqués seront d'avis contraire à 4.500, laquelle des deux fractions qui devra compter, je lui demande à mon tour la place que l'on va faire tout à l'heure à la minorité de ce Congrès ?

Tiendra-t-on compte de la minorité ? Non, c'est la majorité qui fera loi, et peut-être bien avec le mode de représentation actuel la majorité ne sera pas la majorité des syndiqués.

Son insinuation lancée dans le but de nous faire passer pour les complices du ministre Trouillot, nous la repoussons. Il est regrettable que de pareils arguments soient ainsi apportés contre les partisans d'un système plus équitable de représentation. Les militants devraient être tenus à plus de circonspection, à plus de réserve, car discuter de la sorte ne peut que diviser les artisans de la même cause.

Me sera-t-il permis, ayant répondu aux principales objections publiées dans la *Voix du Peuple*, de faire une excursion à l'étanger ?

L'action des syndicats Français, différente de l'action des syndicats étrangers, n'apporte pas les mêmes résultats et nous sommes loin d'avoir des organisations aussi fortes, aussi bien organisées que nos camarades. La comparaison des effectifs est édifiante, elle prouve que nous n'avons pas, il s'en faut, la même force que nos camarades.

La Confédération générale du Travail réunit d'après le bilan qui nous est soumis, 132.480 adhérents ; les cotisations pour les deux sections réunies ont produit 20.092 francs pour 22 mois, soit 914 francs par mois !

L'encaisse est de 3.639 francs. Est-ce que cela est suffisant, est-ce que notre organisation est parfaite ?

Et peut-on être blâmé de rechercher une meilleure organisation, un perfectionnement ?

Lorsque nous faisons appel aux organisations étrangères, nous ne sommes pas écoutés, et cela parce que nos camarades trouvent notre organisation trop embryonnaire.

En Angleterre, on compte 1.925.000 syndiqués, et les recettes se chiffrent par 52 millions de francs.

Qu'on ne dise pas que ces 52 millions ne servent qu'à la mutualité ; sur les dépenses qui sont de 42 millions, 9 millions seulement vont en indemnité de chômage, et la différence est employée pour l'action, la propagande et l'organisation intérieure des syndicats et fédérations.

C'est donc la preuve que ces syndicats agissent, font de l'agitation syndicale et de la résistance au patronat.

Et la représentation est simple, puisque on accorde une voix par syndiqué.

En Allemagne, où l'on compte 1.092.000 syndiqués, pour la représentation aux congrès, on forme des sections de 75 à 100 syndiqués qui ont une voix pour la désignation des délégués.

En Autriche, même procédé qu'en Allemagne.

Au Danemarck, en Suède, en Norvège, on procède de même.

Et pourquoi donc ce qui est bon chez nos camarades serait-il mauvais chez nous ? Craint-on de connaître la pensée exacte de la majorité des syndiqués ?

· Le système en vigueur est plus que défectueux ; il écrase souvent la majorité réelle des syndiqués.

En donnant une voix à chaque syndicat réprésenté au Congrès, quelle que soit son importance, on ne peut avoir la pensée exacte des travailleurs organisés. En donnant à chaque organisation adhérente à la Confédération, une voix au Comité Confédéral, on écrase souvent la majorité réelle, Quelques chiffres nous édifieront :

Les Charpentiers ; Confection Militaire ; Syndicat national des Correcteurs ; Coupeurs Brocheurs ; Magasins de la Guerre ; Habillement ; Modeleurs ; Artillerie Poudrerie ; Sabottiers ; Pêcheurs de Cette ; Elèves en pharmacie ; Facteurs pianos ; Monnaies Médailles ; Jardiniers ; Professeurs libres ; Découpeurs Mouluriers ; Blanchisseurs ; Brossiers ; Carriers ; Sellerie, soit 20 organisations ayant chacune droit à une voix, à un délégué, réunissent ensemble 5.856 syndiqués ; 5,856 syndiqués, avec le mode actuel, ont 20 voix à la Confédération.

Les vingt organisations suivantes :

·Allumettiers ; Chapelliers ; Culinaire ; Maréchallerie ; Cuivre ; Peinture ; Teinture apprêts ; Transports et Manutention ; Voiture ; Bâtiment ; Bijouterie ; Alimentation ; Ameublement ; Céramique ; Coiffeurs ; Cuirs et Peaux ; Lithographique ; Verriers ; Menuisiers ; Tonneau, groupent 32.750 syndiqués.

C'est donc 32.750 syndiqués, soit cinq fois plus que les vingt premières organisations qui ne disposent, à leur tour, que de 20 délégués, 20 voix.

Les dix organisations suivantes :

Agricoles du Midi ; Civils et Etablissements de la Guerre ; Maçonnerie Pierre ; Mécaniciens ; Transports ! Travailleurs municipaux ; Mouleurs ; Ports et Docks ; Syndicat Téléphone ; Bûcherons, groupent 40.200 syndiqués, huit fois plus que les vingt premières citées, et ne disposent que de 8 délégués, 8 voix au Comité Fédéral.

Les six dernières organisations :

Chemin de fer ; Fédération du Livre ; Marine et Etat ; Métallurgie ; Textile ; Tabacs, groupant 60.450 syndiqués ne disposent que de six voix, six délégués. .

Nous avons donc au Comité Confédéral :

20 organisations groupant 5.856 syndiqués ;
20 organisations groupant 32.750 syndiqués ;
10 organisations groupant 42.200 syndiqués ;
 6 organisations groupant 60.450 syndiqués.

Comme chaque organisation adhérente a droit à une voix, nous obtenons donc, avec les 40 premières organisations, 38.586 syndiqués, donnant 40 voix, contre 16 données au 16 dernières, groupant 100.650 adhérents !

Le syndicat des élèves en pharmacie adhérant directement à la Confédération et groupant 40 membres, a droit à un délégué, à une voix, tout comme la Fédération de la Marine et Etat, en groupant 12.000 !

Est-il possible de soutenir que le système actuel de représentation est logique, parfait, et qu'aucune modification ne doit être apportée ?

Contre ces chiffres s'écroulent les préventions, et les organisations qui demandent que soit transformé, modifié, amélioré, ce système ont raison, et c'est parce qu'elles ont raison qu'on finira par le reconnaître.

Vous pourrez, dans ce Congrès, éluder la question, la rejeter, mais elle reviendra, car vous ne pourrez pas continuer longtemps ainsi. Le développement toujours plus grand des organismes syndicaux vous forcera à adopter un système plus juste, plus en conformité avec la logique. (*Protestations*)

Ne vous récriez pas, laissez-moi compléter ma pensée. Je dis que cette question reviendra au prochain Congrès, je dis qu'avant le prochain Congrès on la discutera à nouveau et je m'en explique :

A ce Congrès, 1.200 syndicats sont représentés par plus de 400 délégués, et tous vous vous rendez compte des difficultés qu'il y a à faire de la bonne besogne, tous vous convenez que nous sommes trop nombreux. Et qu'en serait-il si tous les syndicats avaient envoyé un délégué ! Est-ce que les débats seraient possibles, est-ce que des résultats sérieux seraient obtenus ? Non, il serait impossible d'y faire aucun travail. Il faudra donc qu'à l'avenir des mesures soient prises, il faudra qu'on sélectionne. Par exemple, on pourra, dans chaque corporation réunie en Congrès, nommer une délégation pour le Congrès de la Confédération ; c'est le système Allemand. A ce moment, tiendrez-vous compte oui ou non de l'effectif de chaque Fédération ?

Que vous le vouliez ou non, la question reviendra d'elle-même, et vous serez obligé, devant la nécessité, de l'adopter.

Citoyens, j'ai terminé mes observations ; j'ai la ferme conviction que la Représentation Proportionnelle aura une minorité plus forte qu'à Montpellier et que dans un avenir rapproché elle s'imposera au monde syndical.

Nous n'avons pas encore la forme définitive d'organisation qui se perfectionnera tous les jours, et ma conviction est que vous serez bien forcés de tenir compte des transformations qui s'imposent à nous tous.

La Représentation Proportionnelle, a dit Bourchet au Congrès de Montpellier, c'est la représentation de l'avenir. Il avait raison, car elle s'imposera aux plus prévenus. Et c'est parce que nous croyons que ce système dégagerait mieux les conceptions des syndiqués, indiquant ainsi aux militants la direction exacte, les vices ou les côtés faibles de l'organisation ouvrière, que des Fédérations importantes en demandent l'adoption.

Et c'est faire œuvre utile et féconde que de rechercher les conditions les plus capables de hâter l'affranchissement des travailleurs. (*Applaudissements*).

Le Président donne ensuite la parole au camarade Villeval fils, mais devant les réclamations d'un grand nombre de délégués qui font observer l'heure tardive, le Congrès décide de renvoyer la discussion à la séance de nuit.

Les camarades Delessalle et Liénard, sont désignés pour assister, à cette séance, les secrétaires.

Après la nomination du bureau ainsi composé ; Roche, président ; Michel et Gros, assesseurs. La séance est levée à 7 heures.

Séance du 16 Septembre (*nuit*)

La séance est ouverte à 9 heures 1/4 du soir.

LE PRÉSIDENT donne la parole au camarade LE GALL pour une communication.

LE GALL. — Vous savez tous qu'une certaine agitation se poursuit à Brest où nous avons organisé quelques jours avant de venir à Bourges, un referendum pour savoir la conduite que nous aurions à tenir en cas de conflit. Ce referendum dont je ne suis pas encore autorisé à donner les résultats qui, je puis cependant le dire, sont excellents, provoque de la part des autorités, des mesures de repression qui sont en même temps des atteintes à la liberté individuelle. Voici pour vous édifier, le texte d'une circulaire que l'amiral Mallarmé a fait afficher dans nos ateliers.

Brest, le 14 Septembre 1904.

Le vice-amiral, commandant en chef, préfet maritime, a eu connaissance de paroles regrettables prononcées par des ouvriers de l'arsenal au cours d'une réunion publique.

Il n'entre en rien dans ses intentions d'entraver l'exercice de la liberté syndicale. Il croit seulement utile de faire remarquer aux ouvriers que cette liberté peut parfaitemet se concilier avec la correction que, comme agents de l'Etat, ils doivent conserver toujours, *aussi bien en dehors que dans l'enceinte de l'arsenal.* En cette qualité, ils sont tenus d'éviter soigneusement toute parole injurieuse à l'adresse du Gouvernement ou des Autorités, toute excitation publique à l'indiscipline, à la haine ou à la révolte.

En s'écartant de cette règle de conduite élémentaire, les ouvriers s'exposeraient, jusques et y compris le congédiement de l'arsenal, à des peines disciplinaires que le vice-amiral, commandant en chef, préfet maritime, ne prononcerait certainement qu'à regret, mais devant l'application desquelles son devoir ne lui permettrait pas de reculer. Auparavant, il tient à faire appel au bon sens et au bon esprit des ouvriers, et il espère fermement qu'ils sauront désormais, en toutes circonstances, conserver l'attitude digne et respectueuse des lois qui est l'apanage des hommes libres.

Les recommandations qui précèdent s'appliquent à toutes les catégories du personnel civil de la marine, notamment aux commis du personnel de gestion et d'exécution.

Le présent ordre sera affiché dans tous les ateliers.

MALLARMÉ.

C'est, comme peut très bien s'en rendre compte le Congrès, une atteinte directe à la liberté et aux droits que doivent avoir tous les citoyens de dire ce qu'ils pensent en dehors de leur travail.

Pour protester contre un pareil abus de pouvoir, nous vous demandons, au nom des organisations que nous représentons, de bien vouloir adopter l'ordre du jour suivant :

Devant les tentatives faites par les autorités maritimes brestoises pour museler les militants de l'arsenal,

Devant les menaces de congédiement, c'est-à-dire la suppression du gagne-pain de quelques camarades par leurs féroces gouverneurs militaires,

Le Congrès proteste contre l'œuvre d'étouffement de la liberté de la parole entreprise par l'amiral, préfet maritime, commandant en chef l'escadre du Nord, etc., etc.

Engage les camarades brestois à continuer la propagande émancipatrice qu'ils ont commencée et se déclare solidaire des victimes possibles de l'acharnement inquisitorial des autorités.

VIBERT, LE GALL.

(Adopté par acclamations).

LE PRÉSIDENT, donne lecture du télégramme suivant :

Grève déclarée Charpentiers Beziers. Gros Jean.
(Applaudissements).

FAURE demande au Congrès, avant qu'il soit procédé au vote de principe qui doit avoir lieu à la fin de la discussion sur la Représentation Proportionnelle, de bien vouloir l'entendre au sujet de certaines modifications aux statuts proposés par la Bourse du Travail de Lyon. *(Assentiment).*

Le Président donne la parole à Villeval, dernier orateur devant parler contre la représentation proportionnelle.

VILLEVAL, fils. — Je ne surprendrai pas le Congrès en disant que ma tâche est bien aride et très difficile, étant obligé de parler à une salle qu'un travail et un surmenage excessifs ont énervé après les divers orateurs qui m'ont précédés et les arguments qui ont été fournis.

Les camarades qui ont posé la question à ce Congrès ont fait ressortir que les organisations ayant des devoirs particuliers devaient avoir des droits également particuliers.

Examinons donc si en fait, ils ont bien le droit de se plaindre et de réclamer.

Est-ce que le système de la représentation proportionnelle ne s'est pas manifestée à ce Congrès où nous voyons des corporations comme le Livre et la Métallurgie, disposer de 125 et 156 mandats, alors que d'autres organisations, toutes aussi intéressantes, ne disposent que de dix ou quinze mandats. Ces organisations, par le seul fait de leur force numérique, disposent d'avantages que n'ont certainement les autres, et je dis qu'elles ont déjà en fait la représentation proportionnelle, et qu'elles sont mal venues de se plaindre.

Je reprocherai au camarade Coupat, qui ce matin affirmait que le vote d'hier au sujet de l'approbation de la gestion confédérale, n'était pas exact en ce sens, qu'il n'exprimait pas la valeur et la puissance réelle des organisations consultées. Or, voici d'après la statistique aussi rigoureuse qu'impartiale à laquelle je me suis livré, quel est le nombre respectif de syndiqués que ce vote représente. Il y eut pour la gestion, 825 voix représentant 95.000 syndiqués, et contre 369 voix représentant 47.000 syndiqués. Vous le voyez, même avec la représentation proportionnelle, vous n'arriveriez pas à des fins que d'aucuns ont laissé entrevoir. C'est ainsi que la Fédération du Livre a dans son sein des sections de 3 et 4 membres, tandis que celle de Paris en compte 3.500 ; et toutes ces sections, celle de Paris comme les moins importantes, ont ici un mandat, ce qui implique qu'en fait la représentation proportionnelle existe ici pour le Livre.

J'ai vu au Congrès de Paris des délégués de la province qui ont fait judicieusement remarquer qu'avec la Représentation Proportionnelle ils seraient toujours écrasés par Paris. Or, il leur fut répondu que la Représentation Proportionnelle ne s'appliquerait que pour les Congrès. De plus si, se basant sur le chiffre des cotisations, le Livre mettait ce principe en application, il arriverait ce fait que j'ai le droit de qualifier d'arbitraire et d'injuste, que la section typographique parisienne à elle seule annihilerait l'action et la volonté de 100 sections de province.

Il est un fait que je tiens également à signaler et sur lequel les partisans de la Représentation Proportionnelle ont omis de nous donner leur avis, c'est celui qui a trait à la représentation des Bourses, fait signalé par le camarade Delesalle dans la *Voix du Peuple*, et qui, au point de vue administratif, a une importance capitale.

Et si vous n'en avez pas parlé c'est que vous avez senti la faiblesse de votre argumentation, car vous ne pouvez prétendre appliquer votre système qu'à une des deux sections de la Confédération. Vous serez obligés de convenir que si la Représentation Proportionnelle s'applique à la section des Fédérations, il faut, pour être logique, l'appliquer à la section des Bourses et alors apparait ici cette superfetation qui consiste-rait à consulter deux fois les mêmes syndicats et peut-être à obtenir ainsi des votes contradictoires. Je crois plutôt, et j'ai le droit de dire, que cette question n'a été portée à dessein que pour servir de prétexte pour manifester chez d'aucuns leur mécontentement vis-à-vis de quelques camarades placés à la tête de la Confédération générale du Travail. (*Applaudissements*).

Si, jetant un regard rétrospectif sur le passé et afin de dégager de l'ensemble des faits, la méthode d'action et de tactique que vise l'organi-sation ouvrière contemporaine, nous nous reportons quelque 30 ans en arrière, examinons un peu ce que nous enseigne l'histoire. Ce sont d'une part les masses ouvrières de tous les pays subissant le contre-coup du développement du machinisme et de la puissance du capitalisme, qui s'éveillent à la vie sociale. C'est la formation de l'*Internationale* group-pant dans une même communion d'idée et d'action tous les exploités de tous les pays sans aucune distinction. Puis, c'est, en l'absence de l'ho-mogénéité indispensable à toute organisation ayant une certaine puis-sance, l'apparition des luttes intestines qui affaiblissent et désagrègent peu à peu cette *Internationale* qui vient à peine d'être créée.

Dans la période première, c'est l'affirmation systématique que la classe ouvrière lutte pour son émancipation complète, c'est la préoccupa-tion constante, exclusive de combattre la classe capitaliste en la sapant par sa base. Ensuite ce sont les sections de l'*Internationale* qui, tour à tour, pour la plupart délaissent le but économique pour ne s'occuper que de revendications d'ordre politique. Et c'est alors que le syndicalisme vient prendre la place des anciens groupements avec le but que ceux-ci avaient délaissé.

Puis nous voyons le Syndicat être, lui aussi, obligé de délaisser les préoccupations d'ordre purement corporatives pour ne s'occuper que de questions d'ordre général. Et nous assistons alors à l'éclosion de ces organismes centraux qui sont d'abord la Fédération, les Bourses du Travail, puis, quelques années plus tard, la Confédération Générale du Travail.

Des reproches nous ont été faits. On nous a dit que nous étions en contradiction avec nos principes fondamentaux. Je ferai observer que, depuis fort longtemps, des camarades font de l'action et de l'agitation syndicale. Il y a des camarades, tels Tortelier et Brunet, qui, il y a plus de 15 ans, luttaient, à Paris et en province, contre l'exploitation patro-nale et pour l'indépendance ouvrière.

Nul ne peut se le dissimuler, il y a diverses tendances dans notre mouvement ouvrier. Ce n'est pas deux, comme on l'a dit, mais trois ten-dances que nous voyons se manifester. Il y a les pacifistes-modérantistes partisans de la paix sociale, qui repoussent toute action ou intervention directe, violente ou révolutionnaire ; ce sont les jaunes.

Ensuite il y a les réformistes qui, ne pouvant croire à la valeur et à là puissance de l'action directe de l'exploité contre l'exploiteur, repoussent ce mode d'action et ont confiance surtout en l'intervention des pouvoirs publics. Il pensent que les contingents économiques ne permettent pas que la lutte et l'action violente puissent parfois produire des résultats.

Enfin il y a ceux qui croient qu'il ne peut y avoir d'entente entre le capital et le travail, et qui, considérant que toute réforme ne peut, comme son nom l'indique, que s'attaquer à la forme de l'exploitation en laissant subsister le fond, c'est-à-dire l'exploitation elle-même, et qui n'ont de confiance qu'en l'action directe énergique des travailleurs en dehors de toute question sentimentale. Je crois qu'il n'est pas besoin de sentiment pour dire au Travailleur qu'il souffre. Et quand, ce matin, Keufer disait qu'il y a une charge qui pèse sur les épaules du camarade qui détient dans un conflit un mandat quelconque et qu'il y a lieu d'envisager le sacrifice de victimes innocentes, je pensais, me reportant à l'enseignement que nous donne l'étude des faits sociaux, que dans toute lutte on ne doit s'occuper des victimes, car c'est le propre même de la lutte de faire que des victimes.

Et alors je me demande que peut avoir comme valeur morale le système de représentation proportionnelle vis-à-vis de ces diverses tendances.

Pour conclure, je dirai que la représentation proportionnelle est inutile, puisque dans nos Congrès vous avez la satisfaction de pouvoir librement manifester vos tendances, et ce Congrès en est l'éclatante manifestation.

Jamais on ne s'est refusé, sur une question importante et sérieuse, à appliquer le referendum....

Une interruption injurieuse, causée par un délégué, oblige l'orateur à quitter la tribune. (*Bruit, tumulte*).

LE PRÉSIDENT. — Je fais juge le Congrès de l'attitude du camarade qui a fait une semblable interruption.

VOIX DIVERSES. — Au vote, au vote.

JEANNOT. — Depuis l'ouverture du Congrès, et nous sommes aujourd'hui le cinquième jour, je n'ai fait aucune interruption, je crois avoir le droit d'expliquer mon vote. Au nom de la Bourse du Travail de Cette, je dis qu'il serait malheureux que les petites organisations soient sacrifiées. Exemple : il y a chez nous 28 Syndicats, et il y a l'Union des Dockers qui, à elle seule, a les 2/3 des membres; or, si vous votiez l'adoption, voyez quelle situation vous nous feriez ; vous démoliriez en un jour ce qui a coûté près de trente ans d'efforts.

GRIFFUELHES. — Avant de procéder au vote, je tiens à dire quelques mots sur la position du vote, afin qu'il n'y ait aucune confusion. Il est bien entendu que nous votons sur le principe de la représentation proportionnelle, et que si on adopte le principe il restera à déterminer dans quelles conditions on l'appliquera. Dans le cas contraire, on passera à l'ordre du jour.

TESCHE. — Je dois rappeler au Congrès que la Commission de contrôle se réunira demain matin.

POUGET. — Je demande à ce que les mêmes scrutateurs qui ont accompli le travail pour le premier vote émis soient les mêmes aujourd'hui, attendu que le travail était très bien fait et qu'ils sont au courant....

LE PRÉSIDENT donne connaissance de la dépêche suivante de l'Union des Dockers de Marseille :

Conseil administration Dockers accepte Charbonniers en section conformément aux quinze parties similaires actuellement formées en sections adhérentes Union syndicale forte par son unité de direction qui jamais a refusé de payer délégué attitré pour activité syndicale dans corporation charbonniers. Union accepte toujours délégués attitrés Dockers doutent acceptation franche cordiale Charbonniers demande secrétaire Griffuelhes pourquoi lettre 6 août est restée sans réponse demande explications Congrès voir lettre 6 août Classeur correspondance Comité Confédéral Marseille a payé cotisations jusqu'à juillet 1905 Bourse Travail organisation Dockers Marseille considérée comme Syndicat jaune par secrétaire confédération Malgré coalition patronale accueil tout capital marseillais armateurs entrepreneurs usiniers moulin etc. etc. qui depuis 25 jours sont coalisés contre Dockers. L'Union Syndicale félicite délégués Congrès Confédéral pour travaux exécutés remercie organisation ouvriers ayant soutenu résistance Dockers Marseillais. Conclu cris vive solidarité ouvrière. — Manot.

GRIFFUELHES. — J'ignore à quelle lettre Manot fait allusion dans son télégramme, mais ce dont je suis certain, ce que je puis affirmer c'est que depuis que le conflit a éclaté à Marseille, conflit que vous connaissez tous, c'est que le Comité Confédéral n'a jamais eu de nouvelles, qu'il n'a jamais été avisé officiellement. Les renseignements sur la grève que nous avons donnés dans la *Voix du Peuple* ne nous ont jamais été fournis par les intéressés. Ceci pour établir quelques points du télégramme qui pourraient donner lieu à confusion.

Ni Manot, ni Rivelli, je le répète, ne m'ont écrit depuis le début de la grève.

SAUVAGE. — Ce télégramme me semble être un refus de la part des dockers d'accepter dans son sein le syndicat dissident des charbonniers. A moins toutefois que celui-ci ne consente à entrer dans *l'Union* à titre de section comme il y en a déjà d'autres.

Je crois que c'est là l'interprétation qu'il faut donner à la dépêche qui vient d'être lue au Congrès.

LE PRÉSIDENT. — Le Congrès prend acte. Mais je ne pense pas qu'il y ait lieu d'insister pour l'instant du moins.

La parole est à Faure de Lyon; pendant ce temps, les scrutateurs vont passer dans les tables pour recueillir les votes sur la représentation proportionnelle.

FAURE. — Tous les camarades ici présents connaissent les incidents qui ont provoqué la proposition de modifications aux statuts qu'au nom de la Bourse Lyon, j'ai ici mandat de défendre.

Ce que nous voulons éviter, c'est que des journalistes, salariés comme tels, écrivant dans des journaux politiques ne puissent s'introduire à l'avenir dans les organisme centraux pour aller après dans leurs journaux raconter ce qui s'y passe et y puiser les éléments nécessaires à des polémiques dans le genre de celles qui ont provoqué notre intervention. Je ne reviendrai pas sur les faits. Mais à la suite de l'article IV des statuts ainsi conçu :

Art. 4. — Chaque organisation adhérente à la Confédération générale du travail sera représentée par un délégué.

L'ensemble de ces délégués constitue le Comité confédéral.

Le même délégué pourra représenter, au maximum, trois organisations.

Les délégués doivent remplir les conditions stipulées à l'article 3 et être

syndiqués depuis au moins un an. Cette condition de stage n'aura pas d'effet
rétroactif et ne sera pas applicable aux organisations n'ayant pas un an d'existence.

Proposition de la Bourse du Travail de Lyon

« Pour être délégué au Comité Fédéral, il faut être syndiqué depuis un an
au moins dans une organisation appartenant à la Confédération générale du
Travail. »

« Afin de conserver au mouvement syndical son caractère exclusivement
économique, les avocats, les médecins, les professionnels du journalisme poli-
que vivant de cette profession, les élus politiques appointés, tous ceux qui exer-
cent des professions dites libérales ne pourront faire partie du Comité Fédéral. »

« Tout délégué, travaillant au service d'une maison ou d'une entreprise,
mise en interdit pour son attitude anti-syndicale, par un Syndicat confédéré ou
par la Confédération générale du Travail, cessera de droit de faire partie du
Comité Fédéral et l'organisation qu'il représente sera avisée d'avoir à pourvoir
immédiatement à son remplacement. »

Je n'insisterai pas, la Bourse de Lyon, croit qu'il y a utilité à ce que
ces querelles cessent, et qu'il faut que les intérêts du prolétariat soient
discutés par les seuls prolétaires et pour ce fait il faut que seuls des
manuels soient délégués au comité confédéral.

Pour faire cesser les polémiques auxquelles vous avez assistés je vous
engage à voter la proposition de Lyon.

Le Président donne la parole au secrétaire de la Commission de vérification des votes.

MAUGER. — Voici le résultat global du vote que vous venez d'émettre
sur la Représentation Proportionnelle :

Pour le principe de la Représentation Proportionnelle, 388 mandats ;
Contre, 822 mandats.

Abstentions, 1.

En conséquence, le principe de la Représentation proportionnelle est
repoussé. (Applaudissements répétés).

FOUILLIAND demande que la question du viaticum soit renvoyée au prochain Congrès ; en raison du peu de temps dont on dispose encore ; Yvetot
répond que cette question ayant sa place à la Conférence administrative
des Bourses et des camarades, étant mandatés spécialement pour cela, il
y a lieu de passer à l'ordre du jour. (Adopté).

BOUSQUET. — Je me vois dans l'obligation d'appuyer la proposition
de Lyon. Après une série d'articles parus dans la *Petite République* critiquant la Confédération, et où tous les membres du Comité Confédéral
furent les uns après les autres, pris à parti, des organisations s'émurent,
et c'est alors que Lyon formula la proposition qui vient de vous être lue ;
mais les deux votes que vous avez émis, nous vengent des insultes dont
nous avons été l'objet.

Je reconnais cependant à un journaliste le droit d'écrire et de critiquer nos actes et nos attitudes, mais où je ne lui reconnais plus ce droit,
c'est quand, faisant partie d'une organisation, il en profite pour chercher
à discréditer ses camarades et à porter atteinte à l'organisation dont il
fait partie. J'appuie donc la proposition de Lyon et je vous demande de
la voter.

ARCHAMBAUT. — Chez nous aussi nous avons été surpris de voir des
journalistes politiques se servir de leur situation pour combattre, dans
des termes et par des moyens vraiment excessifs, la Confédération. Nous
avons nous aussi, une proposition, mais je me rallie à celle de Lyon qui
nous donne satisfaction.

YVETOT. — Je comprends très bien les motifs qui font agir nos camarades de Laval, mais je dois dire que l'excès nuit en tout. Il ne faut pas tomber dans l'arbitraire, n'attenter à la liberté de personne. Ce qu'il faut, c'est qu'on n'accepte plus à l'avenir à la Confédération aucun camarade qui ne se syndiquerait que pour y être délégué, c'est ce qui a eu lieu. Je demande donc à ce qu'on soit très clair et très explicite, mais sur ce point particulier seulement.

BRIAT. — Je crois qu'il n'est pas possible d'accepter la proposition de Lyon. Nous avons engagé les camarades à cesser leurs critiques et ils l'ont fait. Nous pensons que le métier de journaliste comme celui de maçon, de mécanicien, a le droit d'être représenté. Du reste, il y a ici plus de 50 camarades qui sont dans le cas d'être frappés par la proposition de Lyon. Je rappellerai que Pelloutier était aussi bon journaliste que syndicaliste. Yvetot avait raison quand il disait qu'on ne devait pas être exclusiviste absolu.

Nous devons prendre des mesures pour que de semblables faits ne se renouvellent plus. Si on votait la proposition de Lyon, Yvetot, Delesalle, Pouget, Niel et moi même, serions mis dans l'obligation de cesser toute participation aux revues, journaux, etc., ou à ne plus militer comme nous le faisons dans nos Syndicats. La proposition de Lyon est trop exclusive, je demande donc au Congrès de ne pas l'adopter.

NIEL. — La question a une importance capitale et est on ne peut plus grave ; je suis heureux de me rencontrer avec nos camarades modérés comme Briat, sur ce point.

Il y a là une question de liberté, un droit absolu de pouvoir manifester sa pensée. Et il est impossible de dire où commence et où finit la critique et la calomnie. Je dis que seules sont responsables les organisations qui envoient des hommes qui critiquent la Confédération. Ce serait porter atteinte à l'autonomie syndicale, ce serait également arbitraire et ridicule que de mettre cette proposition dans les statuts. Tout ce que l'on peut faire, c'est de voter un ordre du jour condamnant l'acte de ceux que nous signalons. Je proteste contre la proposition, mais je crois qu'il est bon de prendre peut-être quelques garanties pour l'avenir, mais pas dans le sens indiqué par la proposition de Lyon.

FAURE. — Nous n'avons jamais voulu exercer une pression, nous nous rallierons à toute proposition qui pourra éviter de tels faits.

BOUSQUET. — Je me rallie à la proposition de Niel.

FAURE. — Nous ne devons pas nous reposer sur un vote de blâme, mais sur des garanties qui éviteraient le retour de tels faits.

MAJOT. — Niel a formulé ma pensée, je renonce à la parole.

HARDY. — Je m'opposerai à la proposition de Lyon, parce que je la crois inapplicable.

Je ne conçois pas qu'on puisse flétrir un journaliste sans également flétrir ceux-là qui ont calomnié Briat dans l'*Action directe*.

Nous ne voulons pas que ceux qui vivent de la plume, qui sont syndiqués n'aient le droit d'être délégués. Je suis aussi un libertaire, moi (*rires et applaudissements ironiques*), et c'est pour cela que je demande la liberté pour tous.

Nous pourrions, en adoptant cette proposition, nous séparer de bien des camarades ici présents.

LE GUÉRY. — Moi aussi je suis un partisan de la liberté ; je dis en conséquence que chacun a le droit de pouvoir librement manifester ses idées. Le Congrès n'est-il pas une démonstration de la liberté des idées, puisque nous avons vu un adversaire se déclarer libertaire et ce, en si peu de temps, grâce à la liberté de discussion du Congrès. (*Applaudissements*).

LEGOUHY. — Voilà deux jours que' nous ne faisons que de discuter des faits de polémique semblables.

BRIAT. — Ayant été mis en cause par Hardy, je dirai que les calomnies dont depuis des mois je fais les frais ne me font pas porter plus mal. Le Conseil de mon Syndicat, en en appelant aux intéressés, a pu juger où était la droiture et la loyauté. Je suis prêt, si on le désire, à dépouiller devant quatre arbitres que vous pourrez nommer, ma vie publique et privée, mais à condition que mes insulteurs consentent à en faire autant.

TESCHE. — Je suis journaliste et secrétaire de mon Syndicat, et je me demande pourquoi il y aurait là incompatibilité. Il y a là un camarade, partisan acharné de l'ordre du jour de Lyon, qui, dernièrement, est allé demander une place de journaliste. N'y aurait-il, dans tout cela, qu'une question de rancune personnelle ?

NIEL donne lecture de l'ordre du jour suivant :

Le Congrès, respectant la liberté des Syndiqués et l'autonomie des organisations syndicales, regrette que des camarades se servent parfois de leur titre de syndiqué pour dénigrer, dans des journaux politiques, les actes de la Confédération et laisse aux Comités confédéraux et syndicaux le soin de juger les cas de cette nature qui pourraient se produire.

L. NIEL.

LE PRÉSIDENT. — La priorité est demandée pour l'ordre du jour présenté par Niel.

Je le mets aux voix.

Adopté.

BRIAT. — Conformément au vœu que j'ai déjà émis, je demande que l'on prenne une décision qui permette aux Bourses, Fédérations et Confédération, d'admettre les syndicats qui n'ont pas voulu se conformer aux obligations de la loi du 21 mars 1884.

La proposition, mise aux voix, est adoptée.

Après désignation des citoyens VIBERT comme président, citoyenne BATON et ALIBERT comme assesseurs, pour le bureau de la séance du lendemain, la séance est levée à minuit.

***

Séance du 17 septembre (*matin*).

Le Président ouvre la séance à 8 heures et demie, et donne immédiatement la parole au camarade Rousseau, rapporteur de la Commission de contrôle, qui lit le rapport suivant sur la gestion financière du Comité Confédéral :

RAPPORT DE LA COMMISSION DE CONTROLE

Camarades,

Pour permettre aux délégués réunis ici de suivre sans trop de difficulté les travaux de la Commission de Contrôle dont je suis le rapporteur, et pour rester également dans la limite de nos attributions, nous avons procédé à la compulsion des livres de comptabilité qui nous ont été soumis par les camarades intéressés de la Confédération, dans l'ordre adopté déjà par eux-mêmes, c'est-à-dire, en examinant tout d'abord la situation financière de la section des fédérations d'industrie de métiers, page *20 de la brochure* que vous avez entre les mains et qui contient tous les rapports des Comités et des Commissions.

De telle façon qu'en vous présentant au retour de ce Congrès, devant vos mandants, vous puissiez leur dire que tels et tels points du rapport financier dont ils ont pris connaissance avant l'ouverture de ce Congrès, sont ou ne sont pas exacts.

Nous devons vous déclarer également qu'il ne nous aurait pas été possible de compulser pièce par pièce, les documents constituant les recettes et les dépenses engagées par la Confédération durant les années 1902, 1903, et 1904, pendant le peu de temps dont nous pouvions disposer, et qu'alors nous avons dû, pour vous soumettre un travail que nous croyons suffisant pour éclairer vos esprits, nous borner à un examen d'ensemble des recettes et des dépenses des divers services assurés par la Confédération.

De cet examen d'ensemble, nous établissons les appréciations suivantes que vous serez appelé à approuver ou désapprouver selon vos considérations.

Situation financière de la section des Fédérations d'Industries et de Métiers.

La situation établie *page 20* du rapport du Comité Confédéral porte que les comptes sont établis du 1er septembre 1902 au 30 juin 1904, alors qu'ils ne le sont réellement que jusqu'au 31 mai 1904; ce qui explique qu'à une première vérification des écritures, l'excédent de recettes contrôlé à cette date (31 mai 1904) ne concordait pas avec les livres de comptabilité qui nous étaient donnés et dont nous prenions l'arrêté au 30 juin.

D'autre part, la Commission de Contrôle ayant demandé à compulser les pièces de dépenses concernant la période du 1er Septembre 1902 au 1er Octobre 1903, il lui a été déclaré que ces documents n'étaient pas en la possession du Trésorier Confédéral, le camarade Robert, qui, n'ayant pris ces fonctions qu'au 1er Octobre 1903, n'assumait aucune responsabilité quant à cette gestion antérieure exercée par le camarade Guilhem, son prédécesseur.

La Commission a alors constaté que le livre de comptabilité laissé par ce camarade était tenu d'une façon défectueuse et qu'il ne lui était pas permis de contrôler les opérations effectuées par lui.

En ce qui concerne la gestion du camarade Robert, trésorier actuel, la Commission déclare que le système de comptabilité adopté ne permet pas un contrôle sérieux et rapide de la situation financière de la section des Fédérations.

Le livre des recettes et des dépenses présenté par le camarade Robert ne comporte pas un arrêté de la situation des fédérations au 31 Mai 1904, ce qui a rendu impossible la vérification des comptes de chaque fédération par rapport à l'état détaillé publié page 20 de la brochure contenant ce rapport.

Néanmoins et pour établir une concordance entre le rapport qui vous est soumis et les livres de comptabilité du trésorier confédéral, votre commission a procédé par épreuve, c'est-à-dire qu'elle a choisi au hasard quelques fédérations parmi celles dont les comptes sont relevés et elle *a pu constater ainsi la sincérité des chiffres publiés en ce qui les concerne.*

Examinant ensuite le chapitre des dépenses dont la récapitulation figure à la page 22 du rapport financier de la Confédération, votre commission procède au dépouillement détaillé des dépenses constatées sur le livre de comptabilité qui lui a été apporté.

Le relevé de ces dépenses a formé un chiffre total de   19.539 05
alors que celui qui est accusé n'est que de   18.013 10

soit un excédent de dépenses de   1.525 95
qui n'a pu être expliqué.

D'autre part, la Commission se trouvant ainsi dépourvue des élément, recettes et dépenses, pouvant lui permettre de tirer un excédent de recettes a voulu constater si celui qui est accusé page 23 soit 1.357 francs, concordait avec le livre de comptabilité du trésorier confédéral. La situation relevée au 31 Mai 1904 et contrôlée par les camarades de la Commission de contrôle confédérale, deux seulement, Andrieux et Bidault, accusent à cette date un excédent de recettes de 1.949 fr. 65, soit une différence de 592 fr. 65, provenant de la figuration aux recettes le 31 Mai de la somme de 592 fr. 50, qui n'a pas été versée par la Fédération des Bourses, quote-part confection du répertoire. Sur notre observation, le camarade Robert, trésorier, nous a déclaré que la rectification nécessaire serait faite ultérieurement sur son livre.

De plus l'enregistrement des recettes ne paraît pas être fait avec tout le soin désirable ; en effet, des recettes effectuées les 20, 25 ou 30 du mois sont inscrites avant celles des 4, 6, 8 du dit mois ou intercallées de cette façon.

Il serait plus rationnel de libeller l'objet de la recette ainsi : journée du... reçu le... pour... etc.

Sur le livre de comptabilité laissé entre nos mains figure *aux dépenses* un compte intitulé *provisions*.

Le camarade Griffuelhes qui possède un livre à souche spécial sur lequel sont mentionnées ces provisions nous a déclaré l'avoir laissé à Paris, ce qui ne nous a pas permis d'en faire le relevé.

GRIFFUELHES nous a expliqué que ce livre de détail était un document d'ordre seulement : les sommes qui y sont inscrites, nous a-t-il dit, ont motivé des dépenses dont vous avez connaissance en ce moment.

Quant aux frais de délégation dont nous avons opéré le détail, la commission déclare *qu'aucune ne lui a paru exagérée*, seulement elle préférerait qu'à l'avenir, les camarades qui les remplissent fournissent au trésorier, un reçu ainsi conçu :

Frais de chemin de fer.....

Journées à raison de........ pour indemnité...

Journées de travail........

Les reçus des délégations accomplies par les camarades Luquet et Robert sont seuls rédigés ainsi.

Nous avons également relevé qu'une facture de francs 88.20 (120 griffes Label), a été acquittée le *4 février 1904*, et figure au compte des dépenses de *Mars*.

ROBERT se l'explique en disant que la facture en question a pu être acquittée à l'avance, mais qu'elle n'a certainement été payée que le premier Mars, soit un mois plus tard.

Votre commission a enfin remarqué que les situations mensuelles ne sont contrôlées généralement que par deux et souvent par un seul membre de la commission de contrôle de la Confédération, alors que cette commission se compose de six membres.

La commission constatant la négligence apportée dans le service de la comptabilité confédérale dont l'importance mérite à son avis, plus d'attention qu'il n'en a été apporté jusqu'ici tient à déclarer que les émoluments accordés au trésorier (200 fr. par an), ne peuvent permettre à ce camarade de consacrer à ce service le temps nécessaire pour en assurer la parfaite exécution.

Situation financière de la section des Bourses

Votre commission constate sur la présentation des livres de comptabilité apportés par le trésorier, le camarade Lévy, que leur tenue ne mérite pas les observations formulées à l'égard de ceux présentant la comptabilité de la section des fédérations.

Les recettes et les dépenses sont enregistrées avec clarté et ordre.

Votre Commission a établi le détail des chapitres des dépenses dont le tableau est publié à la page 42 du rapport confédéral.

Elle a tenu compte d'une erreur typographique qui fait dire au trésorier qu'une somme de 5424 fr. 80 a été dépensée pour imprimés alors que la somme réelle est de 3997 fr. 10.

Le détail établi des frais de délégations : 1.201 fr. 55 affirme l'exactitude de ces chiffres. Aucun compte fourni par les camarades qui ont accompli des délégations ne paraît exagéré.

Les explications des dépenses qui sont fournies par le rapport que vous avez entre les mains, pages 42 et 43, suffisent pour fixer votre appréciation.

Commissions des Grèves et de la Grève générale

Vu le grand nombre d'articles, recettes et dépenses qui composent les chiffres portés au tableau publié à la page 54, votre commission s'est contentée de parcourir les livres qui lui ont été présentés par le trésorier, le camarade Lévy ; et elle déclare que les explications que ce dernier a données en réponse à diverses questions qui lui ont été posées lui ont donné pleine et entière satisfaction.

Office de statistique et de placement

Après les explications fournies par les camarades Lévy, Yvetot et Pouget, votre commission croit nécessaire de renvoyer aux Bourses qui doivent se réunir en conférence à l'issue de ce Congrès et ce à raison du caractère particulier des ressources qui constituent ce budget, l'examen des comptes relatifs à l'office de statistique et de placement.

Situation de " La Voix du Peuple "

Les comptes nous ont été soumis par le Secrétaire du journal, le camarade Pouget. Le trésorier, le camarade Espanet nous ayant déclaré être seulement détenteur des fonds sans prendre aucune part aux travaux de comptabilité.

De même que pour les situations des services examinés précédemment, nous nous sommes reportés à la page 45 du rapport confédéral et nous avons immédiatement contrôlé si les chiffres des recettes et des dépenses qui y sont publiés, concordent avec les livres de comptabilité que le camarade Pouget mettait sous nos yeux.

Dans les situations d'Octobre 1902, nous avons relevé aux recettes une somme de 1.248 francs, au lieu de celle de 1.232 fr. 50, portée page 45, soit une différence de 15 fr. 50.

Examinant ensuite la situation du mois de Novembre 1902, nous relevons également une somme de 1.679.45, au lieu de celle de 1.330.30, soit une différence de 349.15.

Pouget nous a déclaré avoir relevé les chiffres qui lui ont permis d'établir la situation mentionnée page 45 en s'en référant à une récapitulation faite sur les mois de Juillet, Août, Septembre, Octobre, Novembre et Décembre 1902, en fin d'exercice de cette même année et en effet une somme de 1330, 30 seulement figure à cette récapitulation.

Le chiffre réel n'en n'est pas moins celui de 1679,45, rien ne venant expliquer la différence de 349,15 relevée.

Pouget déclare aussi que les livres de comptabilité étaient tenus à l'époque précitée par le camarade Pennelier.

Votre commission a parcouru superficiellement les 271 folios qui relatent les opérations financières de *La Voix du Peuple* en se contentant également de demander des explications sur tel ou tel article de recette ou de dépense.

Le compte des recettes — page 46 — exercice 1903 et 1904, concorde avec le livre journal qui nous a été présenté.

Aux dépenses, nous relevons qu'au chapitre Frais d'administration — page 47 — un camarade touche une indemnité de 25 fr. par numéro du journal pour confection de bandes.

Considérant que cette rétribution est relativement élevée, votre commission en a fait part au camarade Pouget, qui nous a déclaré que le camarade en question passe en moyenne 4 jours par semaine à la *Voix du Peuple* et qu'il y aide à quelques autres services.

Quelques renseignements demandés sur le service fait aux abonnés, etc., satisfont la commission.

Camarades,

A la lecture de ce rapport, vous remarquerez vous-mêmes que le côté administratif et financier, en ce qui concerne la gestion du Comité Confédéral pendant les années 1902, 1903, 1904 qui viennent de s'écouler, a été quelque peu négligé.

Des améliorations, sous ce rapport, sont nécessaires, aussi déposons-nous les conclusions suivantes, que nous soumettons à votre approbation.

1º L'importance des sommes qui sont enregistrées au siège confédéral, en moyenne 50,000 fr. par an, y compris les subventions et souscriptions accidentelles, toutes caisses réunies, nécessite la présence d'un comptable trésorier assurant un travail méthodique régulier.

2º Les Fédérations et les Bourses du Travail devraient avoir au siège du Comité Confédéral un système de comptabilité permettant d'établir rapidement et nettement leur situation financière.

3º L'adoption par le Congrès de la proposition présentée par la Bourse de Vierzon comme modification à l'article 19 des statuts ainsi motivée et conçue.

Pour ne pas, ce qui serait illogique, que le Comité Confédéral désigne lui-même la commission de contrôle et par conséquent pour que, contrairement à ce qui se produisait sous l'empire des anciens statuts, les contrôlés ne soient pas eux-mêmes leurs propres contrôleurs, nous proposons la rédaction suivante :

La commission de contrôle est désignée en dehors des membres du Comité Confédéral à raison de 1 délégué par Fédération siégeant à Paris.

Elle donnerait ainsi satisfaction à tous, la question d'argent étant la plus susceptible, ainsi que le disait le camarade Paillot au Congrès de Montpellier en présentant la proposition qui fut adoptée, de nommer à chaque Congrès la Commission de contrôle que nous représentons aujourd'hui devant vous.

En vous demandant l'approbation de ces conclusions, nous vous demandons également de décider le renvoi devant la Conférence des Bourses du compte-rendu financier de l'office de statistique et de placement qui a été réservé dans ce rapport.

Telles sont, camarades, les observations et les conclusions que nous vous soumettons.

Les membres de la Commission de contrôle :

ROUSSEAU (*Reims*); BOYANIQUE (*Albi*); DORIA (*Toulon*); FALEMBRY (*Toulouse*); KERFYSER (*Dunkerque*); AMIEL (*Carcassonne*); GUERNIER (*Reims*).

Le rapporteur, ROUSSEAU (*Reims*).

ROBERT. — Je m'efforce de comprendre le bien fondé des critiques que vous venez d'entendre sur le rapport financier de la section des Fédérations et j'ai bien du mal à y arriver. J'entends en effet d'une part la Commission de Contrôle déclarer les livres mal tenus et qu'il est impossible d'assurer un contrôle sérieux et d'autre part j'entends dire en prenant quelques Fédérations au hasard, que les comptes qu'elle a vérifiés de cette façon, se sont trouvés rigoureusement exacts.

Je connais bien la mouche qui pique la commission. Mais pour ne pas en parler de suite, il importe au Congrès de connaître que l'allégation fournie contre nous, ne consiste qu'en une seule chose; à savoir que les livres sont mal tenus et ne permettent pas d'exercer un contrôle très rapide.

Outre qu'il serait impossible de contrôler rapidement les finances de la Confédération depuis deux ans, étant donné qu'il y a quatre caisses différentes à vérifier et qui sont les caisses de la section des Fédérations Nationales, de la *Voix du Peuple*, de la section des Bourses et de la Commission de la Grève générale. Nous disons, nous qui ne sommes pas comptable, que nous avons établi nos livres de façon à ce que tous les ouvriers, quels qu'ils soient, pourvu qu'ils sachent lire et écrire, puissent les contrôler efficacement et savoir, en très peu de temps, si les comptes sont exacts.

Comme vous pouvez le voir, sur une page, il y a les recettes afférentes à un mois quelconque de l'année; sur l'autre page, il y a les dépenses du même mois. Il suffit donc d'opérer une soustraction pour savoir l'état de la caisse à la fin du mois et cela, tous les ouvriers manuels peuvent le faire.

Il n'en serait pas ainsi, si les livres étaient tenus d'une autre façon, avec les complications de la comptabilité en partie double, triple ou quadruple, que sais-je !... il serait impossible à quelqu'un qui n'est pas du métier, c'est-à-dire comptable ou expert comptable de voir clair dans les comptes. Nous estimons donc qu'il y a là, la preuve d'une mauvaise disposition à notre égard de la Commission de Contrôle, dont le Rapporteur est lui-même comptable, qui voudrait probablement, qu'au lieu de simplifier le plus possible nos comptes de façon à les rendre lisibles à tous, tiendrait beaucoup à ce que ce fût un comptable de profession qui tienne les livres, quitte à obérer de singulière façon le budget de la Confédération.

Nous ne voulons pas défendre plus longtemps notre gestion financière. Le Rapporteur de la Commission de Contrôle, malgré ses ambiguités, a été forcé de constater que les comptes qu'ils se sont donnés la peine de vérifier étaient exacts. Alors...

Seulement nous devons avouer un tort. Lors de la nomination de la Commission de Contrôle, nous avons dans notre loyauté et comptant sur la réciprocité de la part de nos adversaires — le mot a été prononcé avec raison, selon nous — laissé nommer des camarades, qui, par un hasard voulu peut-être, venaient d'être par deux fois mis en échec et sur le rapport du Comité Confédéral et sur la Représentation Proportionnelle.

Ils ont cru voir là, l'occasion d'une revanche qui leur permettrait de dire bien des choses contre nous. Mais si nous avons eu le tort d'accepter une Commission de Contrôle composée des seuls éléments de la minorité, le Congrès, de son côté, saura repousser les considérants ambigus qui, s'ils étaient adoptés, permettraient à ceux qui ne veulent pas qu'on les appelle adversaires, d'aller colporter des bruits plus ou moins tendancieux sur l'honnêteté de ceux dont ils n'approuvent pas les idées révolutionnaires. (*Applaudissements*).

GRIFFUELHES. — Je pourrais me dispenser d'intervenir, car à aucun moment je n'ai été trésorier, [mais en présence de la suspicion que l'on semble vouloir entretenir ici, il est de mon devoir de rétablir la vérité. La Commission de contrôle reproche au trésorier certaines inexactitudes dans les comptes. Elle déclare les chiffres exacts, mais insinue qu'il y a des irrégularités. Eh bien, je dis moi aussi que le rapport qu'elle nous a soumis n'est pas exact. La Commission de contrôle vient en effet nous dire qu'elle n'a pu contrôler minutieusement des comptes d'une durée de deux années. Qu'est-ce à dire, sinon que son contrôle n'est pas complet.

ROUSSEAU, Rapporteur, interrompant objecte que la Commission a été dans l'impossibilité d'accomplir une pareille besogne.

GRIFFUELHES. — Je dis qu'il était du devoir de cette commission d'accomplir ce travail, et c'est justement parce qu'elle n'a l'a pas fait que j'ai le droit de dire que son rapport est inexact et ses considérants nuls.

Le rapport financier du Comité Confédéral est imprimé dans la brochure.

A la page 20 du rapport, se trouve, en un tableau, un état des versements de chaque organisation, trimestre par trimestre. Ce rapport a été adressé, il y a trois mois aux Fédérations. Or, depuis cette époque, aucune observation n'a été faite et s'il y eut eu des erreurs, elles eussent été signalées par les intéressés. Puisque nulle rectification n'a été faite, c'est donc que les chiffres sont exacts. Quant aux dépenses, pour les contrôler, les livres sont suffisants.

LAUCHE. — L'erreur provient de ce que les comptes portés sur le rapport imprimé ne sont pas conformes à ceux portés sur les livres, c'est ce qu'à voulu dire le rapporteur.

GRIFFUELHES. — Je vais donner la preuve que ces chiffres sont d'accord.

A chaque fin de mois, la caisse est arrêtée et la situation est revêtue de la signature du contrôle. A la fin mai, le livre porte comme restant en caisse 1949 fr. 65. De cette somme il faut déduire un versement fait par Lévy pour la quote part de la section des Bourses à la confection du

Répertoire et qui, à tort a figuré sur le livre, cette quote part étant de de 592 fr. 50 il y avait en réalité en caisse à la fin mai la somme de 1357 fr. 15. Le rapport porte à la page 23 la somme 1357 fr. il y a une différence de 15 centimes entre le chiffre porté par le livre et celui porté par le rapport imprimé, telle est l'erreur sur laquelle on voudrait s'appuyer pour justifier des considérants.

Je conviens qu'il serait préférable que la comptabilité fût tenue par un comptable.

Ce camarade aurait à s'occuper de la comptabilité de tous les organismes de la Confédération. Mais il s'agit de savoir si les ressources sont suffisantes pour rétribuer ce camarade et je fais des réserves sur ce point.

En résumé, la Commission a trouvé les comptes de Robert absolument exacts, ainsi que ceux du camarade Lévy.

Je me refuse d'accepter les conclusions du rapport tendancieux de la Commission.

LÉVY. — Je n'ai pas à me plaindre des conclusions de la Commission mais par solidarité, je déclare me rallier aux déclarations de Griffuelhes, je dis qu'il n'est pas nécessaire de faire de la comptabilité en partie double pour avoir des comptes exacts.

En ce qui concerne Robert, je dis que ce camarade ne peut faire mieux ; il n'en a pas la faculté, travaillant dans la journée et ne disposant que de peu de temps.

Si le Congrès le désire, les Fédérations pourront recevoir un bilan tous les trois mois.

Il demande en terminant de repousser les conclusions du Rapport de la Commission.

DORIA. — Le Comité Confédéral n'accepte pas les conclusions de la Commission de Contrôle, mais cette Commission a le droit de prouver que les livres sont mal tenus et la gestion mauvaise.

Du reste, la Commission n'a pas eu en mains toutes les pièces justificatives. En ce qui concerne les provisions que le trésorier remet au camarade Griffuelhes, nous n'avons pu en avoir la justification attendu que Griffuelhes ne nous a pas remis le registre de ses dépenses.

POUGET. — Ce que je reproche à la Commission de Contrôle c'est de ne pas avoir déclaré la loyauté des camarades comptables.

Pour *La Voix du Peuple*, elle n'a pas déclaré la nature de l'erreur qu'elle a relevée. Il s'agit d'une erreur de chiffres de plus de 300 francs et non d'une erreur réelle d'argent. Pour les bandes du journal, qu'elles soient imprimées ou faites à la main, il faudra toujours les payer et la différence ne sera pas grande. Des bruits malveillants ont été colportés dans les couloirs du Congrès ; il faut couper les ailes à ces calomnies qui visent à porter préjudice à l'honorabilité des camarades intéressés.

BOYANIQUE s'élève contre les reproches adressés à la Commission de Contrôle. Cette Commission a fait tous ses efforts pour présenter un Rapport impartial et elle est bien obligée de reconnaître qu'il y a irrégularité, n'ayant pu avoir la justification des chiffres portés sur les livres.

LE RAPPORTEUR. — Je reconnais qu'il y a dans la comptabilité plutôt erreur de forme que matérielle et la Commission n'a pas eu un seul instant le désir de suspecter l'honorabilité des camarades Trésoriers ; mais mon devoir m'oblige à déclarer que les livres sont tenus d'une manière imparfaite.

BRIAT. — Le camarade Lévy a fait appel à mon témoignage, je reconnais volontiers que ses comptes sont parfaitement bien établis quand ils sont faits de sa main, mais il n'en est pas de même lorsque parti en délégation, un autre camarade s'occupe de ce travail.

VEUILLAT. — Nous assistons à une véritable comédie. (*Approbation*).

GRIFFUELHES déclare que sur les déclarations du Rapporteur, il est prêt à accepter la teneur du rapport, mais à la condition que l'on retire les conclusions qui ont une portée de suspicion individuelle.

LE RAPPORTEUR répond qu'il ne retirera pas un seul mot de son rapport.

GRIFFUELHES, dans ces conditions, repousse les considérants et prie le Congrès de se prononcer à cet effet. (*Applaudissements*).

LE PRÉSIDENT met aux voix les conclusions du Rapport qui sont adoptées à mains levées.

Sur les considérants, le vote a lieu par mandats et donne les résultats suivants :

Contre : 666 voix
Pour : 288 —
Blancs : 27 —

Les considérants sont donc repoussés. (*Applaudissements prolongés*).

LE PRÉSIDENT donne lecture de la proposition suivante :

Considérant :
Que la discussion générale qui a eu lieu sur les deux premières parties de l'ordre du jour, a abordé presque tous les autres points.
Que la plupart des délégués sont mandatés impérativement sur presque toutes les questions; que le XIVᵉ Congrès corporatif ne peut se clore sans avoir solutionné les principales questions inscrites à l'ordre du jour et qu'il serait d'un effet déplorable que les organisations aient fait des frais considérables pour l'envoi de délégués, pour que ceux-ci n'entendent que des discussions oiseuses; que le Congrès doit terminer ses travaux ce soir.
Le Congrès décide :
De ne plus entendre de discours d'aucune sorte et de voter successivement sur les divers points de l'ordre du jour ou sur les diverses propositions qui peuvent s'y rattacher.
Emile PATAUD, *du Syndicat des Industries Electriques de la Seine.*

Cette proposition est adoptée.

Le Président donne lecture des communications suivantes :

Les dix syndicats de Rouen, représentés par le citoyen Briot, déclarent s'être abstenus sur le rapport de la Commission de contrôle.

BRIOT.

Devant la confusion de la discussion, ayant voté les conclusions, je déclare, au nom de plusieurs camarades, que nous nous abstenons sur le vote des considérants afin qu'on ne puisse interpréter notre vote, et lui donner une signification que nous n'avons pas l'intention de donner.
L. MALLARMÉ, *Fédération des Tabacs.* J. LAUCHE.

MAUGER, des bûcherons, au nom des travailleurs agricoles du Midi et des bûcherons, déclare qu'il a été chargé dans une réunion tenue le matin même de faire la déclaration suivante :

Les délégués des paysans venus avec l'intention bien arrêtée non seulement de prendre contact avec leurs camarades de l'industrie, mais surtout de collaborer à l'étude des importantes questions figurant à l'ordre du jour du Congrès, sont écœurés de voir que 5 jours entiers se sont passés en discussions stériles et revêtant en plus d'un cas, un caractère plutôt personnel que général, sans que les points les plus importants de l'ordre du jour, prud'homie, retraites, journées de 8 heures, aient été abordés.

Ils supplient leurs camarades d'en terminer avec ces discussions. Ils n'ont de parti pris ni contre telle fraction, ni contre telle autre ; ce qu'ils veulent, c'est qu'on tourne les yeux du côté des travailleurs de la terre qui commencent seulement à s'organiser. Ils demandent à leurs camarades, les travailleurs industriels, de seconder leurs efforts comme ils sont, eux, prêts à seconder les leurs, de façon que de l'union intime de tous les travailleurs, sorte l'affranchissement intégral du prolétariat.

Ils comptent que ce Congrès cimentera plus profondément encore les liens qui déjà unissent les travailleurs de la terre à leurs camarades de l'industrie.

J'ai, dit MAUGER, également reçu mandat de vous communiquer le procès-verbal suivant, dressé à l'issue d'une conférence tenue le 12 septembre, entre tous les terriens présents au Congrès, priant les camarades de chacune des organisations ici représentées, de faire, en rentrant chez eux, toute la propagande nécessaire dans les milieux agricoles pour amener les paysans à s'organiser.

FÉDÉRATION DES TRAVAILLEURS DE LA TERRE
Ouvriers Agricoles, Bûcherons, Jardiniers, Vignerons, etc., etc.

A l'issue de la Séance du 12 Septembre au soir, sur l'initiative collective des délégués des organisations terriennes représentées au Congrès, une réunion privée eut lieu dans une des salles du Congrès dans le but de permettre aux délégués terriens de se connaître et de resserrer les liens de camaraderie qui doivent unir tous les travailleurs de la terre à quelque profession qu'ils appartiennent.

Après un échange de vues, cette réunion qui tout d'abord ne devait avoir qu'un caractère purement amical a démontré l'absolue nécessité qui s'imposait de réunir en un seul faisceau toutes les forces rurales restées éparpillées jusqu'à ce jour.

Séance tenante, un bureau fut constitué. Fut nommé président, le camarade Mauger, des Bûcherons ; assesseurs, Molinier, secrétaire de la Fédération agricole du Midi et Lambert, des Travailleurs de terre de Vitry-sur-Seine.

Mauger, des Bûcherons, Castan, des Travailleurs agricoles, donnent des renseignements sur le fonctionnement de leurs organisations respectives, les moyens employés et les résultats acquis : Conditions de travail, augmentation de salaire et diminution des heures de travail.

Milhau, de la Fédération régionale agricole du Midi, est comme eux d'avis qu'il faut créer une union des fédérations syndicales de la terre qui soutiendrait les intérêts généraux des terriens tandis que les sections autonomes s'occuperaient des questions particulières concernant les conditions régionales et locales du travailleur agricole. Les camarades Roslaud, des Jardiniers-horticulteurs de Lyon, Beausoleil, délégué des Jardiniers de Paris, Lambert, des Travailleurs de terre de Vitry, Camy, des Ouvriers agricoles d'Arles, Molinier, des Ouvriers agricoles de Béziers, Devessière, des Bûcherons de La Chapelle-Hugon, Gaudry, des Bûcherons de Sancergues, Dusseault, des Bûcherons de Cuffy et Veuillat, secrétaire-général des Bûcherons, qui avaient été retenus à la Commission de vérification des mandats et n'avaient pu suivre tous les débats, parlent dans le même sens. L'ordre du jour suivant est soumis à l'approbation des délégués et adopté à l'unanimité.

Ordre du Jour

Les délégués des Travailleurs de la terre, Agricoles, Bûcherons, Jardiniers, Horticulteurs, présents à la Conférence,

Considérant que l'union intime de tous les travailleurs de la terre, pour la défense de leurs intérêts s'impose de plus en plus, qu'il est utile que les groupements régionaux et les syndicats isolés aient un lieu commun, décident en principe la création d'une Union Fédérative Nationale des Travailleurs de la terre qui, tout en laissant à chaque groupe l'autonomie qui lui est nécessaire en raison de la diversité des travaux terriens, serait le trait d'union pour la défense de tous les intérêts généraux des Travailleurs de la terre et prendrait le nom d'*Union Fédérative Terrienne*.

Décide en outre que chacun des organismes représentés au Congrès de Bourges sera chargé l'année prochaine, chacun en ce qui le concerne, de prendre les mesures nécessaires et de faire dans son milieu toute la propagande utile pour que cette décision reçoive une prompte réalisation.

Décide en outre qu'aux prochains Congrès annuels que tiendront chacune des organisations, un délégué sera envoyé à ces Congrès par chacune des organisations représentées.

Le délégué des Bûcherons,
MAUGER.

Les délégués ont la ferme espérance que du rapprochement des organismes de la terre sans distinction, sortira bientôt un puissant organisme étroitement lié à la grande famille prolétarienne, qui entraînera des conséquences incalculables pour l'amélioration du sort des exploités des champs et des bois et l'affranchissement intégral du prolétariat en voie d'émancipation.

Le rapporteur, MAUGER H.

Milhaud, de Mère, délégué de la Fédération Agricole du Midi ; Gros, de Morsaillay, délégué de la section de l'Hérault ; Roudier, de Villeneuve-les-Béziers, délégué de la section de l'Hérault ; Molinier, de Béziers, secrétaire délégué de la section de l'Hérault ; Castan, de Narbonne, secrétaire délégué de la section de l'Aube ; Camy, d'Arles, secrétaire délégué de la section des Bouches-du-Rhône ; Farras, secrétaire délégué de la section d'Agde (Hérault) ; Veuillat, secrétaire général de la Fédération des Bûcherons ; Devessères, trésorier des Bûcherons de la Chapelle-Hugon ; Gitton, délégué des Bûcherons de Feux ; Durand, délégué des Bûcherons de Farges-en-Septaine ; Dusseaud, délégué des Bûcherons de Cuffy ; Lamouroux, délégué des Bûcherons d'Uzay-le-Venon ; Caudry, délégué des Bûcherons de Sancergues ; Barbier, délégué des Bûcherons de Trois-Vèvres (Nièvre) ; Pougaud, délégué des Bûcherons de Chantenay-Saint-Imbert ; Lambert, délégué des Travailleurs de Terre, Ivry ; Jardiniers de Paris ; Terrassiers, Bourse du Travail de Saint-Denis ; Jardiniers de Lyon ; Mauger, délégué des Bûcherons de Dun-sur-Auron.

(Bravos unanimes).

En terminant et répondant à une question d'un délégué, Mauger dit que les travailleurs agricoles là où ils n'ont pas d'organisations, sont invités à se mettre en contact directement soit avec les Bourses du travail de leurs régions, soit avec les organisations déjà existantes, Fédération des bûcherons ou des ouvriers agricoles du Midi, soit avec la Confédération générale du Travail, pour tous les renseignements dont ils pourraient avoir besoin.

JOURNÉE DE HUIT HEURES

Le Congrès aborde la discussion sur la question de la journée de huit heures et le Président donne la parole au camarade Dubéros, rapporteur,

Celui-ci déclare qu'il est regrettable que la question de la journée de huit heures, qui est la plus importante à l'ordre du jour du Congrès, vienne si tardivement en discussion.

Il se bornera donc à donner connaissance de son rapport, se réservant de répondre ensuite aux critiques qui pourront se manifester.

RAPPORT SUR L'ORGANISATION DU MOUVEMENT D'AGITATION POUR LA CONQUÊTE DE LA JOURNÉE DE HUIT HEURES

Depuis de longues années, on parle de la limitation à huit heures de la journée de travail, et jamais il n'a été produit un effort sérieux pour faire aboutir cette revendication, qui cependant, intéresse au plus haut point tous les travailleurs.

La Commission que vous avez nommée pour l'étude de cette question, considère que la revendication de la journée de huit heures est intimement liée, avec la fixation d'un minimum de salaire et le repos hebdomadaire; c'est pour cela qu'elle a lié ces trois questions, qui ne doivent former qu'une seule revendication.

Plusieurs organisations ont fait parvenir des rapports sur le principe de la journée de huit heures, mais nous avons considéré qu'il était inutile de présenter un exposé de principes sur lequel nous sommes tous d'accord, et qu'il était préférable de borner nos travaux à l'étude des moyens pratiques, pour faire aboutir la journée de huit heures, avec la fixation d'un minimum de salaire et le repos hebdomadaire.

Deux méthodes d'action ont été préconisées dans le sein de la Commission :

L'une, tendant à demander que le Congrès élabore un projet de loi, qui serait transmis aux pouvoirs publics par le Comité Confédéral, et à organiser des pétitions et des réunions publiques, pour démontrer aux législateurs que cette réforme est réclamée par la grande majorité des travailleurs.

L'autre tendant à se tenir à l'écart des pouvoirs publics, à exercer toute la pression possible sur nos adversaires, à les frapper avec tous les moyens qui sont à notre disposition.

La Commission s'est prononcée à l'unanimité moins 3 voix pour cette dernière méthode; elle considère que les errements du passé ont suffisamment duré et qu'à l'action platonique devait succéder une action plus efficace, capable de faire aboutir nos revendications.

En effet, depuis 1889, tous les ans au 1er Mai, on recommence les pétitionnements en faveur de la journée de 8 heures ; tous les ans, les délégations ouvrières déposent leurs revendications entre les mains des préfets, qui les transmettent aux Pouvoirs publics.

Tous les ans on organise des manifestations platoniques du 1er Mai.

Et jamais aucune de ces pétitions, aucune de ces revendications, n'ont été prises en considération.

L'expérience a été faite également pour les bureaux de placement ; la ligue qui s'était constituée, dans le but de poursuivre la suppression de ces agences et qui avait une certaine puissance, organisa de vastes pétitionnements ; pendant de nombreuses années, on envoya périodiquement des délégations aux Pouvoirs publics; ces délégations furent reçues très cordialement, nos gouvernants leur assurèrent qu'ils s'occuperaient avec bienveillance de leurs revendications.

A diverses reprises, la question de la suppression des bureaux de placement fut mise à l'ordre du jour de la Chambre des Députés et du Sénat, et chaque fois, avant l'ouverture des séances de ces assemblées on organisa de vastes manifestations pour démontrer aux législateurs que la presque unanimité des travailleurs réclamait cette réforme.

Et toujours, les projets de loi tendant à supprimer les bureaux de placement furent rejetés, et au même instant prenait fin l'agitation ouvrière, car les travailleurs, trop confiants en la bonne volonté gouvernementale, considéraient que leur agitation n'avait plus aucune portée.

Ce n'est que quand les travailleurs ont agi par eux-mêmes qu'ils ont obtenu satisfaction.

En effet, si la dernière campagne a abouti à la suppression des bureaux de placement, c'est que le mouvement entrepris devenait dangereux.

Tous les jours, des bureaux de placement étaient démolis, des violences anonymes s'exerçaient contre les placeurs, un nombre considérable de boutiques subirent des dégâts, il y eut de nombreuses bagarres entre la police et les travailleurs, Paris fut en état de siège et c'est pour apaiser cette agitation que le Parlement vota un projet de loi donnant la faculté aux municipalités de supprimer les bureaux de placement.

Donc, c'est par l'action révolutionnaire, que la suppression des bureaux de placement a été acquise, et nous considérons que la revendication de la journée de huit heures n'aboutira que par ce moyen.

Il nous semble que la revendication de la journée de huit heures est assez importante pour attirer l'attention et les efforts de tous ; il est donc nécessaire que le Congrès décide l'organisation d'un vaste mouvement d'agitation, pour la conquête de la journée de huit heures, car cette réforme est une des meilleures, entre celles qui sont immédiatement réalisables. Elle constituera une amélioration sensible au sort des travailleurs, en attendant que nous puissions réduire les heures de travail, de façon qu'il n'y ait plus de bras inoccupés.

Mais pour que ce mouvement d'agitation puisse aboutir à des résultats sérieux, il est nécessaire de canaliser tout l'effort syndical, et de le diriger vers cette seule revendication : La Journée de huit heures.

Jusqu'à ce jour, l'action syndicale s'est exercée d'une façon incohérente, embrassant toutes les revendications à la fois, et n'en menant aucune à bonne fin. Jamais, avant la campagne contre les bureaux de placement, il n'y avait eu un mouvement d'ensemble des organisations syndicales sur un point déterminé.

Or, nous avons pu constater, dans ce dernier mouvement, où pourtant n'était intéressée qu'une catégorie de travailleurs, la puissance de l'action syndicale.

Il s'agit d'organiser, pour l'obtention de la Journée de huit heures, un mouvement semblable, qui aura une importance bien plus considérable, attendu que tous les travailleurs y seront intéressés et que tous devront y prendre part.

Mais, pour préparer ce mouvement, pour que tous les travailleurs en connaissent la portée, un travail considérable d'organisation et de propagande est nécessaire.

C'est pour cela que la Commission a décidé de demander au Congrès, que le Comité et les sous-comités de propagande de la grève générale se transforment ; qu'il en soit constitué partout où il n'y en a pas, et qu'ils s'occupent exclusivement de la question de la Journée de huit heures.

Que le Comité, élu dans le sein du Comité Confédéral, s'occupe exclusivement de la direction du mouvement, pour la conquête de la Journée de huit heures, qu'il soit chargé de rédiger et de propager des brochures et des placards, qu'il soit chargé de fournir des orateurs dans toutes les réunions syndicales, pour exposer la question ; qu'il ait pour mandat de stimuler l'activité des sous-comités de propagande.

La Commission demande au Congrès, que de grandes manifestations soient organisées dans toute la France pour le 1er Mai 1905, et qu'ensuite une propagande active d'éducation soit engagée par le Comité et les sous-comités de propagande, pour préparer les esprits, afin qu'au 1er Mai 1906, aucun ouvrier ne consente à travailler plus de huit heures par jour, ni à un salaire inférieur au minimum établi par les organisations intéressées.

La Commission demande au Congrès, qu'il indique bien qu'à partir du 1er Mai 1906, le mouvement devra être dirigé exclusivement contre les patrons réfractaires à la journée de huit heures,

Mais pour mener à bien la première étape de notre mouvement, un effort considérable est nécessaire et ce ne sera pas l'œuvre la moins importante que celle d'éduquer tous nos camarades de travail, de les rendre conscients de leurs intérêts, de les préparer à fournir le maximum d'agitation.

Et pour que les travailleurs fournissent le maximum d'agitation, il faut les convaincre qu'ils ne doivent pas compter sur les législateurs mais sur eux-même pour faire aboutir leurs revendications.

La Commission considère qu'il est indispensable que le Congrès donne au Comité Confédéral les moyens financiers d'entreprendre ce mouvement, c'est pour cela que nous proposons qu'une cotisation spéciale de o fr. 10 par 100 membres et par mois soit imposée aux fédérations nationales et que soit opéré un prélèvement de 5 o/o sur les cotisations globales des sections des Bourses et Fédérations, pour assurer la vitalité du Comité de propagande pour la journée de huit heures.

Mais ces ressources n'étant pas suffisantes, le Comité de propagande pourra agir comme pour l'organisation du mouvement contre les bureaux de placement, c'est-à-dire qu'il pourra faire circuler des listes de souscription. La Commission a également décidé que les Bourses du Travail fixeraient elles-mêmes le taux des cotisations des syndicats aux Sous-Comités, sur lesquelles un prélèvement de 50 o/o serait effectué au bénéfice du Comité de propagande.

La Commission considère que si les organisations syndicales veulent s'imposer les sacrifices nécessaires, si elles sont capables de marcher avec cohésion et discipline, bientôt nous aurons à enregistrer une grande victoire du prolétariat.

Le Rapporteur,
(Vifs applaudissements).   Raymond DUBÉROS.

TABARD, délégué de la Fédération nationale des corporations réunies des transports, manutentions et diverses, appuie les arguments de Dubéros, d'autant plus, dit-il, que les travailleurs de sa fédération ont toujours été tenus à l'écart de toutes les lois dites de protection du travailleur. L'on peut donc compter sur ses efforts, qui iront même jusqu'à l'application de la doctrine révolutionnaire.

GAUTHIER, de Saint-Nazaire, demande que la Commisson de la Grève Générale soit désignée, pour s'occuper de la question de la journée de huit heures.

ANTOURVILLE demande que seuls, les membres de la minorité prennent la parole ; cela abrègera, dit-il, les travaux. Le rapporteur aura ensuite seul le droit de réfuter les arguments qui pourront être apportés à la tribune.

Le Délégué de la Bourse de Saint-Etienne montre les difficultés de l'application de la journée de huit heures. Il estime que les efforts de toutes les organisations devraient plutôt tendre à faire respecter celle de dix heures qui, tous les jours, est violée.

Dumas présente quelques observations et se déclare partisan de la journée de huit heures. Il engage toutes les organisations à lutter pour la conquête de l'amélioration du sort des travailleurs.

Keufer estime qu'il n'y a pas un ouvrier, à quelque profession qu'il appartienne, qui ne soit pas favorable à la réduction de la durée du travail, à huit heures. La journée de huit heures est une réforme désirable, et certes, nous devons tous travailler, afin de la réaliser le plus tôt possible.

Mais il ne suffit pas de formuler un principe, d'exprimer un désir, il faut indiquer le moyen de le réaliser. Car ça n'est pas seulement en déposant un vote dans un congrès que ce résultat sera obtenu. Il faut procéder à un mouvement d'opinion qui préparera cette réforme.

En Amérique, depuis 1883, un mouvement général a été organisé en vue de réduire la journée à neuf et à huit heures, et grâce à cette persistante agitation pratique, de nombreuses professions, en dehors de l'action législative, ont réalisé la journée de huit et neuf heures. Cette action syndicale, dans certains Etats, a été secondée par l'intervention légale, ce qui indique que cette double action peut être utile.

Il ne suffit donc pas de proclamer le principe de la journée de huit heures, mais bien d'envisager les moyens pratiques pour y parvenir. Pour cela, le rapporteur a proposé d'employer l'action directe violente, la propagande, et enfin pour couvrir les frais de cette propagande, imposer les organisations d'un impôt nouveau.

Cette déclaration m'amène à faire remarquer que les mesures proposées par le rapporteur, ne seront pas faciles à appliquer, car on n'aura pas consulté les corporations auxquelles on veut faire supporter des charges nouvelles pour la propagande et leur faire accepter l'action directe.

Cette manière de procéder impliquerait tout au moins la consultation de ceux qui seront imposés, et alors on comprend que la représentation proportionnelle aurait pu justement être appliquée.

En tout cas, au point de vue pratique, je déclare qu'il serait illusoire d'affirmer qu'on pourra appliquer facilement, dans un délai très court, la journée de huit heures.

Le bon sens indique qu'il faudrait tout d'abord amener le respect de la journée de dix heures dans les professions qui ne bénéficient pas encore des dispositions de la loi de 10 heures. Et comme l'ont fait les typographes d'Allemagne, qui sont arrivés à la journée de 9 heures après avoir fait 9 heures et demie pendant trois années, la quatrième année a inauguré la journée de 9 heures.

C'est pourquoi je suis d'avis, et très catégoriquement, que l'on poursuive d'abord la journée de neuf heures, car l'application immédiate, brutale, de la journée de huit heures, aurait une répercussion trop grave sur les diverses industries, car on ne peut comparer la situation de l'industrie aux ateliers de l'Etat.

Yvetot. — En Amérique, contrairement à ce qu'a dit Keufer, les camarades se sont agités pendant un an pour obtenir et imposer la journée de huit heures. Ils y ont réussi. Le Comité Confédéral aura dix-huit mois; réussira-t-il? Oui, si les travailleurs, à quelque tactique, à quelque opinion qu'ils appartiennent, savent faire l'agitation pour ces huit heures à obtenir un certain jour rapproché.

Sur ce terrain, réformistes et révolutionnaires peuvent s'employer chacun selon leur méthode pour arriver aux huit heures.

Je le répète, tout le Congrès peut être d'accord pourvu que tous nous voulions sincèrement ces huit heures que nul travailleur ne peut ne pas vouloir.

BONTEMPS déclare qu'il ne voit pas beaucoup l'utilité d'une campagne spéciale pour l'obtention de la journée de huit heures, puisque l'on ne peut même pas faire appliquer la loi de 10 heures.

A son avis, le système proposé n'est qu'un palliatif à la grève générale qui seule pourra amener l'émancipation intégrale du prolétariat.

La journée de huit heures a été un tremplin électoral, dit-il en terminant, et il ne faudrait pas maintenant qu'elle serve de tremplin syndicaliste.

PLUSIEURS DÉLÉGUÉS demandent la clôture, et c'est au milieu du bruit et des conversations générales que le camarade MAJOT lit la déclaration suivante :

Considérant que ce qui importe surtout à la classe ouvrière, étant de savoir par quels moyens elle pourra se libérer du joug des puissances qui la dominent et l'exploitent moralement et matériellement; qu'il appartient à tous ceux qui conçoivent une vie meilleure possible pour tous, de mettre en lumière toutes les raisons qui prouvent ces possibilités ainsi que les entraves dont se servent les ennemis de l'affranchissement du prolétariat pour lui barrer la route, ou l'attarder dans sa marche la plus rapide à son bien-être.

Considérant que dans la société actuelle, tant que les institutions régissant les intérêts généraux laisseront subsister l'exploitation des hommes entre eux, deux classes resteront en antagonisme constant, s'arrachant les unes aux autres les profits du travail ; qu'il n'appartient à personne d'exploiter son semblable ; que pour faire cesser ces abus il n'est pas d'autre moyen que d'opposer la force à la force.

Considérant que ce qui fait la force des ennemis du prolétariat, ce n'est pas même la centralisation des capitaux pas plus que les institutions d'injustice dont ils tiennent tous les rouages et par lesquelles ils maintiennent par la force l'odieux régime qui leur permet dans le monde entier de censurer le travail, mais bien l'inconscience des masses qui n'aperçoivent pas qu'ils ont entre les mains le levier de leur affranchissement intégral, mais qui ne peuvent l'utiliser avec succès que par l'entente collective.

Or, rechercher les moyens qui feront mouvoir les collectivités comme un seul pour abattre le régime d'opression qu'ils subissent, apparaît une folie si le même mobile d'intérêt ne les guide dans leurs actes et efforts quotidiens.

C'est pourquoi nous estimons que dans les collectivités organisées, le premier rôle est de se mettre surtout d'accord sur un système d'organisation qui apparaîtra comme une lueur d'espoir pour tous les combattants. Et pour qu'il en soit ainsi, écarter toute formule qui entrave la liberté des groupements. Ce système apparaît indispensable, étant donné que dans la société actuelle les complexités d'intérêts sont considérables par la division, non seulement des travaux en général, mais aussi de la mentalité des individus qui ont des conceptions diverses qu'ils pratiquent séparément en ce qu'ils croient mieux servir leurs intérêts particuliers ou généraux.

Ne pas vouloir tenir compte des faits qui jusqu'à ce jour ont surtout entravé la centralisation effective de tous les groupements, apparaîtrait un non sens et une trahison aux intérêts que la Confédération a charge de faire prévaloir.

Les raisons qui entravent l'unification des forces ouvrières sur le terrain économique sont d'ordres différents. A l'analyse on conçoit très bien pour quiconque est de bonne foi, qu'il est impossible de concilier le travail et le capital, attendu que le capital est le fruit actuellement dérobé à la collectivité et que tant que des individus pourront acquérir le capital par l'exploitation, il y aura antagonisme entre les deux facteurs qui déterminera la violence de l'un contre l'autre.

En conséquence, il est impossible à la collectivité des exploités d'acquérir son émancipation intégrale, qu'en faisant disparaître tous les antagonismes qui séparent les individus les uns des autres, et comme la force est subordonnée et employée à l'assujétion des faibles par les forts, la méthode qui doit être employée par les faibles est conséquemment celle qui facilitera le mieux la création d'une force révolutionnaire contre laquelle viendront se briser tous les obstacles.

Cette force, les travailleurs la détiennent; il suffit de la concentrer sur la ligne directe ou le but peut être entrevu par les masses qui ont intérêt à suivre la route. *C'est pourquoi nous demandons au Congrès que l'on trace une bonne f is le plan de la direction où la voie sera claire et suffisemment large pour entraîner les combattants*, qui jusqu'à ce jour ont suivi les chemins de traverse, perdant de vue l'objectif poursuivi et dépensant des efforts n'ayant aucune efficacité.

La grande famille des salariés, en lutte pour son émancipation, ne pouvant s'émanciper que par la communauté des efforts, il y a donc lieu de les faire converger vers le même but commun, en adoptant les méthodes les plus rationnelles qui écartent les divisions qui subsistent dans toutes les organisations; pour cela il est nécessaire que le bon sens préside aux actes de raison que des hommes libres doivent employer pour se montrer en exemple.

Partisans de la liberté du groupement sous les formes qui conviennent aux individus pour améliorer leur situation morale et matérielle, nous disons que l'organisation des travailleurs salariés doit être tolérée sans restriction et doit permettre à tous les groupement qui veulent se conformer aux usages de solidarité nationale et internationale, de participer à leur gré selon ce qu'ils pourront faire pour l'œuvre commune et pour laquelle la Confédération a été constituée.

Considérant que le développement du mutualisme, toujours croissant, forcera les individus à centraliser leurs efforts dans toutes les industries qui les font vivre, il n'y a pas à s'inquiéter du morcellement des groupements, mais seulement de faire converger tous leurs efforts vers le but commun. C'est pourquoi je demande que, pour établir la force morale et matérielle du travail et lui donner l'allure d'un véritable parti du travail voulant transformer la Société, d'admettre directement tous les Syndicats dans la Confédération sans passer par le canal des Fédérations ni celui des Bourses du Travail, pour qu'il soit possible à la Confédération de les pénétrer des sacrifices qu'ils doivent s'imposer directement pour préparer non seulement un mieux-être immédiat dans leurs organisations, mais surtout pour livrer la bataille finale de leur affranchissement intégral.

Considérant que la Confédération n'a pas à s'occuper de mutualisme, sous quelque forme qu'il puisse être employé, maladie, chômage, viaticum, et que cela est une affaire des Syndicats, Fédérations et Bourses du Travail, mais simplement à être un organisme de combat pour soutenir la révolte des travailleurs de toute catégorie en lutte quotidienne et de les préparer à généraliser leurs actions pour leurs intérêts généraux.

En conséquence, je demande que le Congrès charge le Conseil Confédéral, vu l'impossibilité de discuter une constitution plus rationnelle ayant rapport à l'unité ouvrière, de préparer un projet unitaire où le rôle des Bourses et des Fédérations sera déterminé dans leurs attributions afin que dans les six mois qui vont suivre une constitution nouvelle des forces du travail soit soumise à un referendun et fonctionne de la façon que la majorité des syndiqués se sera prononcée. De maintenir le statu quo et passer aux autres questions.

JOLY, MAJOT, A. GÉNIE, KLEMZINSKY.

GUÉRARD dit que le Syndicat des Chemins de fer est pour la journée de huit heures, mais que ses co-délégués et lui n'acceptent pas les solutions présentées par le rapporteur.

Il est inquiet de la proposition tendant à la transformation du Comité de la Grève Générale; celui-ci ne doit pas abandonner son action pour s'absorber dans une besogne unique de propagande en faveur d'une réforme.

Le rapport propose de faire, pour obtenir les huit heures, une action directe et « violente ». Quest-ce que cela veut dire ? Va-t-on, journellement, pendant des années, jusqu'à une date indéterminée, briser des vitres, faire du bruit, des manifestations ?

Le rapport propose aussi la publication de brochures. Quel en sera l'esprit ? Nous avons le droit et le désir de le savoir.

S'il s'agissait de s'adresser au Parlement, il faudrait, comme le disait Keufer, des paliers succes sifs ; la réponse serait ainsi très lente à obtenir.

Pour la hâter, une agitation continuelle mais méthodique est nécessaire. C'est ce qui se produisit en Amérique où, après une préparation de dix années, on entra dans la période active. On décida « qu'à telle date », les travailleurs ne feraient plus que huit heures de travail par jour. Pendant une année, ce fut une obsession constante; partout, en toutes circonstances, dans les chemins de fer, au café, dans le livre qu'on achetait, etc., on trouvait devant ses yeux un placard rappelant au travailleur qu'à la date fixée, il ne travaillerait plus que huit heures. Au jour dit, on vit ce résultat merveilleux : des millions d'ouvriers cessèrent le travail après avoir accompli leurs huit heures.

A-t-on, en France, fait la propagande préparatoire nécessaire ? Sommes-nous arrivés au moment où il est possible d'entrer dans la période active ? Peut-être, si nous considérons que, déjà, par l'initiative du pouvoir, les ouvriers de l'Etat, en partie, bénéficient de la réforme et que, dans certaines professions, par l'action des travailleurs, la journée de huit heures a été obtenue.

En tous cas, l'orateur ne voit pas en quoi il est nécessaire que l'agitation préparatoire soit violente ; il estime que, lorsque l'action ouvrière aura arraché presque partout la réduction à huit heures de la journée de travail, c'est alors que le législateur interviendra pour sanctionner et généraliser la réforme.

BRIAT. — J'ai quelques observations à faire sur le rapport de la Commission ; d'abord je voudrais que dans les Congrès l'on discute des idées et que l'on ne se contente pas de voter comme des machines.

Pour la journée de 8 heures, il faut faire une propagande d'éducation puisque nous constatons que des camarades qui ont la journée de huit heures vont encore, après ces huit heures, travailler dans l'industrie et porter un préjudice à leurs camarades de l'industrie privée.

Des camarades indépendants ayant, depuis plusieurs années, quitté l'atelier ou le magasin ne se rendent pas compte des difficultés qu'ils rencontreront le jour de la mise en pratique des résolutions.

LUQUET. — Il appartient à chaque corporation, à chaque organisation, de fixer ses conditions de travail et de salaire, et elles seules peuvent apprécier les milieux dans lesquels elles se débattent.

BRIAT. — Tous ceux qui ont fréquenté les U. P., et c'est mon cas, ont été frappés du petit nombre d'ouvriers et d'ouvrières fréquentant ces institutions. Ce sont généralement les petits bourgeois, les professeurs, ce qui est regrettable.

Il faut arriver à rendre les hommes conscients et les amener à se faire un jugement d'après leur propre conscience, ce qui ne se produit pas toujours.

Je conclus donc à ce que l'éducation de la masse ouvrière ne soit pas négligée, c'est un facteur obligatoire pour obtenir satisfaction.

Citoyenne GARNIER. — Il est utile, pour faire aboutir cette mesure et pour qu'elle soit efficace aux travailleurs, que la méthode d'action soit organisée de façon à former un rempart des forces prolétariennes assez fort pour lutter contre les exigences patronales.

Pour cela, il est nécessaire que la femme elle-même comprenne son véritable rôle, de façon à n'être pas une entrave dans la bonne marche de l'émancipation des travailleurs.

Il ne faut pas qu'elle se pose en adversaire de l'homme, mais qu'elle lutte pour l'obtention, à travail égal, d'un salaire également égal.

A la manufacture d'Aubervilliers, les hommes ont obtenu, m'a-t-on dit, 7 francs, alors que les femmes n'ont que 5 francs ; pourquoi cette distinction ?

Il y a là une concurrence préjudiciable aux intérêts de tous. Le Syndicat des Allumettiers doit s'opposer à un tel état de choses.

C'est pourquoi je demande que le Congrès émette l'avis qu'à travail égal la femme soit payée à salaire égal, et que le premier effort soit fait sur les travailleurs de l'Etat, afin que les patrons de l'industrie privée ne puissent répondre que l'Etat lui-même ne nous donne pas cette satisfaction. (Applaudissements.)

Il faut, pour arriver à un tel résultat, employer, suivant les circonstances, les moyens qui peuvent le plus nous aider, tels que : boycottage, sabotage, grève générale, suivant les évènements.

C'est pourquoi je propose au Congrès le vote sur le principe de la journée de 8 heures, puis ensuite la discussion sur les moyens de la faire appliquer.

Un délégué dit qu'à Trélazé le salaire des femmes est égal à celui des hommes.

HENRIOT. — Cette affirmation est inexacte ; le travail des femmes n'est pas le même que celui des hommes. Mais nous disons, nous, Allumettiers, que notre principe doit être : à travail égal, salaire égal.

BRIAT fait connaître que, suivant renseignements reçus de Marseille, les femmes sont bien payées au même taux que les hommes, mais que leur constitution physique ne leur permet pas de gagner comme les hommes.

PIOCH dit qu'il entend des camarades qui l'ont précédé à cette tribune parler de voter pour la journée de dix heures, d'autres pour celle de neuf heures.

Eh ! bien à notre avis il faudrait que nous montrions notre force et notre énergie pour faire obtenir la journée de huit heures. La journée de huit heures est une question principale, c'est le premier échelon de la Révolution sociale et ce qui me l'a prouvé, le voici :

En 1902, à Cette, les ouvriers du port ayant décrété la grève générale, qui dura 44 jours, je fus obligé de me rendre à Marseille pour discuter avec le Syndicat des Armateurs de la marine marchande française pour faire terminer le conflit. Ma grande surprise, c'est que ces Messieurs préféraient donner une augmentation de salaire que la journée de huit heures, parce que c'était soit-disant une question de principe social et que leur principe à eux était contre le principe des socialistes, vu que tous les Congrès socialistes et économiques ont préconisé la journée de huit heures. Ce n'est pas, dit Pioch, que ces Messieurs ne soient pas socialistes, parce qu'ils vivent au détriment de la sueur de l'ouvrier mais ils ont peur qu'on leur enlève le capital qu'ils possèdent. Qu'avonsnous fait alors, voyant que ces messieurs ne voulaient pas nous la donner ? Eh ! bien, nous, nous l'avons prise, et ensuite nous avons convoqué armateurs de Cette, agents de compagnies, entrepreneurs, à la Bourse du Travail, et nous leur avons fait signer la journée de huit heures.

Après vous avoir cité ces exemples, je suis obligé d'intervenir. Des paroles ont été prononcées ici, à cette tribune, par divers orateurs disant que ce n'est que par une loi que nous obtiendrons la journée de huit heures.

Eh ! bien, je dis que non, que nous, travailleurs, nous n'avons qu'à la préconiser et à l'occasion la prendre par nous-mêmes.

Tenez, je suis obligé de vous faire remarquer en passant ce qui s'est passé en Espagne et en Italie. Ces deux nations, qui sont dirigées et gouvernées par un gouvernement monarchique, croyez-vous que le roi d'Espagne et le roi d'Italie aient laissé voter une loi pour les ouvriers des ports qui ne font, tel qu'à Gênes, huit heures l'hiver et sept heures l'été. A Barcelone, ils ont la journée de huit heures, pourquoi ne ferionsnous pas comme eux, nous qui sommes dirigés par un gouvernement républicain ; puisque nous sommes en république, ce qu'il faudrait, c'est qu'en France la journée de huit heures soit accordée à tous les ouvriers appartenant à n'importe quelle organisation, que vous soyez boulanger, forgeron, tapissier ou docker, nous sommes tous des travailleurs et je ne puis comprendre pour quelle raison telle ou telle organisation ferait huit heures et les autres feraient 10, 11 et 12 heures.

Oui, il faut que le prolétariat de France ait la journée de 8 heures, mais pour arriver à cette solution, il faudrait qu'il y ait un peu plus de propagande un peu plus d'agitation que ce qu'il y a.

Je suis obligé de dire ici que nous nous trouvons très souvent presque les mêmes dans les Congrès. A chaque Congrès, nous voyons à l'ordre du jour la journée de 8 heures, beaucoup de camarades prennent la parole sur cette question, votent même cette journée de 8 heures, et il arrive très souvent qu'ils n'ont pas mandat ni de la discuter, ni de la voter. Cependant ils la votent et qu'arriverait-il si par hasard un mouvement général venait à se produire pour obtenir cette question de principe. Je ne le sais, mais je leur demande s'ils sont sûrs que la masse qui est derrière eux les suivra. Eh bien pour arriver à enfinir, pour que nous puissions obtenir la journée de 8 heures, il faut que tous les délégués en rentrant chez eux, fassent une active propagande, de l'agitation dans nos Congrès de Fédérations de métiers. Il faut prendre une décision définitive ferme, à seule fin que quand on rendra compte de nos mandats, et qu nd les ouvriers prendront connaissance sur les brochures que telle ou telle organisation a la journée de 8 heures et que les autres organisations sont prêtes à l'obtenir, cela fera un grand revirement dans la classe prolétarienne syndicale. Et quand on arrivera au prochain Congrès National de la Confédération Générale du Travail, je suis sûr que les délégués ne marcheront pas à l'urne en tâtonnant pour voter la journée de 8 heures, puisqu'ils auront un mandat définitif.

Je ne voudrais pas profiter de la tribune, d'autres camarades ayant à prendre la parole après moi, seulement je déclare que la Fédération des Ports est pour la journée de 8 heures, et que nous sommes contre ce que viennent de déclarer divers camarades, que nous obtiendrons la journée de 8 heures que par une loi. Nous ne l'obtiendrons que par nous-mêmes.

GARNERY. — Je constate que, tous ici, nous nous plaignons des discours et que chacun en fait. Etant adversaire des discours, je ne tomberai pas dans cette contradiction.

Pour répondre à Keufer qui objecte qu'avant de réclamer la journée de 8 heures, il faudrait d'abord demander l'application de la loi, fixant à 10 heures la journée de travail, nous pensons, nous, que le meilleur moyen de ne pas faire plus de 10 heures, est d'exiger de n'en faire que 8.

Quand au reproche de ne pas avoir établi de palier, fait par Keufer, il n'a pas lieu d'être, puisque en fixant le maximum de la journée à 8 heures, c'est là une preuve attendue que nous sommes tous partisans de la réduction de la journée de travail à sa plus simple expression.

POUGET. — Le Congrès peut décider ce principe de l'agitation pour la journée de 8 heures.

Il s'agit de rechercher les moyens.

On a tort de croire que les Révolutions éclatent en plein soleil, elles n'éclatent que lorsque l'atmosphère est saturée d'électricité Révolutionnaire.

Je suis heureux de constater que nous sommes d'accord; nous recueillerons davantage, d'autant mieux que cela ne sera pas imposé.

Il n'y aura pas disparition du Comité de la Grève générale.

LE GUERY. — J'entends des camarades qui disent que la journée de 8 heures est un palliatif, je suis d'accord avec eux. Mais ne doit-on pas défendre ce palliatif au même titre que tous les autres, tels que les revendications de salaires?

Il me semble que si et voici pourquoi.

Si la journée de 8 heures ne peut pas donner un mieux être aux travailleurs, parce que si les salaires restent les mêmes, le prix de la consommation augmentera, — elle donnera tout au moins le moyen d'atténuer le chômage et de permettre aux travailleurs tout en se fatiguant moins, de pouvoir s'instruire davantage.

Je sais que le travailleur ne sera libéré définitivement que lorsque la transformation sociale sera faite.

Restent les moyens à employer pour l'obtenir ; à mon avis c'est l'action directe.

Notre camarade Keufer a prétendu que dans les pays étrangers les Syndicats ont marché de pair avec les législateurs.

Cela n'est pas exact, car en Amérique, les travailleurs obtenaient satisfaction en partie en 1886, par leur action proprement syndicale.

Les camarades qui se basent toujours sur les organisations étrangères pour citer des exemples, ne réfléchissent pas assez qu'en France, diverses satisfactions de ce genre ont été obtenues, notamment à Cette.

Si je prends comme exemple les travailleurs du diamant, je dois déclarer qu'ils auront bientôt obtenu les 9 heures.

Mais il faut considérer qu'ils sont organisés internationalement et que c'est par cette entente internationale qu'ils peuvent obtenir les mêmes revendications que leurs camarades de Belgique et de Hollande.

Voilà des faits qui sont palpables et qui démontrent bien que l'intervention des parlements ne peut donner quoi que ce soit au prolétariat.

Je suis heureux qu'un camarade ait demandé qu'on fasse appliquer partout d'abord la journée de 10 heures.

Cela prouve que les législateurs ont été impuissants à faire appliquer la loi, parce que les travailleurs ne sont pas assez fortement organisés.

Si les organisations syndicales sont faibles, c'est justement parce qu'on habitue trop les travailleurs à compter sur les réformes venant d'en haut, à compter sur des messies quelconques, au lieu de ne compter que sur eux-mêmes en s'organisant.

Les ouvriers, par cela même, restent dans l'apathie et se désintéressent des syndicats, ce qui est mal.

On devrait plutôt conseiller aux travailleurs d'employer un moyen qui est à la disposition de tous pour obtenir satisfaction. C'est le sabottage.

Lorsque chacun comptant sur son action individuelle, anonymement, saura faire arrêter les machines en marche et faire subir ainsi une perte sèche aux patrons, ils sèmeront la terreur chez eux et les inciteront à donner satisfaction aux revendications formulées.

Il n'y a pas besoin de faire grève, camarades, frappez nos exploiteurs dans leurs intérêts immédiats. Sabottez c'est un des meilleurs moyens pour arriver à réduire à merci le capital.

POUGET. — La question de la conquête de la journée de 8 heures est une de celles qui, dans les circonstances actuelles, obsède le plus la classe ouvrière. Il s'agit aujourd'hui de savoir par quels moyens l'obtenir. Deux voies s'indiquent : la première qui consiste à attendre sa réalisation d'en haut, de cette puissance extérieure qu'est le Parlement ; la seconde qui consiste à ne compter que sur soi-même, sur la force consciente des organisations syndicales.

Le second moyen est le seul efficace, mais il nécessite une énergie et une ardeur inlassables. C'est une besogne révolutionnaire qui implique une activité de tous les instants. Il faut orienter les cerveaux, les obséder de cette préoccupation, les *huit heures*. Il faut que toujours et partout les travailleurs y pensent, jusqu'au jour fixé pour la réalisation de l'effort décisif.

Et je suis heureux de me trouver sur ce point complètement d'accord avec le camarade Guérard...

Guérard. — Cela arrive souvent...

Pouget. — Tant mieux, j'en suis heureux ! Mais où je ne suis pas d'accord avec toi, c'est quand tu redoutes que la période de propagande préliminaire soit insuffisante.

Quand les américains voulurent conquérir les huit heures, ils fixèrent la date du 1er mai 1886, en un Congrès qui se tint dans les derniers mois de 1885. Il est vrai qu'une propagande antérieure avait préparé les esprits au grandiose effort qui allait être tenté.

Mais, n'en est-il pas de même en France ? Est-ce que depuis quinze ans la conquête de la journée des Huit Heures n'est pas une des plus constantes préoccupations de la classe ouvrière ? Donc, le travail de gestation préliminaire est accompli, il n'y a plus qu'à passer à la réalisation !

L'œuvre de propagande théorique pour les huit heures est assez considérable pour que le Congrès puisse décider qu'on va passer de la théorie à la pratique et prendre date, comme l'indique le Rapport, pour le 1er mai 1906.

En ce faisant, le Congrès fera œuvre de Révolution. C'est qu'en effet, on peut, sans exagération, considérer que nous sommes déjà en période révolutionnaire.

Par une vue inexacte des évènements du passé, on s'imagine que la Révolution de 1789-1793 a éclaté comme un coup de tonnerre, sans que rien l'ait préparée. C'est inexact. Il en est des grands orages sociaux que sont les Révolutions comme des orages de la nature : ils n'éclatent pas par un ciel serein ; il faut que les nuages s'accumulent et l'orage n'est que le résultat de leur amoncellement.

Les Révolutions, elles non plus, n'éclatent pas sans préparation ! Or, ici, nous préparons l'œuvre révolutionnaire. Celle-ci ne consiste pas à tenter des mouvements violents, sans tenir compte des contingences, mais à préparer les esprits afin que ces mouvements éclatent quand des circonstances favorables se présenteront. (Applaudissements).

Pour ce qui est de l'action directe, il n'accepte pas la définition qu'en a donnée le camarade Guérard. Elle ne consiste pas seulement à donner du travail aux vitriers. Certes, l'action directe est chose vieille, aussi vieille que la révolution consciente des exploités contre les exploiteurs ! Mais, elle tient compte du milieu et des circonstances et elle peut être anodine ou brutale — selon qu'il y a intérêt — sans pour cela cesser d'être de l'action révolutionnaire.

L'action directe, c'est l'affirmation que les travailleurs entendent ne plus compter que sur eux-mêmes, et non sur un Messie extérieur pour améliorer leurs conditions et marcher à la libération complète. (Vifs applaudissements).

Donc, je conclus que la date du 1er mai 1906 n'est pas prématurée et que le Congrès peut se prononcer immédiatement. Mais, cette date fixée, il s'agira de ne pas s'en remettre sur personne du soin de faire la propagande pour les Huit Heures.

Par exemple, sur la question des moyens financiers, je suis d'un avis opposé à celui de la Commission ; une cotisation obligatoire, outre qu'elle a l'inconvénient d'être imposée présente beaucoup d'autres inconvénients, ne serait-ce que celui de la perception qui entraînerait à une comptabilité considérable. Au lieu de cela, mieux vaut, comme on a fait pour la propagande contre les bureaux de placements, s'en tenir à des souscriptions volontaires. (Applaudissements).

Laudier, au nom de la commission d'organisation, fait connaître

qu'une grande et belle fête a été organisée en l'honneur du Congrès pour
le soir même.

Il invite en conséquence les délégués à activer les travaux de façon à
ce que tout le monde puisse y participer. (*Assentiments et bravos répétés*).

Le Congrès procède ensuite à la nomination du bureau pour la séance
de l'après-midi, sont désignés : Président, LEGOUHY ; Assesseurs ; LAVIL-
LAT et CAVALLE.

Séance du 17 septembre (soir).

La séance est ouverte à 2 heures et demie.

LE PRÉSIDENT donne la parole au camarade Dubéros, rapporteur de
la question sur la journée de 8 heures.

DUBÉROS. — Il ne s'agit pas, comme le croit le camarade GUÉRARD,
de rentrer immédiatement dans l'action révolutionnaire pour conquérir
la journée de huit heures ; la Commission, d'ailleurs, l'a bien établi sur
son rapport. Elle demande au Congrès qu'au 1er Mai 1905, soient organisées, dans toute la France, de grandes manifestations et qu'à partir
de cette date, des comités spéciaux fassent d'une façon constante de
l'agitation, de l'éducation, préparent en un mot les travailleurs, pour
qu'à partir du 1er Mai 1906, ils refusent de travailler plus de huit heures
par jour ; sur ce point, nous sommes donc d'accord avec le camarade
GUÉRARD.

Mais nous sommes adversaires de laisser à un prochain congrès, le
soin de fixer la date à partir de laquelle les ouvriers devront refuser de
travailler plus de huit heures par jour ; la commission estime que le
Congrès de Bourges a qualité pour fixer cette date, et qu'il est urgent que
la Confédération générale du Travail réponde aux aspirations des travailleurs, qu'après sa période d'organisation, elle rentre résolument dans la
période d'agitation, et tente d'arracher de haute lutte, à nos exploiteurs,
la journée de huit heures, qui est une réforme d'intérêt général.

Certains délégués ont manifesté le désir, qu'avant d'entreprendre la
campagne pour la conquête de la journée de *huit heures*, les organisations
syndicales fassent respecter la loi Millerand-Colliard, réduisant à *dix
heures* la journée de travail.

La Commission estime que nous n'avons pas à tenir compte des lois
existantes, que nous devons tenter de conquérir, *par tous les moyens*, ce
qui est nécessaire à notre existence.

Nous considérons que la Confédération générale du travail doit entrer
immédiatement en lutte pour la conquête de la journée de huit heures,
car actuellement cette réforme est appréciable, et atténuera le chômage
et la misère, qui, pour les travailleurs, ont souvent des conséquences
douloureuses.

Tandis que plus tard, quand la journée de huit heures sera susceptible
d'aboutir évolutivement, elle ne présentera plus le même intérêt, car
tous les jours, le machinisme se développant, rejette un nombre plus
considérable de bras sur le marché du travail. Et par conséquent, lorsque,
par l'évolution lente des phénomènes économiques, cette réforme sera
considérée comme « mûre », ce ne sera plus la journée de huit heures qui

sera nécessaire pour atténuer le chômage, mais celle de *six heures* et peut-être moins.

On a également déclaré qu'il ne fallait pas imposer une nouvelle cotisation aux organisations fédérales, et cependant l'effort n'est pas bien considérable, la Commission propose o fr. 10 par 100 membres et par mois, ce qui produirait la somme de 1500 francs par an environ.

Les cotisations prévues dans le rapport doivent être considérées plus comme une marque d'approbation de l'agitation pour les *huit heures*, que comme une ressource pour faire face aux nécessités de cette propagande.

Certains camarades prétendent que les fonds nécessaires peuvent être recueillis par souscription, la Commission est de cet avis, mais elle estime qu'une cotisation particulière est également utile.

Le camarade Keufer et le délégué de Saint-Etienne sont partisans que l'on fasse d'abord appliquer la loi de 10 heures à tous les travailleurs, puis celle de 9 heures, ensuite ont-ils dit, nous pourrons obtenir la Journée de huit heures.

Si la Confédération générale du travail voulait user seulement des moyens légaux, si elle voulait exercer son action dans les milieux parlementaires et gouvernementaux, il serait logique de procéder par étapes ainsi que le préconisent certains de nos camarades, et de ne pas demander à nos gouvernants, une réforme telle que la journée de *huit heures*, réforme qu'ils ne peuvent nous accorder de bonne grâce parce qu'elle aurait de trop graves conséquences pour les capitalistes.

Mais le Congrès s'est déjà prononcé pour l'action révolutionnaire, nous savons que la journée de *huit heures* n'a aucune chance d'aboutir par des moyens purement législatifs, et que cette réforme ne peut être acquise que par la pression révolutionnaire.

Le camarade Keufer a prétendu que l'action violente et anonyme, l'action révolutionnaire ne pouvait produire aucun résultat appréciable ; je demande quels sont les résultats acquis jusqu'à ce jour par les modérés, par les partisans de l'action légale ? Ils sont nuls ; tandis que partout où les travailleurs ont employé des moyens énergiques, ils ont obtenu quelques satisfactions.

Les camarades du Livre savent comme nous que l'action révolutionnaire est la plus efficace, mais ils réprouvent ce moyen d'action ; et voici ce que je lis dans la *Typographie Française* du 1er août 1904 :

Québec, août 1904.

Le capital vaincu par le travail à San-Francisco ! Voilà certes un fait extraordinaire dans les annales de la solidarité ouvrière, et quelque invraisemblable que puisse paraître cette victoire, due à la volonté, à la discipline et surtout au mérite incontesté des Unions, elle cause un désarroi profond chez les économistes de l'école Sainte-Routine.

Depuis deux ans, pendant que les grèves se succédaient sans résultats appréciables aux Etats-Unis, il existait une trêve à San-Francisco : la domination patronale atténuait sa morgue et les Unions semblaient accorder plus de confiance à sa vieille adversaire. Mais tout-à-coup cette trêve a été rompue et, pour la première fois, le capital vient d'être complètement désarmé ; à ce point que l'un des plus puissants entrepreneurs de San-Francisco a pu dire avec raison : « Quand un chef ouvrier nous fait une demande, nous y accédons sans la discuter, les ouvriers sont maîtres de la ville ! »

Alors que dans toutes les autres villes du continent, l'augmentation des salaires à péniblement suivi l'augmentation du coût de la vie, les salaires à San-Francisco ont atteint un chiffre invraisemblable.....

Et ensuite :

....Malheureusement, ce pouvoir absolu ne s'exerce pas sans de déplorables abus : elles ne tolèrent rien, elles ne supportent même pas le travail indépendant, tout salarié devant entrer dans l'Union ou disparaître, comme le disait récemment un des chefs ouvriers.....

On pourrait citer maints autres exemples de la puissance des Unions et des persécutions implacables qu'elles font subir à leurs adversaires. On a même assisté parfois, il faut bien le dire, à des actes odieux. L'an dernier, lors de la grève des fossoyeurs, on vit des unionistes empêcher les inhumations en inondant les fosses creusées par les « scabs » et en faisant sauter le four crématoire à la dynamite.

D'ailleurs, les Unions ont prouvé qu'elles pouvaient organiser aussi bien que détruire.....

.....Mais il faut le dire hautement, nous n'approuverons jamais de semblables méfaits.

Ainsi, camarade Keufer, vous reconnaissez la puissance de l'action révolutionnaire, et vous considérez la violence comme un méfait que vous réprouvez. Mais, camarade Keufer, cette violence n'est-elle pas justifiée, quand elle est dirigée contre les auteurs responsables de la mort de milliers de travailleurs ?

GARNERY. — Il prêche la résignation.

DUBÉROS. — Est-ce que le nombre considérable de travailleurs qui, tous les jours, meurent de faim ou de maladies provoquées par le surmenage et par la misère ne sont pas plus intéressants que la propriété ou l'existence de quelques patrons ?

Si oui, pourquoi répudier les moyens d'action qui peuvent remédier à cette situation.

Nous espérons que le Congrès, en adoptant le rapport de la commission, donnera mandat au Comité Confédéral de faire la propagande nécessaire et d'employer tous les moyens qui sont à notre disposition pour conquérir la journée de huit heures.

POUGET, rappelle que dans la séance du matin, il a demandé à ce que les cotisations ne soient pas imposées.

Il est enfantin, ajoute-t-il, d'établir des comptes spéciaux qui ne produiraient que 1.500 francs pour l'action à faire.

En conséquence, il dépose l'amendement suivant, aux conclusions de la Commission. :

Le Congrès considérant que les travailleurs ne peuvent compter que sur leur action propre pour améliorer leurs conditions de travail ;

Considérant qu'une agitation pour la journée de huit heures est un acheminement vers l'œuvre définitive d'émancipation intégrale.

Le Congrès donne mandat à la Confédération Générale du Travail d'organiser une agitation intense et grandissante à l'effet que :

Le 1er MAI 1906, les travailleurs cessent d'eux-mêmes de travailler plus de huit heures.

Le Comité Confédéral nommera une Commission spéciale et recueillera des souscriptions volontaires pour couvrir les frais de cette propagande.

LUQUET demande à ce qu'un Congrès soit organisé en 1905, pour essayer sur cette question un mouvement mondial.

POUGET demande au Congrès de se prononcer d'abord sur sa proposition. On pourra ensuite examiner celle de Luquet.

GUÉRARD estime qu'il est impossible de fixer une date fixe pour l'obtention de la journée de huit heures.

Il voit un danger, si à la date indiquée, on ne peut aboutir ; il y a en effet à craindre dans ce cas une démoralisation des travailleurs.

. Il vaudrait mieux d'après lui, laisser aux évènements le soin de fixer la date.

POUGET répond que le délai de 15 mois est suffisant, si dans toutes les organisations on sait faire preuve de l'énergie nécessaire.

LE DÉLÉGUÉ DE ST-ETIENNE dépose la proposition suivante comme amendement au rapport :

Le Congrès décide que tout en poursuivant l'application de la journée de 8 heures, le nécessaire sera fait pour que la loi de dix heures soit unifiée pour toutes les industries.

Bourse de Saint-Etienne.

Le rapport de la Commission mis aux voix est adopté avec l'amendement Pouget. (Applaudissements répétés.)

L'amendement de St-Etienne est accepté à titre de vœu.

Les rapports sur la journée de huit heures du *Syndicat des ajusteurs et serruriers de St-Nazaire ; de l'Union des Métallurgistes de Montluçon de la Fédération des ardoisiers et de la Bourse d'Angers ; de la Bourse du Travail d'Alger*, sont renvoyés à l'étude du Comité Confédéral.

ANTOURVILLE proteste contre le vote en disant qu'il avait fait parvenir au bureau une proposition qui n'a pas été lue (Bruits). De violentes interruptions empêchent l'orateur de se faire entendre.

Le président donne connaissance des dépêches suivantes :

Bourse travail Fontenay envoie salutations fraternelles congressistes espère que assises tenues feront triompher cause sociale. Rabuchon. (*Applaudissements*).

*
* *

Potigny Congrès Bourges, de Marseille.

Union Dockers a embauché pour travailler en remplacement des charbonniers en grève. Ces ouvriers sont gardés par la police. Avisez. Jaur.

PIOCH fait connaître qu'ayant été avisé de cette dépêche, il y a vu une manœuvre louche du Syndicat des Charbonniers.

Il a envoyé pour s'assurer du fait, au citoyen Manot, secrétaire de l'Union des dockers de Marseille, la dépêche suivante :

Manot, boulevard Maritime, à Marseille.

Avons reçu dépêche signée Jaur disant Union Dockers embauche ouvriers au détriment charbonniers en grève, Dockers travailleraient sous protection de la police. Réponse Vérité.

Signé : Pioch.

Voici la réponse reçue de l'Union des Dockers de Marseille :

Pioch, Congrès Corporatif Confédération Bourges, Cher. 12 h. 20 s.

Protestons avec indignation contre mensonges inqualifiables et intéressés du sieur Jaur. Jamais Union a autorisé travail charbonniers, conflit actuel. Sommes étonnés pas avoir été avisés directement faits reprochés. Voyons la manœuvre louche de Jaur que nous laissons soin apprécier. Conseil syndical charbonniers veut division entre ouvriers Marseillais. Basset.

Avec l'Union des Dockers de Marseille, ajoute Pioch, je laisse au Congrès le soin d'apprécier de tels procédés. (*Applaudissements*).

HÉBIER. — Je crois que le Congrès a pu apprécier ma conduite vis-à-vis du Syndicat des Charbonniers de Marseille. J'ai fait tout pour arriver à une entente entre ces derniers et les dockers.

Je regrette donc que les Charbonniers fassent de leur côté, tout pour ne pas arriver à l'union tant désirée.

Par les dépêches reçues ce matin et lues ici, l'on remarquera que l'Union est dégagée et que toute la responsabilité de ce qui arrive doit être imputée aux Charbonniers qui ne veulent pas de l'Union.

J'espère que le Congrès, suffisamment éclairé maintenant, sait où est le droit et la vérité.

POTIGNY veut répondre à Pioch, mais le Congrès suffisamment renseigné, l'empêche de parler.

GRIFFUELHES estime que le Congrès ne peut se prononcer ni pour l'Union, ni pour les Charbonniers, les éléments d'appréciation faisant défaut.

Il demande en conséquence qu'une enquête soit faite sur place par un délégué du Comité confédéral (*Assentiment général'*.

YVETOT. — Cet incident étant clos, je crois nécessaire d'en clore un autre, celui de Rennes.

L'on avait dit, dans une précédente séance, qu'un patron typographe était président du Syndicat du Livre.

Je dois reconnaître qu'il s'agit d'un patron lithog aphe.

KEUFER constate alors que les typographes ont été accusés injustement.

TESCHE. — Le camarade Keufer voudra bien reconnaître de son côté l'impartialité du Comité Confédéral dans cette affaire.

LE LABEL CONFÉDÉRAL

L'ordre du jour appelant la question du label, le PRÉSIDENT donne d'abord la parole au camarade Bousquet, premier orateur inscrit.

PLUSIEURS DÉLÉGUÉS demandent alors le vote immédiat sur la question, et cela sans discussion.

Il s'en suit un tumulte au cours duquel les délégués s'interpellent avec une certaine violence. Plusieurs même déclarent vouloir se retirer du Congrès.

GRIFFUELHES. — Je comprends qu'après cinq jours et demi de discussions passionnées le Congrès se montre énervé et veuille en finir rapidement avec les questions à l'ordre du jour. Mais je demande à ceux qui ont manifesté l'intention de se retirer de rester jusqu'au bout. D'ailleurs en ce qui concerne les questions encore à discuter, nous sommes presque tous d'accord sur les solutions à y apporter, et il suffira que chacun dépose un rapport à ce sujet pour aboutir.

BOUSQUET critique le label du Livre qui, ne contenant pas le signe distinctif, la mappemonde confédérale, va, si l'exemple est suivi par d'autres corporations, engendrer une inextricable confusion, car les travailleurs ne pourront se reconnaitre dans la multiplicité des Labels.

Le camarade VILLEVAL (père) prend ensuite la parole sur la question.

Au milieu de l'inattention d'un grand nombre de congressistes, il fait l'historique du label, examine dans quelles conditions il peut être appliqué.

Son discours soulève les protestations d'un grand nombre de délégués qui, par la voix d'ALIBERT, demandent à ce que l'orateur s'en tienne à cette question : « *Le Label doit-il être fédéral ou confédéral* ».

VILLEVAL (père) n'en continue pas moins son argumentation.

De son discours, nous ne donnerons donc que ce qui se rapporte à la question posée par Alibert et figurant à l'ordre du jour.

VILLEVAL père. — Et maintenant vient se poser une question qui a soulevé de brûlantes discussions.

La marque syndicale sera-t-elle corporative ou fédérale ?

Après avoir étudié la question, après m'être rendu compte, par de nombreuses correspondances et par la plupart de ce qui a été écrit en français et en anglais à ce sujet, c'est sans aucune hésitation que je réponds qu'elle doit être corporative. Et que l'on ne vienne pas croire ici que mon opinion peut être dictée par un intérêt ou une arrière-pensée quelconque. J'ai pour principe d'écarter tout ce qui, à mon sens, ne peut intéresser qu'une certaine catégorie d'individus et de ne retenir que ce qui est d'intérêt pour le plus grand nombre.

Or, il est absolument nécessaire que chaque corporation ait une marque distinctive spéciale qui puisse s'adapter en dessin et en format à l'article qu'elle confectionne. Conséquemment, il ne peut y avoir d'uniformité que dans la marque d'une même industrie afin d'éviter la confusion, et c'est aux fédérations de métiers qu'il appartient d'assurer cette uniformité. Il est donc impossible qu'un organisme central puisse imposer tel ou tel dessin, telle ou telle devise, les intéressés seuls étant qualifiés pour cette tâche parce qu'ils savent mieux que personne ce qui peut convenir à leur clientèle.

D'autre part, il y a la responsabilité civile, avec laquelle il faut bien aussi compter, c'est-à-dire le droit de propriété à la marque, qui ne peut être exercé que par le syndicat intéressé. C'est lui, et lui seul, qui a qualité pour traiter avec les patrons des conditions auxquelles la marque syndicale peut leur être concédée. Car, si nous procédons comme en Amérique, et je ne vois pas de raison plausible pour qu'il en soit autrement, puisque leur manière d'opérer a pleinement réussi, il faudra que nous rédigions des contrats dans le genre de celui que je citais tout à l'heure, lesquels seront signés par les deux parties, c'est-à-dire l'employeur et le représentant autorisé du Syndicat. Les marques, suivant notre jurisprudence à nous, devront être déposées par les Syndicats en leur nom personnel et des poursuites en contrefaçon ou emploi frauduleux ne peuvent être exercées que par eux seuls, à raison du préjudice qui leur est personnellement causé, en vertu de l'article 1.382 du Code civil.

Je ne vo s donc pas bien, par conséquent, comment pourrait se justifier l'ingérence d'un organisme central qui, n'ayant, en somme, aucune responsabilité matérielle, ne saurait se poser en arbitre entre les parties contractantes, étant donné surtout que les conditions de travail ne sont pas identiques dans toutes les industries. Il appartient donc à chaque organisation corporative de baser ses contrats sur ses règlements syndicaux, sur ses tarifs qui diffèrent dans le même corps de métier suivant les localités et les conditions d'existence de la région.

De plus, et c'est là un argument qui peut avoir son importance, il faudra dans la période d'organisation, laisser une certaine latitude aux syndicats intéressés. Prenons, par exemple, un établissement de construction de machines. Refusera-t on la marque syndicale à l'industriel qui, n'occupant que des syndiqués chez lui, respecte en tous points les statuts corporatifs, mais dont le charbon ne portera pas le label des mineurs ? Si la marque est confédérale, la réponse n'est pas douteuse, elle doit être refusée. Si, au contraire, la marque est corporative, elle sera accordée, et il sera alors d'autant plus facile aux mécaniciens d'avoir recours aux moyens propres à imposer à leur employeur les produits de leurs camarades mineurs qu'ils auront pris possession de la place.

D'ailleurs, dans la correspondance américaine sur la question du label que j'ai parcourue, laquelle émane de fédérations et de syndicats affiliés à la Confédération générale du travail, j'ai pu constater que chaque fédération avait une marque appropriée à son genre d'industrie sur laquelle il n'y avait, pour les syndicats, que le numéro de la section ou le nom de la localité de changé. Il s'ensuit donc que jamais la Confédération américaine n'a prétendu exercer un pouvoir quelconque sur les marques corporatives des syndicats, leur laissant le soin de régler leurs affaires intérieures eux-mêmes.

J'ai ici une lettre que le camarade Gompers, président de la Confédération générale, adressait à Keufer au sujet du label, et j'y relève ce qui suit :

Vous trouverez, ci-inclus, — dit Gompers, — une copie du contrat que la Confédération américaine fait signer par les syndicats locaux et les patrons qui désirent se servir de la marque confédérale.

Vous savez qu'un grand nombre d'unions internationales ont leur propre marque syndicale et que la Confédération américaine *n'accorde la sienne qu'aux unions locales qui n'en ont pas encore.*

Voici donc un point bien établi : aux États-Unis la marque est purement corporative.

Mais où l'action du Comité confédéral a lieu de se faire sentir, c'est dans la centralisation entre ses mains de toutes les marques syndicales des organisations adhérentes à la Confédération, et c'est là sa garantie. En effet, toutes les marques syndicales devront être déposées au secrétariat de la Confédération qui en dressera une liste, laquelle sera publiée mensuellement dans son bulletin officiel ainsi que le fait le *Federationist,* organe de la Confédération américaine que je tiens ici à votre disposition. On comprendra toute la portée et toute la somme de garantie qu'offre cette mesure quand on se rendra compte que l'exclusion de telle ou telle marque sur la liste confédérale indiquera que les syndicats qui la possèdent ne font pas partie de la Confédération ou se sont séparés d'elle. Ce sera une mise à l'index, et il sera alors du devoir de l'organe confédéral, ainsi que de tous les organes corporatifs confédérés de signaler les dissidents à l'attention du public et de les boycotter d'une manière persistante. Il ne s'agit pas, lorsque l'on veut arriver à une application pratique d'un instrument de progrès, de s'arrêter à des questions de préséance et d'amour-propre, et ceux qui ont en main les intérêts du prolétariat organisé doivent avoir pour unique souci le succès intégral de tel ou tel moyen d'action.

Un malentendu s'est produit entre le Comité confédéral et la Chambre syndicale typographique parisienne à propos de la marque que celle-ci avait fait confectionner, afin de faire connaître au public les imprimés exécutés par ses syndiqués. On a voulu voir là un empiétement sur les prérogatives du Comité confédéral alors qu'il n'y avait en réalité qu'un désir de mettre immédiatement en pratique un instrument de propagande qui dormait paisiblement dans un coin quelconque d'où nul ne semblait vouloir venir le déranger.

Ce n'est pas sans un certain intérêt que je lisais, à la fin du mois dernier, un article publié par la *Voix du Peuple,* sous la signature du camarade Luquet. Je ne veux pas ici, comme vous le pensez bien, critiquer la manière de voir de notre camarade, car, en somme, il conclut comme nous à l'absolue nécessité de nous servir au plus tôt de la marque syndicale; mais il me sera permis tout de même, pour suivre le fil de mon argumentation d'en relever quelques propositions. Par exemple il dit; je cite textuellement :

Jusqu'ici, et sur la proposition de la Fédération du Livre, plusieurs congrès corporatifs nationaux s'étaient prononcés pour le principe du Label. Malheureusement, jusqu'en 1902, rien n'avait été tenté pour le faire entrer dans la pratique, et c'est seulement le Comité Confédéral qui, dans le cours de cette année, prit l'initiative de son application.

Eh bien, c'est précisément à cause des lenteurs apportées à cette application que la Fédération du Livre, qui ne voulait pas agir à la légère, qni ne voulait rien laisser à l'imprévu, qui voulait profiter de l'expérience de ceux à qui cette application avait réussi ; c'est précisément pour cela qu'elle s'est adressée à la Confédération américaine, à un grand nombre d'organisations ouvrières d'Amérique, afin de demander à ces maîtres du sujet quelle était la meilleure manière de procéder. C'est après l'échange d'une volumineuse correspondance, après avoir examiné de nombreuses brochures, les journaux corporatifs des Etats-Unis, les contrats rédigés par les camarades américains qu'elle s'est nettement prononcée pour le label corporatif. Aux dernières élections municipales, on a pu se convaincre de l'immense effort que la Chambre syndicale typographique Parisienne s'est imposé. Est-ce que de là ne commence pas réellement l'ère du label? Est-ce que par la diffusion de milliers d'affiches, de millions de prospectus électoraux revêtus de sa marque, elle n'a pas fait une propagande immense destinée non seulement à nous instruire sur la marque syndicale, à nous familiariser avec elle, mais à faire sentir au public en général ce que pouvait une force organisée ?

Mais, me dira-t-on, ceci n'est pas ce qui nous préoccupe en ce moment. Eh bien, si ; car je suis convaincu que si, en présence de la diversité des opinions qui s'étalaient dans ces millions d'imprimés, l'on avait introduit le moindre signe à tendance définie dans la marque syndicale, elle serait restée à l'état de léthargie où elle se trouvait auparavant.

C'est en 1883, dans le rapport de Keufer sur la délégation de l'Exposition de Boston, que nous voyons pour la première fois en France décrire cet instrument de combat ; puis, au Congrès de Rennes, c'est le délégué de la Section typographique parisienne qui présente un rapport sur la marque syndicale, lequel, bien qu'accueilli avec tiédeur, est cependant adopté à l'unanimité. Mais il paraît que ce n'était que pour la forme, car les choses restèrent en l'état, et, d'action, il n'y en eut point. Cependant en 1900, Guénard revient à la charge en faisant un rapport des plus documentés au Congrès de la Fédération des travailleurs du Livre qui l'adopte avec enthousiasme et en ordonne l'impression. Puis enfin le Congrès National corporatif de 1900, à Paris, adopte à son tour le rapport de notre camarade.

Il était donc du devoir de la typographie, puisque l'action ne se dessinait pas nettement en d'autres lieux, de commencer la lutte avec ses propres ressources et avec son expérience. Peut-on l'en blâmer ? Certes non, car elle a nettement établi que la marque syndicale n'est plus une fiction, qu'elle peut vivre, qu'elle vit et qu'elle ne demande qu'un peu de sollicitude et un effort de notre part à tous, travailleurs, pour arriver à sa pleine maturité.

On a parlé de la prétention des typographes qui, dit-on, auraient voulu imposer leur marque. Hé non ! camarades ; puisqu'ils préconisent pour tous ce qui est l'intérêt de tous ; puisqu'ils se sont appliqués à se documenter sur les moyens les plus pratiques de réussite, non seulement pour eux, mais pour tous leurs frères du prolétariat, puisqu'ils viennent vous apporter ici le fruit de leurs recherches. Ce que l'on appelle prétention de ce côté-ci de l'Atlantique, on l'appelle esprit pratique de l'autre côté. A vous de juger.

Est-ce que par hasard, nous allons imposer la centralisation à outrance? Est-ce que nous allons créer des hiérarchies ? Et ici je rappellerai au Congrès les paroles du camarade Niel, à propos de la représentation proportionnelle, qui lui, combat les hiérarchies. Que nous faut-il, en résumé, des garanties de bonne foi, eh bien, nous les trouvons dans le dépôt à la Confédération générale de la marque syndicale, parce que ce ne sont que ses adhérents qui peuvent le faire, et si le Comité Confédéral voit que ces dits adhérents emploient des moyens équivoques, il a toujours le droit de les appeler à sa barre pour s'expliquer; il peut toujours, après examen, les exclure et, de ce fait, les mettre à l'index.

Nous devons nous placer dans le domaine syndicaliste sur un tout autre terrain que sur le domaine politique. Nous nous adressons aussi bien, pour l'écoulement de nos produits, aux réactionnaires, aux conservateurs, qu'aux révolutionnaires, et nous ne pouvons, nous ne devons rien faire figurer dans notre marque qui puisse porter ombrage à celui-ci ou à celui-là. Il s'ensuit, par conséquent, qu'au point de vue de l'action générale notre organisme central peut refléter l'esprit révolutionnaire, et ce n'est certes pas moi qui y trouverais à redire, au contraire ; mais, au point de vue de l'écoulement de nos produits, devons-nous faire montre de nos sentiments politiques ou philosophiques ?

Est-ce que, par exemple, il serait facile de faire accepter le marque de notre organisme central révolutionnaire par certains constructeurs d'automobiles et de bicyclettes, qu'il est inutile de nommer ici, mais qui emploient des milliers de travailleurs de la métallurgie ? Les orfèvres, fabricants de saints-ciboires, les brodeurs, fabricants de chasubles, les patrons des grands magasins, les coiffeurs, les journaux réactionnaires, et je pourrais m'étendre à l'infini sur une telle nomenclature, voudraient-ils traiter avec des syndicats qui leur imposeraient une marque ayant une couleur politique quelconque ? Leur clientèle les obligerait-elle à s'en servir ? Certes, non.

Alors, je me demande de quel droit nous abandonnerions une partie du prolétariat, toute aussi intéressante que les autres, au bon vouloir patronal, en lui rendant impossible l'emploi d'une arme que nous considérons, nous, comme nécessaire à notre action générale. Nous nous adressons à une clientèle éclectique, et je le répète, rien dans nos étiquettes ne doit faire montre de nos opinions.

Je l'ai dit, le label est un moyen de donner une force plus grande aux Syndicats en les élargissant; ce n'est pas la solution de la question prolétarienne, c'est simplement un instrument de combat pour arriver à un mieux-être immédiat.

J'ai par devers moi l'organe de la Confédération américaine (*Federationnist*) ; il porte à la première page l'emblème confédéral ; mais, au nom d'imprimeur, c'est le label typographique que l'on remarque ; j'ai ici l'organe de la Fédération des Travailleurs du Bois (*Woodworkers*) ; dans son titre s'épanouit son label corporatif ; à la dernière page, celui des typographes qui l'ont imprimé ; voici le *Clothingtrade,* bulletin des ouvriers de la confection, on y rencontre la même particularité. Enfin, tous les mois, le journal officiel de la Confédération (*Federationnist*) publie, en première page, le *Union Label Bulletin.* C'est un tableau des marques syndicales de toutes les organisations confédérées, et c'est en vain que l'on rechercherait dans toutes ces marques ce signe qui, comme le désire le camarade Luquet, porte en lui la marque de l'organisme central ; il n'existe nulle part.

Est-ce que nos camarades américains sont moins pratiques que nous ? Que non pas ; mais ils ne s'arrêtent pas à des questions de préséance et ils ont bien compris, eux, qu'il était absolument nécessaire, dans l'intérêt de tous, que chacun s'occupât des petits détails inhérents à ses fonctions propres, afin de pouvoir s'unir avec plus de force pour l'action commune quand elle est nécessaire.

Nous avons à combattre contre les jaunes, contre les syndicats catholiques qui se fondent de toutes parts et sèment la division, même la défection, dans nos rangs. C'est donc à nous, dans nos sphères d'action, dans les milieux qui nous sont familiers, à nous inspirer des moyens les plus propres à faire cesser un antagonisme qui divise les travailleurs en plusieurs camps et par une éducation émancipatrice, à réunir en un seul faisceau les forces prolétariennes disséminées.

Il faut, par conséquent, que nous jouissions de l'autonomie la plus large dans nos organisations respectives, et cette autonomie ne peut pas plus s'arrêter à la marque syndicale qu'à toute autre question.

Camarades, vous pèserez tous les arguments, toutes les raisons que je viens de vous donner avec une entière bonne foi, avec la plus grande sincérité, et je suis convaincu qu'après avoir examiné le sujet sous son propre jour, en le dégageant du côté étroit pour n'en retenir que le côté réellement pratique, vous voterez avec nous pour la marque syndicale corporative. (*Applaudissements sur quelques bancs*).

BOUSQUET. — Je demande au camarade Villeval, pourquoi tous ces labels spéciaux, et comment les intéressés pourront-ils s'y reconnaître.

Même un label Fédéral, avec les mœurs françaises, ne sera pas compris et n'atteindra pas son but.

Comment dans l'alimentation notamment, les camarades peu au courant du Label, et les intéressés qui achèteront les produits, pourront-ils reconnaître le Label des boulangers de celui des limonadiers, des confiseurs, et même des jaunes, s'il plaît à ces derniers d'en faire usage, si ces labels ont un dessin différent ?

En France, on ne regarde même pas les effigies portées sur les pièces de monnaies, parce que différentes. A plus forte raison s'embrouillerait-on dans les différents dessins des Labels.

Pour toutes ces raisons, je suis partisan d'un Label unique portant la mappemonde confédérale, ce qui désignera la corporation qui l'emploiera, comme fédérée et confédérée.

LUCAS demande le renvoi de la question au prochain Congrès, de façon à ce que la Fédération du Livre puisse envoyer un rapport à chaque organisation.

GANDOIN, de Limoges, demande le rejet de la motion Lucas, toutes les organisations devant avoir pris une décision sur la question très bien posée : « Le Label sera-t-il corporatif ou confédéral ? »

A Limoges, ajoute-t-il, notre décision est prise à ce sujet.

SIEURIN dit qu'il a à faire connaître au Congrès quelque chose d'intéressant au sujet du Label.

KEUFER quitte la salle.

SIEURIN. — Je vois Keufer quitter la salle au moment où je vais donner connaissance d'une lettre qui démontre que j'ai été l'intermédiaire sur la question, entre le Livre et la Confédération.

On vous a montré tout-à-l'heure une carte sur laquelle existe 64 modèles de Label.

Comment voulez-vous que les indifférents, les industriels puissent s'y reconnaître, alors que nous-mêmes ne pourrions faire la distinction nécessaire.

D'ailleurs la Fédération du Livre avait adopté le Label Confédéral, puis ce n'est ensuite que sans motif apparent elle a adopté un label particulier.

Le Congrès de 1900 avait adopté le rapport présenté par Guénard au nom du Livre et portant constitution d'un Comité général des marques syndicales et la confection d'un journal le Label.

Le Comité général du Label n'a presque pas fonctionné. Et l'on demande maintenant des comités locaux.

Quant au journal, la Fédération du Livre ne veut plus en faire les frais.

Il faut revenir à ces décisions et tout en laissant fonctionner le label du Livre, éviter que d'autres organisations créent de nouveaux labels spéciaux.

Il y a déjà des labels pour les Chapeliers, Cordonniers, Pâtissiers, Blanchisseurs, Mineurs, Mine des Petits Châteaux).

Maintenant faut-il le changer ? Non.

Nous devons éviter le retour de l'erreur et surtout nous attacher à la propagande.

Le label doit donc être Confédéral pour éviter la multiplicité de la marque.

Comme conclusion de son discours, SIEURIN dépose une proposition tendant à ce que dans l'avenir il n'y ait qu'un Label confédéral, exception faite pour le Livre qui a déjà son Label particulier connu. (*Protestations*).

VILLEVAL (fils) combat le Label du Livre, en usage malgré toutes les décisions du Comité Confédéral, et qui a été lancé à l'exclusion du Label confédéral. Il se prononce en faveur de ce dernier.

ROBERT déclare qu'il appartient et représente au Congrès une corporation qui n'est intéressée à la diffusion du *label* que comme consommateur.

Il ajoute qu'il approuve complètement l'ordre du jour du camarade Villeval parce que celui-ci est en entière contradiction avec les délégués de la Fédération du Livre qui, avec une singulière obstination, ont absolument refusé de comprendre la mappemonde confédérale dans le label du Livre.

Il s'oppose, contrairement à l'avis de Sieurin, à ce que le Congrès permette à la Fédération du Livre de se servir de la marque exclusivement fédérale créée par cette organisation en contradiction absolue avec la grande majorité des membres du Comité confédéral, par conséquent, de la Confédération Générale du Travail.

Il termine en déclarant, au nom de la Fédération Nationale des Peintres et des organisations qui l'ont mandaté, qu'il est absolument résolu à aider à la propagande du *Label*, mais du seul label qui contient la mappemonde confédérale.

BRIAT. — Nous demandons une modification dans la libre disposition du Label. Actuellement la Confédération donne le label aux syndicats qui sont fédérés localement et nationalement sans s'occuper à qui les labels sont donnés. Nous voyons trop souvent des syndicats ayant le label et ne payant pas le tarif syndical pour leurs journaux et Imprimés.

Le but n'est pas atteint et il faut modifier ce système en donnant le label aux industriels qui paient les tarifs syndicaux et emploient des travailleurs syndiqués.

Il faut sortir de la théorie et entrer dans la pratique en appliquant le label dans le sens de nos camarades américains en garantissant le salaire syndical.

LUQUET rappelle qu'après s'être prononcé pour le principe du Label en divers Congrès, la Fédération du Livre ne fit rien pour passer à la réalisation et que c'est la Fédération des Coiffeurs qui, elle, la première, demanda au Comité Confédéral la création de l'Affiche-Label ; depuis, une commission spéciale fut instituée pour créer le Label industriel et c'est après avoir accepté le Label confédéral indiqué par cette commission que le Livre, revenant sur sa décision, créait son Label spécial. Il conclut en expliquant que le Label étant une marque de solidarité, doit porter un signe commun.

SPIRUS-GAY se prononce pour le Label confédéral, qui présente, dit-il, toutes garanties, alors qu'il n'en est pas de même pour le Label corporatif.

N'avons-nous pas vu le dernier Label servir à des corporations, les Limonadiers par exemple, qui employaient des jaunes.

Il en est d'ailleurs de même dans certaines sociétés coopératives qui n'ont qu'un but, exploiter des camarades.

Pour ces motifs, il demande que le Label soit confédéral.

ALIBERT, fait connaître que c'est la Fédération de la Chapellerie qui a lancé le label en Amérique.

Il admet parfaitement que diverses marques existent bien en Amérique, mais que ce ne sont pas celles des ouvriers, mais celles des détaillants et des patrons. Toutes les autres, dit-il, ont une marque unique et confédérale.

En France, ajoute-t-il, nous n'avons encore pu implanter cette marque, mais chaque jour nous remarquons cependant un progrès nouveau.

Il demande donc que la marque soit seulement Confédérale.

LUQUET déclare renoncer à la parole, mais invite le Congrès à décider que le Label soit Confédéral et ne soit donné qu'aux commerçants payant le tarif syndical, et non à tous comme semblait le dire le camarade Briat.

BRIAT. — J'ai dit ou syndiqué parce que il existe encore et malheureusement dans votre profession de coiffeurs, des ouvriers qui font des suppléments le samedi ou le dimanche et ne touchent que les pourboires. Si le fait n'existe plus, ma phrase est aussi inutile.

LIÉNARD ne croit pas que la marque Label soit applicable. Il cite le cas des grandes industries où, dit-il, jamais cette marque ne pourra être d'aucune utilité pour le travailleur. Elle ne sera d'ailleurs pas, ajoute-t-il, acceptée par les gros patrons chez lesquels, malgré tout, dans la société actuelle, les commerçants de moindre importance, sont obligés de s'approvisionner.

SERGENT soutient la marque corporative qui fera connaître les organisations fédérées.

Il estime que dans la Fédération du Livre qui emploie une marque de Label spéciale, il est impossible d'opérer autrement, en raison de la diversité des travailleurs employés dans la corporation.

Il reconnaît que les Coiffeurs ont plus de facilité pour faire accepter par les patrons, un label unique, ce qui les rend partisans de ce moyen.

Il conteste le droit aux Chapeliers d'affirmer que la marque unique ou corporative existe chez les patrons de leur corporation.

Il estime que l'on ne peut imposer la marque Label aux seuls patrons employant des ouvriers syndiqués, et la preuve ajoute-t-il, c'est que le Label du Livre est déjà très répandu, alors que ce n'est pas le cas du Label Confédéral dans les boulangeries.

Le Label corporatif nous a permis de faire une propagande très grande en faveur de cette marque au moment des dernières élections parce que nous n'avons pas limité nos efforts à un seul parti politique mais à tous.

POMMIER. — Vous avez fait de la propagande en faveur de la réaction. (*Bruits et applaudissements*).

SERGENT. — Le Label n'a été donné qu'à ceux faisant faire leurs imprimés, affiches ou autres, chez des patrons payant le tarif syndical. C'était non seulement notre droit, mais notre devoir.

En la circonstance, nous ne faisions pas de politique.

Il termine en demandant que le Label soit corporatif et non confédéral tout au moins jusqu'au prochain Congrès, de façon à ce que toutes les organisations puissent étudier la question à fond.

LUQUET. — Ce que l'on vous demande, c'est de mettre la mappemonde sur votre marque. Vous avez ainsi tous vos droits garantis.

JUSSERAND. — L'on a dit que nous avions d'abord accepté le Label Confédéral, puis avions ensuite adopté celui corporatif. Nous croyons donner sur ce dernier point satisfaction au Comité confédéral en proposant que notre Label soit déposé à la Confédération. J'estime que le Comité Confédéral ne peut être juge des moyens à employer dans chaque corporation et que les Syndicats doivent être laissés libres dans leurs moyens de lutte.

Au prochain Congrès, nous aurons vu les résultats produits par les deux Label, Fédéral et Confédéral, et alors l'on pourra se prononcer pour celui qui aura donné les meilleurs résultats.

RICHER est surpris d'entendre des délégués, affirmer que la marque Confédérale est inapplicable. Il ne sait pas pourquoi on adopterait celle du Livre au détriment de l'autre.

Il estime que le Label doit être Confédéral, parce qu'il sera le premier lien de l'Unité ouvrière que tout le monde désire.

Il voudrait même qu'allant plus loin dans cette voie, que le Congrès décide également la cotisation unique dans toutes les organisations.

La liste des orateurs inscrits étant épuisée, le PRÉSIDENT fait connaître qu'il a entre les mains plusieurs propositions sur la question. Il demande au Congrès comment procéder pour la mise aux voix de ces propositions.

Le Congrès décide que la question doit être ainsi posée : « *Le Label doit-il être Confédéral ou Corporatif ?.* »

LUQUET demande que le Congrès se prononce d'abord sur la 1re partie.

En conséquence, le vote a lieu dans ces conditions, et le Congrès décide à mains levées, à une énorme majorité, que *la marque Label sera confédérale* (*Vifs applaudissements*).

BRIAT, comme sanction au vote qui vient d'être émis, demande au

Congrès d'inviter le Comité Confédéral à prendre toutes les mesures nécessaires pour appliquer la marque Label telle qu'elle a été adoptée. (*Assentiment*).

LA PRUD'HOMIE

GRIFFUELHES fait connaître au Congrès qu'entre toutes les questions à l'ordre du jour une très importante est celle ayant trait à la *prud'homie*.

Sans vouloir entrer dans la question suffisamment connue et étudiée, il estime que le Congrès doit manifester ses vues à ce sujet.

Après une courte discussion à laquelle prennent part les camarades BRIAT, DESLANDRES, TABARD, GARNERY, la proposition suivante est adoptée et le Comité confédéral est invité à faire le nécessaire.

Le Congrès, considérant que les travailleurs qui jouissent actuellement des conseils de prud'hommes, voient le bénéfice de cette institution sinon complètement anéanti, du moins considérablement amoindri par le système de demandes reconventionnelles, se prononce pour que les Conseils de prud'hommes jugent en dernier ressort.

Le Congrès se prononce en outre pour l'extension de la prud'homie à toutes les catégories de travailleurs, ouvriers agricoles, employés des deux sexes, etc, et il compte sur l'action syndicale pour que, par la pression sur les pouvoirs publics, satisfaction soit donnée au prolétariat.

AMIEL, de la Bourse du Travail de Carcassonne ; CASTAN Simon, des cultivateurs de Bages, Narbonne, Lezignan, Cuxac d'Aube et St-Laurent de la Cabrerisse ; E. GAULRIAC, Employés de Narbonne ; MILHAN, délégué de la Fédération agricole du Midi ; L. NIEL, délégué de Montpellier ; DEVILAR, délégué des Courtiers et Représentants de Paris ; BERTRAND, délégué, Bourse du Travail, Perpignan ; MAURY, délégué de la Bourse du Travail de Narbonne ; PATROU Léon, délégué des journaliers de Mehun.

ACCIDENTS DU TRAVAIL

Le camarade BRIAT appelle l'attention du Congrès sur l'article voté par le Sénat qui consiste à permettre à un envoyé du patron de pénétrer auprès du blessé. Il proteste contre de telles façons de faire.

LATAPIE constate que de tels procédés sont la faillite du parlementarisme.

COITEAU propose d'émettre un vœu que les procès d'accidents de travail soient réglés dans le délai d'un mois. (*Assentiment*).

Le Congrès vote ensuite la proposition suivante :

Le Congrès,
Considérant que la loi de 1898 sur les accidents du Travail n'est applicable qu'à quelques catégories de travailleurs, alors qu'un nombre considérable n'en sont pas bénéficiaires.

Le Congrès se prononce pour que la loi sur les accidents soit modifiée dans le sens des décisions prises au Congrès de Toulon.

Il décide en outre que tous les travailleurs des deux sexes, sans distinction de nationalité, bénéficient des avantages de cette loi.

Engage les travailleurs organisés à faire l'agitation nécessaire pour que satisfaction soit donnée au prolétariat.

CASTAN SIMON, *des Cultivateurs de Bages, Narbonne, Cuxac-d'Aude, Lézignan, Saint-Laurent-de-la-Cabrerisse ;* MAURY, *délégué de la Bourse du Travail de Narbonne ;* MILHAU, *délégué de la Fédération agricole du Midi ;* L. NIEL, *délégué de Montpellier.*

ACTION ANTI-MILITARISTE

YVETOT rappelle qu'en dehors du Syndicat, une association des Travailleurs antimilitaristes a été formée.

Il invite, en conséquence, tous les délégués à faire la plus active propagande en faveur de cette action.

BRIAT estime, le départ de la classe devant avoir lieu sous peu, qu'une propagande doit être faite partout dans le sens indiqué par Yvetot, auprès des jeunes conscrits.

La proposition suivante est ensuite adoptée :

La guerre et l'antimilitarisme n'étant pas des questions d'ordre corporatif, mais le principe de l'entente internationale des salariés de toutes professions étant admis par tous nos syndicats nationaux, l'Union syndicale des Artistes lyriques propose au Congrès d'affirmer par un vote unanime sa réprobation contre la guerre, cet ignoble vestige des époques de barbarie, ce moyen lâche et cruel d'asservissement de l'homme par l'homme, et d'affirmer sa volonté irréductible pour sa suppression prompte et définitive et de celle des armées permanentes, donc du militarisme.

SPIRUS-GAY.
des artistes lyriques.

CONTRE LA GUERRE

La proposition suivante du camarade PATAUD est adoptée :

Au moment où, pour le plus grand bien des dirigeants et des exploiteurs qui asservissent le prolétariat du monde entier, deux nations s'entr'égorgent et rééditent, avec plus d'ampleur, les hécatombes des temps passés.

Le XIVe Congrès Corporatif, tenu à Bourges, tient à affirmer son horreur de la guerre et constatant que toute guerre ne pouvant être que préjuciable aux travailleurs quels qu'ils soient, engage ceux-ci à se tenir rigoureusement en dehors de ces conflits, à garder précieusement toute leur énergie pour le vrai combat syndicaliste, c'est-à-dire contre le capitalisme,

Flétrit l'attitude ignoble des gourvernants des deux nations intéressées qui, dans le but de trouver un dérivatif aux réclamations ascendantes du prolétariat, font appel aux passions chauvines et ne craignent pas d'organiser le meurtre et l'assassinat de milliers de travailleurs pour conserver leur situation privilégiée.

Emile PATAUD.
du Syndicat des Industries Electriques de la Seine.

DÉCRETS DE 1899 (*Bûcherons*)

Au nom de la Fédération Nationale des Bûcherons, le camarade Mauger fait voter la proposition suivante :

Vœu réclamant l'application aux travaux des bois, des décrets de 1899 sur les conditions du travail pour les adjudications publiques des ventes des bois de l'Etat, des communes, et des établissements hospitaliers.

Le Congrès, conformément aux décisions prises au Congrès des Bûcherons d'Auxerre réclame que l'Etat, les communes et les établissements hospitaliers soient tenus à insérer dans les cahiers des charges des adjudications des ventes de leur bois les conditions du travail en faveur des ouvriers appelés à exploiter ces bois.

Réclame en outre une modification complète du régime forestier en vue de la mise en régie directe de l'exploitation des bois confiée aux syndicats ouvriers bûcherons.

VEUILLAT, secrétaire général de la Fédération nationale des Bûcherons de France et des Colonies; DEVEISSIÈRES, trésorier de la Fédération Bûcheronne; MAUGER, DUSSEAULT, délégués.

MARCHANDAGE

Le camarade LAFAILLE Pierre, délégué de la Bourse du travail de Marseille au Congrès de Bourges, dépose le vœu suivant qui est adopté :

1° Application intégrale des décrets du 21 Mars 1848 abolissant le marchandage et l'exploitation de l'ouvrier par l'ouvrier par le travail aux pièces ;

2° Que les pénalités prévues par le décret du 21 Mai soient applicables aux patrons et non aux sous-entrepreneurs, car eux seuls bénéficient de l'exploitation de l'ouvrier par le travail aux pièces et sont seuls responsables de l'état de choses actuel ;

3° Que tout patron soit tenu de faire confectionner dans ses ateliers et par des ouvriers à la journée, les travaux qu'il a à faire faire.

Ont signé :

Pierre LAFAILLE, de la Bourse de Marseille ; J.-B. BOST, de la Bourse de Marseille ; REY, de la Bourse de Nîmes ; AMOUREUX, de la Bourse d'Aix.

BRIAT. — Je dois faire connaître au Congrès un arrêt de la Cour de Cassation déclarant que l'exploitation de l'ouvrier par l'ouvrier n'était pas l'exploitation de l'homme par l'homme.

INSPECTION OUVRIÈRE

Le délégué de la Bourse de Saint-Etienne dépose le projet suivant sur l'Inspection ouvrière :

Les Inspecteurs Ouvriers
Rapport de la Bourse de Saint-Etienne

La question de l'Inspection du Travail, jusqu'ici très défectueuse, étant une de celles qui intéressent le plus les travailleurs, s'impose par cela même à l'étude et la sanction des Congrès nationaux corporatifs.

C'est pourquoi la Bourse de Saint-Etienne, après avoir pris connaissance des propositions des Bourses de Rennes, Fougères et Vierzon, estime que la solution indiquée par ces camarades n'est pas suffisante et soumet le projet suivant qu'elle a adopté à l'unanimité et que le Congrès national des Employés, tenu à Paris en 1902, avait voté également :

« Le Congrès,

« Adopte le principe de la proposition déposée par les délégués de Saint-Etienne ayant pour but de conférer aux syndicats, par l'organe d'un délégué choisi par eux, le droit de dresser des procès-verbaux relatifs aux infractions à la législation protectrice du travail, et donne mandat au Comité Confédéral d'étudier la méthode d'application de la présente résolution. »

Avant tout, la Bourse de Saint-Etienne tient à déclarer qu'elle ne combat pas la proposition de la Bourse de Vierzon tendant à faire nommer les inspecteurs du Travail par les syndicats et parmi les ouvriers syndiqués ; au contraire, elle la complète.

Avant d'adopter cette proposition, diverses objections furent soulevées ; une des principales était « *le danger que courraient ceux qui assumeraient la responsabilité d'exercer le mandat de délégué syndical* » ; certains membres du Congrès estimaient que c'était sacrifier des camarades à la vindicte patronale.

A cela, les délégués de Saint-Etienne répondirent que la manière dont ils comprenaient l'exercice de ces attributions *rendaient les risques sinon nuls, du moins très restreints* car, en effet, tous les syndicats ayant un délégué possesseur des mêmes droits, il importerait peu, par exemple « *au mécanicien ou au tisseur d'aller faire respecter la loi protectrice du travail chez les boulangers, maçons ou employés et vice-versa.* »

Une deuxième objection se présentait immédiatement : « *Les fonctions seraient-elles gratuites ?* »

Oui, tout d'abord, répondent les délégués de Saint-Etienne, car il serait plu facile d'obtenir du Parlement cette réforme *sans grever immédiatement* le budget, et nous sommes persuadés qu'on ne ferait pas en vain appel au dévouement des militants syndiqués.

Mais nous pensons aussi que si le Parlement nous accordait ce droit, les travailleurs s'apercevraient bien vite du changement de surveillance de leurs droits et de leur hygiène et que, devant les services rendus et établis, l'indemnité à accorder aux délégués syndicaux s'imposerait et ne saurait être refusée si les syndicats l'estimaient nécessaire.

Ici, qu'il nous soit permis de dire que les inspecteurs du travail, *même pris exclusivement dans les syndicats ouvriers*, ce qui n'est pas en ce moment, ne pourraient donner satisfaction complète aux travailleurs.

Cela pour plusieurs motifs : *leur nombre est trop limité et leurs circonscriptions sont trop grandes*, ce qui les oblige à beaucoup de déplacements pour aboutir à des résultats presque insignifiants.

Il est bien question d'adjoindre des contrôleurs aux inspecteurs, mais cette mesure sera absolument inefficace car le nombre de contrôleurs que le gouvernement nommera et rétribuera sera trop restreint; en effet, prenons pour exemple le département de la Loire, en admettant que le gouvernement accorde à ce département autant de contrôleurs que d'inspecteurs, *ce qui n'est pas certain*, il y aurait en tout six personnes chargées de la surveillance du travail; il va sans dire que cette augmentation s'appliquerait proportionnellement à tous les départements, mais nous persistons à dire qu'elle est insuffisante.

Au contraire, le contrôle que nous proposons aurait l'avantage d'être exercé par un plus grand nombre d'intéressés à la stricte application de la loi; exemple, le département de la Loire : Saint-Etienne, 40 syndicats; Roanne, 21 syndicats; Saint-Chamond, 3 syndicats; Rive-de-Gier, 5 syndicats; Firminy, 3 syndicats, soit 72 délégués en plus des six inspecteurs ou contrôleurs.

Le contrôle que nous proposons aurait aussi l'avantage d'être plus permanent, car les délégués des syndicats seraient toujours sur les lieux et leur stabilité permettrait même aux inspecteurs et contrôleurs de mieux surveiller les localités dépourvues de Bourses ou organisations ouvrières.

Réclamer pour les organisations ouvrières un tel droit de surveillance ne nous paraît pas excessif, car si l'on envisage le nombre d'agents de toute sorte, mis jusqu'à ce jour au service des privilégiés, agents que l'on trouve jusque dans les plus petites communes, on est en droit d'être surpris du petit nombre de surveillants mis à la disposition du travail par les législateurs.

De toute manière, la Bourse de Saint-Etienne estime qu'il y a intérêt pour la classe ouvrière à ce que le Congrès adopte sa proposition qui parfait celle de Vierzon; car les délégués syndicaux, par les secteurs qu'ils rendront, seront un stimulant puissant de l'activité des inspecteurs et contrôleurs ouvriers.

Certains adversaires de ce projet nous répliquent : *Vos délégués auront-ils la compétence voulue pour exercer indistinctement leur surveillance dans toutes les branches du travail ?*

Il est trop facile de répondre à ces messieurs qu'ils accordent bien cette omnipotence à un agent de police, un gendarme, etc., qui verbalisent pour des quantités d'infractions différentes.

Que les syndicats ont le droit de supposer à leurs délégués un degré de discernement au moins égal à celui que l'on peut rencontrer chez le plus discipliné des Pandores municipaux ou gouvernementaux.

Pour ces motifs, la Bourse de Saint-Etienne invite le Congrès de Bourges à adopter sa proposition qui complète celle de la Bourse de Vierzon :

1° *Chaque Chambre syndicale nommera un délégué ayant pouvoir de verbaliser sur toutes les infractions à la loi protectrice du travail ;*

2° *L'action de ces délégués s'exercera indifféremment sur toutes les corporations.*

Sur observation de BRIAT, la question est renvoyée à l'étude de la Conférence des Bourses, ainsi que la proposition suivante du camarade Estellé, d'Alger.

Considérant que le service de l'inspection ouvrière n'a pas été assuré jusqu'à ce jour d'une façon donnant entière satisfaction aux travailleurs,

Le Congrès émet le vœu : Que les Inspecteurs du travail soient pris parmi les syndicats et élus par les membres de ces organisations ainsi que l'extension de cette mesure à l'Algérie.

ESTELLÉ, d'Alger.

LE SURMENAGE DANS LES TRANSPORTS

La proposition suivante, présentée au nom du Syndicat des Bateaux-Voyageurs de Paris par le camarade TESCHE, est ensuite adoptée :

« Le Congrès proteste contre les procédés des Compagnies de transports qui font faire, comme aux Bateaux-Parisiens, 15 et 16 heures de travail. Il donne au Comité Confédéral le mandat de faire l'agitation nécessaire, d'accord avec la Fédération des transports, pour l'obtention dans la corporation, de la journée de huit heures, ou tout au moins de celle de 10 heures. »

PROPOSITIONS DIVERSES
Contre les iniquités Espagnoles

Le Congrès invite le Comité Confédéral à engager les Bourses du Travail des villes dans lesquelles passera le Roi d'Espagne au moment de son voyage en France à organiser à ce moment-là un mouvement de protestation contre les iniquités commises envers nos frères de travail espagnols.

ESTELLÉ, d'Alger.

Adopté.

LES VERRIERS DE LA NORMANDIE

Nous apprenons à l'instant que plusieurs verreries de Normandie viennent de reprendre le travail, à la satisfaction des ouvriers ; c'est un résultat d'autant plus appréciable qu'il y a très peu de temps que cette région est organisée et qu'il y existait une exploitation épouvantable et dans le travail et dans les économats patronaux, dans lesquels les ouvriers étaient contraints de s'alimenter.

Il ne reste plus que quatre verreries dont les patrons sont inflexibles en présence de la légitimité des revendications ouvrières. En présence de cette attitude, le Congrès décide de signaler à toute la France ouvrière organisée l'attitude de ces exploiteurs et de soutenir nos frères de misère de Normandie jusqu'à ce que ces malheureux aient obtenu satisfaction.

(Décision du Congrès des Verriers de France qui s'est tenu du 8 au 11 courant à Blangy-sur-Brest (Normandie).

Adopté.

DÉPÊCHE DES ARTISTES LYRIQUES PARISIENS

Conseil Union Syndicale des Artistes Lyriques envoie salut fraternel aux camarades réunis à Bourges et les remercie de leurs preuves de solidarité.

Vive la République sociale ! (Applaudissements).

MAIN-D'ŒUVRE ÉTRANGÈRE

Considérant que la main-d'œuvre étrangère est préférée par les entrepreneurs, non pour sa qualité, mais surtout pour son bon marché et la souplesse de ces travailleurs à accepter des observations injustifiées,

Considérant que malgré les sentiments nettement internationalistes de tous les militants, il y a lieu d'examiner avec attention cette question toute d'actualité ;

Que les travailleurs étrangers font une concurrence déloyale aux travailleurs sédentaires de la Colonie ; qu'ils acceptent des salaires minimums en raison de leurs besoins rudimentaires,

Dans ces conditions, le Conseil émet le vœu : 1° Que dans les travaux publics, gouvernementaux, départementaux et communaux, le nombre des ouvriers étrangers à occuper soit limité au 10 o/o et par catégorie de profession.

2° Que cette clause soit insérée dans tous les cahiers des charges et soit rigoureusement observée par les entrepreneurs.

3° Qu'un minimum de salaire par catégorie d'ouvriers soit imposé par les cahiers des charges, en conformité des décrets du 10 Août 1899, appliqués en Algérie le 21 Mars 1902.

4° Qu'un service d'inspection soit institué par le gouvernement pour assurer l'application des dispositions protectrices du travail dans les travaux publics. Ce service sera assuré par des inspecteurs contrôleurs, pris parmi les conseillers prud'hommes ouvriers.

ESTELLÉ, d'Alger.

Renvoyée au Comité Confédéral ponr étude.

MODE DE DISCUSSION

En présence des discussions beaucoup trop longues et surtout des pénibles incidents que provoquent les questions d'ordre administratif. Les soussignés délégués pour étudier principalement les questions d'ordre social portées à l'ordre du jour proposent : « Au prochain Congrès les questions d'ordre social passeront immédiatement après la vérification des mandats ; la dernière journée sera réservée aux questions administratives.

C. BEAUSOLEIL, BRIAT, H. HENRIOT, allumettiers ; LAMARCHE, St-Denis ; LOISON, MESSENS, pianos, orgues, tabletterie.

Renvoi au Comité Confédéral pour étude.

2° *Proposition*

Au nom des ouvriers coiffeurs de Lyon, je constate que jusqu'à présent, les questions qui viennent d'être discutées n'ont porté que sur des points particuliers qui n'intéressent que deux classes de travailleurs, et par cela même, ont absorbé toutes les autres questions à l'ordre du jour. J'en conclus que dans tous les congrès l'on s'aperçoit toujours de plus en plus que les grandes organisations ne font que s'imposer et obligent les organisations à l'état embryonnaire de retourner dans leurs localités, en se disant que la grande unité ouvrière que l'on proclame tant, n'existe que fictivement et non dans la réalité. Je demande donc que le mode de discussion soit modifié au prochain congrès,

GARNIER,
des Ouvriers Coiffeurs de Lyon.

Renvoyée au Comité Confédéral pour étude.

RÉPARTITION DES FONDS POUR LES GRÈVES

Le Congrès ayant décidé une quête après chaque séance en faveur des grévistes, la Commission d'organisation fait la proposition suivante pour établir la répartition de la somme recueillie :

Sont nommés membres de la Commission de répartition :

ALIBERT, LÉVY, KEUFER, BARITAUD, HERVIER.

Cette Commission peut se réunir de suite, salle dn 1er étage, (adopté).

COOPÉRATION ET SYNDICALISME

LE PRÉSIDENT annonce qu'il a reçu une demande de parole des camarades Dandé, Bancel, Suornel et Guillemin, sur l'action coopérative et syndicale.

RÉGIS, de Villeneuve, répond que ces camarades renoncent à la parole, le temps matériel manquant pour cette discussion.

TENUE DU PROCHAIN CONGRÈS

LE PRÉSIDENT fait connaître qu'il a reçu un certain nombre de demandes pour la tenue du prochain Congrès.

C'est ainsi, ajoute-t-il, que les camarades des villes suivantes : *Le Hâvre, Marseille, Brest, Grenoble, Angers, Amiens*, etc., demandent que la ville qu'ils représentent soit désignée.

Il ajoute que pour chacune des villes, un grand nombre de délégués d'autres villes ont également signés les demandes.

Une discussion s'engage au cours de laquelle chacun des délégués intéressés fait valoir les raisons qui militent en leur faveur. Ne pouvant aboutir à l'amiable, le Congrès décide de fixer la ville où auront lieu les prochaines assises du travail, par un tirage au sort.

La *ville d'Amiens* est désignée :

CLOTURE DU CONGRÈS

HERVIER, secrétaire de la Commission d'organisation du Congrès, remercie en quelques mots les délégués, puis les invite à assister à la fête qui aura lieu le soir même dans la salle du Congrès.

Il ajoute que la conférence des Bourses qui fait suite aux travaux de ce dernier aura lieu le lundi à 8 heures du matin.

LEGOUHY, président, après avoir en quelques mots, rappelé les travaux du Congrès, et fait appel à tous les délégués pour parachever son œuvre, en faisant d'une façon définitive l'Unité ouvrière, déclare closes les assises du travail pour 1904, et lève la séance aux cris de « Vive l'Internationale des Travailleurs », « Vive la Révolution sociale ».

Et c'est au chant de l'*Internationale* que les délégués quittent la salle.

CONFÉRENCE

DES

BOURSES DU TRAVAIL

LA
Conférence des Bourses du Travail

La conférence que, d'après les décisions du Congrès de Montpellier, les Bourses du Travail peuvent tenir à l'issue du Congrès corporatif, a eu lieu les lundi 19 et mardi 20 septembre.

La Conférence procède à l'élection de son bureau.

Sont nommés : BRIAT, président ; RAYMOND, assesseur.

LE PRÉSIDENT invite les délégués à nommer une commission pour la vérification des mandats et prie les camarades de la nommer de suite. Sont désignés : GRIFFUELHES, KLEMCZYNSKY, BLANCHARD et BILLARD.

A la reprise de la séance, le rapporteur fait savoir que tous les mandats sont reconnus valables et demande au Congrès de les valider.

91 Bourses sur 112 adhérentes à la section des Bourses se sont fait représenter.

Le trésorier demande l'application des statuts en ce qui concerne les Bourses de *Nîmes, Villeneuve-sur-Lot, Albi, Nantes, Romans* et *Rouen*, qui sont toutes en retard de plus de trois mois de cotisations.

Les délégués de *Rouen, Romans et Villeneuve-sur-Lot* s'étonnent de cette observation, car ce retard ne peut être imputable qu'au trésorier de leur organisation. Ils s'engagent à payer dans le plus bref délai.

Nantes demande que, vu les conditions spéciales dans lesquelles se trouve son organisation, il lui soit accordé un délai.

Albi est certain qu'il y a erreur ou omission et offre de payer immédiatement les cotisations en retard. *Rouen* donne aussi des explications sur son retard.

LE PRÉSIDENT. — Voici l'ordre du jour qui me parvient, je crois qu'il peut mettre fin à cette discussion.

Après avoir entendu les observations portées par les délégués au sujet des retards dans les cotisations;

La Conférence décide que les Bourses en retard soient invitées à se mettre au pair de leurs cotisations dans le plus bref délai.

CARCASSONNE.

Je le mets aux voix. (Adopté.)

Après quelques observations, le trésorier rappelle que tous les trimestres, les Bourses sont avisées d'avoir à régler leurs cotisations, qu'il prend acte des engagements pris par les délégués des Bourses.

LE PRÉSIDENT met aux voix l'acceptation des mandats de ces Bourses.

A l'unanimité la conférence accepte les conclusions du rapporteur demandant à ce que tous les mandats soient reconnus valables, sous réserve des observations présentées par le trésorier.

Montpellier propose qu'une commission soit immédiatement nommée pour s'occuper de la question si complexe du viaticum. Il demande une commission de cinq membres auxquelles viendront s'adjoindre ceux des délégués qui ont été en tournée dans les Bourses pour expliquer le fonctionnement du viaticum.

On procède ensuite à la nomination de la commission de vérification des comptes. Sont nommés membres de cette Commission : *Sellier, Maraton, Guernier, Payer, La Marche*.

Ensuite, la Commission d'examen des conflits est aussi désignée. Elle se compose ainsi : *Billard, Raymond, Estellé, Traut, Camis, Yvetot*.

LE PRÉSIDENT. — J'ai reçu la proposition suivante :

La Bourse du Travail de Belfort et les soussignés demandent que la Conférence des Bourses décide d'entendre le compte-rendu de mandat du camarade Briat, délégué des Bourses du Travail au Conseil supérieur du Travail.

> TRAUT, *de Belfort ;* DORIA, *de Toulon ;* ESTELLÉ, *d'Alger ;* MICHAUD, *de Roanne ;* SELLIER, *de Montauban ;* JUSSERANT, *de Nevers ;* PATUREL, *de Saint-Etienne ;* RAYMOND, *de Toulouse ;* GUERNIER, *de Reims ;* BOYANIQUE, *d'Albi ;* BERTHEAU, *de Dijon ;* KERFYSER, *de Dunkerque.*

Tourcoing et *Paris* demandent de passer purement et simplement à l'ordre du jour.

Saint-Chamond rappelle que la même proposition fut faite au Comité Fédéral et qu'il demanda que, puisque le délégué au Conseil Supérieur ne dépendait pas du Comité, mais des seules Bourses qui l'ont élu, la Conférence n'avait pas à l'entendre, ni le Comité Fédéral à le déléguer. Sa proposition fut renvoyée au Comité Confédéral, qui passa à l'ordre du jour.

Saint-Chamond demande qu'il en soit de même à la Conférence, et que les Bourses ayant voté pour le délégué au Conseil Supérieur l'entendent si elles le jugent utile.

Besançon. — La première fois que la question est venue au Comité Fédéral, j'étais absent.

Mais, la seconde fois, j'ai dit que le principe de la Section des Bourses était basé sur le respect absolu de l'autonomie de celles-ci.

J'estime, en effet, que chaque Bourse avait le droit de présenter le candidat qui lui plaisait, et que ce n'était pas au Comité à désigner le candidat. Au reste, le décret ministériel le spécifie, lorsqu'il dit : « Un membre du Comité Fédéral désigné par les Bourses du Travail. »

Je demande donc à être entendu par la Conférence.

Nevers. — Le Comité Fédéral n'a pas pris de décision et a renvoyé au Comité Confédéral. Le délégué a été élu par une majorité de Bourses ; la Conférence doit donc l'entendre.

Brest demande qu'on passe à l'ordre du jour.

Le Mans demande un vote des Bourses sur le principe même du Conseil Supérieur.

Saint-Denis déclare ne pas prendre part à la discussion, car la Bourse est contre le principe.

Grenoble fait une déclaration dans le même sens et demande que le compte rendu, s'il doit avoir lieu, se passe devant les seules Bourses qui ont voté pour l'élu.

Rennes appuie pour que l'on entende le délégué.

Rouen. — En venant assister à la Conférence, j'avais pris connaissance de l'ordre du jour; je demande que l'on s'y tienne; on verra ensuite à décider de l'audition du délégué au Conseil Supérieur.

Montpellier s'étonne des affirmations produites, attendu que personne ne peut être mandaté sur la question, puisqu'elle n'est pas à l'ordre du jour. Il demande de ne discuter que celui-ci. Un point, c'est tout.

Albi considère que l'on n'a pas à examiner si le compte-rendu doit se faire ou non, mais à se conformer à la majorité.

Nîmes s'est prononcé pour le principe du Conseil Supérieur et demande l'audition du délégué.

Ivry déclare qu'il se retirera de la salle si cette audition a lieu, car il estime le Conseil Supérieur nuisible aux intérêts de la classe ouvrière.

Mustapha. — Au Comité Fédéral, ce qui était demandé, c'est que Briat vînt aux frais du Comité, rendre compte de son mandat. Le Comité s'y est refusé.

Si l'on discute, il faudra examiner tous les faits qui ont marqué cette élection et nous n'en finirons pas. Je demande que l'on passe à la discussion du viaticum, beaucoup plus intéressante.

Belfort. — Le Comité Fédéral n'avait pas le droit de refuser de porter la question à l'ordre du jour. L'on a dit que je n'étais l'élu que de 36 Bourses, c'est une erreur, il y a en plus, quatre voix pour l'Algérie, qui n'ont pas été admises, plus une voix venue après la proclamation du scrutin; je demande donc à être entendu après l'ordre du jour, si l'on veut. J'en ai, du reste, à peine pour dix minutes.

Le Président met aux voix l'audition du délégué au Conseil Supérieur.

Le vote a lieu à mains levées.

Trente-six voix se prononcent *pour*, trentre-quatre *contre*.

Le délégué sera entendu aussitôt l'ordre du jour épuisé.

LE PRÉSIDENT. — Je viens de recevoir la proposition suivante :

La Bourse du Travail de Toulon demande le maintien du Conseil supérieur du Travail par suite des divers avantages que procure cette organisation pour l'étude des lois ouvrières.

Emet le vœu qu'à l'avenir le Comité Fédéral devra rappeler au moins deux mois avant les élections par circulaires adressées aux Bourses du Travail pour les inviter à faire connaître leurs candidats.

DORIA, de Toulon ; TRAUT, de Belfort.

Je la mets aux voix. Adopté.

LE PRÉSIDENT. — Je crois que l'ordre du jour appelle le rapport du Comité Confédéral, section des Bourses.

Montpellier. — J'estime que le Congrès corporatif seul est appelé à discuter sur le rapport confédéral. Cela a été fait, nous n'avons pas à y revenir.

Montluçon. — Les Bourses n'ayant pas le droit de vote au Congrès, il serait illogique que nous ne nous prononcions pas sur le rapport de notre Comité Fédéral. Je demande qu'il soit discuté.

Montpellier. — Je proteste ; cela serait contre le principe même de l'Unité Ouvrière.

Brest. — Les Syndicats qui font partie des Bourses furent représentés au Congrès et se sont prononcés ; nous n'avons pas à y revenir. Sans cela, les Fédérations pourraient émettre la même prétention.

LE PRÉSIDENT. — Je mets aux voix la discussion du rapport.

A l'unanimité, moins cinq voix, il est décidé de passer à l'ordre du jour.

LE PRÉSIDENT. — L'ordre du jour appelle la question du *Viaticum*.

LÉVY, délégué à l'Office de statistique et de placement, donne lecture du rapport sur la question.

RAPPORT DE L'OFFICE NATIONAL OUVRIER DE STATISTIQUE ET DE PLACEMENT

Dans un rapport sommaire nous vous avons exposé les travaux de l'Office, et les résultats que l'on peut attendre de ce service, lorsque la Conférence aura fixé d'une façon définitive le rôle que doit jouer cet important rouage de l'organisation ouvrière.

La période de tâtonnements touche à sa fin. La Conférence va être saisie des différentes questions qui ont été soulevées au sujet de cet organisme.

Nous les résumons brièvement.

But. — Offrir aux ouvriers en état de chômage, un moyen pratique de trouver du travail.

Faciliter aux chômeurs, leur déplacement d'une localité à une autre en leur procurant les ressources financières indispensables.

Renseigner les travailleurs de la façon la plus complète sur la situation du marché du travail dans les localités où ils ont l'intention de se rendre.

Trouver dans les renseignements que ce service sera appelé à fournir aux travailleurs les moyens d'établir des statistiques qui nous donneront des arguments et, partant, les armes nécessaires pour discuter et défendre d'une façon irréfutable les intérêts de la classe ouvrière.

Jusqu'à présent, on s'était borné à fournir à la discussion des données basées sur des appréciations plus ou moins critiquables.

La défense de nos intérêts a toujours été très laborieuse, parce que nous n'avons jamais eu le moyen d'opposer à des chiffres officiels, ou soi-disant tels, émanant de nos adversaires, ceux que nous pouvons établir nous-mêmes avec la certitude d'exposer des faits en toute sincérité.

Le principe : « Travailleurs faites vos affaires vous-mêmes », trouve ici son application très appropriée. C'est aux travailleurs qu'il appartient d'écrire leur histoire économique, soit par des chiffres, soit par des faits et quelque aride que soit le problème, en combinant les efforts et la bonne volonté des organisations, nous devons trouver les éléments nécessaires pour mener à bien cette tâche, faire la démonstration la plus probante de la justice de notre cause. Voici pour le but.

2° Moyens. — Le moyen, le Congrès des Bourses à Alger nous l'a fourni pour la plus large part.

Indépendamment de l'essai qui avait été fait et qui avait donné naissance à l'établissement d'une feuille hebdomadaire donnant les renseignements dont chacun a pu reconnaître l'utilité, le Congrès d'Alger, disons-nous, avait décidé pour donner une impulsion vigoureuse au service des renseignements de l'Office, de faire une tournée de conférences auprès des Bourses du Travail et d'y exposer le plan et le but que l'Office devait réaliser.

Il fallait vaincre l'inertie des Bourses, il fallait les intéresser à l'Office en leur démontrant son utilité. Ce travail a été fait.

Nous espérons que l'issue de la Conférence des Bourses démontrera que nos espérances étaient fondées et que nos efforts ne sont pas demeurés vains. Nous ne devons pas nous dissimuler que si d'une part la majorité des Bourses s'est intéressée à nos travaux, il en est encore une grande partie qui n'a pas cru devoir se prononcer. Néanmoins par les réponses qui nous sont parvenues, tant au sujet de l'Office que du viaticum, nous possédons d'ores et déjà des éléments d'appréciation sur lesquels nous pourrons nous baser pour établir le viaticum et nous fixer sur les conditions économiques du travail dans toute l'étendue du territoire.

Nous avons expliqué plus haut le but de l'Office. Cela nous amène à exposer l'œuvre pour ainsi dire capitale qu'il est appelé à réaliser, nous voulons parler du viaticum.

Nous ne nous étendrons pas sur son objet ; il nous suffit de vous en soumettre les statuts.

Ces statuts dont le texte n'a subi que de très légères modifications, ont été élaborés par la Commission de l'Office, ainsi que nous vous l'avons expliqué dans le rapport sommaire.

Ils ont été soumis à toutes les Bourses du Travail visitées par les conférenciers, soit une centaine de Bourses environ. L'impression presque générale est favorable à leur adoption. Quelques Bourses ont fait des propositions qui bouleverseraient complètement le projet, d'autres ont fait des critiques en ce qui concerne la question financière. Au Congrès elles seront bien placées pour développer leurs propositions ou critiques. Quant à nous, avec le tableau que nous soumettons à la Conférence, nous démontrerons qu'avec un peu d'efforts, il nous est très facile de vaincre les difficultés qui nous sont opposées.

Pour faciliter aux congressistes le moyen de se former une opinion à ce sujet, nous donnons le résultat du referendum et nous leur soumettons les statuts qu'ils ont pu d'ailleurs examiner à leur aise, étant donné que chaque Bourse en a reçu un exemplaire.

En outre, chaque Bourse a eu des explications orales de la part du conférencier.

MARCHÉ DU TRAVAIL.

L'Office nationale ouvrier dans cette question, a fait tous ses efforts pour obtenir des Bourses, les renseignements qui lui étaient indispensables pour établir un travail complet. Nous avons le regret de déclarer que si des Syndicats se sont empressés de collaborer à ce travail en nous faisant parvenir des renseignements qui nous étaient indispensables, le nombre en est encore trop restreint, puisque sur 1.400 syndicats, c'est à peine s'il y en a eu 600 qui nous ont répondu. La Conférence appréciera si dans ces conditions les indications que nous avons recueillies sont susceptibles d'être prises en considération.

LA CARTE

Nous ne terminerons pas cet exposé sans dire un mot de la carte que nous avons fait établir.

Chacun a déjà pu en apprécier l'utilité. Si la conférence adopte le projet de viaticum, chacun de nos livrets de voyageur possédera cette carte en réduction.

Il est décidé par la Conférence que ce rapport, ainsi que ceux que peuvent avoir d'autres délégués, seront communiqués à la Commission, qui en fera état dans ses discussions.

Perpignan signale le cas particulier des villes frontières, qui sont surtout visitées par des travailleurs étrangers, demande à la Commission d'étudier la question et d'en faire un article spécial des statuts.

Montluçon voudrait qu'une cotisation proportionnelle, suivant un barême à examiner fût établie, car si l'on n'établit pas une cotisation sur ces bases, on n'aura jamais d'argent.

Le Comité des Bourses centraliserait les fonds, qui seraient ensuite répartis suivant les besoins de chaque Bourse.

La proposition est renvoyée à la Commission.

Saint-Denis demande que, pour les Bourses de la banlieue parisienne le service du *viaticum* soit centralisé à Paris.

Levallois-Perret dépose la proposition suivante :

En envisageant que cette Bourse ne contient en partie que des sections de syndicats parisiens, on devra centraliser le service de viaticum à la Bourse de Paris.

Carcassonne. — Le mieux serait d'adopter une cotisation mensuelle par syndiqué et par mois. Cette cotisation pourrait être soit de 2 centimes 1/2, soit de 0 fr. 05 par membre et par mois.

Belfort propose que le Comité Fédéral s'occupe pour obtenir la réciprocité pour les Français allant à l'étranger et inversement.

Alençon. — Nous avons fait une étude sur la cotisation proportionnelle. Je dépose mon rapport pour que la Commission en prenne connaissance.

Orléans déclare déposer aussi un rapport.

Arles donne des explications sur ce qui se fait dans cette Bourse où il passe quantité de voyageurs. La Bourse préfère loger et nourrir que de donner de l'argent.

Tarbes est d'avis qu'il convient d'abord de poser la question de principe. Il y a lieu d'examiner de très près les chiffres du rapport, car pas une Fédération ne peut assurer une somme aussi importante que celle donnée par le rapport. L'enquête à ce sujet n'a pas été suffisamment faite.

Pour l'Office, il reste aussi à poser la question de principe pour la conservation ou, tout au moins, sa transformation.

LE TRÉSORIER. — Le viaticum national est réclamé par les Bourses. Celles du Centre de la France sont plus particulièrement frappées ; c'est pourquoi il faut chercher à les décharger. Les chiffres qui nous ont été fournis par cinquante et quelques Bourses peuvent servir de bases à la discussion.

Quant au viaticum par les Fédérations, cela n'est pas possible dans toutes les corporations ; c'est pour cela qu'il faut que les Bourses y suppléent.

Versailles dit qu'après examen il ne voit que des difficultés. Il y a, à la Confédération, 200.000 syndiqués. S'il y en a 1.000 qui voyagent par jour, à 1 franc, cela fait 1.000 francs et au bout de l'année 365.000 francs. Nous ne pouvons assurer un service aussi complexe, je demande le renvoi à la prochaine Conférence.

Creil. — A été mandaté pour l'enquête sur le viaticum. Une seule Bourse s'est prononcée contre le principe. *Tarbes* avait raison de demander un vote de principe. Il importe d'insister pour que des cotisations supplémentaires soient fournies. Si les ouvriers veulent des services avantageux, ils doivent accepter de nouvelles impositions.

Les Bourses devraient vivre par elles-mêmes et ne pas être contraintes à demander des subventions.

Paris, à titre d'indication, dit que pour alimenter la caisse du viaticum, 5 % sont prélevés sur les cotisations des Syndicats. Il ne croit pas que la cotisation proportionnelle donne les résultats que l'on semble en attendre.

Saint-Nazaire dépose un rapport que la Commission examinera.

Laval. — Nous ne voyons chez nous que peu de passagers et nous nous sommes, malgré cela, préoccupés d'établir un projet de viaticum. En principe, nous accepterions la cotisation proportionnelle.

Le Mans. — Nous sommes partisans du viaticum, mais nous demandons le *statu quo* jusqu'à ce que la question soit étudiée plus à fond. Au Mans, nous demandons à nos Syndicats un versement annuel de 5 francs, et nous donnons 1 fr. 50 à chaque passager.

Nevers. — Je crois que le système que l'on nous propose est défectueux. On prévoit des dépenses élevées et la base sur laquelle sont établies les recettes est chancelante. Je me rallie à la demande du vote de principe, mais il nous faut ne faire état que d'un rapport très étudié.

Besançon. — Dans la tournée que j'ai faite, seule la Bourse de Lyon s'est prononcée contre le principe.

Voici sept ou huit ans que la question est à l'étude, il faut établir quelque chose de sérieux et en finir.

Lyon. — En tant que Bourse, nous ne donnons pas de viaticum et nous adressons les voyageurs à leur syndicat respectif.

Le Secrétaire de l'Office donne des explications sur les tournées qui ont été faites. Pour sa part, là où il a passé, il n'a obtenu que des adhésions. S'il n'en est pas de même pour tous les délégués, cela dépend peut-être de la manière dont ils ont interprété le rapport. La proposition que nous vous faisons est aussi large que possible, mais l'on peut examiner s'il y a lieu d'augmenter la somme que nous proposons.

Toulon. — Nous donnons deux francs à notre Bourse. Je demande que la Commission examine le cas des voyageurs qui touchent déjà à leur Fédération.

Montpellier demande que l'on ne se prononce pas sur le principe. On verra quelles seront les propositions de la Commission, et c'est alors seulement que nous devrons nous prononcer. La Commission doit voir avant s'il lui est possible d'établir un projet sur des bases solides. Nous ne pouvons préjuger d'avance de ce que décidera la Commission.

Creil demande un vote sur le principe.

Montpellier dépose l'ordre du jour suivant :

« Une Commission sera nommée pour étudier la question très complexe du *viaticum* et présentera un rapport à la Conférence des Bourses. Les camarades ayant fait une tournée sur le viaticum, au nom de la section des Bourses, feront partie de droit de cette Commission. »

NIEL.

LE PRÉSIDENT. — Je mets aux voix cette proposition.

A l'unanimité elle est acceptée.

Voici les noms des camarades qui font partie de la Commission du Viaticum : NIEL, MARATON, SÉRON, BRIAT, BERTRAND, LIMOUSIN, PENET, KLEMCZYNSKI.

Les diverses Commissions sont invitées à se réunir à 1 heure 1/2.

La séance est levée.

Séance du Lundi soir 19 Septembre 1904

Président, LIÉNARD ; Assesseurs, BERTRAND, LIMOUSIN.

LE PRÉSIDENT. — La parole est au camarade BILLARD, rapporteur de la Commission des conflits.

BILLARD. — La Commission, après étude, a établi le rapport suivant, dont je vais donner lecture, sur les cinq cas de conflit actuellement pendants dans les Bourses et qui lui ont été soumis :

Camarades,

Mustapha-Alger. — La commune de Mustapha ayant été réunie à Alger pa un décret, ces deux communes ayant chacune une Bourse du travail, la Confé rence des Bourses a été saisie d'une demande de la Bourse d'Alger, tendant à inviter Mustapha à se réunir à la première.

La Conférence des Bourses, partant du principe qu'une ville ne doit posséder qu'une seule Union locale et que, d'un autre côté, au moment de la disparition de la commune, la Bourse de Mustapha avait organisé quelques services, soit de placement ou autres, qu'il est du plus grand intérêt de conserver, est d'avis d'inviter les syndiqués de Mustapha à s'affilier à la Bourse d'Alger ; mais, en retour, la Bourse d'Alger, par la voix de son délégué, s'engage à maintenir au local de la Bourse de Mustapha tous les services organisés par cette dernière Bourse.

Bourse de Tulle. — La Conférence des Bourses, étant donné le cas particulier de cette Bourse, dont les délégués présents au Congrès se souviennent, décide de prendre en considération la demande d'un délégué au Congrès, tendant à envoyer un membre du Comité Confédéral pour faire une enquête sur place sur ce cas.

Bourse de Tours. — Il fut donné connaissance à votre Commission d'une lettre signée de douze syndicats donnant leur démission pour des raisons toutes spécieuses et personnelles.

Considérant que 18 Syndicats sont restés à la Bouse (il y en a actuellement 22) ;

Considérant qu'à deux conférences organisées par le camarade Griffuelhes aucun des Syndicats dissidents, malgré leur promesse, n'a assisté à ces réunions ;

La Commission, après avoir étudié les faits et entendu les explications des délégués de la Bourse de Tours et de Griffuelhes, mandaté par le Comité Confédéral pour aplanir les difficultés,

La Conférence des Bourses, sur la proposition de sa Commission, engage les Syndicats dissidents à rentrer à leur Bourse, et invite la Confédération à n'accepter dans son sein aucune autre organisation de syndicats pouvant être formée à Tours.

Bourse de Saint-Etienne. — Votre Commission a été appelée à statuer sur un conflit entre l'administration de la Bourse et quelques syndicats.

Nous vous proposons la décision suivante :

« La Conférence des Bourses n'a pas à s'immiscer dans l'organisation intérieure de la Bourse de Saint-Etienne, mais néanmoins regrette que les inconséquences du Secrétaire de cette Bourse aient soulevé ce conflit entre les syndicats y affiliés et engage le Comité d'administration de cette Bourse à rappeler son Secrétaire à des sentiments plus syndicalistes. »

Bourse d'Arles. — Votre Commission, après avoir entendu les explications du délégué d'Arles, au sujet de la représentation de tous les syndicats affiliés au sein du Comité d'administration de la Bourse du Travail, vous propose la résolution suivante :

« La Conférence des Bourses, partant du principe de l'égalité des Syndicats dans les Bourses du Travail, est d'avis que la représentation des Syndicats des environs d'Arles soit basée sur le même pied d'égalité que les Syndicats de la Ville et engage les camarades à se conformer à ce désir exprimé par la Conférence. »

La Commission : RAYMOND, de Toulouse ; ESTELLÉ, d'Alger ; TRAUT, de Belfort ; CAMIS, d'Arles, YVETOT, de Mustapha et BILLARD, de Versailles, *rapporteur.*

LE SECRÉTAIRE FÉDÉRAL. — Quant au cas de *Versailles*, bien entendu, nous n'avons qu'à nous joindre au vœu émis par le Congrès.

Après quelques observations, le rapport, dans son ensemble, est adopté.

Niel. — La question posée par Arles est des plus importantes, elle se pose aussi à Narbonne et à Montpellier. Si vous décidez que les Syndicats agricoles des environs d'une ville où se trouve une Bourse du Travail doivent être représentés proportionnellement, ces Syndicats, par leur nombre — il y en a, je crois, 28 ou 30 à Narbonne — ne tarderont pas à faire la pluie et le beau temps dans ces Bourses, au détriment des Syndicats de la ville. Une seule corporation deviendrait bientôt maîtresse absolue de toutes les Bourses de notre région et cette main-mise par une seule corporation sur nos Unions locales, ne manquerait pas d'être embarrassante. J'ajoute que, dans bien des cas, les Syndicats de paysans ne participent pas à la vie intérieure de la Bourse. Je ne crois pas que l'on puisse généraliser, dans ces conditions, le cas d'Arles.

De plus, je vous rappelle que les statuts confédéraux impliquent qu'il ne peut y avoir dans chaque Bourse qu'un seul Syndicat par corporation. Je sais que ce n'est pas très exactement le cas, mais n'empêche que l'on peut aller très loin, en acceptant même un Syndicat par localité environnante dans une même Bourse du Travail. Enfin, et cela n'est pas à dédaigner, c'est surtout l'esprit corporatif qui existe encore chez les paysans et non l'esprit de solidarité syndicaliste, et dans les Bourses, toutes les autres corporations risquent de trouver en face d'elles ce que j'appellerais « le bloc paysan. »

La question est grave : examinons-la bien avant de prendre une décision.

Nîmes. — A Nîmes, nous sommes dans le même cas, mais nous pensons tourner la difficulté en proposant aux travailleurs agricoles de se réunir, soit par arrondissement, soit par département, et alors, seule, les ou la Fédération pourrait adhérer à la Bourse.

Perpignan. — Dans notre Bourse, le cas s'est présenté ; nous avions 36 Syndicats, ayant chacun deux délégués et vous n'avez pas de peine à comprendre que les Syndicats d'industrie n'auraient pas tardé à être submergés. Le remède est dans la création de Fédérations locales, représentées comme les autres corporations, par deux délégués.

Carcassonne. — Nous avons aussi à Carcassonne, de nombreux Syndicats agricoles. Dans la région, pour 21 Syndicats d'industrie, il y a 33 Syndicats de travailleurs de la terre.

Nous avons des Syndicats jusqu'à 35 et 40 kilomètres, mais ceux-là n'assistent jamais à nos réunions. Nous les tenons au courant et nous nous efforçons de créer des Comités régionaux. Les difficultés sont grandes pour grouper les ouvriers de la terre, faites en sorte que les décisions que vous allez prendre vis-à-vis d'eux, ne les entravent dans leur organisation.

Creil. — La question ici soulevée est très grave et il faudrait presque un Congrès spécial pour la solutionner. Vous risquez, en effet, d'apporter une perturbation profonde dans les Bourses. Dans l'Oise, nous avons organisé les Syndicats par industrie et nous donnons à chacun deux voix au Conseil de la Bourse. Je crois que le mieux serait de faire ce que nous faisons et de créer des Fédérations départementales par corporation.

Montluçon. — La situation est, en effet, fort embarrassante et je ne vois le moyen d'en sortir que par la création proposée de Fédérations départementales.

Arles, dit : A la Bourse du Travail d'Arles, il n'y avait pas seulement que des ouvriers agricoles, il y avait des ouvriers carriers, des inscrits maritimes, des dockers, lesquels pourraient demander leur adhésion à la Bourse. J'ai été un des premiers à les faire adhérer avec les mêmes droits que tous les autres syndicats, alors que certains membres du Comité général avaient protesté, disant que les syndicats du dehors n'avaient pas le droit de vérifier les comptes.

Quant à nous, nous croyons de toute équité, et qu'il est justice que les subventions soient pour la propagande et la bonne marche de la Bourse.

Narbonne. — La solution est simple puisqu'il est dit qu'il ne peut y avoir dans chaque Bourse qu'un syndicat par corporation. Dans le Narbonnais, il y a 40 syndicats agricoles ; que feraient contre eux nos 15 autres syndicats. Le moyen terme serait de ne créer qu'un syndicat agricole par *canton*. Quant aux cas d'espèce, laissons aux Bourses le soin de les solutionner.

Agde. — Sur 2.000 syndiqués, nous avons 1.800 travailleurs agricoles. Les forcer à ne faire qu'un syndicat, serait les éloigner de nous. Laissez à chaque Bourse toute son autonomie et le soin de faire comme elle l'entend son réglement intérieur.

Nantes. — Dans notre région, les syndicats agricoles sont surtout composés de petits propriétaires, il y en a au moins 30 ; nous ne pouvons les accepter à la Bourse du travail, car ces propriétaires, si petits qu'ils soient, emploient pour la plupart des salariés.

Saint-Claude. — Il faut laisser l'autonomie aux Bourses. Formez des sections syndicales par région et chaque section nommera son représentant à la Bourse ; c'est ainsi que nous procédons dans le Jura.

LE PRÉSIDENT. — Je suis saisi de deux ordres du jour, à peu près semblables, signés *Limoges*, *Creil*, *Lille*, *Périgueux*, en voici la teneur :

« *Etant donné l'impossibilité pour la Conférence des Bourses de prendre sur la question une résolution définitive, nous demandons de laisser aux Bourses intéressées le soin de la trancher au mieux, jusqu'au moment où l'intervention de la Conférence sera indispensable.* »

LE PRÉSIDENT. — Je mets aux voix cet ordre du jour. *(Adopté)*.

La parole est au rapporteur de la Commission du *Viaticum*.

BRIAT, rapporteur de la Commission du Viaticum. — Voici bientôt 7 ou 8 ans, je crois, que la question du Viaticum est à l'étude, divers Congrès et le Comité fédéral s'en sont occupés à diverses reprises ; des tentatives ont été faites pour instituer ce service, mais aucune n'a abouti ; c'est pourquoi la Commission ayant pensé que cela provenait de ce que les systèmes essayés jusqu'à ce jour ont été défectueux, elle vous en propose un nouveau, dont la base est en quelque sorte l'obligation faite aux Bourses d'établir ce service dans de nouvelles conditions.

Voici le projet de statuts élaboré par la Commission, je vais en donner lecture puis l'on pourra ensuite le discuter article par article :

RAPPORT
Sur le Projet de Viaticum
DES
BOURSES DU TRAVAIL DE FRANCE

PROJET DE STATUTS

ARTICLE PREMIER. — Entre les Syndiqués adhérents aux statuts de la Confédération Générale du Travail, il est créé dans les Bourses du Travail ou Unions de Syndicats fédérés, un service de secours de route destinés à faciliter les déplacements nécessités par les recherches de travail.

ART. 2. — Ce service est constitué dans chacune des Bourses du Travail par une caisse qu'administre la Bourse du Travail et qui s'alimente à son gré à raison de :

Pour les Syndicats de		1 à 50 membres,	0 50 par mois
»	»	51 à 100	» 0 75 »
»	»	101 à 150	» 1 00 »
»	»	151 à 300	» 1 25 »
»	»	301 à 500	» 1 50 »
»	»	501 à 750	» 1 75 »
»	»	751 à 1000	» 2 » »

Pour les Syndicats au-dessus de 1000 membres, 0,50 par chaque fraction de 1000.

ART. 3. — Le trésorier de la Bourse ouvre, pour le service du viaticum, des livres spéciaux.

ART. 4. — Pour avoir droit au secours de route, chaque syndiqué doit : 1º avoir trois mois au moins de noviciat ; 2º avoir acquitté régulièrement ses cotisations à son Syndicat.

ART. 5. — Un livret individuel portant un numéro d'ordre sera délivré par la Bourse à laquelle est adhérent le voyageur.

Le voyageur touchera, à son arrivée, le secours de route fixé.

Les sommes versées seront portées sur le livret individuel remis au voyageur.

ART. 6. — Le livret sera divisé en trois parties, une que gardera la Bourse du Travail, la 2º envoyée au siège de l'Office et le talon restera attaché au livret du voyageur.

Chaque Bourse aura un livret-répertoire, indiquant le nom, le prénom, la date du passage du fédéré, sa profession, la ville d'où il venait et le total des sommes portées sur son livret au moment de son passage.

ART. 7. — S'il est obligé de repasser par une Bourse où il a déjà reçu le secours de route, il pourra toucher de nouveau.

ART. 8. — A son arrivée dans une ville, le voyageur devra se présenter immédiatement à la Bourse du Travail, pour recevoir du secrétaire général tous les renseignements utiles ; celui-ci devra lui faire connaître les maisons de sa profession pour l'aider à chercher du travail. Chaque Bourse déterminera elle-même les propres moyens à s'assurer si l'ouvrier a bien visité les ateliers de sa corporation.

Le visa de départ sera apposé sur le livret du fédéré par le secrétaire général de la Bourse du Travail ou suivant les dispositions que les Syndicats de la ville auront prises.

Le fédéré qui aura trouvé du travail dans une ville possédant un Syndicat de sa profession, ne pourra commencer le travail sans s'être assuré auprès du secrétaire de la Bourse que la maison où il doit entrer n'est pas à l'index.

Faute de ce faire, et au cas où la maison serait en interdit, le fédéré perdrait tout droit au viaticum et il serait immédiatement signalé au Bureau de l'Office. Dans la ville où il aura trouvé de l'embauche, il devra déposer son livret à la Bourse.

ART. 9. — Chaque Bourse du Travail aura à sa disposition une carte kilométrique pour indiquer les distances et faciliter les voyageurs syndiqués.

ART. 10. — Chaque syndiqué ne pourra toucher qu'un maximum de 30 francs en douze mois à compter du premier versement. Ce droit sera renouvelable tous les ans.

ART. 11. — Tous les trois mois, chaque Bourse du Travail adressera à l'Office le compte des sommes qu'elle aura consacrées au service du viaticum. Elle établira le montant de ses excédents ou de ses déficits. L'Office sera chargé de combler les déficits des Bourses au moyen des excédents et, au besoin, avec ses ressources personnelles.

ART. 12. — Chaque Bourse devra envoyer, au moins une fois par mois, et suivant une formule qui sera établie par l'Office, un état du travail dans chaque corporation. L'ensemble de ces états, communiqué 48 heures après à toutes les Bourses, permettra de diriger les voyageurs vers les endroits indiqués comme disposant de travail et de les écarter de ceux où il y aurait chômage.

ART. 13. — Le Secrétaire de la Bourse du Travail qui délivre un carnet de viaticum devra l'inscrire sur le livret du syndiqué en indiquant le matricule du carnet et la date de la délivrance.

Si le syndiqué emploie pour obtenir le viaticum des moyens frauduleux, il sera privé de secours pendant un an. Cette mesure sera immédiatement notifiée à l'Office qui la signalera dans la feuille hebdomadaire.

La Commission s'est prononcée dans les conditions suivantes :

Pour le principe du Viaticum : *Unanimité*.

Pour le principe du Viaticum obligatoire : *9* voix contre *4*.

Pour l'échelle de cotisation *7* voix contre *4* au projet des *0,75* par syndicat et *2* pour *1* centime par syndiqué.

A l'unanimité pour le vœu de Belfort tendant à étendre le viaticum internationalement.

LE RAPPORTEUR. — Comme vous le voyez, l'inovation du projet que la Commission vous demande d'adopter, consiste surtout à assurer pour les besoins du service de viaticum un budget certain.

Les statuts que nous avons modifiés prévoient en effet une cotisation proportionnelle au nombre de membres de chaque syndicat et par mois. Voici l'échelle prévue et adoptée par la Commission :

Pour les syndicats de :

1 à	50	membres, 0 fr.50 par mois.		
51 à	100	—	0 fr.75	—
101 à	150	—	1 franc	—
151 à	300	—	1 fr. 25	—
301 à	500	—	1 fr. 50	—
501 à	750	—	1 fr. 75	—
751 à	1.000	—	2 francs	—

Pour les syndicats au-dessus de 1.000 membres, 0 fr. 50 en plus par fraction de 1.000 membres.

Comme vous le voyez, cette nouvelle charge que nous demandons aux syndicats, dont les membres sont appelés à profiter du viaticum, n'est pas très élevée. C'est pourquoi nous avons pensé que si vous leur imposez de nouvelles charges, il fallait en même temps leur donner des droits correspondants,

Quant aux moyens que pourront employer les Bourses pour alimenter la caisse, nous leur laissons la plus entière autonomie : nous leur demandons seulement de verser suivant les bases que nous venons d'indiquer.

Montpellier. — Dans la commission, il y avait une majorité, mais aussi une minorité ; c'est au nom de celle-ci que je combats la motion qui vous est soumise. Je déclare tout d'abord que personne n'est adversaire du principe ; ce que nous repoussons, c'est le caractère obligatoire que l'on veut introduire ici. Le viaticum, tel qu'il vous est soumis, est un service important et fort complexe, et c'est surtout contre les bases fragiles et douteuses sur lesquelles il est construit que je veux appeler votre attention. Vous créez, en effet, par vos nouveaux statuts, un droit, puisque vous faites une obligation, et personne ici ne peut garantir ce droit. Demain, en effet, la subvention de l'Office peut être supprimée et vous ne pouvez plus assurer, dans des conditions suffisantes, un service pour lequel vous avez perçu des cotisations. Il en est de même pour les subventions des Bourses, la base en est fragile.

De plus, je dis que la commission a montré son impuissance en décidant que le maximum que chaque voyageur pourra toucher par année sera de 30 francs. C'est un recul sur ce qui existe actuellement ; le système en vigueur est moins cruel, car je vous demande quelle sera la situation d'un voyageur qui aura touché ses 30 francs en deux mois, par exemple, pendant les 10 autres mois de l'année.

Le *statu quo*, modifié, amélioré si vous le voulez, est de beaucoup préférable au projet de la commission. Le système du livret dont il avait été question un moment était excellent ; chaque Bourse du travail où passait un voyageur y notait le secours accordé, et il était facile de se rendre compte. De plus, ce livret pouvait servir de papier d'identité et éviter aux voyageurs d'être arrêtés comme vagabonds.

Je le répète, l'on ne peut adopter le projet qui nous est soumis, parce qu'il crée un droit et fait une obligation aux Bourses de servir un secours, alors que les bases financières en sont incertaines et que l'on table sur de l'argent que l'on n'est pas certain d'obtenir.

LE RAPPORTEUR. — Je ne crois pas qu'il soit possible d'établir quelque chose de solide avec le régime de liberté que propose Niel. Le viaticum ne fonctionnera sérieusement et ne donnera des résultats que lorsque vous en aurez rendu le caractère obligatoire. Il est impossible que certaines Bourses donnent un secours et que d'autres le refusent. Quelle serait alors la situation d'un camarade de Paris, par exemple, appelé à

Lyon pour du travail et qui, sur sa route, trouverait des Bourses qui lui refuseraient un secours parce que celui-ci n'aurait pas un caractère obligatoire.

Ce sont surtout des arguments de sentiment, comme il les a du reste appelés lui-même, que nous a donnés Niel. J'estime que l'on ne peut rien établir de solide en discutant ainsi.

Nous apportons des chiffres, ce sont des faits sur lesquels l'on peut tabler.

Niel dit que nos prévisions financières ne reposent pas sur des bases solides ; c'est une erreur. Les ressources suffisantes, nous les avons, puisque les Bourses ont distribué — et encore toutes n'ont pas répondu — 10,546 fr. pendant l'année dernière. De plus, les cotisations prévues dans les statuts que nous vous proposons reposent sur des bases solides. La moyenne donnée actuellement est de 1 fr. 50 par passager. En généralisant, nous sommes certains de pouvoir donner 1 franc partout, nos moyens nous le permettent, et je suis persuadé que l'on pourra augmenter le secours à bref délai. J'avais proposé un maximum de 40 francs par an, c'est la commission qui a décidé 30 francs.

Quant au livret individuel, cela a été tenté, et à Paris, il n'en a été délivré que quelques-uns. Cela n'est pas pratique.

Paris. — Je me prononcerai pour le viaticum obligatoire, car il y a intérêt à ce que les Bourses soient obligées de fournir le secours. J'estime qu'il ne faut pas trop s'arrêter à la question de fragilité des chiffres ; on ne supprimera pas en un jour toutes les subventions ; c'est pourquoi j'engage la conférence à se rallier aux propositions de la commission.

Nantes. — Je crois que les bases financières du projet de la commission sont solides, puisqu'elles reposent non sur les subventions, mais sur les cotisations fournies par les Syndicats. Les fluctuations municipales sont trop incertaines pour compter sur les subventions. Ce qu'il faut, c'est assurer à tous les voyageurs un secours certain. Le *statu quo*, à mon avis, serait prouver l'i........ance des Bourses à faire quelque chose par elles-mêmes, et il ne le faut pas. Etablissons donc le principe de l'obligation et de la cotisation ; plus tard, nous augmenterons si possible le secours qui pourra être de 1 fr. 50 et même de 2 francs.

Nevers. — J'estime que le projet de la commission ne repose pas sur des bases suffisamment solides. Si vous l'acceptiez, vous prendriez, une décision que vous n'êtes pas certains de pouvoir tenir. Que 1.000 voyageurs seulement réclament le maximum et je vous défie de le leur donner. La proposition Niel est préférable et, dans deux ans, avec des bases suffisamment exactes, vous pourrez au besoin l'élargir. Le livret à trois souches peut vous fournir d'ici là des données certaines. Votre projet est un recul sur ce qui existe, puisque vous n'assurez plus que 1 franc là où on donnait 1 fr. 50 et plus. Assurez-vous des ressources certaines et ne soyez pas acculés à des engagements que vous ne pourrez tenir. Vous prévoyez une nouvelle cotisation pour les Syndicats, mais croyez-vous que ceux-c consentiront à la verser. En tout cas, il faudrait, avant, leur demander ce qu'ils en pensent par voie de referendum. Au Livre, ce service nous coûte 30.000 francs par an, et nous ne sommes que 10.000. Ne vous emballez donc pas sans ressources certaines, et les vôtres me paraissent presque illusoires, sans cela, vous courez après les pires désillusions.

LE RAPPORTEUR. — Je ne sais pourquoi l'on répète que nous bâtissons sur un terrain qui n'est pas solide, c'est une erreur ; nous faisons surtout état de ce qui existe. Amiens, Arles, Belfort, Bordeaux donnent 2 francs aux passagers ; Paris, 3 francs ; d'autres Bourses 1 fr. 50 ; dans notre projet, nous faisons état des sommes ainsi versées. Notre terrain est solide et je suis certain que, dans deux ans, nous pourrons augmenter le secours. Pourquoi agiter le sceptre de la faillite, puisque nous ne faisons que régulariser, en le rendant obligatoire, ce qui existe.

Quant au livret, je n'y crois pas ; l'expérience en a été faite et n'a pas produit de résultat.

Montpellier. — Je dis qu'en escomptant les subventions pour faire vivre le viaticum, nous avons une base financière très fragile. Briat croit que les subventions iront en augmentant. Je suis d'avis, au contraire, que nous allons droit à leur suppression. Car, que l'on ne s'y trompe pas, le système proportionnel de cotisation proposé par la commission fait état surtout des subventions ; c'est l'avis du rapporteur qui l'a du reste déclaré à plusieurs reprises. C'est pourquoi je dis qu'un *viaticum* qui a des bases incertaines est mauvais.

Il y a aussi des municipalités qui fournissent des subsides aux Bourses, mais à condition que tous les passagers, syndiqués ou non, touchent des secours. Vous n'en faites pas état dans votre projet, et cela est important. A Béziers, la municipalité refuse tout secours en argent et alloue à la Bourse 750 francs par an, en jetons, pour nourriture. Et je suis certain qu'il y a d'autres cas du même genre.

Je sais, les Bourses ont plutôt répondu favorablement, mais pas dans le sens indiqué par le rapport de la Commission ; et, de plus, elles l'ont fait plus par sentiment que par raisonnement. Croyez-m'en, améliorez le *statu quo*, mais ne vous engagez pas au-delà jusqu'à la prochaine conférence, car les difficultés sont nombreuses.

Angers. — Dans notre Bourse, où les passagers sont surtout des jeunes gens non syndiqués, nous leur offrons toujours le secours. J'en ai rencontré beaucoup qui ignoraient ce qu'est un syndicat. Le secours est un encouragement pour eux. La Commission n'en fait pas état et cela est important.

Montluçon. — Les bases de la Commission sont solides, puisque l'on fait état non des subventions, mais des cotisations des syndicats. Les arguments tombent donc et puisque ce sont les syndicats qui auront à verser les cotisations, les dangers de la suppression de la subvention sont écartés.

Brive. — Oui, je le sais, la commission a établi une échelle ; mais, en réalité, c'est bien sur les subventions que l'on compte pour payer les cotisations. Il faut l'avouer et ne pas tourner la question, car le vice du système est tout entier là, et je dis que votre base est incertaine, car nous devons nous habituer à ne plus compter sur les subventions. On parle que les Bourses ont répondu favorablement, je fais là-dessus des réserves, car 50 Bourses environ sur 115 ont répondu. Renvoyons la question à l'étude.

LE RAPPORTEUR. — Actuellement, est-ce que vous demandez d'où vient l'argent qui sert à payer les cotisations des Bourses au Comité fédéral. Faites donc de même en ce qui concerne le *viaticum.* Nous prévoyons simplement une cotisation suivant une échelle que nous vous soumettons, mais les Bourses sont libres de payer ces cotisations avec tels fonds qui leur conviennent ; nous n'avons même pas à nous en occuper. Laissons la liberté aux Bourses en cela.

Rennes. — Je n'ai pour ma part qu'une critique à faire au projet de la Commission, c'est que je ne trouve pas assez élevée l'échelle des cotisations en ce qui concerne les forts syndicats.

Cette. — La Commission a bien montré combien elle est embarrassée en ne prévoyant qu'un secours de 1 franc. Je me demande quelle aide vous apportez effectivement avec une si faible somme. Il y a juste pour un repas. Et après ? Et s'il faut coucher ? A Cette gardons les passagers deux ou trois jours, qu'ils puissent au moins chercher du travail dans la ville. Le projet de la Commission est donc bien, comme on l'a dit, un recul sur ce qui existe actuellement.

Montpellier. — Il faut en terminer, et je crois les camarades suffisamment éclairés. Comme sanction à cette discussion, voici l'ordre du jour que je propose en opposition aux conclusions de la Commission :

« *Etant données les difficultés pratiques qui existent encore pour établir le viaticum obligatoire, la Conférence des Bourses, reconnaissant la nécessité de développer progressivement l'application du principe du viaticum, propose de maintenir le* statu quo *modifié par l'obligation du livret, et renvoie à l'étude des Bourses et des syndicats le projet de la Commission qui sera étudié au prochain Congrès.* » NIEL.

LE PRÉSIDENT. — Je mets aux voix cet ordre du jour. L'appel nominal demandé est de droit. Il est entendu que ceux qui se prononceront *contre* l'ordre du jour se prononcent *pour* le projet de la Commission.

On procède au vote.

LE PRÉSIDENT. — Voici les résultats : *pour* l'ordre du jour de Montpellier, 48 voix ; *contre* 36 voix ; abstentions, 4.

Grenoble. — J'ai voté *contre*, je demande que cela figure au procès-verbal.

Albi. — Vous méconnaissez le véritable intérêt des Bourses en vous prononçant ainsi. C'est contre une personnalité que vous votez, les travailleurs passent ensuite.

Protestations, bruit.

Brive. — C'est du chantage ; que ceux qui sont battus s'inclinent. Personne ici n'a à recevoir de reproche que de l'organisation qu'il représente. Je proteste.

YVETOT. — Je ne comprends pas que l'on vienne dire ici, lorsqu'un vote vous est défavorable, que l'intérêt des travailleurs est compromis. Cela est absolument faux.

Les délégués d'*Ivry*, de *Lyon*, protestent et leurs paroles se perdent dans le bruit.

Le Mans. — Actuellement, à peine 1/3 des syndiqués remplissent les conditions du Congrès de Montpellier. Ceux-là vous refusez de les secourir, et le projet prévoit que tous les syndicats adhérents à une Bourse, même les non-fédérés nationalement, devront cotiser pour le viaticum.

Montpellier. — Je n'accepte pour ma part, de reproche de personne. Que les battus s'inclinent, c'est le mieux qu'ils ont à faire. Du reste, ma proposition que vous avez adoptée dit que le projet de la Commission sera renvoyé à l'étude des Bourses ; vous aurez le loisir de l'étudier et vous pourrez ensuite vous prononcer en connaissance de cause.

LE RAPPORTEUR. — Je m'étonne que lors des tournées, toutes les Bourses se soient prononcées pour l'obligation, et qu'ici, je ne sais par quel phénomène, elles viennent, par leur vote, de se déjuger.

Tarare. — Dans les tournées, il n'a jamais été question de faire payer des cotisations aux syndicats. Je le sais; j'ai fait aussi une tournée, il est donc inexact de dire que les Bourses se sont déjugées, attendu que le projet qui vient d'être rejeté émane d'une Commission et que les Bourses ne le connaissaient pas.

LE PRÉSIDENT. — Il est entendu que le projet de la Commission sera imprimé et envoyé à l'étude des Bourses.

LE RAPPORTEUR. — Je demande de le faire suivre des critiques apportées par Niel et que, de mon côté, je puisse faire valoir l'économie du projet.

LE PRÉSIDENT. — Je mets aux voix l'impression avec l'amendement du rapporteur.

Adopté.

La séance est levée à 11 heures 3/4.

Séance du mardi 20 septembre

Président : Lucas ; *assesseurs* : Amiel et Rey.

Le Président. — Avant d'entendre le rapporteur de la Commission de contrôle, j'ai reçu du délégué de Belfort l'ordre du jour suivant :

La Bourse de Belfort, reconnaissant les bienfaits du viaticum, et considérant que les travailleurs français voyageant à l'étranger ne jouissent pas de la même faveur que les travailleurs étrangers voyageant en France, qui bénéficient des bienfaits de cette institution, demande au Comité de la Fédération des Bourses de se mettre en relation avec les institutions similaires de l'étranger, afin d'arriver à établir, pour l'avenir, le service de viaticum international.

Th. TRAUT.

Je crois qu'il en avait été décidé ainsi. Je mets la proposition aux voix pour que le Comité Fédéral fasse le nécessaire.

LE PRÉSIDENT. — Je mets aux voix. *Adopté.*

Le Mans dépose et développe la proposition suivante :

Conformément à la proposition faite au XIV° Congrès Corporatif de Bourges , la Conférence des Bourses invite les secrétaires des Bourses du Travail, à faire auprès des Fédérations ou Syndicats ouvriers, la propagande nécessaire pour faire adopter la mise en application *d'une marque unique* à apposer par les Syndicats sur le livret des syndiqués, pour la justification du versement des cotisations.

Nous proposons que cette marque unique soit, en réduction, celle du *Label Confédéral.*

En conséquence, nous demandons que la conférence des délégués des Bourses du Travail, adopte notre proposition. Celle-ci ayant pour but, en attendant l'application générale du viaticum des Bourses, d'éviter les nombreuses confusions qui existent dans le service, et la délivrance du viaticum.

Ainsi il sera possible de reconnaître les syndiqués et ceux qui ne le sont pas.

Le délégué du Mans,
RICHER.

Brive. — La proposition du Mans nécessite une étude attentive à laquelle ne peut se livrer la Conférence. Je demande son renvoi au Comité Confédéral. *Adopté.*

Je demande en outre que soit renvoyé aux syndicats le modèle des statuts proposés avec circulaire explicative et synthétisant la discussion qui s'est déroulée sur la question du viaticum.

SELLIER, rapporteur de la Commission de contrôle, donne lecture du rapport.

Camarades,

Votre Commission de contrôle, après avoir vérifié la comptabilité de l'Office national ouvrier de statistique et de placement en a constaté la parfaite tenue et régularité. Le Secrétaire a mis à sa disposition toutes les factures et pièces justificatives. La situation de l'Office depuis le 27 mai 1903 date de la création jusqu'au 1er juillet dernier, date de l'arrêté des comptes, a été la suivante, du 27 mai au 1er juin 1903 :

DÉPENSES

	Imprimés	menus frais	correspondance	appointements	délégation
Mai et juin	20	173 20	32 85	600	»
Juillet	157	56 50	76 75	300	»
Août	349	50 35	172 90	300	»
Septembre	72	0 30	116	412	179
Octobre	100	16 30	107 50	300	263 40
Novembre	235 40	93 40	215 55	300	»
Décembre	54 50	16 20	195 45	393 50	»
Janvier	192	62 20	62 05	300	»
Février	177	4 70	23 95	300	»
Mars	45	11 85	33 05	300	»
Avril	80 50	4 50	19 40	300	»
Mai	80 50	7 35	20	300	»
Totaux	1.062 90	496 85	1.075 45	4.105 50	442 40

DÉPENSES PAR MOIS

Mai et juin, 826 fr. 05 ; juillet, 590 fr. 25 ; août, 872 fr. 25 ; septembre, 779 fr. 30 ; octobre, 787 fr. 20 ; novembre, 844 fr. 36 ; décembre, 659 fr. 65 ; janvier, 607 fr. 25 ; février, 505 fr. 65 ; mars, 389 fr. 90 ; avril, 404 fr. 40 ; mai 407 fr. 85. Soit au total : 7.683 fr. 10.

RECETTES

Subvention 1902 : 10.000 francs, et subvention 1903, 10.000 fr. Au total, 20.000 francs.

Du 1er juin 1903 au 1er juin 1904 :

DÉPENSES

	Imprimés	menus frais	correspondance	appointements	délégations	totaux
Juin	142 50	0 25	34 45	300	»	477 20
Juillet	50	1 35	19 90	300	»	371 25
Août	171	61	24 75	300	»	556 75
Septembre	»	0 50	48 55	300	»	349 05
Octobre	17	35 50	54 20	300	»	486 70
Novembre	»	0 55	20	»	»	20 55
Décembre	»	3 55	20 75	»	»	24 30
Janvier	450	33 60	25 30	900	»	1.408 90
Février	36	12 10	32 40	150	7	237 50
Mars	»	8 40	59 25	450	1.983 60	2.501 25
Avril	262	9 05	27 05	300	320	918 70
Mai	150	10 80	42 10	300	»	502 90
Juin	»	25 20	22 70	300	885	1.232 90
	1.358 50	202 45	431 40	3.900	3.195 60	9.087 95

Reste en caisse au 1er juillet 1904 : 3.228 fr. 95.

Nous faisons observer que si les chiffres totaux que nous donnons ne correspondent pas exactement à ceux qui ont été indiqués par le trésorier dans l'état qu'il a envoyé aux Bourses du Travail, c'est que nous avons fait partir notre vérification le 27 mai 1902, date de la création de l'Office alors que le trésorier s'est borné à indiquer les résultats des deux dernières années, soit du 1er juillet 1902 au 1er juillet 1904. Comme il est dit dans le rapport du trésorier, le chapitre *imprimés* comprend la publication d'une brochure d'éducation syndicale à 12.000 exemplaires ; c'est l'expédition de cette brochure qui grève dans une notable mesure (613 fr. 75) les frais de correspondance et cause la différence des frais contenus dans cette rubrique entre les différents mois du tableau.

C'est d'ailleurs la Commission d'éducation syndicale, d'accord avec le Conseil d'administration de l'Office (Comité fédéral des Bourses) qui avait décidé cette publication du plus grand intérêt, puisqu'elle expose le rôle que peuvent jouer les syndicats ouvriers et les Bourses du Travail au point de vue du placement des travailleurs.

La rubrique *appointements*, contient en même temps que les frais du secrétariat et de la trésorerie, (300 francs par mois), les frais de remplacement du camarade Lévy quand il a rempli une délégation. Il est bien entendu que ces frais viennent en diminution sur l'indemnité quotidienne ordinairement allouée aux délégués. Quelques travaux divers effectués par le camarade Girault figurent aussi dans la colonne *appointements*. Les frais de délégation représentent outre plusieurs délégations de minime importance, 263.40 pour l'envoi du camarade Quillent à Berlin (décision du congrès d'Alger) où il assista à une conférence des secrétaires ouvriers où devait être traitée la question du placement et les frais des tournées faites par plusieurs camarades pour exposer aux Bourses le fonctionnement du *viaticum* et de l'Office de placement.

Les recettes qui ont permis de faire face aux dépenses de divers services ont été fournies par la subvention gouvernementale.

Une somme de 10.000 francs avait été prévue à cet effet au budget de 1902, elle a été encaissée le 14 juin ; une somme égale votée pour 1903 a été encaissée en deux semestrialités le 6 janvier et le 14 juin 1903.

En 1903, certains ayant protesté au Sénat contre cette subvention et ayant fait ressortir ce fait que la Fédération des Bourses n'avait pas encore organisé le service de viaticum auquel devait, dans une certaine mesure, pourvoir la subvention, celle-ci a été réduite à 7,000 francs, pour l'année 1904.

Cette subvention n'a pas encore été encaissée cette année par le trésorier, néanmoins il semble que l'excédent de 3,228,95 en caisse de l'Office au premier Juillet permettra à celui-ci d'avoir à sa disposition au premier janvier une somme de 5,000 francs. Le camarade Maraton a fait à propos de l'emploi de cette somme une proposition à la commission sur laquelle celle-ci n'a pas cru qu'il était dans ses prérogatives de pouvoir statuer.

Il est à prévoir que le service de viaticum étant définitivement établi par les Bourses du Travail, à la suite de notre Conférence et comme le dit le rapport moral du comité des Bourses, l'Office étant constitué dans les formes juridiques exigées par le pouvoir public, l'ancienne subvention sera rétablie.

Le Comité fédéral des Bourses du travail pourra alors donner à l'Office national ouvrier de statistique et de placement, toute l'extension nécessaire pour lui permettre de rendre à la classe ouvrière le maximum de services qu'on peut tirer de cette institution.

La commission sera l'interprète de tous les délégués en demandant aux Bourses du travail de prendre de plus en plus conscience du rôle important qui leur est dévolu au sujet du placement ouvrier, et qui leur permettra de pallier dans les limites permises par les institutions sociales actuelles, au chômage qui épuise si cruellement la classe ouvrière.

Le rapporteur,
H. SELLIER, *délégué de Montauban.*

La Commission : LAMARCHE, délégué de Saint-Denis ; MARATON, délégué de Châteauroux ; PAILLAS, délégué de Toulouse ; GUERNIER, délégué de Reims.

Le rapport financier de l'Office, mis aux voix, est ensuite adopté.

Besançon. — Je considère que les rétributions journalières pour les délégations sont insuffisantes, les frais sont nombreux, et nombre de délégués envoyés en province laissent à Paris de la famille à laquelle leur salaire est nécessaire. Aussi, une somme de 15 fr. par jour est-elle indispensable.

Tarbes. — J'appuierai la demande d'augmentation des frais de délégation. A Paris, des camarades sont payés à raison de 10 et 12 fr. et on ne leur donne que 12 fr. pour aller en province. L'on ne semble pas s'inquiéter suffisamment des multiples frais inhérents aux délégations. Dans nombre de professions à Paris, une mensualité de 250 fr. est le salaire courant, et la situation d'un secrétaire d'organisation n'est pas comparable à celle d'un camarade en atelier ; lorsque nous allons en province, les camarades s'ingénient à bien nous recevoir, et lorsque certains viennent à Paris, nous ne pouvons leur offrir la réciproque.

Il importe de lutter contre ce mauvais esprit qui anime tant de camarades à l'égard de ceux qu'ils désignent pour remplir les fonctions et qu'ils paient.

Nevers. — J'appuie le principe de l'augmentation, mais je tiendrais à ce que chaque délégué fournisse un état de ses dépenses et que comme allocation, il touche son salaire ordinaire plus 7 fr.

Besançon. — Je ne puis accepter la proposition Jusserand et je demande que l'on vote sur une somme fixe de 15 francs par jour.

Cette proposition est adoptée.

Tarbes. — Nous soumettons également à la Conférence une proposition portant sur l'augmentation des appointements mensuels du ou des fonctionnaires. Pour les mêmes considérations que nous développions tout à l'heure, nous considérons que les appointements en raison des frais journaliers et auxquels on ne peut se soustraire, la somme de 300 francs par mois n'est pas excessive.

Brive — Je suis, en principe, adversaire déclaré de toute augmentation des traitements actuels. Les frais journaliers dont on nous exagère l'importance ne sont bien souvent que ce que l'on veut bien qu'ils soient.

A peine de s'embourgeoiser et de perdre de vue l'intérêt des camarades qui ont placé leur confiance dans leurs mandataires, il importe de ne pas s'attribuer des appointements que je déclare excessifs et qu'aucun besoin indispensable à satisfaire ne justifie.

La somme de 250 fr. par mois, salaire raisonnable, permettant de vivre sinon luxueusement du moins confortablement partout, à Paris comme ailleurs, est un maximum qu'il convient de ne pas dépasser.

Le *statu quo* est maintenu.

Rennes. — Je considère, c'est là une opinion, que l'on a abandonné l'idée du viaticum, aussi je reprends pour mon compte la proposition de *Saint-Nazaire* afin que la subvention de 10.000 francs soit abandonnée :

La Conférence considérant que les subventions, quelles qu'elles soient et de quelque part qu'elles viennent, font perdre l'esprit révolutionnaire aux organisations. Pour ces motifs, les Bourses du Travail réunies en conférence, repoussent toute subvention de l'Etat, invite le secrétaire de l'Office de placement à signifier ce vote au gouvernement.

Saint-Nazaire, Rennes.

Paris. — J'appuierai la proposition, à condition qu'on y adjoigne les subventions municipales, et qu'après *de l'Etat* on ajoute *et des Municipalités.*

Protestations, bruits.

LÉVY. — Je repousse cette proposition dont le caractère ironique n'échappera à personne.

Rennes. — Nous n'avons pas voulu faire d'ironie. Hier, Desplanques et Yvetot ont proclamé l'influence anti-révolutionnaire des subventions, notre proposition ne peut que leur accorder satisfaction.

Nevers. — Je propose l'ordre du jour pur et simple. Adopté.

Vierzon, Tarbes, Reims, soumettent à la Conférence la proposition suivante :

« Considérant que la Conférence des Bourses a repoussé le viaticum obligatoire ;

Que par conséquent la subvention gouvernementale n'a plus sa raison d'être,

Nous proposons qu'un referendum soit fait pour fixer l'emploi de cette subvention.

REIMS, TARBES, MONTAUBAN, VIERZON.

Châteauroux. — Puisque le viaticum obligatoire est repoussé, nous pensons qu'il importe de rechercher le mode d'emploi de la subvention des Bourses. La grande majorité des Bourses sont privées du téléphone, qui leur serait pourtant d'un grand secours. Il serait possible, à l'aide de 10.000 francs de faire installer la communication téléphonique dans les Bourses. Nous déposons la proposition ferme.

« Afin de lutter avec avantage contre les Bureaux de placement autorisés par la loi et aussi contre les Bureaux municipaux, la Bourse de Châteauroux propose que le téléphone soit installé dans les Bourses qui ne le possèdent pas.

Les frais nécessités par cette installation seront supportés par la somme de 10.000 francs, mise à la disposition de l'Office des statistiques par l'Etat.

De plus, la Bourse de Châteauroux demande au Comité de la Section des Bourses de faire des démarches pour obtenir la franchise postale pour les Bourses. »

Suivent 41 signatures.

La proposition signée *Vierzon, Tarbes et Reims,* ainsi que celle déposée par *Châteauroux,* sont renvoyées à l'étude du Comité des Bourses.

BUREAUX DE PLACEMENT

Besançon. — Il serait utile, pour l'organisation de bureaux de placement dans les Bourses d'une façon normale et régulière, de s'inspirer de ce qui se fait en Allemagne et particulièrement à Cologne. Là, lorsqu'un ouvrier est envoyé par la Bourse dans un emploi, il est muni de cartes postales spéciales qu'il doit mettre à la poste aussitôt qu'il s'est mis en rapport avec le patron et qui renseignent la Bourse sur son acceptation ou son refus par l'employeur.

D'autre part, à la Bourse est déposé un registre contenant la nomenclature de tous les logements vacants avec les conditions de location, ce qui permet à un ouvrier arrivant dans la ville d'être aussitôt instruit de l'endroit où il faut qu'il se rende pour se loger.

D'ailleurs, les Bourses doivent tenter de généraliser de plus en plus le placement. Ce n'est que par leur intermédiaire qu'il peut s'établir à la satisfaction de tous les intéressés.

Saint-Nazaire. — Il faut nous efforcer de généraliser et de centraliser dans les Bourses le placement, car certaines corporations, telles l'Alimentation et les Coiffeurs, le font quelquefois en dehors. Il serait nécessaire de les engager à venir dans les Bourses pour leur placement.

Brive. — Cette question de la préférence des Bourses sur les Syndicats dans la question du placement doit retenir notre attention.

Sur la valeur de cette préférence, je fais des réserves, car le placement est chose complexe, et pour l'exercer il faut, en dehors du tact nécessaire, bien des connaissances professionnelles que ne peuvent posséder des permanents des Bourses.

Le placement par les Bourses possède les mêmes inconvénients que celui fait par les bureaux municipaux. C'est-à-dire que l'ignorance professionnelle des préposés au service de ces bureaux occasionne des difficultés, des retards, entraîne des mécontentements, surtout chez les ouvriers.

Si un service de renseignements locatifs dans les Bourses offre *a priori* des avantages, les inconvénients ne manqueraient pas. Je n'augure rien de bon de cette immixtion des propriétaires dans les Bourses.

En résumé, au placement par les Bourses je préfère le placement par les organisations elles-mêmes ; il suffit de faire connaître les façons de procéder qu'emploient certaines organisations qui, comme la Chambre syndicale des Coiffeurs de Paris, ont perfectionné leurs services de placement, qui fonctionne dans d'excellentes conditions.

Le Mans. — Nombreux sont encore les camarades intéressés, secrétaires de Bourses ou de Syndicats, qui connaissent peu l'esprit et la lettre de la loi du 24 mars 1904 sur les bureaux de placement. Je dépose la proposition suivante :

La Conférence des Bourses du Travail décide que le Comité Fédéral devra faire les démarches nécessaires pour que, d'une façon générale, la loi du 14 mars 1904 sur le placement des travailleurs soit affichée dans tous les bureaux de placement.

Le délégué du Mans, RICHER.

Tarare. — Si les bureaux de placement payants ou clandestins ont encore de la clientèle, la faute en est aux Syndicats et aux Bourses. Dans la plupart des Bourses si le placement est défectueux, l'accueil des sans-travail n'est pas toujours ce qu'il doit être.

L'ouvrier doit s'apercevoir qu'en s'adressant au placement syndical il trouve des camarades et non des fonctionnaires. Le patron ne trouve pas toujours les garanties nécessaires et c'est pourquoi il refuse de s'adresser aux milieux ouvriers.

Lorsque, à Paris, nous menions la lutte contre les bureaux de placement, nous avions convié les organisations les plus susceptibles de bénéficier de la suppression des agences payantes et nous les avions mis en garde contre une organisation inférieure et défectueuse de leurs services de placement. A Paris, les coiffeurs seuls ont des services bien organisés aussi sont-ils parvenus à empêcher les patrons de monter des bureaux de placement, et sont-ils parvenus à monopoliser, presque d'une façon complète, le placement dans leur syndicat.

Montluçon. — Nous ne demandons, dans les Bourses, qu'à être renseignés, et nos façons de faire s'amélioreront d'autant qu'on nous aura montré comment fonctionnent les services plus complets et mieux organisés. Je dépose la proposition suivante :

Proposition de *Montluçon* :

Le Comité Fédéral s'enquièrera de la Bourse du Travail, où le placement est le mieux fait, et transmettra tous les documents aux autres Bourses, à titre d'indication, pour les aider à perfectionner leurs services. (*Adopté*).

CH. FOUILLAND.

LE PRÉSIDENT. — La parole est au Secrétaire fédéral pour donner lecture de diverses propositions concernant la Section des Bourses :

I

La Section des Bourses ayant pour principal objet de former et de réunir entre elles les Unions locales ou Bourses du Travail, la Conférence de Bourges laisse au Comité des Bourses et à son bureau, le soin de faire connaître (par brochures ou circulaires) aux syndicats d'une même localité, les moyens de se former en Unions locales ou Bourses du Travail.

Il ne saurait mieux faire qu'encourager les Bourses du Travail à s'édifier et à durer par leurs propres ressources en se passant de toutes subventions extérieures.

II

. La Conférence de Bourges propose :

Le Bureau du Comité tiendra à se tenir en relations suivies avec toutes le Bourses et à répondre avec célérité à toutes demandes de renseignements et surtout aux consultations juridiques qui lui seront soumises.

En retour, chaque Bourse ou Union locale adhérente à la Section des Bourses, ne négligera pas de répondre à toutes circulaires, lettres, referendums etc., émanant du Comité des Bourses.

III

La Conférence de Bourges propose :

Une liste des militants disponibles habitant Paris et qui consentent à représenter une Bourse ou Union locale au Comité des Bourses sera soumise à toute nouvelle adhérente, ainsi qu'aux anciennes qui ne seraient pas représentées.

IV

La Conférence de Bourges propose :

Le délégué d'une Bourse du Travail devra être choisi et mandaté par la Bourse elle-même, après s'être mis lui-même en correspondance avec elle. Il devra être syndiqué à un syndicat confédéré depuis un an au moins et à jour de ses cotisations. Toutefois, si son Syndicat était de création récente, il en serait tenu compte.

V

La Conférence de Bourges propose :

Les délégués au Comité se tiendront en correspondance suivie avec les Bourses qu'ils représentent, les mettant au courant de ce qui se passe à chaque séance du Comité des Bourses. Ils solliciteront l'avis de la Bourse pour les questions importantes à l'ordre du jour, afin d'être en communion d'idées avec leurs Bourses, en ce qui concerne les décisions à prendre au Comité.

Lorsqu'un délégué au Comité des Bourses aura manqué trois fois consécutives sans excuse parvenue avant la fin de la séance, le Secrétaire devra prier la Bourse de pourvoir au remplacement de son délégué.

VI

La Conférence de Bourges propose :

Il sera publié un rapport des principaux cas soumis à la Commission juridique et solutionnés par cette Commission ; par ce moyen, seront appréciés les efforts et la bonne volonté des membres de la Commission juridique en même temps qu'il y aura par cette publication une intéressante diffusion des solutions juridiques à donner à des cas très difficiles.

Après quelques observations présentées par différents délégués, ces propositions sont ratifiées par la Conférence.

LE PRÉSIDENT. — Voici une proposition déposée par *Le Mans* :

Le Mans propose que les directeurs, contre-maîtres de Coopératives de production ne puissent être admis comme membre syndic-administrateur des Bourses du Travail ou Union de Syndicats.

Renvoyée au Comité Fédéral.

Montpellier propose l'adoption du vœu suivant :

Etant donné le succès obtenu par la brochure antimilitariste décidée par le Congrès d'Alger, la Conférence de Bourges approuve le Comité des Bourses pour la façon dont il sut appliquer la décision du dernier Congrès des Bourses et souhaite que chaque Bourse seconde les efforts du Comité des Bourses dans sa propagande éducative et sociale contre le militarisme.

La Bourse de Romans dépose la proposition suivante qui est renvoyée pour étude au Comité Fédéral ;

La Conférence des Bourses invite le Comité Fédéral à étudier la question de la création d'orphelinats ouvriers, genre du Vooruit de Gand, afin de fournir un rapport sur cette question à la prochaine Conférence.

ROMANS.

CONCLUSIONS DE LA COMMISSION D'ETUDE DES DIFFÉRENDS SURVENUS ENTRE BOURSES DU TRAVAIL.

Mustapha-Alger. — Inviter Mustapha à fusionner avec la Bourse d'Alger en tant qu'Union locale des syndicats.

Tulle. — Un délégué de la Confédération sera chargé de solutionner définitivement le conflit.

Tours. — Ne reconnaître que la Bourse du Travail actuelle de Tours et considérer en dehors de la C. G. T. tous les syndicats dissidents de cette Bourse et n'en reconnaître aucune autre.

Saint-Etienne. — Inviter la Bourse du Travail ou son Conseil d'Administration à rappeler ses secrétaires à des sentiments plus syndicalistes.

Inviter en outre la minorité des syndicats en conflit avec la majorité de la Bourse de Saint-Etienne à oublier le passé et à faire leurs efforts pour rester unis avec tous les autres syndicats dans la Bourse du Travail en se tenant sur le terrain économique.

LE PRÉSIDENT. — L'ordre du jour, suivant la décision qui en a été prise hier, appelle le compte-rendu de l'élu au Conseil Supérieur du Travail.

Plusieurs délégués déclarent se retirer, leur organisation étant contre cette institution.

BRIAT. — Comme je l'ai dit hier, je n'en aurai pas pour longtemps.

Trois questions ont été étudiées par le Conseil pendant sa dernière session. Celle du *délai-congé*, celle qui a trait aux conditions du travail dans les entreprises de transport et celle des *caisses de secours contre le chômage.*

Sur la question des délais-congés, je me suis inspiré des décisions des

Bourses à ce sujet et j'ai voté pour le maintien du délai-congé et contre les règlements d'atelier.

En ce qui concerne les conditions du travail dans les entreprises de transport avec les intéressés, j'ai voté pour que les lois de 1848 et de 1900 sur la durée du travail soient strictement appliquées.

Pour les caisses de chômage, j'ai demandé que les Syndicats qui ont des caisses de chômage reçoivent des subventions pour les aider. La Commission du budget a accepté de proposer à la Chambre le vote de 100,000 fr. dans ce but.

La question à l'ordre du jour de la prochaine séance est celle de l'enseignement professionnel obligatoire. Je m'engage à demander leur avis aux Bourses et de les tenir au courant.

Voici le résumé de nos travaux. Je suis à votre disposition.

Le Hâvre déclare ne pas l'accepter, parce qu'il est contre l'institution.

Le rapport, mis aux voix, est adopté.

L'ordre du jour étant épuisé, le président déclare la séance levée et les travaux de la Conférence terminés.

RÉSULTATS

DES

DIVERS VOTES PAR MANDAT

Vote sur les Rapports des Comités

(Chiffres rectifiés après pointage avec les bulletins de vote)

Votants	1.184
Pour	812
Contre	361
Blancs	11

ONT VOTÉ POUR LES RAPPORTS LES ORGANISATIONS SUIVANTES :

Agricoles

Nezignand-l'Evêque.
Oupia.
Coursan.
Bessan.
Mèze.
Cazouls-les-Béziers.
Béziers.
Bédarieux.
Maraussan.
Portirague.
Villeneuve-les-Béziers.
Aspiran.
Narbonne.
Cuxac-d'Aude.
Lézignan.
St-Laurent-de-la-Cabrerisse.
Bages.
Arles.
Fontvieille.
Maureilhan.
Alignant-du-Vent.
Puissalicon.
Beaufort.
Marseillan.
Agde.

Vendres.
Boujan.
Lespignan.
Serignan.
Vias.

Alimentation

Boulangers, Romorantin.
    »   St-Germain-en-Laye.
    »   Montluçon.
    »   Paris.
    »   Rouen.
    »   Marseille.
    »   Versailles.
    »   Orléans.
    »   Bordeaux.
Employés Epiciers, Paris.
Boulangers, Toulouse.
Confiseurs, Paris.
Confiseurs, Toulouse.
Boulangers, Meaux.
Biscuitiers, Paris.
Boucherie 1/2 gros, Paris.
Boucherie, Paris.
Charcutiers, Paris.
Limonadiers, Paris.

Limonadiers, Toulouse.
»   Alger.
»   Cette.
Cafés-Restaurants, Paris.
Limonadiers, Oran.
Bouchers, Oran.
Boulangers, Troyes.
Bouchers, Troyes.
Boulangers, Grenoble.
»   Tours.
»   Cette.
»   Brest.
Limonadiers, Perpignan.
Cuisiniers, Paris.
Pâtissiers, Paris.
Boulangers, Angers.
»   Saint-Brieuc.
»   Alger.
»   Narbonne.
»   Angoulême.
Limonadiers, Lyon.
Boulangers, Auxerre.
Boulangers, Amiens.
Limonadiers, Carcassonne.
Garçons Cuisine, Paris.
Boulangers, Limoges.
»   Bourges.
»   Villeneuve-sur-Lot.
Limonadiers, Clermont-Ferrand.
Confiseurs, Lille.
Employés d'hôtel, Paris.

Allumetiers

Marseille.
Saintines.
Bègles.
Pantin-Aubervilliers.
Trélazé.
Aix-en-Provence.

Ameublement

Ameublement, Valence.
Scieurs, Valence.
Sculpteurs, Angers.
Tourneurs sur bois, Angers.
Ameublement, Nancy.
Chaisiers, Sommedieu.
Sculpteurs, Nancy.
Ameublement, Bourges.
»   Grenoble.
»   Marseille.
Ebénistes, Bordeaux.
Ebénistes, Montpellier.
Ameublement, Brest.
Menuisiers en sièges, Lyon.
Sculpteurs, Paris.
Ebénistes, Lyon.
Tapissiers, Lyon.

Ebénistes, Béziers.
Ameublement, Lorient.
Menuisiers-Ebénistes, Narbonne.
Industrie du bois, Oise.

Artistes Musiciens

Musiciens, Cette.
»   Montpellier.
»   Lyon.

Ardoisiers

Avrillé.
Renazé.
De la Forêt.
Trélazé.
Misengrain.

Bâtiment

Bâtiment, Nangis.
Bâtiment, Charenton.
Briquetiers-Potiers, Paris.
Bâtiment, Lagny.
Paveurs et aides, Paris.
Bâtiment, Issoudun.
Bâtiment, Noisy-le-Sec.
Charpentiers, Flers-de-l'Orne.
Couvreurs-Zingueurs, Paris.
Corps réunis, Lorient.
Menuisiers, Angoulême.
Plâtriers, Angoulême.
Bâtiment, La Rochelle.
Menuisiers, La Rochelle.
Bâtiment, Mâcon.
»   Brest.
»   Oise.
Charpentiers, Bourg.
Bâtiment, Aix-les-Bains.
»   Narbonne.
»   Chaumont.
»   Lunéville.
»   La Guerche.
»   Montargis.
»   Beaune.
»   Saint-Leu.
»   Fontenay-le-Comte.
Serruriers, Paris.
Plombiers-Zingueurs, St-Quentin.
Bâtiment, Romilly.
Couvreurs-Zingueurs, Le Havre.
Bâtiment, Romorantin.
Extracteurs de sable, Béziers.
Couvreurs, Saint-Brieuc.
Charpentiers, Pau.
Ferblantiers, Angoulême.
Serruriers, Angoulême.
Serruriers, Rouen.

Bijouterie

Orfévrerie, Paris.
Potiers d'étain, Paris.
Boîtes de montres, Besançon.
Gainiers, Paris.
Emailleurs sur métaux, Paris.
Diamantaires, Paris.
Bijouterie-Joaillerie, Paris.
Bijoutiers, Grenoble.

Brossiers

Nacriers en jumelles, Paris.
Brosserie soie, Paris.
Brosserie fine, Mouy.
Brossiers, Tracy.
Tabletterie, Oise.

Bûcherons

Bûcherons, Uzay-le-Venon.
» Trois-Vesvres.
» Nérondes.
» Charenton.
» Montaron.
» Brécy.
» La Guerche.
» St-Martin-des-Champs.
» Lurcy-Lévy.
» Parigny-les-Vaux.
» Niherne.
» Bengy.
» Levet.
» Vézelay.
» Jussy-le-Chaudrier.
» Menetou-Couture.
» Grossouvre.
» Bigny-Vallenay.
» La Chapelle-Hugon.
» Jouet-sur-l'Aubois.
» Apremont.
» Torteron.
» Saint-Plaisir.
» Lavaux.
» Germigny.
» Ivoy-le-Pré.
» Dun-sur-Auron.
» Sagonne.
» L'Habit.
» Rumilly-les-Vault.
» Cuffy.
» Villabon.
» Mornay.
» Feux.
» Sancergues.
» Farges-en-Septaine.
» Menetou-Salon.
» Chantenay-Saint-Imbert.

Carriers

Carriers, Oise.
Carriers, Savonnières-en-Perthois.
Chaufourniers de La Guerche.

Céramique

Porcelainiers, Limoges.
Porcelainiers, Villedieu.
Porcelainiers, La Celle-Bruère.
Gazetiers, Limoges.
Crématoires-Fours, Limoges.
Décalqueuses, Limoges.
Moufletiers, Limoges.
Modeleurs en couleurs, Limoges.
Céramistes, Paris.
Polisseurs, Limoges.
Faïenciers, Montereau.
Peintres-Céramistes, Limoges.
Emballeurs-Céramistes, Limoges.
Journaliers, Limoges.
Journaliers, Mehun-sur-Yèvre.
Potiers, Bourg-en-Bresse.

Chapellerie

Chapeliers, Romans.
» Paris.
» Bourganeuf.
» Fontenay-le-Comte.
» Chazelles-sous-Lyon.
» Moulins.
Casquettiers, Paris.

Charpentiers

Charpentiers, Paris.
» Limoges.
» Agen.
» Rouen.
» Lyon.
» Bourges.

Chemin de Fer

Chemin de fer, Saint-Denis.
» Epernay.
» Mâcon.

Coiffeurs

Coiffeurs, Lyon.
» Rouen.
» Perpignan.
» Rochefort.
» Grenoble.
» Troyes.
» Béziers.
» Pau.

Coiffeurs, Nevers.
» Versailles.
» Nantes.
» Paris.
» Tours.
» Angers.
» Orléans.
» Saint-Nazaire.
» Chambéry.
» Carcassonne.
» Bordeaux.

Confection Militaire

Equipement, Bourges.
Equipement, Clermont-Ferrand.
Habillement, Bourges.

Correcteurs

Paris.

Coupeurs en Chaussures

Paris.

Cuirs et Peaux

Cuirs et Peaux, Auxerre.
Pareurs, Chaumont.
Cuirs et Peaux, Roanne.
Ouvreurs en couleurs, Chaumont.
Mégissiers, Chaumont.
Cuirs et Peaux, Issoudun.
Cuirs et Peaux, Saint-Junien.
Cordonniers, Rennes.
Sabotiers et Monteurs, Fontenay-le-
Comte.
Formiers en Chaussures, Paris.
Cordonniers, Paris.
» Nantes.
» Dreux.
Cuirs et Peaux, Rennes.
Cordonniers, Blois.
Teinturiers en Peaux, Paris.
Cuirs et Peaux, Lagny.
Cuirs et Peaux, Château-du-Loir.
Tanneurs-Corroyeurs, Châteaurenault.
Galochiers-Monteurs, Meaux.
Chaussures, Dijon.
Chaussures, Valenciennes.
Tanneurs-Corroyeurs, Sens.
Chaussures, Valence.
Cuirs et Peaux, Roubaix.
Cuirs et Peaux, Amiens.
Chaussures, Sens.
Cuirs et Peaux, Bourges.
Cordonniers, Biarritz.
Cordonniers, Arpagon.
Chaussure, Bargemon.

Cordonniers, Tunis.
Cordonniers, Amboise.
Chèvre, Maroquin, Paris.
Mégissiers-Palissonneurs, Paris.
Chevreau glacé, Paris.
Corroyeurs, Cuir noir, Paris.
Tanneurs, Paris.
Cordonniers, Angers.
Coupeurs en Chaussures, Angers.
Chaussures, Angers.
Cuirs et Peaux, Clermont-Ferrand.
Cordonniers, Alais.
Corroyeurs-Maroquiniers, Marseille.
Chaussures, Marseille.
Cordonniers, Brest.
Cuirs et Peaux, Le Mans.

Culinaire

Cuisiniers, Oran.
Pâtissiers-Confiseurs, Perpignan.
Cuisiniers, Lyon.
Pâtissiers-Confiseurs, Béziers.
Cuisiniers, Béziers.
Cuisiniers, Carcassonne.

Employés

Employés, Bourges.
Courtiers-Représentants, Paris.
Employés, Nice.
» Saint-Denis.
» Nantes.
» Montpellier.
» Troyes.
» Cette.
» Angers.
» Montluçon.
» Grenoble.
» Béziers.
» Oise.
» Narbonne.
» Lyon.
» Carcassonne.
Artistes lyriques, Paris.

Fourrure

Couperie de Poils, Paris.
Lustreurs-Fourreurs, Paris.
Naturalistes, Paris.

Magasins de la Guerre

Paris.
Amiens.
Le Mans.
Marseille.
Clermont-Ferrand.
Reims.

Rennes.
Montpellier.
Bourges.

Personnel de la Guerre

Vernon.
Valence.
Tarbes.
Bourges.
Lille.
Rennes.
Paris.

Habillement

Coupeurs-Chemisiers, Paris.
Tailleurs d'habits, Bayonne.
Habillement, Vaucluse.
Tailleurs d'habits, Agen.
Coupeurs-Tailleurs, Lyon.
Tailleurs d'habits, Cette.
Tailleurs et Couturières, Paris.
Couturières, Lyon.
Tailleurs, Grenoble.

Lithographie

Lithographes, Limoges.
Taille-douciers, Limoges.

Livre

Conducteurs-Typographes, Limoges.
Typographes, Limoges.
Typographes, Rochefort.

Maçonnerie

Maçons, Vichy.
Carriers, Grivats.
Maçons, Tunis.
Tailleurs de pierre, Alger.
Plâtriers, Bourges.
Maçons, Tailleurs de pierre, Angoulême.
Maçons, Valence.
» Draguignan.
» Moulins.
Tailleurs de pierre, Vichy.
Tailleurs de pierre, Limoges.
Maçons, Marseille.
Terrassiers, Vichy.
Maçons, Laval.
Maçons, Amiens.
Manœuvres aides-maçons, Marseille.
Maçons, Paris.
Maçons, Bourges.
Terrassiers, Bourges.
Tailleurs de pierre, Bourges.
Maçons Limousinants, Marseille.
Union de la Bâtisse, Orléans.

Maçons-Tailleurs de pierre, Arles.
Maçons- Tailleurs de pierre, Rochefort.
Carriers, Bidache.
Terrassiers, Marseille.
Maçons, Rouen.
Tailleurs de pierre, Bordeaux.
Maçons et Tailleurs de pierre, Reims.
Plâtriers, Rennes.
Tailleurs de pierre, Montpellier.
Bâtisse, Montpellier.
Tailleurs de pierre, Romans.
Maçons, Chalon-sur-Saône.
» Limoges.
» Saint-Chamond.
Terrassiers, Angers.
Maçons et aides, Clermont-Ferrand.
Tailleurs de pierre, Clermont-Ferrand.
Maçons, Le Hàvre.
» Alais.
» Pau.
Tailleurs de pierre, Agde.
Maçons, Perpignan.
Tailleurs de pierre, Perpignan.
Maçons, Auxerre.
Plâtriers, Béziers.
Maçons, Grenoble.
Tailleurs de pierre, Nancy.
Maçons, Saint-Brieuc.
Maçons, Carcassonne.
Plâtriers, Clermont-Ferrand.

Marine

Travailleurs de la Fonderie, Ruelle.
Forges Nationales, Guérigny.
Travailleurs réunis de la Marine, Toulon.
Régie directe, Brest.
» Toulon.
» Lorient.
Travailleurs réunis, Brest.
» Lorient.
» Rochefort.
» d'Indret.

Mécaniciens

Mécaniciens, Villefranche-sr-Rhône.
» Lyon.
» Limoges.
» Bordeaux.
» Marseille.
» Roubaix.
» Troyes.
Décolleteurs. Lyon.

Menuisiers

Menuisiers, Paris.
» Laval.
» Rochefort.

Ouvriers sur bois, Auxerre.
Menuisiers, Montpellier.
» Valence.
» Marseille.
» Le Hàvre.
» Bourges.
» Tours.
» Béziers.
Menuisiers et Charpentiers, La Roche-sur-Yon.
Parqueteurs, Paris.
Menuisiers, Saint-Brieuc.
Menuisiers, Lorient.

Métallurgistes

Métallurgistes, Saint-Denis.
Industrie Electrique, Paris.
Métallurgistes, Le Boucau.
Travailleurs sur cuivre, Lyon.
Chaudronniers, Nantes.
Métallurgistes, Basse-Indre.
» Boulogne-sur-Mer.
» Alais.
Ferblantiers-Plombiers, Marseille.
Métallurgistes, Le Havre.
Ferblantiers, Moulins.
Métallurgistes, Moulins.
Métallurgistes, Auxerre.
Bronziers, Lyon.
Métallurgistes, Nevers.
Limes, Nancy.
Métallurgistes, Saut-du-Tarn.
Métallurgistes, Cousances-aux-Forges.
Ferblantiers-Lampistes, Lyon.
Opticiens, Ligny-en-Barrois.
Frappeurs, Nantes.
Métallurgistes, Fromelennes.
Serruriers, Tours.
Forgerons, Nantes.
Métallurgistes, Argenteuil.
Métallurgistes, Montauban.
Forges de Cette.
Métallurgistes, Oise.
Travailleurs sur métaux, Quimperlé.
Ferblantiers, Nice.
Métallurgistes, Hennebont.
Ferblantiers, Salon.
Métallurgistes, Brest.
Ferblantiers, Aix.
» Cavaillon.
» Paris.
Toliers, Paris.
Instruments de précision, Paris.
Limes, Paris.
Ferblantiers, Saint-Etienne.
Constructions mécaniques, Le Mans.
Ouvriers en métaux, Pontarlier.
Horlogers, Badevel.
Horlogers, Cluses.

Métallurgistes, Dijon.
» Dôle.
» Beaune.
» Dunkerque.
» Saint-Claude.
» Louviers.
» Paris.
» Lunéville.
» Tunis.
» Montpellier.
Serruriers, Lyon.
Métallurgistes, St-Etienne.
» Chambon Feugerolles
» Firminy.
Repousseurs, Lyon.
Polisseurs, Lyon.
Bijoutiers, Lyon.
Métallurgistes, Grenoble.
Ajusteurs-Serruriers, Saint-Nazaire.
Machines Outils, Saint-Nazaire.
Forgerons, Saint-Nazaire.
Chauffeurs, Saint-Nazaire.
Chaudronniers, Saint-Nazaire.
Riveurs, Saint-Nazaire.
Métallurgistes, Trignac.
» Mean Penhouet.
» Toulouse.
Travailleurs sur métaux, Bourges.
Métallurgistes, Vizille.
Métallurgistes, Villeneuve-sur-Lot.
Limes, Tours.
Métallurgistes, Anzin.
Métallurgistes, Sailly-le-Sec.
Chaudronniers cuivre, Tourcoing.
Chaudronniers cuivre, Roubaix.
Peignerons, Roubaix.
Métallurgistes, Armentières.
» Le Cateau.
» Amiens.
Chaudronniers cuivre, Lyon.
Chaudronniers fer, Lyon.
Ferblantiers-Zingueurs, Lyon.
Chaudronniers fer, Le Havre.
Tourneurs-Robinettiers, Paris.
Ouvriers sur cuivre, Mâcon.
Chaudronniers, Rouen.
Chauffeurs-Mécaniciens, Rouen.
Métallurgistes, Deville-les-Rouen.
Chaudronniers, St-Denis.
Métallurgistes, Roubaix.
Métallurgistes, Lorient.
Chaudronniers fer, Roubaix.
Serruriers, Roubaix.
Métallurgistes, Vienne.
» Carcassonne.
» Vendôme.
» La Rochelle.
» Nangis.
Toliers, Orléans.
Métallurgistes, Orléans.
Ferblantiers, Pau.

Chaudronniers cuivre, Le Hâvre.
Tourneurs-Robinettiers, Nantes.
Décolleteurs, Marignier.
Horlogers-Décolleteurs, Scionzier.
Horlogers-Décolleteurs, St-Nicolas-
d'Aliermont.
Orfèvres, Lyon.
Serruriers-Mécaniciens, Niort.
Façonneurs de Manches, Thiers.
Emouleurs en ciseaux, Thiers.
Découpeurs-Estampeurs, Thiers.
Polisseurs couteaux, Thiers.
Métallurgistes, Château-Regnault.
   »   Revin.
   »   Vrigne-au-Bois.
   »   Monthermé.
   »   Charleville.
   »   Mohon.
   »   Sedan.
   »   Braux.
   »   Saint-Uze.
Chauffeurs-Mécaniciens, Paris.
Cartouchiers, Issy-les-Moulineaux.
Métallurgistes, Rochefort.
Serruriers, Limoges.
Tourneurs-Racheveurs, Genève.
Métallurgistes, du Vimeu.
Travailleurs du cuivre, du Vimeu.
Construction mécanique, Lure.
Ouvriers en limes, Raveau.
Métallurgistes, Cette.
   »   Châteauroux.
   »   Annonay.
Limes, Cosne.
Constructeurs-Mécaniciens, Rouen.
Métallurgistes, Sens.
Scies, Paris.
Armuriers, Saint-Etienne.
Métallurgistes, Chalon-sur-Saône.
Métallurgistes, Saint-Chamond.
Découpeurs, Lyon.
Découpeurs, Paris.
Métallurgistes, Ivry.
Chaudronniers en cuivre, Paris.
Chaudronniers en fer, Paris.
Métallurgistes, Fumel.
   »   Dives-sur-Mer.
   »   Montluçon.
   »   Clermont-Ferrand.
   »   Angoulême.
Monteurs couteaux, Thiers.
Mouleurs, Saint-Nazaire.

Mineurs

Mineurs, Pas-de-Calais.
   »   Montceau-les-Mines.
   »   Brassac-les-Mines.
   »   Chapelle-sous-Dun.
   »   Talaudière.

Mineurs, La Loire.
   »   Saint-Eloi-les-Mines.
   »   Decazeville.

Modeleurs

Modeleurs, Le Hâvre.
   »   Rhône.
   »   Paris.

Mouleurs

Fondeurs fer, Paris.
Mouleurs cuivre, Paris.
Mouleurs, Saint-Quentin.
   »   Carcassonne.
   »   Bolbec.
   »   Tergnier.
   »   Creil.
   »   Saint-Dié.
Mouleurs fer, Lyon.
Mouleurs cuivre, Lyon.
Mouleurs, Montluçon.
   »   Romans.
   »   Mont-de-Marsan.
   »   Clermont-Ferrand.
   »   Niort.
   »   Dôle.
   »   Vierzon.
   »   Outréau.
   »   Soissons.
   »   Chartres.
   »   Etampes.
   »   Essonnes.
   »   Persan-Beaumont.
Fondeurs, Le Hâvre.
Mouleurs, Flers.
   »   Rennes.
   »   Vienne.
   »   Roanne.
   »   Nantes.
   »   Chauny.
   »   Amiens.
   »   Angers.
   »   Tours.
   »   Nouzon.
   »   Lens.
   »   Marquise.
Mouleurs métaux, Paris.
Mouleurs, Aix.
   »   Noyon.
   »   Albert.
   »   Roubaix.
   »   Firminy.
   »   Le Mans.
   »   Grenoble.

Papier

Afficheurs, Paris.

Peintres

Peintres, Perpignan.
» Bourges.
» Paris.
» Angers.
» Cette.
» Niort.
» Rochefort.
» Orléans.
» Grenoble.
» Tours.
» Bordeaux.
» Brive.
» Versailles.
» Reims.
» Arles.
» Limoges.
» Saint-Brieuc.
» Saint-Amand.
Toiles peintes, Bourges.

Ports et Docks

Quais et Docks, Rochefort.
Ports et Docks, Lyon.
Débardeurs, Rouen.
Dockers, Brest.
Charretiers-chargeurs, Cette.
Portefaix, Cette.
Camionneurs, Le Hàvre.
Employés Navigation, Lyon.
Bois Merrains, Bordeaux.

Postes et Télégraphes

Postes et Télégraphes, Paris.
Postes et Télégraphes, Bourg-en-Bresse.

Sabotiers

Galochiers-Sabotiers, Romans.
Sabotiers, Bourg-en-Bresse.
Sabotiers, Brive.
Galochiers-Sabotiers, Limoges.
Galochiers-Sabotiers, Châteauroux.

Sellerie-Bourrellerie

Bourreliers-Selliers, Paris.
Malletiers, Paris.

Teinturerie

Teinturiers, Villefranche.
Teinturiers, Troyes.

Textile

Industrie cotonnière, Laval.
Textile, Belfort.
Textile, Poix du Nord.
Tissage mécanique, Lyon.
Tisseurs, Paris.
Fileurs, Tourcoing.
Textile, Neuvilly.
Blanchisseuses, Lyon.
Fileurs, Reims.
Textile, Reims.
Travailleurs Teinture, Lyon.
Brodeuses, Lyon.
Sparterie, Màcon.
Teinturiers, Roubaix.
Tissage, Roubaix.
Cotonniers, Rouen.
Fileurs Villefranche.
Passementiers, Paris.
Bonnetiers, Troyes.
Fileurs, Troyes.
Textile, Angers.
Textile, Saint-Etienne.
Passementerie à la barre, Paris.
Textile, Somme.
Textile, Roanne.
Imprimeurs sʳ étoffes, Saint-Etienne.
Teinturiers, Saint-Etienne.
Bonnetiers, Moreuil.
Textile, Darnétal.
Apprêteurs d'étoffes, Lyon.
Industrie florale, Paris.

Tonneau

Tonneliers, Montpellier.
» Limoges.
» Béziers.
» Cette.

Transports en Commun

Tramways, Limoges.
Camionneurs, Paris.
Laveurs de voitures, Paris.
Tramways, Avignon.
Cochers, Paris.
Tramways, Vichy.
Métropolitain, Paris.
Bateaux voyageurs, Paris.
Tramways vapeur, Saint-Etienne.
Tramways sud, Paris.
Tramways, Cette.
Tramways, Lyon.
Cochers, Fontainebleau.
Cochers, Lyon.

Transport et Manutention

Domestiques du Roulage, Tourcoing
Camionneurs, Roubaix.
Camionneurs, Limoges.
Emballeurs chiffons, Paris.
Déménageurs, Paris.

Hommes de peine, Reims.
Pompes funèbres, Paris.
Charretiers, Montpellier.
Manœuvres-Journaliers, Lyon.
Charretiers, Perpignan.
Hommes de peine, Casteljaloux.
Garçons-magasins, Nancy.
Garçons-magasins, Paris.
Travaux non qualifiés, Paris.

Travailleurs municipaux

Employés municipaux, Bourges.
Cantonniers, Lyon.
Service des Eaux, Lyon.

Verriers

Verriers, Vieux Rouen.
  »   Feuquières.
  »   St-Germer-de-Fly.
  »   Vierzon.
  »   Quiquengrogne.
  »   Hirson.
  »   Tréport.
  »   Incheville.
  »   Oise.
Pompes à faire le vide, Ivry.

Voiture

Voiture, Alençon.
  »   Vichy.

Voiture, Dinan.
Ferreurs, Paris.
Voiture, Paris.
  »   Orléans.
  »   Nantes.
  »   Bourg-en-Bresse.
  »   Lyon.
  »   St-Amand.
Carrossiers, Lille.
  »   Marseille.
  »   Angers.
Charrons-Forgerons, Alger.
Voiture, Bourges.
  »   Béziers.
  »   Versailles.
Carrossiers, Saint-Vallier.
  »   Moulins.
  »   Brive.
Voiture, Rouen.
Voiture, Le Mans.

Isolés

Enseignement libre, Paris.
Scieurs-Découpeurs, Paris.
Scieurs mécanique, Angers.
Préparateurs pharmacie, Paris.
Ouvriers de la terre, Vitry.
Pêcheurs-Courrantille, Cette.
Jardiniers, Paris.
Pianos et Orgues, Paris.
Préparateurs pharmacie, Montpellier
Dessinateurs, Paris.
Artistes Chorégraphes, Paris.
Jardiniers, Lyon.

Ont voté CONTRE les Organisations suivantes :

Alimentation
Boulangers, Oran.
Bouchers, Amiens.
Boulangers, St-Etienne.
Limonadiers, Dijon.
Boulangers, Poitiers.
Bouchers, Marseille.

Ameublement
Ameublement, St-Loup-sur-Semouze.
Ameublement, Amiens.

Artistes Musiciens
Musiciens, Angers.
Musiciens, Marseille.

Bâtiment
Menuisiers, Dijon.
Plombiers, Lille.
Bâtiment, Amiens.

Bâtiment, Abbeville.
Menuisiers, Froidecouche.
Cimentiers de Poitiers.
Maçons de Poitiers.

Bûcherons
Bûcherons, Nolay.

Céramique
Peintres sur porcelaine, Vierzon.
Porcelainiers, Vierzon.
Useurs de grains, Vierzon.
Journaliers, Vierzon.
Porcelainiers. Mehun-sur-Yèvre.
Peintres en porcelaine, Mehun-sur-
  Yèvre.
Céramistes, Nevers.

Chapellerie
Chapeliers, Angers.

Charpentiers

Charpentiers, St-Etienne.
Charpentiers, Angers.

Chemins de fer

Chemins de fer, Agen.
  » Dax.
  » Bayonne.
  » Béziers.
  » Montauban.
  » Mont-de-Marsan.
  » Paulhan.
  » Perpignan.
  » Tournemire.
  » Villeneuve-St-Georges.
  » Moulins.
  » Givors.
  » Dijon.
  » Versailles.
  » Tours.
  » Tarbes.
  » Sotteville-les-Rouen.
  » Folligny.
  » Rouen.
  » Saintes.
  » Chambéry.
  » Courtalain.
  » Le Mans.
  » Argentan.
  » Achères.
  » Sablé.
  » Mantes.
  » Dol en Bretagne.
  » Carhaix.
  » Pau.
  » Carcassonne.
  » Thouars.
  » Poitiers.
  » Cholet.
  » Locminé.
  » Paris.
  » Charleville.
  » Calais.
  » Nohon.
  » Reims.
  » St-Quentin.
  » Bellegarde.

Coiffeurs

Coiffeurs, Reims.
Coiffeurs, St-Etienne.

Coupeurs en Chaussures

Amiens.

Cuirs et Peaux

Cordonniers, Poitiers.

Culinaire

Cuisiniers, Agen.

Employés

Employés, Périgueux.
  » Avignon.
  » Valence.
  » Toulouse.
  » Blois.
Employés du gaz, Paris.
Employés, Pézenas.
Employés, Orléans.
Clercs d'huissiers, Paris.
Employés, Cholet.
  » Mézières-Charleville.
  » Soissons.
  » Reims.
  » Abbeville.
  » St-Quentin.
  » Amiens.
  » Toulon.
  » Versailles.
  » Rochefort.
  » Poitiers.
  » Marseille.

Fourrure

Apprêteurs-Lustreurs, Fismes.

Personnel de la Guerre

St-Etienne.
Douai.
Toulon.
Meudon.
Lyon.
Toulouse.
Puteaux.

Habillement

Coupeurs-Tailleurs, Amiens.

Lithographie

Lithographes, Nimes.
  » Angoulème.
  » Nantes.
  » Marseille.
  » Bordeaux.
  » Paris.
  » Rennes.
  » Lyon.
  » St-Etienne.
  » Grenoble.
  » Reims.
  » Epernay.
  » Rouen.
  » Dijon.
  » Angers.
  » Poitiers.

Lithographes, Tours.
Ecrivains-Graveurs, Rennes.
Lithographes, Lille.

Livre

Typographes, Chartres.
Fondeurs-Typographes, Paris.
Typographes, Thouars.
Typographes, Dinan.
Travailleurs du Livre, Versailles.
Typographes, Mâcon.
» Albi.
» Grenoble.
» Lyon.
» Privas.
» Chambéry.
» Annecy.
» Bourg.
» Villefranche-sr-Saône.
» Roanne.
» Thonon-les-Bains.
» Bourges.
» Guéret.
» Roche-sur-Yon.
» Saint-Nazaire.
» Nantes.
» Fontenay-le-Comte.
» Chateaubriant.
» Nevers.
» Pau.
» Agen.
» Mont-de-Marsan.
» Auch.
» Villeneuve-sur-Lot.
» Bordeaux.
» Périgueux.
» Libourne.
» Chalon-sur-Saone.
» Issoudun.
Imprimeurs-Conducteurs, Paris.
Conducteurs-Typograph., Bordeaux.
Typographes, Saint-Quentin.
» Meulan.
» Château-Thierry.
» Alger.
» Angers.
» Toulouse.
» Rodez.
» Béziers.
Imprimeurs, Poitiers.
Typographes, Le Mans.
» Pithiviers.
» Tours.
» Châteaudun.
» Blois.
» La Rochelle.
» Châteauroux.
» Buzançais.
» Epernay.
» Troyes.

Typographes, Charleville.
» Valenciennes.
» Nancy.
Imprimeurs-Relieurs, Constantine.
Typographes, Etampes.
» Fougères.
» Laval.
» Lagny.
» Meaux.
» Chauny.
» Beauvais.
» Soissons.
» St-Germain-en-Laye.
» Montargis,
» Dunkerque.
» Vesoul.
Travailleurs du Livre, Perpignan.
Typographes, Vendôme
» Angoulème.
» Chaumont,
» Semur.
» Bar-le-Duc.
» Montauban.
» Cette,
» Nimes.
» Cambrai.
» Saint-Lô.
» Flers-de-l'Orne.
» Lorient.
» Le Havre.
» Evreux.
» Marseille.
» Montpellier.
» Cannes.
» Toulon.
» Nice.
» Roubaix.
» Lille.
» Aurillac.
» Clermont-Ferrand.
» Oran.
» Saint-Etienne.
» Moulins.
» Abbeville.
» Amiens.
» Narbonne.
» Reims.
» Alençon.
» Rouen.
» Montbéliard.
» Remiremont.
» Vannes.
» Paris.
» Vire.
» Dijon.
» Belfort.
» Lure.
» Montluçon.
» Cognac.
» Melle.
» Cahors.

Typographes, Quimperlé.
Correcteurs, Paris.
Travailleurs du Livre, Rennes.
Typographes, Valence.

Maçonnerie

Maçons, Nevers.
Bâtiment, St-Pierre-le-Moutier.
Maçons, Toulon.
Bâtiment, Decize.
Cimentiers, Marseille.
Tailleurs de pierre, Reims.

Maréchaux

Maréchaux, Versailles.
»   Paris.
»   Rouen.
»   Marseille.
»   Reims.

Marine

Laboratoire central de la Marine, Paris.

Mécaniciens

Serruriers Mécaniciens, Reims.
Mécaniciens, St-Dié.
»   Romans
»   Hautmont.
»   Ferrière-la-Grande.
»   Montzeron.
»   Nouzon.
»   Maubeuge.
»   Chartres.
»   Libourne.
»   Epinal.
»   Tarbes.
»   Meaux.
Tourneurs Décolleteurs, Paris.
Mécaniciens, Albert.
Tourneurs optique, Paris.
Tourneurs-sur-métaux, St-Nazaire.
Ajusteurs, Nantes.
Mécaniciens, Soissons.
»   Angers.
»   Arras.
»   Chambéry.
»   Bessèges.
»   Evreux.
»   Chauny.
»   Paris.
»   Dijon.
»   Saint-Etienne.
«   Poitiers.
Serruriers-Mécaniciens, Pau.

Menuisiers

Menuisiers, Saint-Etienne.
Menuisiers, Dunkerque.

Métallurgie

Ferblantiers, Poitiers.
Serruriers, Poitiers.
Forgerons, Marseille.
Métallurgistes, Vierzon.

Modeleurs

Modeleurs, La Loire.

Mouleurs

Mouleurs, Reims.
Mouleurs, Saint-Etienne.

Papier

Papeterie-Réglure, Paris.
Relieurs, Dijon.

Peintres

Peintres, Saint-Quentin.
»   Tulle.
»   Chartres.
»   Poitiers.
Peintres et Platriers, Nevers.

Ports et Docks

Dockers, Toulon.
Port, Dunkerque.

Postes et Télégraphes

Poitiers.
Saint-Etienne.

Sabotiers

Sabotiers, Poitiers.
»   Nevers.
»   Tulle.

Tabacs

Tabacs, Alger.
»   Nice.
»   Nancy.
»   hommes Toulouse.
»   Marseille.
»   Lyon.

Tabacs, femmes Toulouse.
» Pantin.
» Dijon.
» Le Mans.
» Orléans.
» Tonneins.
» Riom.
» hommes Bordeaux.
» Limoges.
» Morlaix.
» Ouvrières Bordeaux.
» Lille.

Textile

Industrie lainière, Reims.
Textile, Saint-Dié.
Tissus, Saint-Menges.
Tissus, Floing.
Teintureries, Amiens.
Ouvriers en soieries, Vizille.
Ouvriers en draps, Romorantin.
Trieurs de laine, Reims.
Tisseurs, Saint-Quentin.
Tisseurs, Amiens.
Teinturiers, Reims.
Textile, Lille.
Tisseurs, Lyon.

Tonneau

Tonneliers, Reims.
» Paris.
» Marseille.

Transport en commun

Tramways, Marseille.
Conducteurs-Tramways, Lyon.
Cochers-Postiers, Paris.
Tramways Est, Paris.
Omnibus, Paris.
Tramways, Paris.
Tramways, Reims,
Tramways, Poitiers.
Cochers, Reims.

Verriers

Verriers, Albi.
Verriers verre blanc, Rive-de-Gier.
Verriers verre noir, Rive-de-Gier.
Verriers vitres, Rive-de-Gier.
Verriers verre blanc, Des Vernes.

Voiture

Carrossiers, Nîmes.
Voitures, Saint-Etienne.

Isolés

Tordeurs d'huiles, Dunkerque.
Monnaies et Médailles, Paris.

ONT VOTÉ BLANC LES ORGANISATIONS SUIVANTES :

Alimentation
Boulangers, Lille.

Magasins de la Guerre
Toulouse.

Personnel de la Guerre
Tulle.

Lithographie
Lithographes, Orléans.

Livre
Conducteurs-Margeurs, Orléans.
Typographes, Orléans.

Maçonnerie
Bâtiment, Châteauroux.

Mouleurs
Fonderie, Lille.

Teinture
Teinturiers, Paris.

Transports en commun
Tramways, Nice.

Isolés
Jardiniers, Orléans.

Vote sur la Représentation Proportionnelle

(Chiffres rectifiés après pointage avec les bulletins de vote)

Volants.	1.176
Contre	808
Pour.	368
Blancs.	»

ONT VOTÉ CONTRE LES ORGANISATIONS SUIVANTES :

Agricoles

Cazouls-les-Béziers.
Mèze.
Bessan.
Oupia.
Nézignan-l'Evêque.
Coursan.
Aspéran.
Béziers.
Bédarieux.
Maraussau.
Portirague.
Villeneuve-les-Béziers.
Narbonne.
Cuxac-d'Aube.
Lezignan.
St-Laurent de la Cabrerisse.
Bages.
Arles.
Maureilhan.
Alignant-du-Vent.
Puissalicon.
Beaufort.
Marseillau.
Agde.
Vendres.
Boujan.
Lespignan.
Sérignan.
Vias.
Fontvieille.

Alimentation

Boulangers, Romorantin.
»   St-Germain-en-Laye.
»   Montluçon.
»   Paris.
»   Rouen.
»   Marseille.
»   Versailles.
»   Orléans.
»   Bordeaux.
»   Toulouse.
Employés-Epiciers, Paris.

Confiseurs, Paris.
Boulangers, Meaux.
Biscuitiers, Paris.
Boucherie 1|2 gros, Paris.
Boucherie, Paris.
Charcutiers, Paris.
Cafés-Restaurants, Paris.
Limonadiers, Cette.
Limonadiers, Alger.
Limonadiers, Toulouse.
Limonadiers, Paris.
Bouchers, Oran.
Limonadiers, Oran.
Boulangers, Oran.
Boulangers, Tours.
Bouchers, Troyes.
Boulangers, Troyes.
Boulangers, Brest.
Boulangers, Cette.
Limonadiers, Perpignan.
Cuisiniers, Paris.
Pâtissiers, Paris.
Boulangers, Angers.
»   St-Brieuc.
»   Alger.
»   Narbonne.
•   Grenoble.
»   Angoulème.
Limonadiers-Restaurateurs, Lyon.
Boulangers, Auxerre.
Boulangers, Angers.
Employés-Limonadiers, Carcassonne.
Garçons cuisine, Paris.
Boulangers, Limoges.
Boulangers, Bourges.
Boulangers, Villeneuve.
Employés d'hôtels, Paris.
Confiseurs, Lille.
Confiseurs, Toulouse.

Allumetiers

Marseille.
Saintines.
Bègles.

Pantin-Aubervilliers.
Trélazo.
Aix en Provence.

Ameublement

Ameublement, Valence.
Scieurs, Valence.
Sculpteurs, Angers.
Tourneurs-sur-bois, Angers.
Ameublement, Nancy.
Chaisiers, Sommedieu.
Sculpteurs, Nancy.
Ameublement, Bourges.
Ameublement, Grenoble.
Ameublement, Marseille.
Ebénistes, Bordeaux.
Ebénistes, Montpellier.
Ameublement Brest.
Menuisiers en sièges, Lyon.
Sculpteurs, Paris.
Industrie du bois, Oise.
Ebénistes, Lyon.
Tapissiers, Lyon.
Ebénistes, Béziers.
Ameublement, Lorient.
Menuisiers-Ebénistes, Narbonne.

Artistes Musiciens

Musiciens, Cette.
Musiciens, Montpellier.
Musiciens, Lyon.

Ardoisiers

Avrillé.
Renazé.
Trélazé.
Misengrain.
De La Forêt.

Bâtiment

Charpentiers, Pau.
Bâtiment, Nangis.
Bâtiment, Charenton.
Briquetiers-Potiers, Paris.
Bâtiment, Lagny.
Paveurs et aides, Paris.
Bâtiment, Issoudun.
Bâtiment, Noisy-le-Sec.
Menuisiers-Charpentiers, Flers de l'Orne
Couvreurs-Plombiers, Paris.
Corps réunis, Lorient.
Menuisiers, Angoulême.
Plâtriers, Angoulême.
Bâtiment, La Rochelle.
Menuisiers, La Rochelle.
Bâtiment, Mâcon.
   »   Brest.
   »   Oise.
   »   Abbeville.
Charpentiers, Bourg.
Bâtiment, Aix-les-Bains.
   »   Narbonne.

Bâtiment, Chaumont.
   »   Lunéville.
   »   La Guerche.
   »   Montargis.
   »   Beaune.
   »   Saint-Leu.
   »   Fontenay-le-Comte.
Serruriers, Paris.
Plombiers-Zingueurs, Saint-Quentin.
Bâtiment, Romilly.
Couvreurs-Zingueurs, Le Hâvre.
Bâtiment, Romorantin.
Serruriers, Rouen.
Extracteurs de Sable, Béziers.
Couvreurs, Saint-Brieuc.
Serruriers, Angoulême.
Ferblantiers, Angoulême.

Bijouterie

Orfévrerie, Paris.
Potiers d'Etain, Paris.
Boîtes de Montres, Besançon.
Gainiers, Paris.
Emailleurs sur métaux, Paris.
Diamantaires, Paris.
Orfévrerie-Bijouterie, Paris.
Bijoutiers, Grenoble.

Brossiers

Brossiers, Tracy.
Tabletiers, Disc.
Brossiers, Mouy.
Brosserie en soie, Paris.
Nacriers en jumelles, Paris.

Bûcherons

Bûcherons, Jouet-sur-l'Aubois.
   »   Menetou-Couture.
   »   Jussy-le-Chaudrier.
   »   Apremont.
   »   Torteron.
   »   Saint-Plaisir.
   »   Bigny-Vallenay.
   »   Chapelle-Hugon.
   »   Grossouvre.
   »   La Guerche.
   »   Parigny-les-Vaux.
   »   Lurcy-Lévy.
   »   Saint-Martin-des-Champs.
   »   Morvan.
   »   Brécy.
   »   Ivoy-le-Pré.
   »   Rumilly-les-Vault.
   »   Laveau.
   »   L'Habit.
   »   Sagonne.
   »   Dun-sur-Auron.
   »   Germigny.
   »   Vézelay.
   »   Bruère-Allichamps.
   »   Cuffy.
   »   Villabon.
   »   Nérondes.

Bûcherons, Mornay.
  »   Feux.
  »   Trois-Vesvres.
  »   Niherno.
  »   Sancergues.
  »   Farges-en-Septaine.
  »   Uzay-le-Venon.
  »   Chautenay Saint-Imbert.
  »   Charenton.

Carriers

Carriers, Oise.
  »   Savonnières-en-Perthois.
Chauffourniers de La Guerche.

Céramique

Porcelainiers, Limoges.
Porcelainiers, Villedieu.
Porcelainiers, La Celle-Bruère.
Gazetiers en porcelaine, Limoges.
Crématoires-Fours, Limoges.
Décalqueuses, Limoges.
Moufletiers, Limoges.
Mouleurs-Couleurs, Limoges.
Céramistes, Paris.
Polisseurs, Limoges.
Faïenciers, Montereau.
Peintres-Céramistes, Limoges.
Emballeurs-Céramistes, Limoges.
Journaliers-Céramistes, Limoges.
Journaliers Céramistes, Mehun-s.-Yèvre
Potiers, Bourg-en-Bresse.

Chapellerie

Chapeliers, Chazelles-sur-Lyon.
  »   Fontenay-le-Comte.
  »   Bourganeuf.
  »   Moulins.
  »   Paris.
  »   Romans.
Casquettiers, Paris.

Charpentiers

Charpentiers, Paris.
  »   Limoges.
  »   Agen.
  »   Rouen.
  »   Lyon.
  »   Bourges.

Chemin de fer

Chemin de fer, Mont-de-Marsan.
  »   Paulhan.
  »   Agen.
  »   Saint-Denis.
  »   Epernay.
  »   Mâcon.
  »   Béziers.

Coiffeurs

Coiffeurs, Lyon.
  »   Rouen.
  »   Perpignan.
  »   Rochefort.
  »   Grenoble.
  »   Troyes.
  »   Béziers.
  »   Pau.
  »   Nevers.
  »   Versailles.
  »   Nantes.
  »   Paris.
  »   Tours.
  »   Angers.
  »   Orléans.
  »   Saint-Nazaire.
  »   Chambéry.
  »   Carcassonne.
  »   Bordeaux.

Confection Militaire

Equipement, Bourges.
Equipement, Clermont-Ferrand.
Habillement, Bourges.

Correcteurs

Paris.

Coupeurs en Chaussures

Paris.

Cuirs et Peaux

Cuirs et Peaux, Auxerre.
Pareurs, Chaumont.
Cuirs et Peaux, Roanne.
Ouvreurs en couleurs, Chaumont.
Mégissiers, Chaumont.
Cuirs et Peaux, Issoudun.
Cuirs et Peaux, Saint-Junien.
Cordonniers, Rennes.
Sabotiers-Monteurs, Fontenay-le-Comte
Formiers en Chaussures, Paris.
Cordonniers, Paris.
  »   Nantes.
  »   Dreux.
Cuirs et Peaux, Rennes.
Cordonniers, Blois.
Teinturiers en Peaux, Paris.
Cuirs et Peaux, Lagny.
Cuirs et Peaux, Château-du-Loir.
Tanneurs-Corroyeurs, Châteaurenault.
Galochiers-Monteurs, Meaux.
Chaussure, Dijon.
Chaussure, Valenciennes.
Tanneurs-Corroyeurs, Sens.
Chaussures, Valence.
Cuirs et Peaux, Roubaix.
Cuirs et Peaux, Amiens.
Chaussures, Sens.

Cuirs et Peaux, Bourges.
Cordonniers, Biarritz.
Cordonniers, Arpajon.
Chaussure, Bargemon.
Cordonniers, Tunis.
Cordonniers, Amboise.
Chèvre-Maroquin, Paris.
Mégissiers-Palissonneurs, Paris.
Chèvreau glacé, Paris.
Corroyeur cuir noir, Paris.
Tanneurs, Paris.
Cordonniers, Angers.
Coupeurs en chaussures, Angers.
Chaussures, Angers.
Cuirs et Peaux, Clermont-Ferrand.
Cordonniers, Alais.
Cuirs et Peaux, Marseille.
Chaussures, Marseille.
Cuirs et Peaux, Brest.
Cuirs et Peaux, Le Mans.

Culinaire

Cuisiniers-Pâtissiers, Agen.
Cuisiniers, Oran.
Pâtissiers, Perpignan.
Cuisiniers, Lyon.
Pâtissiers-Confiseurs, Béziers.
Cuisiniers, Béziers.
Cuisiniers, Carcassonne.

Employés

Employés, Bourges.
Courtiers-Représentants, Paris.
Employés, Nice.
 »   Saint-Denis.
 »   Montpellier.
 »   Troyes.
 »   Cette.
 »   Angers.
 »   Toulon.
 »   Montluçon.
 »   Grenoble.
 »   Béziers.
 »   Oise.
 »   Narbonne.
 »   Carcassonne.

Fourrure

Couperie de Poils, Paris.
Naturalistes, Paris.
Lustreurs-Fourreurs, Paris.

Magasins de la Guerre

Paris.
Amiens.
Le Mans.
Marseille.
Rennes.
Clermont-Ferrand.
Montpellier.
Bourges.
Toulouse.

Personnel de la Guerre

Tulle.
Bourges.

Habillement

Coupeurs-Chemisiers, Paris.
Tailleurs d'habits, Bayonne.
Habillement, Vaucluse.
Tailleurs d'habits, Agen.
Coupeurs-Tailleurs, Lyon.
Couturières, Lyon.
Tailleurs d'habits, Cette.
Tailleurs et Couturières, Paris.
Tailleurs, Grenoble.

Lithographie

Lithographes, Limoges.
Taille-douciers, Limoges.

Livre

Typographes, Limoges.
 »   Rochefort.

Maçonnerie

Maçons, Vichy.
Carriers, Grivals.
Maçons, Tunis.
Tailleurs de pierres, Alger.
Plâtriers, Bourges.
Maçons, Angoulême.
 »   Valence.
 »   Draguignan.
 »   Moulins.
Tailleurs de pierres, Vichy.
Tailleurs de pierres, Limoges.
Maçons, Marseille.
Maçons, Toulouse.
Terrassiers, Vichy.
Maçons, Laval.
Maçons, Amiens.
Manœuvres aides Maçons, Marseille.
Maçonnerie, Paris.
Maçons, Bourges.
Terrassiers, Bourges.
Tailleurs de pierres, Bourges.
Maçons Limousinants, Marseille.
Union de la bâtisse, Orléans.
Maçons tailleurs de pierre, Arles.
Bâtiment, Châteauroux.
Maçons tailleurs de pierre, Rochefort.
Carriers, Bidache.
Mineurs-terrassiers, Marseille.
Maçons, Plâtriers, Rouen.
Tailleur de pierres et Maçons, Bordeaux.
Maçons, Tailleurs de pierres. Reims.
Plâtriers, Rennes.
Tailleurs de pierre, Montpellier.
Bâtisse, Montpellier.
Maçons et aides, Romans.
 »   Chalons-sur-Saône.
 »   Limoges.
 »   St-Chamond.

Terrassiers, Angers.
Maçons, Clermont-Ferrant.
Tailleurs de pierres, Clermont-Ferrand.
Maçons, Toulon.
  » Le Hâvre.
  » Alais.
  » Pau.
Tailleurs de pierres, Agde.
Maçons, Vichy.
Tailleurs de pierres, Vichy.
Maçons, Auxerre,
Plâtriers, Béziers.
Maçons, Grenoble.
  » Nancy.
  » St-Brieuc.
  » Narbonne.
  » Carcassonne.
Plâtriers, Clermont-Ferrand.

Marine

Travailleurs de la Fonderie, Ruelle.
Travailleurs des Forges, Guérigny.
Travailleurs du Port, Rochefort.
Régie directe, Toulon.
  » Lorient.
  » Brest.
Travailleurs réunis du Port, Lorient.
  » Brest.
Travailleurs réunis, Indret.

Mécaniciens

Mécaniciens, Lyon.
  » Villefranche.
  » Limoges.
  » Bordeaux.
  » Marseille.
  » Roubaix.
Décolleteurs, Lyon.
Mécaniciens, Troyes.

Menuisiers

Menuisiers, Paris.
  » Laval.
  » Rochefort.
Ouvriers du Bois, Auxerre.
Menuisiers, Montpellier.
  » Valence.
  » Marseille.
  » Le Hâvre.
  » Bourges.
  » Tours.
  » Béziers.
  » Saint-Germain en Laye.
  » Roche-sur-Yon.
Parqueteurs, Paris.
Menuisiers, Lorient.
Menuisiers, Saint-Brieuc.

Métallurgistes

Industries électriques, Paris.
Métallurgistes, Saint-Denis.

Métallurgistes, Le Boucau.
Travailleurs sur cuivre, Lyon.
Chaudronniers, Nantes.
Métallurgistes, Basse-Indre.
  » Boulogne-sur-Mer.
  » Alais.
Ferblantiers, Marseille.
Métallurgistes, Le Hâvre.
Ferblantiers, Moulins.
Métallurgistes, Moulins.
Métallurgistes, Auxerre.
Bronziers, Lyon.
Métallurgistes, Nevers.
  » Saut du Tarn.
  » Cousances-aux-Forges.
Limes, Nancy.
Ferblantiers-Lampistes, Lyon.
Opticiens-Compassiers, Ligny-en-Barrois.
Frappeurs, Nantes.
Métallurgistes, Fromelennes.
Serruriers, Tours.
Forgerons, Nantes.
Métallurgistes, Argenteuil.
  » Montauban.
  » Oise.
Forges, Cette.
Travailleurs sur métaux, Quimperlé.
Ferblantiers-Plombiers, Nice.
Métallurgistes, Hennebont.
Ferblantiers, Salon.
Métallurgistes, Brest.
Ferblantiers, Aix.
  » Cavaillon.
  » Paris.
  » Saint-Etienne.
Limes, Paris.
Toliers, Paris.
Constructions mécaniques, Le Mans.
Ouvriers sur métaux, Pontarlier.
Horlogers, Badevel.
Horlogers, Cluses.
Métallurgistes, Dijon.
  » Dôle.
  » Beaune.
  » Dunkerque.
  » St-Claude.
  » Louviers.
  » Paris.
  » Lunéville.
  » Tunis.
  » Montpellier,
  » Saint-Etienne.
Forgerons, Marseille.
Serruriers, Lyon.
Métallurgistes, Chambon-Feugerolles.
  » Firminy.
  » Grenoble.
Repousseurs, Lyon.
Polisseurs, Lyon.
Bijoutiers, Lyon.
Ajusteurs-Serruriers, Saint-Nazaire.
Machines-Outils, Saint-Nazaire.
Mouleurs, Saint-Nazaire.
Forgerons, Saint-Nazaire.
Chauffeurs-conducteurs, Saint-Nazaire.
Chaudronniers, Saint-Nazaire.
Riveurs-Chanfreineurs, Saint-Nazaire.
Métallurgistes, Trignac.
  » Mean-Penhouet.

Métallurgistes, Toulouse.
»   Vizille.
»   Villeneuve-sur-Lot.
»   Anzin.
»   Sailly-le-Sec.
Limes, Tours.
Ouvriers en métaux, Bourges.
Instruments Précision, Paris.
Chaudronniers cuivre, Tourcoing.
»   Roubaix.
Peignerons, Roubaix.
Métallurgistes, Armentières.
»   Le Cateau.
»   Amiens.
Chaudronniers cuivre, Lyon.
»   fer, Lyon.
»   » Le Hàvre.
Ferblantiers-Zingueurs, Lyon.
Tourneurs-Robinettiers, Paris.
Chaudronniers, Rouen.
Chauffeurs-Mécaniciens, Rouen.
Métallurgistes, Deville-les-Rouen.
»   Roubaix.
»   Lorient.
Chaudronniers, Saint-Denis.
Serruriers, Roubaix.
Chaudronniers fer, Roubaix.
Métallurgistes, Vienne.
»   Carcassonne.
»   Vendôme.
»   La Rochelle.
»   Nangis.
»   Orléans.
Tôliers, Orléans.
Ferblantiers, Pau.
Chaudronniers cuivre, Le Hàvre.
Tourneurs-Robinettiers, Nantes.
Décolleteurs, Marignier.
Horlogers-Décolleteurs, Scionzier.
Horlogers, Saint-Nicolas d'Aliermont.
Orfèvres, Lyon.
Serruriers-Mécaniciens, Niort.
Façonneurs de manches, Thiers.
Emeuleurs ciseaux, Thiers.
Polisseurs couteaux, Thiers.
Mécaniciens-Découpeurs, Thiers.
Métallurgistes, Revin.
»   Château-Regnault.
»   Vrigne aux Bois.
»   Monthermé.
»   Charleville.
»   Mohon.
»   Sedan.
»   Braux.
»   Saint-Uze.
Chauffeurs-Mécaniciens, Paris.
Cartouchiers, Issy-les-Moulineaux.
Métallurgistes, Rochefort.
Serruriers, Limoges.
Tourneurs-Racheveurs, Genève.
Métallurgistes, Vimeu.
Travailleurs sur cuivre, Vimeu.
Constructions mécaniques, Lure.
Limes, Raveau.
Métallurgistes, Cette.
»   Châteauroux.
»   Annonay.
Limes, Cosne.
Constructeurs-Mécaniciens, Rouen.
Métallurgistes, Sens.

Scies, Paris.
Armuriers, Saint-Etienne.
Métallurgistes, Chalon-sur-Saône
»   Saint-Chamond.
Estampeurs, Lyon.
Découpeurs-Estampeurs, Paris.
Métallurgistes, Ivry.
Chaudronniers cuivre, Paris.
»   fer, Paris.
Métallurgistes, Fumel.
»   Dives-sur-Mer.
»   Montluçon.
»   Clermont-Ferran
»   Angoulême.
Monteurs en couteaux, Thiers.

Mineurs

Pas-de-Calais.
Montceau-les-Mines.
Brassac-les-Mines.
Chapelle-sous-Dun.
Talaudière.
La Loire.
Saint-Eloi-les-Mines.
Decazeville.

Modeleurs

Modeleurs, Le Hàvre.
»   Rhône.
»   Paris.

Mouleurs

Fondeurs fer, Paris.
Mouleurs cuivre, Paris.
Mouleurs, Saint-Quentin.
»   Carcassonne.
»   Bolbec.
»   Tergnier.
»   Creil.
»   Saint-Dié.
Mouleurs fer, Lyon.
»   cuivre, Lyon.
Mouleurs, Montluçon.
»   Romans.
»   Mont-de-Marsan.
»   Clermont-Ferrand.
»   Niort.
»   Dôle.
»   Vierzon.
»   Outréau.
»   Soissons.
»   Chartres.
»   Etampes.
»   Essonnes.
»   Persan-Beaumont.
Fondeurs, Le Hàvre.
Mouleurs, Flers.
»   Rennes.
»   Vienne.
»   Roanne.
»   Nantes.
»   Chauny.
Mouleurs fer, Amiens.

Mouleurs, Angers.
» Tours.
» Nouzon.
» Lens.
» Marquise.
Mouleurs métaux, Paris.
Mouleurs, Aix.
» Noyon.
» Albert.
» Roubaix.
» Le Mans.
» Firminy.
» Grenoble.

Papier

Afficheurs, Paris.

Peintres

Peintres, Paris.
» Angers.
» Cette.
» Niort.
» Rochefort.
» Orléans.
» Grenoble.
» Tours.
» Bordeaux.
» Brive.
» Versailles.
» Reims.
» Arles.
» Limoges.
» Saint-Brieuc.
» Saint-Amand.
» Bourges.
» Perpignan.
Toiles peintes, Bourges.

Ports et Docks

Quais et Docks, Rochefort.
Ports et Docks, Lyon.
Débardeurs, Rouen.
Dockers, Brest.
Charretiers-Chargeurs, Cette.
Chargeurs-Déchargeurs, Toulon.
Portefaix, Cette.
Camionneurs, Le Hâvre.
Employés navigation, Lyon.
Bois Merrains, Bordeaux.

Postes et Télégraphes

Paris.
Bourg-en-Bresse.

Sabotiers

Galochiers-Sabotiers, Limoges.
» Châteauroux.
» Romans.
Sabotiers, Bourg-en-Bresse.
» Brive.

Sellerie-Bourrellerie

Malletiers, Paris.
Bourrellerie, Paris.

Teinture

Teinturiers, Villefranche.
» Troyes.

Textile

Industrie cotonnière, Laval.
Blanchisseuses, Lyon.
Fileurs, Reims.
Textile, Reims.
Teinturiers, Lyon.
Sparterie, Mâcon.
Teinturiers, Roubaix.
Tisseurs, Roubaix.
Cotonniers, Rouen.
Fileurs, Villefranche.
Passementiers à la main, Paris.
Bonnetiers, Troyes.
Fileurs, Troyes.
Textile, Angers.
Textile, Saint-Etienne.
Passementiers à la barre, Paris.
Textile, Somme.
Textile, Roanne.
Imprimeurs sur étoffes, Saint-Etienne.
Teinturiers, Saint-Etienne.
Bonnetiers, Moreuil.
Tisseurs, Lyon.
Textile, Darnetal.
Apprêteurs d'étoffe, Lyon.
Industrie florale, Paris.
Brodeuses, Lyon.

Tonneau

Tonneliers, Montpellier.
» Limoges.
» Béziers.
» Cette.

Transport en commun

Cochers, Lyon.
» Fontainebleau.
Tramways Sud, Paris.
Tramways, Cette.
» Limoges.
Métropolitain, Paris.
Tramways, Avignon.
Bateaux Voyageurs, Paris.
Tramways, Vichy.
» Lyon.
Cochers, Paris.
Laveurs Voitures, Paris.
Tramways, Saint-Etienne.
Camionneurs, Paris.

Transports et Manutention

Irréguliers, Narbonne.
Domestiques de Roulage, Tourcoing.
Camionneurs, Roubaix.
    » Limoges.
Emballeurs de chiffons, Paris.
Déménageurs, Paris.
Hommes de Peine, Reims.
Pompes funèbres, Paris.
Charretiers, Montpellier..
Manœuvres-Journaliers, Lyon.
Charretiers, Perpignan.
Hommes de Peine, Casteljaloux.
Garçons-Magasins, Nancy.
    » Paris.
Non qualifiés, Paris.

Travailleurs municipaux

Employés municipaux, Bourges.
Cantonniers, Lyon.
Service des Eaux, Lyon.

Verriers

Verriers verre blanc, Rive-de-Gier.
    » verre noir, Rive-de-Gier.
    » verre à vitres, Rive-de-Gier.
    » verre blanc, Des Vernes.
Verriers, Vieux-Rouen.
    » Feuquières.
    » Saint-Germer de Fly.
    » Oise.
Pompe à faire le vide, Ivry.

Voiture

Voiture, Alençon.
    » Vichy.
    » Dinan.
    » Paris.
    » Orléans.
    » Nantes.
    » Bourg-en-Bresse.
    » Lyon.
Carrossiers, Marseille.
    » Angers.
    » Lille.
Ferreurs, Paris.
Charrons-Forgerons, Alger.
Voiture, Bourges.
    » Saint-Amand.
    » Béziers.
    » Versailles.
    » Rouen.
    » Le Mans.
Carrossiers, Saint-Vallier.
    » Moulins.
    » Brive.

Isolés

Enseignement libre, Paris.
Scieurs-Découpeurs, Paris.
Scieurs-Mécaniques, Angers.
Préparateurs-pharmacie, Paris.
Ouvriers de la Terre, Vitry.
Pêcheurs Courrantille, Cette.
Jardiniers, Paris.
Dessinateurs, Paris.
Pianos et Orgues, Paris.
Préparateurs-pharmacie, Montpellier.
Artistes Chorégraphes, Paris.
Jardiniers, Lyon.

Ont voté POUR les Organisations suivantes :

Alimentation

Limonadiers-Restaurateurs, Clermont-Ferrand.
Bouchers, Amicus.
Boulangers, Lille.
Boulangers, St-Etienne.
Limonadiers, Dijon.
Boulangers. Poitiers.
Bouchers, Marseille.

Ameublement

Ameublement, St-Loup-sur-Semouse.
Ebénistes, Lille.
Ameublement, Amiens.

Artistes Musiciens

Artistes musiciens, Angers.
Artistes musiciens, Marseille.

Bâtiment

Menuisiers, Dijon.
Plombiers, Lille.
Bâtiment, Amiens.
Menuisiers, Froideconche.
Cimentiers, Poitiers.
Maçons, Poitiers.

Bûcherons

Bûcherons, Nolay.
    » Levet.
    » Bengy.

Céramique

Peintres sur porcelaine, Vierzon.
Porcelainiers, Vierzon.
Useurs de grains, Vierzon.
Journaliers, Vierzon.
Porcelainiers, Mehun-sur-Yèvre.
Peintres en porcelaines, Mehun-sur-Yèvre.
Céramique, Nevers.

Chapellerie

Chapeliers, Angers.

Charpentiers

Charpentiers, Angers.
Charpentiers, St-Étienne.

Chemin de fer

Chemin de fer, Dax.
  »   Bayonne.
  »   Perpignan.
  »   Tournemire.
  »   Villeneuve-St-Georges.
  »   Moulins.
  »   Givors.
  »   Dijon.
  »   Versailles.
  »   Tours.
  »   Tarbes
  »   Sotteville-les-Rouen.
  »   Folligny,
  »   Rouen.
  »   Saintes.
  »   Chambéry.
  »   Courtalain.
  »   Le Mans.
  »   Argentan.
  »   Achères.
  »   Sablé.
  »   Mantes.
  »   Dol-en-Bretagne.
  »   Carlhaix.
  »   Pau.
  »   Carcassonne.
  »   Thouars.
  »   Poitiers.
  »   Cholet.
  »   Locminé.
  »   Paris.
  »   Charleville.
  »   Calais.
  »   Mohon.
  »   Reims.
  »   St-Quentin.
  »   Bellegarde.
  »   Montauban.

Coiffeurs

St-Étienne.
Reims.

Coupeurs en Chaussures

Amiens.

Cuirs et Peaux

Cordonniers, Poitiers.

Employés

Employés, Périgueux.

Employés, Avignon.
  »   Valence.
  »   Toulouse.
  »   Blois.
Employés gaz, Paris.
Employés, Pézenas.
Employés, Orléans.
Clercs d'huissiers, Paris.
Employés, Cholet.
  »   Mézières-Charleville.
  »   Soissons.
  »   Reims.
  »   Abbeville.
  »   St-Quentin.
  »   Nantes.
  »   Amiens.
  »   Versailles.
  »   Rochefort.
  »   Poitiers.
  »   Marseille.
  »   Lyon.
Artistes lyriques, Paris.

Fourrure

Apprêteurs-Lustreurs, Fismes.

Magasins de la Guerre

Reims.

Personnel de la Guerre

St-Étienne.
Douai.
Toulon.
Meudon.
Lyon.
Toulouse
Vernon.
Valence.
Tarbes.
Lille.
Rennes.
Paris.
Puteaux.

Habillement

Coupeurs-Tailleurs, Amiens.

Lithographie

Lithographes, Nimes.
  »   Tours.
  »   Angoulême.
  »   Nantes.
  »   Marseille.
  »   Bordeaux.
  »   Paris.
Écrivains-Graveurs, Rennes.
Lithographes, Rennes.
  »   Lyon.
  »   St-Étienne.
  »   Grenoble.
  »   Reims.

Lithographes, Epernay.
» Orléans.
» Rouen.
» Dijon.
» Angers.
» Poitiers.
» Lille.

Livre

Typographes, Chartres.
» Dinan.
» Thouars.
Fondeurs-Typographes, Paris.
Travailleurs du Livre, Versailles.
Typographes, Mâcon.
» Albi.
» Grenoble.
» Valence.
» Lyon.
» Privas.
» Chambéry.
» Annecy.
» Bourg.
» Villefranche-sur-Saône.
» Roanne.
» Thonon-les-Bains.
» Bourges.
» Guéret.
» La Roche-sur-Yon.
» Saint-Nazaire.
» Nantes.
» Fontenay-le-Comte.
» Châteaubriant.
Travailleurs du livre, Nevers.
Typographes, Pau.
» Agen.
« Mont-de-Marsan.
» Auch.
» Villeneuve-sur-Lot.
» Bordeaux.
Typographes, Périgueux.
» Libourne.
» Chalon-sur-Saône.
» Issoudun.
Imprimeurs-Conducteurs, Paris.
Conducteurs-Typographes, Bordeaux.
Typographes, Saint-Quentin.
» Meulan.
» Château-Thierry.
» Alger.
» Angers.
» Toulouse.
» Rodez.
» Béziers.
Imprimeurs, Poitiers.
Conducteurs-Typographes, Limoges.
Typographes, Le Mans.
» Pithiviers.
» Tours.
» Châteaudun.
» Blois.
» La Rochelle.
Imprimeurs-Conducteurs, Orléans.
Typographes, Orléans.
» Châteauroux.
» Buzançais.
» Epernay.
» Troyes.

Typographes, Charleville.
» Nancy.
» Valenciennes.
Imprimeurs-Relieurs, Constantine.
Typographes, Étampes.
» Fougères.
» Laval.
» Lagny.
» Meaux.
» Chauny.
» Soissons.
» Saint-Germain-en-Laye.
» Montargis.
» Dunkerque.
» Vesoul.
» Perpignan.
» Vendôme.
» Angoulême.
» Chaumont.
» Semur.
» Bar-le-Duc.
» Montauban.
» Cette.
» Nimes.
» Cambrai.
» Saint-Lô.
» Flers de l'Orne.
» Lorient.
» Le Hâvre.
» Evreux.
» Marseille.
» Montpellier.
» Cannes.
» Toulon.
» Nice.
» Roubaix.
» Lille.
» Aurillac.
» Clermont-Ferrand.
» Oran.
» Saint-Etienne.
» Moulins.
» Abbeville.
» Amiens.
» Narbonne.
» Reims.
» Alençon.
» Rouen.
» Remiremont.
» Vannes.
» Paris.
» Vire.
» Dijon
» Belfort.
» Lure.
Travailleurs du Livre, Montluçon.
Typographes, Cognac.
» Melle.
» Cahors.
» Quimperlé.
Travailleurs du Livre, Rennes.
Correcteurs, Paris.

Maçonnerie

Tailleurs de Pierre, Reims.
Cimentiers, Marseille.
Bâtiment, Decize.
Bâtiment, Saint-Pierre-le-Moutier.
Maçons, Nevers.

Marine

Laboratoire central de Paris.
Travailleurs Marine, Toulon.

Maréchaux

Maréchaux, Versailles.
    » Rouen.
    » Paris.
    » Marseille.
    » Reims.

Mécaniciens

Serruriers-Mécaniciens, Reims.
Mécaniciens, Saint-Dié.
    » Romans.
    » Hautmont.
    » Ferrière-la-Grande.
    » Montzeron.
    » Nouzon.
    » Maubeuge.
    » Chartres.
    » Libourne.
    » Epinal.
    » Tarbes.
    » Meaux.
    » Albert.
Tourneurs, St-Nazaire.
Ajusteurs-Tourneurs, Nantes.
Mécaniciens, Soissons.
    » Angers.
    » Arras.
    » Chambéry.
    Bessèges.
    » Evreux.
    » Chauny.
    » Paris.
    » Dijon.
    » St-Etienne,
    » Poitiers.
    » Pau.
Tourneurs en optique, Paris.

Menuisiers

Menuisiers, Dunkerque.
Menuisiers, Lille.
Menuisiers, St-Etienne.

Métallurgistes

Serruriers, Poitiers.
Ferblantiers, Poitiers.
Ouvriers sur cuivre, Mâcon.
Métallurgistes, Vierzon.

Modeleurs

Modeleurs de la Loire.

Mouleurs

Mouleurs, Reims.
Mouleurs fer, St-Etienne.
Fonderie, Lille.

Papier

Papeterie-Réglure, Paris.
Relieurs, Dijon.

Peintres

Peintres, Poitiers.
    » Nevers.
    » St-Quentin.
    » Tulle.
    » Chartres.

Ports et Docks

Port, Dunkerque.

Postes et Télégraphes

St-Etienne.
Poitiers.

Sabotiers

Sabotiers, Poitiers.
    » Nevers.
    » Tulle.

Tabacs

Tabacs, Alger.
    » Nice.
    » Nancy.
Tabacs femmes, Toulouse.
Tabacs, Marseille.
Tabacs, Lyon.
Tabacs hommes, Toulouse.
Tabacs, Pantin.
    » Dijon.
    » Le Mans.
    » Orléans.
    » Tonneins.
    » Riom.
Tabacs femmes, Bordeaux.
Tabacs, Limoges.
    » Morlaix.
Tabacs hommes, Bordeaux.
Tabacs, Nantes.

Teinture

Teinturiers, Paris.

Textile

Industrie lainière, Reims.
Textile, Saint-Dié.
Tisseurs, Saint-Menges.
   » Floing.
Teinturiers, Amiens.
Ouvriers en soieries, Vizille.
Ouvriers en draps, Romorantin.
Trieurs de laines, Reims.
Tisseurs, Saint-Quentin.
Tisseurs, Amiens.
Teinturiers, Reims.
Textile, Lille.
Lin-Chanvre, Lille.

Tonneau

Tonneliers, Reims.
   » Paris.
   » Marseille.

Transports en commun

Tramways, Paris.

Tramways Est, Paris.
Conducteurs-Tramways, Lyon.
Omnibus, Paris.
Cochers-Postiers, Paris.
Tramways, Poitiers.
   » Marseille.
   » Nice.
   » Lille.
Cochers, Reims.

Verriers

Verriers, Albi.

Voiture

Voiture, Saint-Etienne.
Carrossiers, Nimes.

Isolés

Jardiniers, Orléans,
Tordeurs d'huiles, Dunkerque.

Vote sur les Considérants de la Commission de Contrôle

(Chiffres rectifiés après pointage avec les bulletins de vote)

Votants. 976
Contre 670
Pour. 280
Blancs 26

ONT VOTÉ CONTRE LES ORGANISATIONS SUIVANTES :

Agricoles

Fontvieille.
Arles.

Alimentation

Boulangers, Romorantin.
   » St-Germain-en-Laye.
   » Montluçon.
   » Paris.
   » Rouen.
   » Marseille.
   » Versailles.
   » Orléans.
   » Bordeaux.

Employés Epicerie, Paris.
Confiseurs, Paris
   » Toulouse.
Boulangers, Meaux.
Biscuitiers, Paris.
Boucherie 1/2 gros, Paris.
Boucherie, Paris.
Charcutiers, Paris.
Cafés-Restaurants, Paris.
Limonadiers, Cette.
   » Alger.
   » Toulouse.
   » Paris.
Bouchers, Oran.
Limonadiers, Oran.

Boulangers, Oran.

    »   Tours.

Bouchers, Troyes.

Boulangers, Troyes.

    »   Brest.

    »   Cette.

Limonadiers, Perpignan.

Boulangers, Angers.

    »   St-Brieuc.

    »   Alger.

    »   Narbonne.

    »   Grenoble.

Limonadiers-Restaurateurs, Lyon.

Boulangers, Auxerre.

    »   Amiens.

Garçons cuisine, Paris.

Limonadiers, Clermont-Ferrand.

Employés d'hôtel, Paris.

Boulangers, Bourges.

Allumetiers

Marseille.

Saintines.

Bègles.

Pantin-Aubervilliers.

Trélazé.

Aix-en-Provence.

Ameublement

Ameublement, Valence.

Scieurs-sur-bois, Valence.

Sculpteurs, Angers.

Tourneurs-sur-bois Angers.

Ameublement, Nancy.

Chaisiers, Sommedieu.

Sculpture, Nancy.

Ameublement, Bourges.

    »   Grenoble.

    »   Marseille.

    »   Brest.

Menuisiers en sièges, Lyon.

Sculpteurs, Paris.

Ebénistes, Lyon.

Industrie du bois, Oise.

Tapissiers, Lyon.

Menuisiers, Narbonne.

Artistes Musiciens

Musiciens, Cette.

    »   Lyon.

Ardoisiers

Avrillé,

Renazé.

Trelazé.

Misengrain.

De la Forest.

Bâtiment

Bâtiment, Nangis.

    »   Charenton.

Briquetiers-Potiers, Paris.

Bâtiment, Lagny.

Paveurs et aides, Paris.

Bâtiment, Issoudun.

    »   Noisy-le-Sec.

Charpentiers, Flers-de-l'Orne,

Couvreurs-Plombiers, Paris.

Corps réunis, Lorient.

Bâtiment, La Rochelle.

Menuisiers, La Rochelle.

Bâtiment, Mâcon.

Bâtiment, Brest.

Charpentiers, Bourg.

Bâtiment, Aix-les-Bains.

    »   Narbonne.

    »   Chaumont.

    »   Lunéville.

    »   La Guerche.

    »   Montargis.

    »   Beaune.

    »   Saint-Leu.

    »   Fontenay-le-Comte.

Serruriers, Paris.

Plombiers-Zingueurs, Saint-Quentin.

Bâtiment, Romilly.

Couvreurs-Zingueurs, Le Havre.

Bâtiment, Romorantin.

Couvreurs, Saint-Brieuc.

Charpentiers, Pau.

Bijouterie

Potiers d'Etain, Paris.

Orfèvrerie, Paris.

Boîtes de Montres, Besançon.

Gainiers, Paris.

Emailleurs-sur-métaux, Paris.

Diamantaires, Paris.

Bijouterie-Joaillerie, Paris.

Bijoutiers, Grenoble.

Brossiers

Nacriers en Jumelles, Paris.

Brosserie soie, Paris.

Brosserie fine, Mouy.

Tabletiers, Oise.

Bûcherons

Bûcherons, Jouet-sur-l'Aubois.

    »   Menetou-Couture.

    »   Jussy-le-Chaudrier.

    »   Apremont.

    »   Torteron.

Bûcherons, Saint-Plaisir.
» Bigny-Vallenay.
» Chapelle-Hugon.
» Grossouvres.
» La Guerche.
» Parigny-les-Vaux.
» Lurcy-Lévy.
» St-Martin-des-Champs.
» Morvan.
» Brécy.
» Ivoy-le-Pré.
» Rumilly-les-Vault.
» Laveau.
» L'Habit.
» Sagonne.
» Dun-sur-Auron.
» Germigny.
» Levet.
» Vezelay.
» Bengy.
» Bruère-Allichamps.
» Meillant.
» Cuffy.
» Villabon.
» Nérondes.
» Mornay.
» Trois-Vèvres.
» Nihernes.
» Sancergues.
» Farges-en-Septaine.
» Salon.
» Uzay-le-Venon.
» Charenton.

Carriers

Carriers, Oise.
Chaufourniers, La Guerche.

Céramique

Porcelainiers, Limoges.
» Villedieu.
» La-Celle-Bruère.
Gazetiers en Porcelaine, Limoges.
Fours Crématoires, Limoges.
Décalqueuses, Limoges.
Moufletiers, Limoges.
Modeleurs et Couleurs, Limoges.
Ceramistes, Paris.
Polisseurs, Limoges.
Faïenciers, Montereau.
Peintres-Céramistes, Limoges.
Emballeurs-Céramistes, Limoges.
Journaliers-Céramistes, Limoges.
Journaliers-Céramistes, Mehun-sur-Yèvre.
Potiers, Bourg-en-Bresse.

Chapellerie

Chapeliers, Chazelles-sur-Lyon.
» Fontenay-le-Comte.
» Bourganeuf.
» Moulins.
» Paris.
» Romans.
Casquettiers, Paris.

Charpentiers

Charpentiers, Paris.
» Limoges.
» Lyon.
» Bourges.

Chemin de fer

Chemin de fer, Saint-Denis.
» Epernay.
» Mâcon.

Coiffeurs

Coiffeurs, Lyon.
» Perpignan.
» Rochefort.
» Grenoble.
» Troyes.
» Béziers.
» Pau.
» Nevers.
» Versailles.
» Nantes.
» Paris.
» Tours.
» Angers.
» Orléans.
» Saint-Nazaire.
» Chambéry.
» Bordeaux.

Confection militaire

Equipement, Bourges.
Equipement, Clermont-Ferrand.
Habillement, Bourges.

Coupeurs en Chaussures

Paris.

Cuirs et Peaux

Cuirs et Peaux, Auxerre.
Pareurs, Chaumont.
Cuirs et Peaux, Roanne.

Ouvreurs en couleurs, Chaumont.
Mégissiers, Chaumont.
Cuirs et Peaux, Issoudun.
Cuirs et Peaux, Saint-Junien.
Cordonniers, Rennes.
Sabotiers monteurs, Fontenay-le-
   Comte.
Formiers en chaussures, Paris.
Cordonniers, Paris.
»   Nantes.
»   Dreux.
Cuirs et Peaux, Rennes.
Cordonniers, Blois.
Teinturiers en Peaux, Paris.
Cuirs et Peaux, Lagny.
Cuirs et Peaux, Château-du-Loir.
Tanneurs-Corroyeurs, Châteaure-
   nault.
Galochiers monteurs, Meaux.
Chaussures, Dijon.
Chaussures, Valenciennes.
Tanneurs-Corroyeurs, Sens.
Chaussures, Valence.
Cuirs et Peaux, Roubaix.
Cuirs et Peaux, Amiens.
Chaussures, Sens.
Cuirs et Peaux, Bourges.
Cordonniers, Biarritz.
»   Arpajon.
Chaussures, Bargemon.
Cordonniers, Tunis.
»   Amboise.
Chèvre-Maroquin, Paris.
Mégissiers-Palisonneurs, Paris.
Chevreau glacé, Paris.
Corroyeurs cuir noir, Paris
Tanneurs, Paris.
Cordonniers, Angers.
Coupeurs en chaussures, Angers.
Chaussures, Angers.
Cuirs et Peaux, Clermont-Ferrand.
Corroyeurs Maroquiniers, Marseille.
Chaussures, Marseille.
Cordonniers, Brest.
Cuirs et Peaux, Le Mans.

Culinaire

Cuisiniers, Oran.
Pâtissiers confiseurs, Perpignan.
Cuisiniers, Lyon.
Pâtissiers-Confiseurs, Béziers.

Employés

Employés, Bourges.
»   Nice.
»   Saint-Denis.
»   Troyes.
»   Cette.

Employés, Angers.
»   Montluçon.
»   Grenoble.
»   Béziers.
»   Oise.
»   Narbonne.
»   Lyon.

Fourrure

Couperie de poils, Paris.
Naturalistes, Paris.
Apprêteurs-lustreurs, Paris.

Magasins de la Guerre

Paris.
Amiens.
Reims.
Le Mans.
Marseille.
Clermont-Ferrand.
Rennes.
Montpellier.
Bourges.

Personnel de la Guerre

Lille.
Rennes.
Paris.
Vernon.
Valence.
Tarbes.
Bourges.

Habillement

Coupeurs-chemisiers, Paris
Tailleurs d'habits, Bayonne.
Habillement, Vaucluse.
Coupeurs-Tailleurs, Lyon.
Tailleurs d'habits, Cette.
Tailleurs et Couturières, Paris.
Couturières, Lyon.
Tailleurs d'habits, Grenoble.

Lithographie

Lithographes, Limoges.

Livre

Typographes, Rochefort.

Maçonnerie

Maçons, Vichy,
Carriers, Grivats.

Maçons, Tunis.
Tailleurs de pierres, Alger.
Plâtriers, Bourges.
Tailleurs de pierre, Angoulème.
Maçons, Valence.
» Draguignan.
» Moulins.
Tailleurs de pierre, Vichy.
» Limoges.
Terrassiers Mineurs, Vichy.
Maçons, Laval.
» Amiens,
Manœuvres, aides-maçons, Marseille.
Maçonnerie, Paris.
Maçons, Bourges.
Terrassiers, Bourges.
Tailleurs de pierre, Bourges.
Maçons limousinants, Marseille.
Union de la bâtisse, Orléans.
Maçons tailleurs de pierre, Arles.
Tailleurs de pierre, Rochefort.
Carriers, Bidache.
Mineurs-Terrassiers, Marseille.
Maçons, Bordeaux.
» Reims.
Plâtriers, Rennes.
Maçons, Romans.
» Châlon-sur-Saône.
» St-Châmond.
Terrassiers et Manœuvres, Angers.
Maçons, Clermont-Ferrand.
Tailleurs de pierre, Clermont-Ferrand.
Maçons Tailleurs de pierre, Le Hâvre.
Maçons Tailleurs de pierre, Pau.
Tailleurs de pierre, Perpignan.
Maçons, Perpignan.
» Auxerre.
Plâtriers, Béziers.
Tailleurs-maçons, Nancy.
Maçons, St-Brieuc.
Maçons, Narbonne.
Plâtriers, Clermont-Ferrand.

Marine

Travailleurs de la Fonderie, Ruelle.
Travailleurs du Laboratoire central, Paris.
Travailleurs des Forges, Guérigny.
Travailleurs réunis du Port, Rochefort.
Travailleurs réunis du Port, Toulon.
» Brest.
Travailleurs réunis, Indret.
Travailleurs réunis du Port, Lorient.

Mécaniciens

Mécaniciens, Lyon.

Mécaniciens, Villefranche.
» Limoges.
» Troyes.
Décolleteurs, Lyon.

Menuisiers

Menuisiers, Paris.
» Laval.
» Rochefort.
Ouvriers du Bois, Auxerre.
Menuisiers, Valence.
» Marseille.
» Le Hâvre.
» Bourges.
» Tours.
» Saint-Germain-en-Laye.
» Saint-Brieuc.
» Lorient.
Parqueteurs, Paris.

Métallurgistes

Industries électriques, Paris.
Métallurgistes, Saint-Denis.
» Le Boucau.
» Boulogne-sur-Mer.
» Moulins.
» Auxerre.
Ferblantiers-Zingueurs, Marseille.
Ferblantiers-Zingueurs, Moulins.
Travailleurs-sur-Cuivre, Lyon.
Bronziers, Lyon.
Métallurgistes, Nevers.
Limes, Nancy.
Métallurgistes, Saut-du-Tarn.
Métallurgistes, Cousances-aux-Forges
Ferblantiers-Lampistes, Lyon.
Opticiens, Ligny-en-Barrois.
Frappeurs, Nantes.
Serruriers, Tours.
Forgerons, Nantes.
Forges, Cette.
Travailleurs-sur-métaux, Quimperlé.
Métallurgistes, Fromelennes.
» Argenteuil.
» Montauban.
» Oise.
» Brest.
Ferblantiers, Nice.
» Salon.
» Aix.
» Cavaillon.
Métallurgistes, Hennebont.
Tôliers, Paris.
Ferblantiers, Paris.
Limes, Paris.
Ferblantiers, Saint-Etienne.
Constructions mécaniques, Le Mans.
Ouvriers en métaux, Pontarlier.

Horlogers, Badevel.
Horlogers. Cluses.
Métallurgistes, Dijon.
» Dôle.
» Beaune.
» Dunkerque.
» Saint-Claude.
» Louviers.
» Paris.
» Lunéville.
» Tunis.
» Saint-Etienne.
» Chambon-Feugerolle.
» Firminy.
Serruriers, Lyon.
Repousseurs-sur-métaux, Lyon.
Polisseurs, Lyon.
Bijoutiers, Lyon.
Métallurgistes, Grenoble.
» Toulouse.
» Vizille.
» Villeneuve-sur-Lot.
Limes, Tours.
Ouvriers en métaux, Bourges.
Chaudronniers cuivre, Tourcoing.
Chaudronniers cuivre, Roubaix.
Métallurgistes, Anzin.
» Sailly-le-Sec.
» Armentières.
» Le Cateau.
» Amiens.
Peignerons, Roubaix.
Chaudronniers cuivre, Lyon.
Chaudronniers fer, Lyon.
Ferblantiers-Zingueurs, Lyon.
Chaudronniers fer, Le Hâvre.
Ouvriers du cuivre, Mâcon.
Chaudronniers, Saint-Denis.
Métallurgistes, Roubaix.
» Lorient.
» Vienne.
» Carcassonne.
» Vendôme.
» La Rochelle.
» Nangis.
» Orléans.
Tôliers, Orléans.
Ferblantiers, Pau.
Orfèvrerie, Lyon.
Serruriers-Mécaniciens, Niort.
Façonneurs de manches, Thiers.
Emeuleurs ciseaux, Thiers.
Polisseurs couteaux, Thiers.
Découpeurs-Estampeurs, Thiers.
Métallurgistes, Revin.
» Château-Regnault.
» Vrigne-aux-Bois.
» Monthermé.
» Charleville.
» Mohon.
» Sedan.

Métallurgistes, Braux.
» St-Uze.
» Rochefort.
Serruriers, Limoges.
Cartouchiers, Issy-les-Moulineaux.
Chauffeurs-Conducteurs, Paris.
Tourneurs-Racheveurs, Genève.
Métallurgistes, Vimeu,
Travailleurs sur cuivre, Vimeu,
Constructions mécaniques, Lure.
Limes, Raveau.
Limes, Cosne.
Constructeurs-Mécaniciens, Rouen.
Métallurgistes, Annonay.
» Châteauroux.
» Cette.
» Sens.
Scies, Paris.
Armuriers, Saint-Etienne.
Découpeurs-Estampeurs, Paris.
Découpeurs-Estampeurs, Lyon.
Métallurgistes, St-Chamond.
» Châlon-sur-Saône.
» Ivry.
» Dives-sur-Mer.
» Montluçon.
» Clermont-Ferrand.
» Angoulême.
Monteurs couteaux, Thiers.
Chaudronniers cuivre, Paris.
Chaudronniers fer, Paris.

Mineurs

Mineurs, Montceau-les-Mines.
» Brassac-les-Mines.
» Chapelle-sous-Dun.
» Talaudière.
» La Loire.
» St-Eloi-les-Mines.
» Decazeville.
» Pas-de-Calais.

Modeleurs

Modeleurs, Le Havre.
» Rhône.
» Paris.

Mouleurs

Fondeurs en fer, Paris.
Fondeurs en cuivre, Paris.
Mouleurs, St-Quentin.
» Carcassonne.
» Bolbec.
» Tergnier.
» Creil.
» Saint-Dié.

Mouleurs sur fer, Lyon.
Mouleurs sur cuivre, Lyon.
Mouleurs, Montluçon.
   »   Romans.
   »   Mont-de-Marsan.
   »   Clermont-Ferrand.
   »   Niort.
   »   Dôle.
   »   Vierzon.
   »   Outréau.
   »   Soissons.
   »   Chartres.
   »   Étampes.
   »   Essonnes.
   »   Persan-Beaumont.
Fondeurs, Le Havre.
Mouleurs, Flers.
   »   Rennes.
   »   Vienne.
   »   Roanne.
   »   Nantes.
   »   Chauny.
Mouleurs fer, Amiens.
Mouleurs, Angers.
   »   Tours.
   »   Nouzon.
   »   Lens.
   »   Marquise.
Mouleurs métaux, Paris.
Mouleurs, Aix.
   »   Noyon.
   »   Albert.
   »   Roubaix.
   »   Le Mans.
   »   Firminy.
   »   Grenoble.

Peintres

Peintres, Paris.
   »   Angers.
   »   Cette.
   »   Niort.
   »   Rochefort.
   »   Orléans.
   »   Grenoble.
   »   Tours.
   »   Bordeaux.
   »   Brive.
   »   Versailles.
   »   Reims.
   »   Arles.
   »   Limoges.
   »   St-Brieuc.
   »   St-Amand.
   »   Bourges.
   »   Perpignan.
Toiles peintes, Bourges.

Ports et Docks

Docks, Lyon.

Docks, Brest.
Charretiers, Cette.
Portefaix, Cette.
Camionneurs, Le Havre.
Employés navigation, Lyon.
Bois merrains, Bordeaux.

Postes et Télégraphes

Paris.
Bourg-en-Bresse.

Sabotiers

Sabotiers, Brive.
   »   Limoges.
Galochiers, Sabotiers, Châteauroux.
   »   Bourg.
   »   Romans.

Teinture

Teinturiers, Villefranche.
Teinturiers, Troyes.

Textile

Industrie cotonnière, Laval.
Blanchisseuses, Lyon.
Fileurs, Reims.
Textile, Reims.
Sparterie, Mâcon.
Teinturiers, Roubaix.
Tissage, Roubaix.
Fileurs, Villefranche.
Passementier à la main, Paris.
Bonnetiers, Troyes.
Fileurs, Troyes.
Textile, Angers.
Passementiers à la barre, Paris.
Textile, Somme.
Textile, Roanne.
Imprimeurs-sur-étoffes, St-Etienne.
Teinturiers, St-Etienne.
Bonnetiers, Moreuil.
Textile, Darnétal.
Apprêteurs d'Étoffes, Lyon.
Industrie florale, Paris.
Brodeuses, Lyon.

Tonneau

Tonneliers, Cette.

Transports en commun

Cochers, Lyon.
Cochers, Fontainebleau.
Tramways sud, Paris.

Tramways, Cette.
Métropolitain, Paris.
Tramways, Avignon.
Bateaux voyageurs, Paris.
Tramways. Vichy.
»   Lyon.
»   Saint-Etienne.

Transports et Manutention

Irréguliers, Narbonne.
Camionneurs, Limoges.
Emballeurs de chiffons, Paris.
Déménageurs, Paris.
Hommes de peine, Reims.
Pompes funèbres, Paris.
Manœuvres journaliers, Lyon.
Charretiers, Perpignan.
Hommes de peine, Casteljaloux.
Garçons Magasins, Nancy.
»   Paris.
Non qualifiés, Paris.

Travailleurs Municipaux

Employés municipaux, Bourges.
Cantonniers, Lyon.

Verriers

Verriers, Oise.
Pompes à faire le vide, Ivry.

Voiture

Voiture, Alençon.

Voiture, Vichy.
»   Dinan.
»   Paris.
»   Orléans.
»   Bourg.
»   Lyon.
»   Saint-Amand.
Ferreurs, Paris.
Carrossiers, Angers,
»   Marseille.
»   Lille.
Charrons-Forgerons, Alger.
Voiture, Bourges.
»   Béziers.
»   Versailles.
»   Rouen.
»   Le Mans.
Carrossiers, Saint-Vallier.
»   Moulins.
»   Brive.

Isolés

Monnaies et Médailles, Paris.
Enseignement libre, Paris.
Scieurs-Découpeurs, Paris.
Scieurs-Mécanique, Angers.
Préparateurs-pharmacie, Paris.
Travailleurs de la Terre, Vitry.
Jardiniers, Paris.
Dessinateurs, Paris.
Pianos et Orgues, Paris.
Artistes Chorégraphes, Paris.
Jardiniers, Lyon.

ONT VOTÉ POUR LES ORGANISATIONS SUIVANTES :

Agricoles

Cazouls-les-Béziers.
Méze.
Bessan.
Coursan.
Oupia.
Nézignan-l'Evêque.
Aspiran.
Béziers.
Bédarieux.
Maraussan.
Portiragues.
Villeneuve-les-Béziers.
Narbonne.
Cuxac-d'Aude.
Lézignan.
Saint-Laurent de la Cabrerisse.
Bages.
Maureilhan.
Alignant-du-Vent.
Puissalicon.
Beaufort.

Marseillan.
Agde.
Vendres.
Boujan.
Lespignan.
Serignan.
Vias.

Alimentation

Boulangers, Poitiers.
Limonadiers, Carcassonne.
Bouchers-Charcutiers, Amiens.

Ameublement

Ebénistes, Béziers.
Ameublement, Amiens.

Artistes-Musiciens

Musiciens, Angers.

Bâtiment

Bâtiment, Abbeville.
» Amiens.
Plombiers, Lille.
Extracteurs de sable, Béziers.
Cimentiers, Poitiers.
Maçons, Poitiers.

Bûcherons

Bûcherons, Chantenay-Saint-Imbert.
» Nolay.

Céramique

Porcelainiers, Mehun-sur-Yèvre.
Peintres-Céramistes, Mehun-sr-Yèvre
Céramistes, Nevers.

Chapellerie

Chapeliers, Angers.

Charpentiers

Charpentiers, Saint-Etienne.
» Angers.

Coiffeurs

Coiffeurs, Carcassonne.
» Saint-Etienne.
» Reims.

Coupeurs en Chaussures

Amiens.

Cuirs et Peaux

Cordonniers, Poitiers.
» Alais.

Culinaire

Cuisiniers, Béziers.
» Carcassonne.

Employés

Employés, Orléans.
Clercs d'huissiers, Paris.
Employés, Cholet.
» Mézières-Charleville.
» Soissons.
» Reims.

Employés, Abbeville.
» Amiens.
» Versailles.
» Rochefort.
» Poitiers.
» Carcassonne.

Fourrure

Apprêteurs-lustreurs, Fismes.

Magasins de la Guerre

Toulouse.

Habillement

Coupeurs-Tailleurs, Amiens.

Lithographie

Lithographes, Nîmes.
» Angoulême.
» Nantes.
» Marseille.
» Bordeaux.
» Paris.
Ecrivains graveurs, Rennes.
Lithographes, Rennes.
» Lyon.
» St-Etienne.
» Grenoble.
» Reims.
» Epernay.
» Dijon.
» Angers.
» Poitiers.
» Lille.

Livre

Typographes, Chartres.
» Versailles.
» Macon.
» Albi.
» Thonon-les-Bains.
» Bourges.
» Guéret.
» La Roche-sur-Yon.
» Saint-Nazaire.
» Nantes.
» Châteaubriant.
Travailleurs du Livre, Nevers.
Typographes, Pau.
» Agen.
» Mont-de-Marsan.
» Auch.
» Villeneuve-sur-Lot.

Typographes, Bordeaux.
» Périgueux.
» Bayonne.
» Libourne.
» Chalon-sur-Saône.
» Issoudun,
Imprimeurs-conducteurs, Paris.
Conducteurs-typographes, Bordeaux.
Typographes, Saint-Quentin.
» Meulan.
» Château-Thierry.
» Alger,
» Angers.
» Toulouse.
» Rodez.
» Béziers.
» Poitiers.
» Le Mans.
» Pithiviers.
» Tours.
» Châteaudun.
» Blois.
» La Rochelle.
» Châteauroux.
» Buzançais.
» Epernay.
» Troyes.
» Mézières.
» Valenciennes.
» Nancy.
Imprimeurs-relieurs, Constantine.
Typographes, Etampes.
» Fougère,
» Laval.
» Lagny,
» Meaux.
» Chauny.
» Beauvais.
» Soissons.
» St-Germain-en-Laye.
» Montargis,
» Dunkerque.
» Vesoul,
» Perpignan.
» Vendôme.
» Angoulême.
» Chaumont.
» Semur.
» Bar-le-Duc.
» Montauban.
» Cette.
» Nimes.
» Cambrai.
» Flers de l'Orne.
» Saint-Lô.
» Le Havre.
» Evreux.
» Roubaix.
» Lille.
» Oran.
» Aurillac.

Typographes, Clermont-Ferrand.
» St-Etienne.
» Moulins.
» Abbeville.
» Amiens.
» Narbonne.
» Reims.
Travailleurs du Livre, Alençon.
Typographes, Rouen.
» Montbéliard.
» Remiremont.
» Vannes.
» Paris.
» Vire.
» Dijon.
» Cognac.
» Melle.
» Cahors.
» Quimperlé.
Travailleurs du Livre, Rennes.
Correcteurs, Paris.
Travailleurs du Livre, Montluçon.
Typographes, Fontenay-le-Comte.

Maçonnerie

Maçons, Nevers.
Bâtiment, St-Pierre-le-Moutier.
Bâtiment, Decize.
Maçons, Tailleurs de pierres, Alais.
Tailleurs de pierres, Agde.
Maçons, Carcassonne.
Tailleurs de pierres, Reims.

Maréchaux

Maréchaux, Versailles.
» Rouen.
» Paris.
» Marseille.
» Reims.

Marine

Travailleurs du Port, Toulon.
Laboratoire central, Paris.

Mécaniciens

Serruriers-Mécaniciens, Reims.
Mécaniciens, Saint-Dié.
» Romans.
» Hautmont.
» Ferrière-la-Grande.
» Montzeron.
» Nouzon.
» Maubeuge.
» Chartres.
» Libourne.

Mécaniciens, Epinal.
» Chambéry.
» Bessèges.
» Evreux.
» Chauny.
» Paris.
» Dijon.
» Saint-Etienne.
» Poitiers.
Serruriers-Mécaniciens, Pau.

Menuisiers

Menuisiers, Saint-Etienne.
» Béziers.
» Dunkerque.

Métallurgistes

Métallurgistes, Alais.
» Le Havre.
Serruriers, Poitiers.
Ferblantiers, Poitiers.

Mouleurs

Mouleurs en fer, Saint-Etienne.
Mouleurs, Reims,

Papier

Papeterie-Réglure, Paris.
Relieurs, Dijon.

Peintres

Peintres, Chartres.
» Tulle.
» Nevers.
» Poitiers.

Ports et Docks

Quais et Docks, Rochefort.

Postes et Télégraphes

Poitiers.
Saint-Etienne.

Sabotiers

Sabotiers, Poitiers.
» Nevers.
» Tulle.

Sellerie-Bourrellerie

Bourrellerie-Sellerie, Paris.
Malletiers, Paris

Tabacs

Alger.
Lille.

Textile

Industrie lainière, Reims.
Textile, St-Dié.
Tissus, St-Menges,
» Floing.
Teinturiers, Amiens.
Ouvriers en soieries, Vizille.
Ouvriers en Draps, Romorantin.
Trieurs de laines, Reims.
Textile, Saint-Etienne,
Tisseurs, Amiens.
Teinturiers, Reims.
Textile, Lille.
Tisseurs, Lyon.

Tonneau

Tonneliers cavistes, Reims.
» Paris.
» Béziers.

Transports en commun

Cochers, Reims.
Tramways, Reims.
» Nice.
» Paris.
» Est, Paris.
Conducteurs tramways, Lyon.
» Poitiers.
Cochers postiers, Paris.
Omnibus, Paris.

Verriers

Verriers, Albi.
« verre blanc, Rive-de-Gier.
» verre noir, Rive-de-Gier.
» verre à vitres, Rive-de-Gier.
» verre blanc, Des Vernes.

Voiture

Voitures, Saint-Etienne.

Isolés

Tordeurs d'huile, Dunkerque.

Ont voté BLANC les Organisation suivantes :

Alimentation

Pâtissiers, Paris.
Cuisiniers, Paris.
Boulangers, Limoges.
Confiseurs, Lille.

Ameublement

Ebénistes, Lille.

Employés

Courtiers-Représentants, Paris.
Artistes Lyriques, Paris.

Lithographie

Lithographes, Orléans.
Taille-douciers, Limoges.

Livre

Conducteurs, Orléans.
» Limoges.
Typographes, Orléans.
» Limoges.

Maçonnerie

Bâtiment, Châteauroux.
Maçons, Limoges.

Menuisiers

Menuisiers, Lille.

Métallurgistes

Tourneurs-Robinettiers, Paris.
Instruments précision, Paris.

Mouleurs

Fonderie, Lille.

Ports et Docks

Port, Dunkerque.

Textile

Lin-Chanvre, Lille.

Tonneau

Tonneliers, Limoges.

Transports en commun

Tramways, Lille.
» Limoges.

Travailleurs Municipaux

Service des Eaux, Lyon.

Isolés

Jardiniers, Orléans.

TABLE DES MATIÈRES

Imprimerie Ouvrière du Centre, 38, rue Bourbonnoux, Bourges

TRAVAILLEURS

Si vous désirez profiter des joies de la famille et de la vie;

Si vous voulez un peu plus de Bien-Etre et de Liberté;

Si, las des longues journées de Travail, vous voulez voir diminuer votre joug, afin de vous instruire et de vous éduquer;

Si, enfin, vous êtes d'avis de diminuer le chômage meurtrier auquel vous êtes tous contraints, préparez vous à mettre en application la journée de 8 heures pour le 1er Mai 1906.

Souvenez-vous que l'on n'obtient que ce que l'on impose !

Décision du XIVe Congrès National Corporatif.

www.ingramcontent.com/pod-product-compliance
Lightning Source LLC
Chambersburg PA
CBHW060409200326
41518CB00009B/1297